FJALORI IM I PARË
I FRËNGJISHTES
I ILUSTRUAR

Në këtë Seri:

Fjalori im i parë i anglishtes i ilustruar, G. Hadaj-M.Ymeri
Fjalor xhepi anglisht-shqip-anglisht
Fjalor frëngjisht-shqip-frëngjisht, D.Hadaj
Fjalor frazeologjik frëngjisht-shqip, E. Shijaku
Fjalor frazeologjik ballkanik, J. Thomai etj

FJALORI IM I PARË I FRËNGJISHTES

I ILUSTRUAR

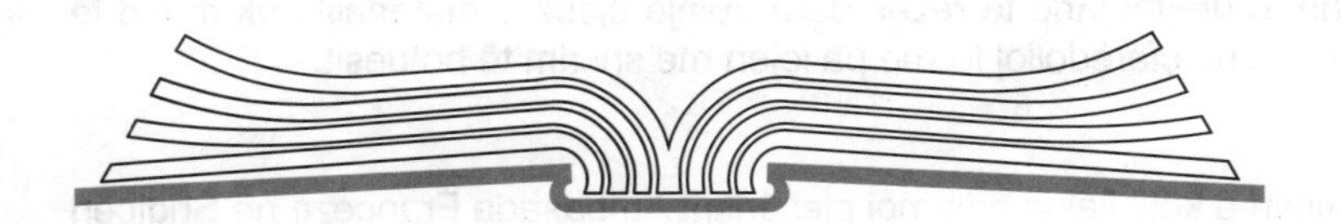

frëngjisht-shqip
shqip-frëngjisht

Shtëpia Botuese DITURIA

Fjalori im i parë i frëngjishtes i ilustruar
Konceptimi shkencor i veprës: Prof. Dr. Drita Hadaj

Hartues zërash: Prof. Dr. Drita Hadaj
Informacioni enciklopedik: Prof. Dr. Drita Hadaj

Redaktoi: Vandush Vinçani
Këshillimi didaktik: Vandush Vinçani
Këshillimi gjuhësor: Prof. Dr. Agron Duro

Recensues: Prof. Dr. Agron Duro
Prof. Asoc. Irena Çaçi

Paraqitja grafike: Manjola Lakra

Kopertina: Mimmo Frisone

Për botimin e këtij fjalori ndihmoi pjesërisht Ambasada Franceze në Shqipëri në kuadrin e programit të botimeve të shërbimit kulturor, që ka mbështetjen e Ministrisë franceze të Punëve të Jashtme

Cet ouvrage, publié dans le cadre du programme d'aide à publication du service culturel de l'ambassade de France en Albanie, bénéficie du soutien du ministére français des Affaires étrangères.

PARATHËNIE

FIPF bën pjesë në nismën e porsafilluar të hartimit të fjalorëve dygjuhësh të ilustruar.

Në përzgjedhjen e fjalëve-kyç, e kuptimeve dhe përdorimit të tyre, janë mbajtur parasysh veçoritë e moshës shkollore. Kuptimet më të përdorshme të fjalëve jepen nëpërmjet shembujve dhe ilustrimeve që i bëjnë jehonë botës së përditshme të fëmijëve.

Në dallim nga fjalorët e tjerë dygjuhësh pararendës, FIPF e paraqet një pjesë të madhe të informacionit të tij në mënyrë shumë më të qartë nëpërmjet pikturave. Bashkë me përkthimin e fjalës dhe shembujt e përdorimit të saj, piktura dhe ilustrimi e ndihmon përdoruesin ta përfytyrojë objektin më qartë dhe ta ngulisë dhe ta mbajë mend më lehtë kuptimin e fjalës.

Përveç fjalësit, në fjalor janë përfshirë edhe vjersha, këngë, lojëra fjalësh, fjalë të urta, që japin njohuri mbi kulturën dhe qytetërimin francez dhe krijojnë mundësi që përdoruesi ta mësojë gjuhën duke u argëtuar.

Botimi i FIPF plotëson një nevojë të ngutshme dhe ndihmon në ngritjen e nivelit të përvetësimit të gjuhës frënge në vendin tonë.

Si ta përdorni sa më mirë fjalorin

accord — Tregon fjalën me të cilën fillon faqja e majtë.

Të gjitha fjalët e fjalorit janë vendosur në rend alfabetik — **abeille** [abɛj] *f.* bletë

Jepen me shkurtime pjesët e ligjëratës: *mb., fol., ndajf., parafj.,* etj. për mbiemër, folje, ndajfolje, parafjalë etj. — **garder** [gaʀde] [3] *fol.* ruaj — Midis kllapave katrore, tregohet si duhet lexuar fjala, sipas alfabetit ndërkombëtar të shqiptimit

yllthi tregon se *h*-ja është e zëshme — ***hérisson** [eʀisɔ̃] *m.* iriq

école [ekɔl] *f.* shkollë — Për emrat është dhënë gjinia: *m.* për gjininë mashkullore, *f.* për gjininë femërore.

húnd/ë,- a *f.* nez *m.* — Në pjesën shqip-frëngjisht, jepet edhe gjinia e emrave të frëngjishtes.

Gishti blu tregon një shembull si përdoret fjala në togfjalësh ose në fjali. — **aiguille** [egɥij] *f.* gjilpërë ☞ **aiguille à tricoter** shtizë ❖ akrep (ore) ❖ halë (pishe). — Rombi i kuq tregon një kuptim të ri të fjalës.

intérieur [ɛ̃teʀjœʀ] *mb.* i brendshëm 🔔 *m.* brendësi. — Zilja tregon se fjala ka ndryshuar kategorinë gramatikore, p.sh. një mbiemër bëhet emër.

Zilja tregon gjithashtu formën vetvetore të foljes. — **fonder** [fɔ̃de] [3] *fol.* themeloj 🔔 **se fonder** bazohem.

Libri tregon:
- shumësin e parregullt
- shumësin që nuk ndryshon
- shumësin e fjalëve të përbëra

cheval [(ə)val] *m.* kalë
📖 *sh.* **chevaux** [(ə)vo].

pays [pei] *m.* vend ☞ **les pays d'Europe** vendet e Evropës.
📖 *sh.* **pays.**

casse-noix [kɑsnwa] *m.* thyerëse arrash.
📖 un casse-noix, deux casse-noix.

Libri tregon edhe gjininë femërore të parregullt të emrave apo mbiemrave.

chanteur [ɑ̃tœʀ] *m.* këngëtar.
📖 *f.* chanteuse [ɑ̃tœz].

aigu [egy] *mb.* i mprehtë.
📖 *f.* aiguë.

Tregon fjalën me të cilën mbaron faqja e djathtë. — **aiguille**

Në pjesën frëngjisht-shqip, format e parregullta, shpesh dalin si fjalë-tituj më vete.

beau [bo] *mb.* i bukur

belle [bɛl] *f.* e bukura ❖ shih **beau.**

tendre [tɑ̃dʀ(ə)] [31] *fol.* ndej, tendos

manger [mɑ̃ʒe] [5] *fol.* ha (*bukë*).

Të gjitha foljet e frëngjishtes, ndiqen nga një shifër, në kllapa katrore, e cila tregon numrin e modelit të zgjedhimit që ju duhet të zgjidhni, të cilat ndodhen në faqet e fundit të fjalorit.

Rubrikat e ngjyrosura me bojëqielli përmbajnë informacione enciklopedike, shënime për gjuhën, kulturën dhe qytetërimin frëng.

Airbus [ɛʀbys] erbys, i quajtur ndryshe *aeroplani i së ardhmes,* ndërtohet në Francë, në bashkëpunim edhe me vendet e tjera evropiane. Ai përshkon distanca shumë të largëta dhe transporton numrin më të madh të pasagjerëve.

Rubrikat e shënuara me rozë, përmbajnë fjalë të urta, të shoqëruara edhe me përkthimin e tyre.

Fjalë e urtë

Tout vient à point à qui sait attendre. I duruari, i fituari.

📖 Në frëngjishte folja **aimer** përdoret shpesh në kuptimin *pëlqej* ☞ **j'aime bien la glace** më pëlqen shumë akullorja.

Rubrikat e shënuara me bezhë, përmbajnë shënime gramatikore.

Sur le pont d'Avignon
L'on y danse, l'on y danse
Sur le pont d'Avignon
L'on y danse tout en rond
Mbi urën e Avinjonit
ç'po vallëzojmë, ç'po vallëzojmë
Mbi urën e Avinjonit
ç'po vallëzojmë rreth e qark.

Në rubrikat e ngjyrosura me të blertë, ndodhen poezi, këngë për fëmijë, bashkë me përkthimin e tyre në shqipe.

Transkriptimi fonetik

(La transcription phonétique du français)

Zanore

[i] il, vie, lyre
[e] blé, jouer
[ ] lait, jouet, merci
[a] plat, patte
[ ] bas, pâte
[ ] mort, donner
[o] mot, eau, gauche
[u] genou, cou
[y] rue, vêtu
[ø] peu, deux
[œ] peur, meuble
[ə] le, premier
[ɛ̃] matin, plein
[˜] sans, vent
[˜] bon, nombre
[œ̃] lundi, brun

Gjysmë-bashkëtingëllore

[j] yeux, paille, pied
[w] oui, nouer
[ɥ] huile, lui

Bashkëtingëllore

[p] père, soupe
[t] terre, vite
[k] cou, qui, sac, képi
[b] bon, robe
[d] dans, aide
[g] gare, bague
[f] feu, neuf, photo
[s] sale, celui, ça, tasse, nation
[ ] chat, tache
[v] vous, rêve
[z] zéro, maison, rose
[ ] je, gilet, geôle
[l] lent, sol
[ʀ] rue, venir
[m] main, femme
[n] nous, tonne, animal
[ɲ] agneau, vigne
[h] hop!
[*] haricot
[ŋ] *fjalë të huazuara nga anglishtja:* camping

Shkurtimet

dëftor	përemër dëftor
em.	emër
f.	emër i gjinisë femërore
fig.	kuptim i figurshëm
fol.	folje
kryes. sh.	kryesisht shumës
lidh.	lidhëz
mb.	mbiemër
ndajf.	ndajfolje
num. rresht.	numëror rreshtor
num. them.	numëror themelor
parafj.	parafjalë
pasth.	pasthirrmë
pakuf.	përemër i pakufishëm
i pandrysh.	i pandryshueshëm
përem.	përemër
përm. lidh.	përemër lidhor
pj.	pjesëz
pyet.	përemër pyetësor
sh.	shumës
tr. e shkurt.	trajta e shkurtër
vetor	përemër vetor
vet. sh.	vetëm shumës

frëngjisht
shqip

à [a] *parafj.* në, te ☞ **Paul habite à Paris** Poli banon në Paris ☞ **je vais à Durrës** unë shkoj në Durrës ☞ **ma tante habite à la campagne** halla ime banon në fshat ☞ **Chicago se trouve aux Etats Unis d'Amérique** Çikagoja ndodhet në Shtetet e Bashkuara të Amerikës ❖ **à six heures** në orën gjashtë ☞ **au printemps** në pranverë ❖ **à vous de parler** e keni ju radhën për të folur ☞ **ce chapeau est à mon père** kjo kapele është e babait tim ☞ **brosse à dents** furçë dhëmbësh ❖ sipas ☞ **à votre goût** sipas shijes suaj ❖ me ☞ **fille aux yeux bleus** vajzë me sy të kaltër ☞ **robe aux manches longues** fustan me mëngë të gjata ☞ **café au lait** kafe me qumësht ❖ me ☞ **voyager à pied, à cheval ou en voiture** udhëtoj më këmbë, me kalë ose me veturë ❖ me ☞ **moulin à vent** mulli me erë ❖ për ☞ **j'ai à manger** kam për të ngrënë ☞ **rien à faire** s'kemi ç'të bëjmë.

abaisser [abɛse] *fol.* [3] ul ☞ **l'aspirine abaisse la température** aspirina e ul temperaturën.

abandonner [abɑ̃dɔne] *fol.* [3] lë, braktis ☞ **une maison abandonnée** një shtëpi e braktisur.

abattre [abatʀ(ə)] *fol.* [31] rrëzoj, hedh poshtë, shemb ☞ **abattre les murs d'une maison** shemb muret e një shtëpie.

abécédaire [abesedɛʀ] *m.* abetare.

abeille [abɛj] *f.* bletë ☞ **abeille reine** mbretëreshë e bletëve ☞ **abeille ouvrière** bletë punëtore ☞ **ruche d'abeilles** koshere bletësh ☞ **Ilir s'est fait piqué par une abeille** ☞ Ilirin e pickoi bleta.

abîmer [abime] *fol.* [3] prish, dëmtoj ☞ **André n'est pas soigneux, il abîme vite ses jouets** Andrea nuk është i kujdesshëm, ai i prish shpejt lodrat e tij.

abondant [abɔ̃dɑ̃] *mb.* i bollshëm ☞ **un déjeuner abondant** një drekë e bollshme. 📖 *f.* abondante [abɔ̃dɑ̃t].

d'**abord** [dabɔʀ] *ndajf.* së pari, në fillim ☞ **d'abord, je dois manger, ensuite...** në fillim duhet të ha, pastaj... ☞ **j'y vais d'abord** po shkoj atje së pari.

aboyer [abwaje] *fol.* [6] leh ☞ **un chien qui aboie ne mord pas** një qen që leh nuk kafshon.

abri [abʀi] *m.* strehë ☞ **il y a un abri à l'arrêt d'autobus** ka një strehë te vendqëndrimi i autobusit ☞ **à l'abri** nën strehë.

abricot [abʀiko] *m.* kajsi.

absent [apsɑ̃] *mb.* i papranishëm, që mungon ☞ **Valérie sera absente de chez elle pendant deux jours** Valeria nuk do të jetë në shtëpi për dy ditë.
📖 *f.* absente [apsɑ̃t].

accélérer [akseleʀe] *fol.* [8] shpejtoj ☞ **accélérer l'allure** shpejtoj ecjen.

accent [aksɑ̃] *m.* shqiptim ☞ **on devine à son accent qu'il est de Shkodra** nga shqiptimi duket që është nga Shkodra ❖ theks ☞ **il ne faut pas confondre les accents du français** nuk duhen ngatërruar theksat e frëngjishtes.

accepter [aksɛpte] *fol.* [3] pranoj, mirëpres.

accident [aksidɑ̃] *m.* aksident.

accompagner [akɔ̃mpaɲe] *fol.* [3] shoqëroj ☞ **Yves a chanté et Mireille l'a accompagné au piano** Ivi këndoi dhe Mireji e shoqëroi atë në piano ❖ përcjell ☞ **accompagne Anne à la maison!** përcille Anën në shtëpi!

accord [akɔʀ] *m.* marrëveshje, mirëkuptim ☞ **d'accord** jam i një mendjeje me ty.

> Në thjeshtligjërim, në frëngjishte, fjalët përdoren shpesh në formën e tyre të shkurtuar. P.sh. **d'ac** për **d'accord**, **gars** për **garçon** (djalë), **les ado** për **les adolescents** (adoleshentët), **le dico** për **le dictionnaire** (fjalori), **le prof** për **le professeur,** etj.

accordéon [akɔʀdeɔ̃] *m.* fizarmonikë ☞ **Paul joue de l'accordéon** Poli i bie fizarmonikës ❖ **des chaussettes en accordéon** çorape të shkurtra me qafa të rrudhosura.

accoucher [aku e] *fol.* [3] lind ☞ **Madame Lepic a accouché de Valérie à minuit** zonja Lëpik e lindi Valerinë në mesnatë ❖ ndihmoj që të lindë.
accroc [akʀo] *m.* grisje, çjerrmë.
accrocher [akʀo e] [3] *fol.* var ☞ **Besa a accroché une vue de Paris** Besa ka varur (*në mur*) një pamje nga Parisi 🔔 **s'accrocher (à)** varem, kapem fort (*mbas diçkaje*).
s'**accroupir** [sakʀupiʀ] *fol.* [11] rri galiç.
accueillir [akœjiʀ] *fol.* [13] pres ☞ **Alexandre accueille chaleureusement ses amis** Aleksandri i pret me ngrohtësi miqtë.
accuser [akyze] *fol.* [3] padit, fajësoj (*dikë*) ☞ **on ne doit pas accuser sans preuve** nuk duhet paditur pa patur prova.
achat [a a] *m.* blerje
acheter [a (ə)te] *fol.* [8] blej ☞ **Marie achète du pain** Maria blen bukë.
acide [asid] *mb.* i thartë ☞ **le citron est acide** limoni është i thartë.
acier [asje] *m.* çelik.
acquérir [akeʀiʀ] *fol.* [18] blej ☞ **papa a acquis un terrain au bord de la mer** babai bleu një tokë buzë detit ❖ fitoj ☞ **l'expérience acquise** përvoja e fituar.
acrobate [akʀɔbat] *m.f.* acrobat.
acte [akt] *m.* veprim ❖ akt ☞ **une tragédie en deux actes** një tragjedi me dy akte.
acteur [aktœʀ] *m.* aktor ☞ **Gérard Philipe fut un très grand acteur français** Zherar Filipi ka qenë një aktor i madh francez.
📖 *f.* actrice [aktʀis] *f.* aktore.
action [aksjɔ̃] *f.* veprim.
activité [aktivite] *f.* veprimtari ☞ **un volcan en activité** një vullkan veprues.
actualité [aktɥalite] *f.* aktualitet ☞ **les actualités** lajmet.
addition [adisjɔ̃] *f.* mbledhje ☞ **l'addition et la soustraction** mbledhja dhe zbritja ❖ (*në restorant, në kafene*) llogari.
adieu! [adjø] *m. pasth.* lamtumirë!.
adjectif [adʒɛktif] *m.* mbiemër.
admettre [admɛtʀ(ə)] [33] *fol.* pranoj ☞ **Éric a admis son erreur** Eriku e pranoi gabimin.
adolescent [adɔlesɑ̃] *m.* adoleshent.
📖 *f.* adolescente [adɔlesɑ̃t].

> **On est adolescent entre 14 et 18 ans, environ.** Adoleshentët janë afërsisht nga mosha 14 deri në 18 vjeç.

adopter [adɔpte] [3] *fol.* birësoj ❖ marr; miratoj ☞ **l'Assemblée a adopté un projet de loi** Kuvendi miratoi një projektligj.
adorer [adɔʀe] [3] *fol.* adhuroj ☞ **Vanessa adore les chats** Vanesa i adhuron macet ; pëlqej ☞ **mon frère adore la glace** vëllai im e pëlqen shumë akulloren.
adresse [adʀɛs] *f.* adresë ☞ **écris l'adresse au dos de l'enveloppe!** shkruaj adresën mbi zarf! ❖ shkathtësi, zotësi ☞ **jeu d'adresse** lojë shpejtësie.
adresser [adʀɛse] [3] *fol.* dërgoj; drejtoj; flas ☞ **il ne m'adresse plus la parole** ai nuk më flet më.

adroit [adʀwa] *mb.* i shkathët.
📖 *f.* adroite [adʀwat].
adulte [adylt] *mb.* i rritur ☞ **Sophie s'ennuie avec les adultes** Sofia mërzitet me të rriturit.

L'âge adulte s'étend de la fin de l'adolescence au commencement de la vieillesse. Mosha e rritur shtrihet nga fundi i adoleshencës deri ne fillim të pleqërisë.

aéroport [aeʀɔpɔʀ] *m.* aeroport.

affaire [afɛʀ] *f.* çështje, problem ☞ **il faut discuter de cette affaire** duhet të flasim për këtë çështje ❖ punë ☞ **affaire conclu** punë e mbaruar 🔔 *f.sh.* **range tes affaires**! rregulloji sendet e tua!
affection [afɛksjɔ̃] *f.* dashuri ☞ **l'institutrice éprouve de l'affection pour ses élèves** mësuesja i do shumë nxënësit e saj; dhembshuri.
affectueux [afɛktɥø] *mb.* i dashur, i dhembshur.
📖 *f.* affectueuse [afɛktɥøz.]
affiche [afi] *f.* afishe, pankartë.
affreux [afʀø] *mb.* i neveritshëm, i tmerrshëm, i lemerishëm.
📖 *f.* affreuse [afʀøz].
affronter [afʀɔ̃te] [3] *fol.* përballoj.
agacer [agase] [4] *fol.* bezdis, ngacmoj, mërzis.
âge [ɑʒ] *m.* moshë ☞ **quel âge as-tu?** sa vjeç je? ❖ epokë ☞ **l'âge de la pierre** epoka e gurit.
âgé [ɑʒe] *mb.* i moshuar, i moçëm ☞ **un homme âgé** një burrë i moshuar ❖ në moshë ☞ **il est âgé de sept ans** ai është shtatë vjeç ☞ **Sophie est plus âgée que Pierre** Sofia është më e madhe se Pieri.

agenda [aʒɛ̃da] *m.* plan ditor, ditar.
s'**agenouiller** [saʒ(ə)nuje] [3] *fol.* gjunjëzohem, bie në gjunjë.
agent [aʒɑ̃] *m.* agjent, nëpunës ☞ **agent d'assurances** nëpunës i sigurimeve ❖ polic ☞ **l'agent surveille la circulation** polici mbikqyr qarkullimin.
agir [aʒiʀ] [11] *fol.* veproj ☞ **réfléchis un peu avant d'agir** mendo pak para se të veprosh 🔔 **s'agir** bëhet fjalë ☞ **de quoi s'agit-il dans ce roman?** për çfarë bëhet fjalë në këtë roman?
agiter [aʒite] [3] *fol.* tund ☞ **le vent agite les feuilles** era tund gjethet 🔔 **s'agiter** lëviz shumë.
agneau [aɲo] *m.* qingj.
📖 *sh.* agneaux.
agréable [agʀeabl(ə)] *mb.* i këndshëm, i pëlqyeshëm.
agressif [agʀɛsif] *mb.* sulmues, agresiv.
📖 *f.* agresive [agʀesiv]
agriculteur [agʀikyltœʀ] *m.* bujk.
📖 *f.* agricultrice [agʀikyltʀis].
aide [ɛd] *f.* ndihmë ☞ **je demande de l'aide à Sophie** unë i kërkoj ndihmë Sofisë ☞ **à l'aide!** ndihmë! 🔔 *m.* ndihmës.
aider [ɛde] [3] *fol.* ndihmoj ☞ **Sophie aide sa mère à mettre le couvert** Sofia e ndihmon t'ëmën për të shtruar tryezën.
aïe! [aj] *pasth.* obobo!
aigle [ɛgl] *m.* shqiponjë.
aigre [ɛgʀ(ə)] *mb.* i thartë, i athët ☞ **le lait tourné est aigre** qumështi i prishur *ose* i thartuar është i thartë.
aigu [egy] *mb.* i mprehtë.
📖 *f.* aiguë.
aiguille [egɥij] *f.* gjilpërë ☞ **aiguille à tricoter** shtizë ❖ akrep (*ore*) ❖ halë (*pishe*).

aiguiser [egize] [3] *fol.* mpreh ☞ **un couteau aiguisé** një thikë e mprehur.

ail [aj] *m.* hudhër ☞ **une gousse d'ail** një thelb hudhre.

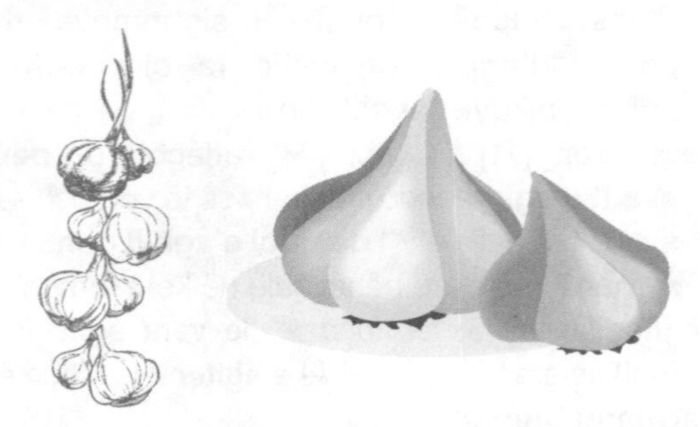

aile [ɛl] *f.* krah ☞ **l'oiseau a deux ailes** zogu ka dy krahë ☞ **l'avion vole sans remuer ses ailes** aeroplani fluturon pa i lëvizur krahët.

aimable [ɛmabl] *mb.* i dashur, i përzemërt.

aimant [ɛmɑ̃] *m.* magnet.

aimer [eme] [3] *fol.* dua, dashuroj ☞ **Vanessa aime beaucoup son frère** Vanesa e do shumë të vëllanë ❖ **Jean aime le chocolat** Zhani e pëlqen kakaon ☞ **Pierre aime mieux le thé** Pieri pëlqen më shumë çajin.

🕮 Në frëngjishte folja **aimer** përdoret shpesh në kuptimin *pëlqej* ☞ **j'aime bien la glace** më pëlqen shumë akullorja.

aîné [ene] *mb.* më i madhi (*nga vëllezërit dhe nga motrat*).

ainsi [ɛ̃si] *ndajf.* kështu ☞ **ainsi de suite** kështu me radhë.

air [ɛʀ] *m.* ajër ☞ **en l'air** në ajër ☞ **en été, il dort en plein air** në verë, ai fle jashtë ❖ pamje ☞ **Philipe a l'air heureux** Filipi duket i gëzuar ☞ **ne prends pas de grands airs!** mos u mbaj më të madh! ❖ melodi ☞ **je connais l'air de *Frère Jacques*** unë e di melodinë e (*këngës*) *Vëllait Zhak.*

Airbus [ɛʀbys] erbys, i quajtur ndryshe *aeroplani i së ardhmes,* ndërtohet në Francë, në bashkëpunim edhe me vendet e tjera evropiane. Ai përshkon distanca shumë të largëta dhe transporton numrin më të madh të pasagjerëve.

aire [ɛʀ] *f.* sipërfaqe ☞ **l'aire d'un rectangle** sipërfaqja e një katërkëndëshi ❖ fushë, zonë ☞ **une aire de jeu** një fushë loje.

aise [ɛz] *f.* kënaqësi ☞ **ici, je me sens à l'aise** këtu jam rehat ☞ **en prendre à son aise** e marr punën shtruar.

aisselle [ɛsɛl] *f.* sqetull.

ajouter [aʒute] [3] *fol.* shtoj ☞ **si tu ajoutes 2 à 20, combien trouves-tu?** po t'i shtosh 2 20ës, sa bëhet? ❖ hedh, shtie ☞ **ajouter du sucre dans la pâte** i hedh sheqer brumit.

albanais [albanɛ] *mb.* shqip ☞ **la langue albanaise** gjuha shqipe ☞ **le peuple albanais** populli shqiptar.

🕮 *f.* albanaise [albanɛz].

🕮 Në frëngjishte, emrat e banorëve të një vendi janë të përveçëm dhe shkruhen me shkronjë të madhe ☞ **un Albanais** një shqiptar ☞ **un Français** një francez.

album [albɔm] *m.* album ☞ **un album d'images** një album me figura.

alerte [alɛʀt] *f.* alarm, rrezik ☞ **donner l'alerte** jap alarmin.

algue [alg(ə)] *f.* leshterik.

aligner [aliɲe] *fol.* radhit, reshtoj.

alimentaire [alimɑ̃tɛʀ] *mb.* i ushqimit, ushqimor ☞ **produits alimentaires** produkte ushqimore.

alimentation [alimɑ̃tɑsjɔ̃] *f.* ushqim, të ushqyerit ❖ furnizim.

allaiter [alete] *fol.* mënd, i jap gji fëmijës.

allée [ale] *f.* udhë, shteg ❖ **allées et venues** ecejake.

allemand [almɑ̃] *mb.* gjerman.

🕮 *f.* allemande [almɑ̃d].

aller [ale] [56] *fol.* eci, shkoj ☞ **les enfants vont à l'école** fëmijët shkojnë në shkollë ☞ **allons chanter!** hajde të këndojmë! ☞ **cette route va à Paris** kjo rrugë të çon në Paris ❖ **ce chapeau rouge va bien avec son manteau bleu** kjo kapele e kuqe shkon mirë me pallton e saj ngjyrë blu ❖ jam (*kur ka të bëjë me shëndetin*) ☞ **com-**

ment vas-tu? je vais bien si je, si shkon? jam mirë, shkoj mirë.

🕮 Ndërtimi foljor i frëngjishtes me foljen **aller** i ndjekur nga një folje tjetër në paskajore, në shqipe do të përkthehej me *është gati për* ☞ **il va pleuvoir** është gati për të rënë shi.

alliance [aljɑ̃s] *f.* aleancë, besëlidhje.
allonger [alɔ̃ʒe] [5] *fol.* zgjat, shtrij ☞ **Marie a allongé sa jupe de cinq centimètres** Maria e zgjati fundin pesë centimetra ❖ **Michel est allongé sur l'herbe** Misheli është shtrirë mbi bar 🔔 **s'allonger** zgjatem, shtrihem.
allumer [alyme] [3] *fol.* ndez ☞ **papa allume le feu** babai ndez zjarrin ❖ **allume la radio!** ndize radion!
allumette [alymɛt] *f.* shkrepëse.
allure [alyʀ] *f.* ecje, shpejtësi ☞ **à toute allure** me gjithë shpejtësinë ❖ sjellje ☞ **avoir de l'allure** mbahet mirë, bie në sy.
alors [alɔʀ] *ndajf.* atëherë.
alouette [alwɛt] *f.* laureshë.
alphabet [alfabɛ] *m.* alfabet ☞ **l'alphabet français compte vingt-six lettres** alfabeti frëng ka 26 shkronja.
amande [amɑ̃d] *f.* bajame.
ambiance [ɑ̃bjɑ̃s] *f.* mjedis ❖ atmosferë ☞ **à cette fête il y a une bonne ambiance amicale** në këtë festë ka një atmosferë të mirë miqësore.
ambulance [ɑ̃bylɑ̃s] *f.* autoambulancë.

âme [am] *f.* shpirt.

améliorer [ameljɔʀe] [3] *fol.* përmirësoj 🔔 **s'améliorer** përmirësohem ☞ **le temps est en train de s'améliorer** koha po përmirësohet.
amende [amɑ̃d] *f.* gjobë.
amener [amne] [8] *fol.* bie, sjell ☞ **elle a amené son cousin** ajo solli kushëririn e saj.
amer [amɛʀ] *mb.* i hidhur.
🕮 *f.* amère.
américain [ameʀikɛ̃] *mb.* amerikan.
🕮 *f.* américaine [ameʀikɛn].
ameublement [amœbləmɑ̃] *m.* mobilim ❖ pajisjet e shtëpisë.
ami [ami] *m.* mik, shok ☞ **Nicolas est son meilleur ami** Nikolla është miku i tij më i mirë.
amitié [amitje] *f.* miqësi ☞ **mes amitiés à tes parents** të fala prindërve.
amour [amuʀ] *m.* dashuri.
amoureux [amuʀɸ] *mb., m.* i dashuruar, dashnor.
🕮 *f.* amoureuse [amuʀɸz].
amphibie [ɑ̃fibi] *mb., m.* amfib.
ample [ɑ̃pl] *mb.* i gjerë, i plotë.
ampoule [ɑ̃pul] *f.* poç, llambë (*për ndriçim*) ☞ **changer une ampoule grillée** ndërroj një llambë të djegur ❖ ampulë ☞ **une ampoule autocassable** një ampulë që thyhet me dorë ❖ fshikë, flluskë.

amusant [amyzɑ̃] *mb.* zbavitës ☞ **Antoine raconte des histoires amusantes** Antuani tregon historira zbavitëse.
🕮 *f.* amusante [amyzɑ̃t]
amusement [amyzmɑ̃] *m.* zbavitje, argëtim.
s'**amuser** [samyze] [3] *fol.* dëfrehem.
an [ɑ̃] *m.* vit ☞ **Marc a dix ans** Marku është dhjetë vjeç ☞ **le Jour de l'An** dita e parë e vitit.

ananas [anas] *m.* ananas.

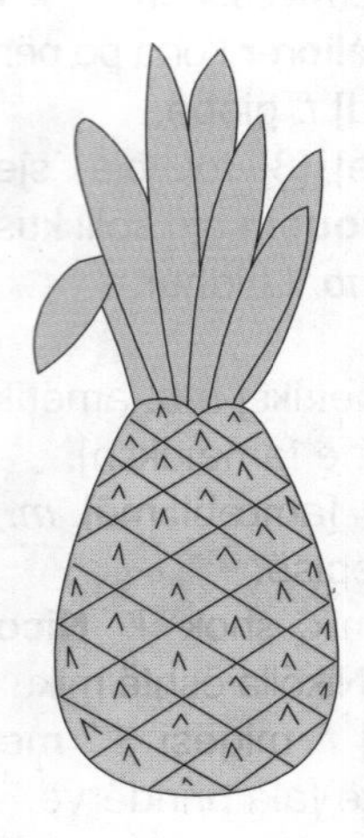

anchois [ã wa] *m.* lloj sardeleje.

ancien [ãsjɛ̃] *mb.* i vjetër, i lashtë ❖ ish ☞ **un ancien étudiant** një ish-student.
🕮 *f.* ancienne [ãsjɛn].

ancre [ãkʀ(ə)] *f.* spirancë.

andouille [ãduj] *f.* suxhuk (*sallami*).

âne [an] *m.* gomar ☞ **têtu comme un âne** kokëfortë si mushkë.

ange [ãʒ] *m.* engjëll ☞ **ange gardien** engjëll mbrojtës ☞ **être aux anges** fluturoj nga gëzimi.

anglais [ãglɛ] *mb., m.* anglez.
🕮 *f.* anglaise [ãglɛz].

angle [ãgl(ə)] *m.* kënd.

anguille [ãgij] *f.* ngjalë.

animal [animal] *m.* kafshë ☞ **le chien est un animal domestique** qeni është një kafshë shtëpiake ☞ **le tigre est un animal sauvage** tigri është një kafshë e egër
🕮 *sh.* animaux [animo].

animateur [animatœʀ] *m.* frymëzues, gjallërues, drejtues ☞ **à la colonie de vacances les enfants font des jeux avec une animatrice** në kampin e pushimeve fëmijët bëjnë lojëra me ndihmën e drejtueses.

anneau [ano] *m.* unazë, hallkë ❖ rreth ☞ **les anneaux olympiques** rrathët olimpikë.

année [ane] *f.* vit ☞ **Bonne Année!** gëzuar Vitin e Ri! ☞ **l'année dernière** vitin e kaluar.

anniversaire [anivɛʀsɛʀ] *m.* përvjetor ☞ **l'anniversaire de l'Indépendance** përvjetori i pavarësisë ❖ ditëlindje ☞ **joyeux anniversaire!** gëzuar ditëlindjen!

annoncer [anɔ̃se] [4] *fol.* lajmëroj, njoftoj ☞ **les hirondelles annoncent le printemps** dallandyshet lajmërojnë pranverën.

annulaire [anylɛʀ] *m.* gisht i unazës.

annuler [anyle] [3] *fol.* zhvlerësoj, shfuqizoj.

anorak [anɔrak] *m.* xhup.

anse [ãs] *f.* dorëz, vjegë.

antenne [ãtɛn] *f.* antenë.

antipathique [ãtipatik] *mb.* antipatik.

août [u] *m.* gusht.

apercevoir [apɛʀsəvwaʀ] [21] *fol.* shoh, më zë syri ☞ **Michel a aperçu le bateau** Misheli e pa anijen ❖ **s'apercevoir (de)** shoh, kuptoj ☞ **Anne ne s'est pas aperçue de rien** Ana nuk vuri re asgjë.

apparaître [apaʀɛtʀ(ə)] [37] *fol.* dukem, shfaqem ☞ **et, tout à coup, le soleil apparaît entre les nuages** dhe, papritmas, dielli shfaqet midis reve 🔔 **Thérèse apparaît triste** Tereza duket e mërzitur.

appareil [apaʀɛj] *m.* aparat.

appartement [apaʀtəmã] *m.* apartament.

appartenir [apaʀtəniʀ] [19] *fol.* i përkas ☞ **ce livre appartient à Laure** ky libër është i Laurës.

appât [apa] *m.* karrem.

appel [apɛl] *m.* thirrje ☞ **un appel au secours** një thirrje për ndihmë ❖ telefonatë ☞ **il y a un appel pour toi** të kërkojnë në telefon.

appeler [aple] [9] *fol.* thërras ☞ **appeler un taxi** thërras një taksi ❖ quaj ☞ **comment t'appelles-tu? Je m'appelle Irène** si quhesh? më quajnë Irenë ❖ telefonoj ☞ **André t'a appelé tout à l'heure** pak më parë të telefonoi Andrea.

appétit [apeti] *m.* oreks ☞ **bon appétit!** ju (*të*) bëftë mirë!

applaudir [aplodiʀ] [11] *fol.* duartrokas.

applaudissement [aplodismã] *m.* duartrokitje.

appliquer [aplike] [3] *fol.* vë, vendos ☞ **appliquer une couche de peinture** i jap një dorë bojë ❖ përdor, zbatoj ☞ **appliquer une loi** zbatoj një ligj 🔔 **s'appliquer (à)** jepem (*pas diçkaje*) ☞ **Sophie s'applique à bien écrire**

Sofia punon shumë për të shkruar mirë ☞ **un élève appliqué** një nxënës i zellshëm.

apporter [apɔʀte] [3] *fol.* sjell ☞ **Rose a apporté son livre à Georges** Roza ia solli librin e saj Zhorzhit.

apprendre [apʀɑ̃dʀ(ə)] [32] *fol.* mësoj ☞ **Marie apprend par cœur une poésie** Maria po mëson përmendsh një vjershë ❖ jap mësim ☞ **Marc m'apprend à nager** Marku po më mëson të notoj ❖ marr vesh (një lajm) ☞ **j'ai appris son départ par des amis** e mora vesh që u nis nga disa miq ❖ lajmëroj, informoj ☞ **il m'a appris la nouvelle** ai më dha lajmin.

apprivoiser [apʀivwaze] [3] *fol.* zbut (*një kafshë*).

s'**approcher** [sapʀɔ e] [3] *fol.* afrohem ☞ **si tu as froid, Marc, approche-toi du poêle** Mark, në qoftë se ke ftohtë, afrohu te soba.

appuyer [apɥije] [6] *fol.* mbështes ☞ **Julie appuie son vélo contre le mur** Juli po mbështet biçikletën te muri ❖ shtyp ☞ **Brigitte appuie sur le bouton pour sonner** Brixhita shtyp butonin për t'i rënë ziles.

après [apʀɛ] *parafj.* pas ☞ **Sophie est arrivée après Marc** Sofia ka mbërritur pas Markut ☞ **juste après l'école** menjëherë pas shkollës ☞ **il a couru après le voleur** ai i ra pas (*e ndoqi*) hajdutit ☞ **après que** pasi ☞ **d'après moi** sipas meje 🔔 *ndajf.* pastaj, më vonë ☞ **et après?** e pastaj? ☞ **deux mois après** dy muaj më vonë.

après-midi [apʀɛmidi] *m.* mbasdite.

📖 **Un après- midi, deux après-midi,** vini re se si në numrin shumës **un après-midi** nuk ndryshon.

aquarelle [akwaʀɛl] *f.* akuarel.

aquarium [akwaʀjɔm] *m.* akuarium.

arabe [aʀab] *adj., m., f.* arab.

araignée [aʀeɲe] *f.* merimangë ☞ **une toile d'araignée** një rrjetë merimange.

arbitre [aʀbitʀ(ə)] *m.* arbitër, gjyqtar loje.

arbre [aʀbʀ(ə)] *m.* pemë ☞ **arbre fruitier** pemë frutore.

arbrisseau [abʀiso] *m.* shkurre, gëmushë.

arbuste [aʀbyst] *m.* kaçubë.

arc [aʀk] *m.* hark.

Harku i Triumfit, ndërtuar nga Napoleoni i Parë në vitin 1806, për të përjetësuar fitoret e tij, është një ndër monumentet më të dëgjuara të Parisit. Më 1921, aty u vendos varri i ushtarit të panjohur rënë gjatë luftës së 1914-1918ës.

arc-en-ciel [aʀkɑ̃sjel] *m.* ylber.
📖 *sh.* arcs-en-ciel.

arche [aʀ] *f.* qemer (*i një ure*).

architecte [aʀ itɛkt] *m., f.* arkitekt.

arête [aʀɛt] *f.* halë (*e peshkut*) ❖ kurriz i hundës.

argent [aʀʒɑ̃] *m.* pare, të holla ☞ **as-tu de l'argent sur toi?** a ke para me vete? ☞ **argent de poche** pare xhepi (*për shpenzime të vogla)* ☞ **papa a payé la maison en argent comptant** babai e pagoi shtëpinë me para në dorë ❖ argjend ☞ **une bague en argent** një unazë prej argjendi.

Fjalë e urtë

La parole est d'argent, mais le silence est d'or. Fjala është argjend ndërsa heshtja është flori. "Sado me vlerë të jetë fjala, ndonjëherë heshtja mund të vlerësohet më shumë".

arme [aʀm] *m.* armë.
armée [aʀme] *f.* ushtri.
armoire [aʀmwaʀ] *f.* dollap ☞ **une armoire à glace** dollap me pasqyrë.
arracher [aʀa e] [3] *fol.* shkul ☞ **papa arrache les mauvaises herbes dans le jardin** babai shkul barërat e këqija në kopësht.
arranger [aʀɑ̃ʒe] [5] *fol.* rregulloj, ndreq ☞ **arranger la serrure** ndreq bravën.
arrêt [aʀɛ] *m.* ndalim, stacion ☞ **arrêt de bus** vendqëndrim autobusi.
arrêter [aʀɛte] [3] *fol.* ndal, mbaj ☞ **le chauffeur a arrêté le bus devant l'école** shoferi e mbajti autobusin përpara shkollës ☞ **arrête le moteur!** shuaje motorin! ❖ pusho, hesht ☞ **arrête!** pusho! mbylle gojën! ☞ **Marc a arrêté de pleurer** Marku pushoi së qari ❖ arrestoj ☞ **un voleur a été arrêté** u arrestua një hajdut 🔔 **s'arrêter** ndalem, qëndroj.
arrière [aʀjɛʀ] *m.* pjesë e prapme ☞ **l'arrière de la maison** pjesa e prapme e shtëpisë ☞ **à l'arrière de la maison** prapa shtëpisë 🔔 *mb.* i prapmë ☞ **les sièges arrières de l'autobus** vendet e prapme të autobusit ☞ **en arrière** prapa ☞ **tiens toi en arrière!** qëndro prapa!
arriéré [aʀjeʀe] *mb.* i prapambetur ❖ i vonuar, me zhvillim mendor të vonuar.
arrière-petit-fils [aʀjɛʀptifis] *m.* stërnip.
arrivée [aʀive] *f.* mbërritje.
arriver [aʀive] [3] *fol.* arrij, mbërrij ☞ **le train arrive dans la gare** treni mbërrin në stacion ❖ ia arrij (*një synimi*) ☞ **j'y suis arrivé** ia dola mbanë, ia arrita ❖ ndodh, bëhet ☞ **ce sont des choses qui arrivent** janë gjëra që ndodhin.
arroser [aʀɔze] [3] *fol.* ujit.
artichaut [aʀti o] *m.* angjinar.
article [aʀtikl] *m.* artikull.
artiste [aʀtist] *m.,f.* artist.
as [as] *m.* as ☞ **as de carreau** as karo (*në lojën me letra*) ❖ **un as de la classe** më i zoti i klasës.
ascenseur [asɑ̃sœʀ] *m.* ashensor.
aspect [aspɛ] *m.* pamje ☞ **le magicien a pris l'aspect d'une souris** magjistari mori pamjen e një miu.
asperge [aspɛʀʒ] *m.* shparg.

aspirateur [aspiʀatœʀ] *m.* aspirator, thithës pluhuri.
assaillir [asajiʀ] [14] *fol.* sulmoj, mësyj.
assassin [asasɛ̃] *m.* vrasës.
assembler [asɑ̃ble] [3] *fol.* mbledh, bashkoj.
s'**asseoir** [saswuaʀ] [29] *fol.* ulem ☞ **assieds-toi ici!** ulu këtu! ☞ **asseyons-nous à table pour déjeuner!** le të zëmë vend në tryezë, për të ngrënë drekë!
assez [ase] *ndajf.* mjaft ☞ **Alex se couche tard, il ne dort pas assez** Aleksi fle vonë, ai nuk fle aq sa duhet ☞ **il y a assez de gâteau pour tout le monde** ka aq ëmbëlsirë sa të hanë të gjithë ❖ **Muriel est assez bonne en physique** Myrieli është mjaft e mirë në fizikë ❖ **j'en ai assez de ce mauvais temps** kjo kohë e keqe më mërziti (*nuk e duroj dot më*).
assez! [ase] *pasth.* mjaft! pushoni!
assiette [asjɛt] *f.* pjatë ☞ **assiette creuse** pjatë e thellë ☞ **assiette plate** pjatë e cekët.

assister [asiste] [3] *fol.* ndodhem, marr pjesë.

association [asɔsjasjɔ̃] *f.* bashkim, kombinim ❖ shoqatë ☞ **l'association des parents d'élèves** shoqata e prindërve të nxënësve.

assumer [asyme] [3] *fol.* marr përsipër.

assurance [asyʀɑ̃s] *f.* siguri, besim, bindje ❖ sigurim.

astre [astʀ(ə)] *m.* yll ☞ **j'observe les astres au télescope** vëzhgoj yjet me teleskop.

astronaute [astʀɔnɔt] *m.* astronaut.

atelier [atəlje] *m.* punishte, repart ☞ **l'atelier d'un menusier** punishtja e një marangozi ☞ **l'atelier d'un peintre** studioja e një piktori.

athlète [atlɛt] *m., f.* atlet.

atlas [atlas] *m.* atlas.

attacher [ata e] [3] *fol.* lidh ☞ **Camille attache ses lacets** Kamilja lidh lidhëset e këpucëve

attaquer [atake] [3] *fol.* sulmoj ☞ **attaquer l'ennemi** sulmoj armikun.

s'**attarder** [sataʀde] [3] *fol.* vonohem ☞ **Sophie s'est attardée en sortant de l'école** Sofia erdhi vonë nga shkolla (*u vonua rrugës*).

atteindre [atɛ̃dʀ(ə)] [35] *fol.* arrij, kap ☞ **Paul a atteint le rocher à la nage** Poli arriti te shkëmbi me not ❖ **le mont Blanc atteint 4 807 mètres** Mali i Bardhë arrin lartësinë 4 807 metra ❖ prek, plagos ☞ **le chasseur a atteint le renard à la tête** gjahtari e goditi dhelprën në kokë.

attendre [atɑ̃dʀ(ə)] [31] *fol.* pres ☞ **attends-moi!** më prit! ☞ **la maman de Vanessa attend un bébé** mamaja e Vanesës pret një fëmijë.

> **Fjalë e urtë**
>
> **Tout vient à point à qui sait attendre.** I duruari, i fituari.

attentif [atɑ̃tif] *mb.* i vëmendshëm
📖 *f.* attentive.

attention [atɑ̃sjɔ̃] *f.* vëmendje ☞ **les élèves écoutent avec attention** nxënësit dëgjojnë me vëmendje ❖ kujdes ☞ **fais attention aux voitures** ruaju nga veturat.

atterrir [ateʀiʀ] [11] *fol.* ulet në tokë (*aeroplani*) ☞ **l'avion va atterrir dans dix minutes** aeroplani do të ulet mbas dhjetë minutash.

atterrissage [ateʀisaʒ] *m.* ulje, zbritje (*e aeroplanit*) në tokë.

attitude [atityd] *f.* qëndrim, sjellje.

attraper [atʀape] [3] *fol.* kap, zë ☞ **attrape le ballon!** kape topin! ❖ **Sarah a attrapé une rhume** Sarën e ka zënë rrufa.

aube [ob] *f.* agim ☞ **il fait jour de l'aube au crépuscule** dita zgjat nga agimi në muzg.

aubergine [obɛʀʒin] *f.* patëllxhan.

aucun [okɛ̃] *mb.* asnjë ☞ **je ne connais aucun éleve qui porte ce nom** nuk njoh asnjë nxënës me këtë emër ❖ *përem.* asnjë ☞ **d'aucuns** disa.

> 📖 **aucun** përdoret vetëm me pjesëzën **ne** të mohimit ☞ **aucun élève ne doit sortir sans permission** asnjë nxënës nuk duhet të dalë pa leje.

au-delà [od(ə)la] *ndajf.* përtej, matanë ☞ **au-delà de cette rue** matanë rrugës.

au-dessous [od(ə)su] *parafj.* poshtë ☞ **il fait froid, deux au-dessous de zéro** bën ftohtë, dy gradë nën zero.

au-dessus [od(ə)sy] *parafj.* sipër ☞ **l'avion est en train de voler au-dessus de la ville** aeroplani po fluturon mbi qytet.

au-devant [od(ə)vɑ̃] *parafj.* përpara ☞ **Lucie est allée au-devant de sa mère** Luçia i doli përpara s'ëmës.

augmenter [ogmɑ̃te] [3] *fol.* rrit ☞ **les prix ont augmenté** u rritën çmimet.
aujourd'hui [oʒuʀdɥi] *ndajf.* sot ☞ **le journal d'aujourd'hui** gazeta e sotme.
auquel [okɛl] *përem.* të cilit ❖ shih edhe **lequel**.
auparavant [opaʀavɑ̃] *ndajf.* më parë.
auprès [opʀɛ] *parafj.* pranë, afër ☞ **auprès de l'école** pranë shkollës.
aussi [osi] *ndajf.* gjithashtu, edhe ☞ **j'étudie le français et l'anglais aussi** unë studioj frëngjishten si edhe anglishten ❖ kaq ☞ **je ne pensais pas qu'il était aussi jeune** nuk e mendoja të ishte kaq i ri ❖ **Ilir est aussi grand que son père** Iliri është po aq i gjatë sa edhe i ati.
autant [otɑ̃] *ndajf.* aq sa, po aq sa ☞ **Paul a autant de livres que Marc** Poli ka po aq libra sa edhe Marku.
auteur [otœʀ] *m.* autor.
📖 *f.* autrice [otʀis].
auto [oto] *f.* automobil.
autobus [ɔtɔbys] *m.* autobus.

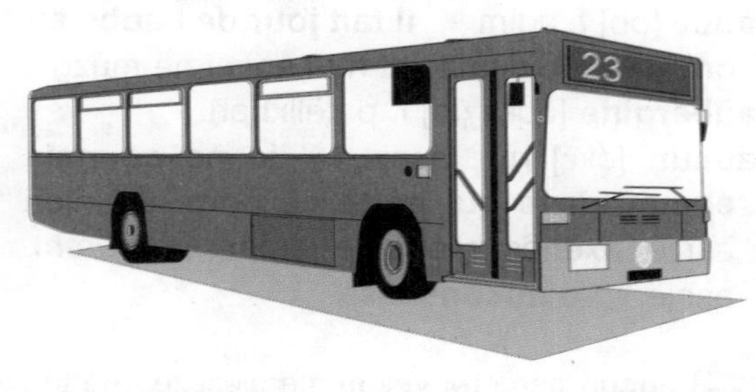

autocar [ɔtɔkaʀ] *m.* autobus ndërqytetës.
autocollant [ɔtɔkɔlɑ̃] *mb., m.* ngjitës.
automne [ɔtɔn] *m.* vjeshtë.
autoroute [otoʀut] *f.* autostradë.
autour [otuʀ] *ndajf.* rreth, rrotull, përqark, rreth e rrotull 🔔 *parafj.* rreth, rrotull ☞ **les enfants sont assis autour du feu** fëmijët janë ulur rreth zjarrit.
autre [otʀ(ə)] *mb.* tjetër ☞ **donne à Marie l'autre gant!** jepja Maries dorashkën tjetër! ☞ **si tu n'aimes ce gâteau prends-en un autre** në qoftë se nuk të pëlqen kjo ëmbëlsirë zgjidh një tjetër ☞ **Michel et Marc s'aident l'un l'autre** Misheli dhe Marku ndihmojnë njëri-tjetrin.
autrefois [otʀəfwa] *ndajf.* dikur, një herë e një kohë ☞ **autrefois les ordinateurs n'existaient pas** dikur nuk ka patur kompjutera.
autrement [otʀəmɑ̃] *ndajf.* ndryshe, përndryshe.
autruche [otʀy] *f.* struci.

autrui [otʀɥi] *përem.* tjetri, të tjerët.
auxquels [okɛl] *përem.* të cilëve, të cilave.
📖 *f.* auxquelles.
avalanche [avalɑ̃] *f.* ortek.
avaler [avale] [3] *fol.* gëlltit ☞ **l'autruche avale tout, même les cailloux** struci gëlltit çdo gjë, madje edhe gurët ❖ përpin ☞**Michel avale tout ce qu'il lit** Misheli përpin gjithçka që lexon.
avance [avɑ̃s] *f.* përparim ☞ **l'avance d'une armée** përparimi i një ushtrie ❖ **Paul est arrivé en avance aujourd'hui** Poli ka mbërritur më përpara sot.
avancer [avɑ̃se] [4] *fol.* zgjat, shtrij (*krahun*) ❖ shtyj përpara ❖ shkon përpara ☞ **ma montre avance de 5 minutes** ora ime ecën përpara 5 minuta ❖ **avance!** jepi! ec!
avant [avɑ̃] *parafj.* para, përpara ☞ **Christine arrivera avant moi** Kristina do të arrijë para meje ☞ **mon école est avant la librairie** shkolla ime ndodhet përpara librarisë ☞ **avant Jésus-Christ** para lindjes së Krishtit (*para erës së re*) 🔔 *ndajf.* **fais un pas en avant** bëj një hap para 🔔 *m.* pjesë e përparme (*e një makine, anijeje*) 🔔 (*në sport*) sulmues 🔔 *mb.* i përparmë ☞ **les places avant de l'auto** vendet e përparme të makinës.
avantage [avɑ̃taʒ] *m.* epërsi.
avant-dernier [avɑ̃dɛʀnje] *mb., m.* i parafundit.

📖 *f.* avant-dernière [avɑ̃dɛʀnjɛr].

avare [avaʀ] *mb., m.* koprac, dorështrënguar.

avec [avɛk] *parafj.* me ☞ **avec mes parents** me prindërit e mi.

aventure [avɑ̃tyʀ] *f.* ngjarje, aventurë.

avenue [av(ə)ny] *f.* shëtitore.

averse [avɛʀs] *f.* rrebesh.

avertir [avɛʀtiʀ] [11] *fol.* paralajmëroj.

aveugle [avœgl] *mb.* i verbër.

avion [avjɔ̃] *m.* aeroplan.

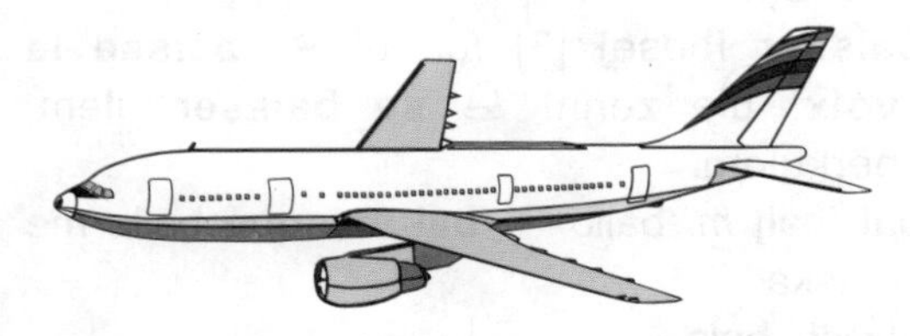

Francezët janë baballarët e aviacionit (Bleriot, Latham, etj.). Francez ka qenë edhe njeru i parë në botë që ka fluturuar me një balonë në vitin 1783.

avis [avi] *m.* mendim, opinion ☞ **Michel a changé d'avis** Misheli ndërroi mendje ☞ **à mon avis** sipas mendimit tim ❖ lajmërim ☞ **Avis au public** lajmërim.

avocat [avɔka] *m.* avokat.

avoine [avwan] *m.* tërshërë.

avoir [awaʀ] [1] *fol.* kam ☞ **Marie a deux frères** Maria ka dy vëllezër ☞ **j'ai soif** kam etje ☞ **quel âge as-tu?** sa vjeç je? ☞ **avoir à donner** kam për të dhënë, duhet të jap ☞ **tu n'as pas à t'inquiéter** nuk ke pse të shqetësohesh ❖ **il y a** ☞ **il y a beaucoup d'élèves dans la cour** ka shumë nxënës në oborr.

avouer [avue] [3] *fol.* pohoj ☞ **Martine a avoué qu'elle a copié sur Valérie** Martina e pohoi (*e pranoi*) që kishte kopjuar nga Valeria.

avril [avʀil] *m.* prill ☞ **en avril** në prill.

bac [bak] *m.* maturë ☞ **Marc a raté son bac** Marku nuk e mori maturën.

baccalauréat [bakalɔʀea] *m.* maturë.

bagage [bagaʒ] *m.* tesha, plaçka, bagazh.

bagarre [bagaʀ] *f.* përleshje, kacafytje ☞ **il cherche la bagarre** ai kërkon sherr.

bagatelle [bagatɛl] *f.* stringël, xhingël ❖ gjë e vogël, pa rëndësi ☞ **ils se sont disputés pour des bagatelles** ata u grindën për hiçgjë.

bague [bag] *f.* unazë.

baguette [bagɛt] *f.* shufër ☞ **la baguette magique** shkopi magjik ❖ bukë e hollë dhe e gjatë.

La baguette, një ndër llojet e shumta të bukëve që prodhohen në Francë. Ajo ka formën e një shkopi të hollë dhe të gjatë, prandaj edhe quhet kështu. Në Shqipëri ajo quhet bukë franceze.

baignade [bɛɲad] *f.* banjë (*në det, në pishinë*).

baigner [beɲe] [3] *fol.* fut, shtie (*në ujë*), i bëj banjë (një fëmije) ❖ lag ☞ **l'Adriatique baigne l'Albanie** Shqipëria laget nga Adriatiku 🔔 **se baigner** lahem ☞ **j'aime me baigner dans la mer** më pëlqen të lahem në det.

baignoire [bɛɲwaʀ] *f.* vaskë banje.

bâiller [baje] [3] *fol.* gogësij.

bain [bɛ̃] *m.* banjë (*në vaskë*) ☞ **prendre un bain** bëj banjë ☞ **bain moussant** shkumë banje ☞ **l'été, Marie prend des bains de mer** në verë, Maria lahet në det.

baiser [beze] *m.* puthje ☞ **Philipe a donné un baiser à sa sœur** Filipi e puthi të motrën.

baisser [bese] [3] *fol.* ul ☞ **baisse la voix!** ule zërin! 🔔 **se baisser** ulem, përkulem.

bal [bal] *m.* ballo ☞ **bal masqué** ballo me maska.

📖 *sh.* bals.

Le bal du 14 juillet balloja e 14 korrikut. Në 14 Korrik, ditën e festës kombëtare të Francës, të gjithë francezët marrin pjesë në një ballo popullore që quhet **le Bal du 14 juillet,** ku kërcejnë nëpër sheshet e rrugët kryesore të qyteteve apo fshatrave.

balai [balɛ] *m.* fshesë ☞ **je donne un coup de balai à la chambre** i jap një fshesë dhomës.

balance [balɑ̃s] *f.* peshore.

balancer [balɑ̃se] [4] *fol.* tund, lëkund ☞ **Sophie balance les bras** Sofia tund krahët 🔔 **se balancer** tundem, lëkundem ☞ **Marie se balance sur la balançoire** Maria lëkundet në shilarës.

balançoire [balɑ̃swaʀ] *f.* shilarës.

balayer [baleje] [7] *fol.* fshij.

balcon *m.* ballkon [balkɔ̃].

baleine [balɛn] *f.* balenë ☞ **rire comme une baleine** shkrihem së qeshuri.

balle [bal] *f.* top ❖ fishek.

ballon [balɔ̃] *m.* top ❖ balonë.

banane *f.* [banan] banane.

banc [bɑ̃] *m.* fron, bankë ☞ **les bancs de l'école** bankat e shkollës.

bande [bɑ̃d] *f.* fashë, rryp, shirit ☞ **Sophie découpe le papier en bandes** Sofia e pret letrën në shirita ❖ **bande dessinée** film vizatimor ❖ bandë, grup (*keqbërësish, miqsh*).

> Janë shumë të njohur për francezët tregimet vizatimorë me temë nga aventurat e **Asterix le Gaulois** dhe të **Gaston Lagaffe.**

bandit [bɑ̃di] *m.* bandit.

banlieue [bɑ̃ljø] *f.* periferi, lagjet në periferi të një qyteti.

banque [bɑ̃k] *f.* bankë ☞ **papa a un compte à la banque** babai ka një depozitë në bankë.

baptême [batɛm] *m.* pagëzim.

baraque [baʀak] *f.* barakë.

barbe [baʀb(ə)] *f.* mjekër ❖ **barbe à papa** shtëllungë sheqeri (*ëmbëlsirë për fëmijët*).

barboter [baʀbɔte] [3] *fol.* shllapurit ☞ **Thomas barbote dans l'eau** Thomai shllapuritet në ujë.

barbouiller [baʀbuje] [3] *fol.* laturis, fëlliq ☞ **Nicolas peint, sa figure est barbouillée** Nikolla po pikturon, ai e ka laturisur fytyrën ❖ zhgarravis ❖ **j'ai l'estomac barbouillé** më trazohet.

barque [baʀk(ə)] *f.* varkë.

barrage [ba(ɑ)ʀaʒ] *m.* pengesë ❖ pritë, digë.

barre [ba(ɑ)ʀ] *f.* shufër ☞ **barre de fer** shufër hekuri ☞ **barres parallèles** paralelet (*në sport*) ❖ vizë (*poshtë një fjale*) ❖ **être à la barre** jam në timon (*të anijes*).

barrer [ba(ɑ)ʀe] [3] *fol.* prish ☞ **Monique barre le mot qu'elle a mal écrit** Monika prish, (*i heq vijë*) fjalën që ka shkruar gabim ❖ mbyll, zë, pengoj.

barrière [ba(ɑ)ʀjɛʀ] *f.* gardh ❖ pengesë.

bas [bɑ] *mb.* i ulët, i pakët, i dobët ☞ **à voix basse** me zë të ulët 🔔 *m.* **le haut et le bas du mur** pjesa e sipërme dhe e poshtme e murit ☞ **regarder en bas** shikoj poshtë ☞ **à bas les voleurs**! poshtë hajdutët! ❖ çorape (*për gra*)

📖 *f.* basse [bɑs].

base [bɑz] *f.* bazë, themel.

basket-ball *ose* **basket** [baskɛtbɔl] *m.* basketboll ❖ atlete (*këpucë sporti*) ☞ **maman m'a acheté une paire de baskets blanches** mamaja më bleu një palë atlete të bardha.

bassin [basɛ̃] *m.* pellg.

bassine [basìn] *f.* legen ☞ **Aline lave du linge dans une bassine** Alina lan teshat në legen.

bataille [batɑj] *f.* betejë.

bateau [bato] *m.* anije ☞ **bateau à voile** varkë me vela ☞ **bateau à moteur** varkë me motor ☞ **pour aller en Italie, Ilir voyage en bateau** për të shkuar në Itali, Iliri udhëton me vapor

📖 *sh.* bateaux.

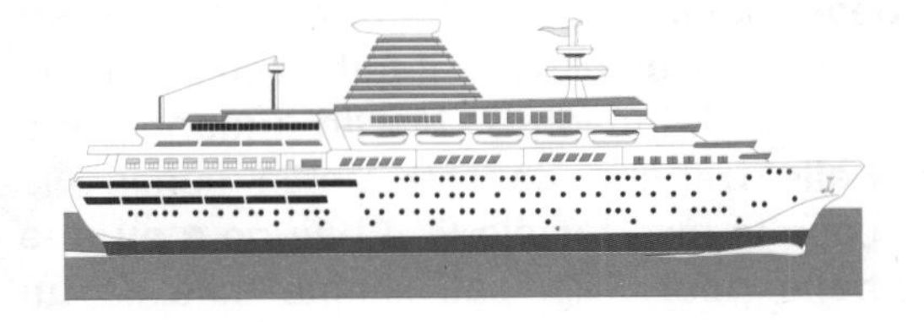

bâtiment [bɑtimɑ̃] *m.* ndërtesë ☞ **j'habite le bâtiment 24 de la Cité universitaire** banoj në ndërtesën 24 të Qytetit të Studentit ❖ anije e madhe.

bâtir [bɑtiʀ] [11] *fol.* ndërtoj, ngre (*shtëpi, ndërtesa*).

bâton [bɑtɔ̃] *m.* shkop.

batterie [batʀi] *f.* bateri.

battre [batʀ(ə)] [31] *fol.* rrah ☞ **Julien, ne bats pas ta sœur!** Julian, mos e rrih motrën! ☞ **mon cœur bat très fort** më rreh zemra fort ❖ mund ☞ **Nicolas a battu Thomas au tennis** Nikolla e mundi Thomanë në tenis ❖ përziej (*letrat e bixhozit*)

> 🕮 **se battre** rrihem, zihem ❖ luftoj. **Il faut battre le fer pendant qu'il est chaud**. Hekuri rrihet sa është i nxehtë. "Çdo punë duhet bërë në kohën e duhur."

bavard [bavaʀ] *mb.* llafazan, fjalëshumë 🕮 *f.* bavarde [bavaʀd].

bavarder [bavaʀde] [3] *fol.* dërdëllis, llomotis, flas shumë.

baver [bave] [3] *fol.* jargavitem, lëshoj jargë.

bavoir [bavwaʀ] *m.* grykashkë.

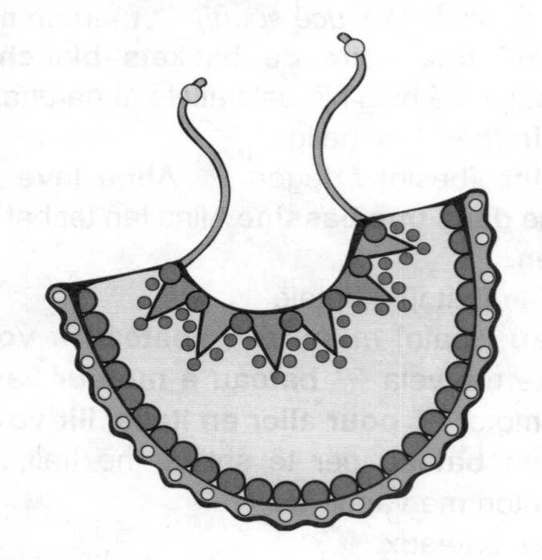

beau [bo] *mb.* i bukur ☞ **une belle maison** një shtëpi e bukur ☞ **il fait beau** bën kohë e mirë ❖ i madh ☞ **Martin a mangé une belle tranche de rôti** Martin hëngri një cope të mirë rostoje ☞ **Philippe a eu une belle peur** Filipi pati shumë frikë ❖ **un beau jour** një ditë të bukur 🔔 *ndajf.* **j'ai beau crier, mamie ne m'entend pas** edhe pse thërras fort, gjyshja nuk më dëgjon ❖ **bel et bien** me të vërtetë ☞ **Mireille avait raison, je me suis bel et bien trompé** Mirej kishte të drejtë, unë e kisha me të vërtetë gabim.

🕮 *sh.* beaux [bo]; *f.* belle [bɛl], *sh.* belles [bɛl].

> 🕮 Përpara fjalëve që fillojnë me zanore ose **H** të pazëshme **beau** bëhet **bel** ☞ **un bel automne** një vjeshtë e bukur ☞ **un bel hiver** një dimër i mirë, i butë.
> 🕮 Mbiemri **beau** kur ndodhet përpara emrit merr një kuptim të ndryshëm ☞ **un beau matin** një mëngjes ☞ **un bel égoïste** një egoist i madh.

beaucoup [boku] *ndajf.* shumë ☞ **Sophie aime beaucoup les fruits** Sofia i pëlqen shumë frutat ☞ **papa a beaucoup de livres** babai ka shumë libra ☞ **il ya beaucoup de monde dans la rue** ka shumë njerëz në rrugë 🔔 *përem.* shumë ☞ **Marc a beaucoup à faire** Marku ka shumë për të bërë ☞ **beaucoup le pensent** shumë njerëz e mendojnë.

beauté [bote] *f.* bukuri, hijeshi.

> **La Corse est surnommée l'île de Beauté.** Korsikën e quajnë Ishulli i Bukurisë.

bébé [bebe] *m.* foshnjë.

bec [bɛk] *m.* sqep ☞ **l'oiseau a un bec dur et pointu** zogu ka një sqep të fortë dhe me majë.

bêche [bɛ] *f.* bel ☞ **Philipe creuse la terre avec la bêche** Filipi gërmon tokën me bel.

beignet [bɛɲɛ] *m.* pite, petull.

belle [bɛl] *f.* e bukura ❖ shih **beau.**

bêler [bele] *fol.* blegërin.

berceau [bɛʀso] *m.* djep
🕮 *sh.* berceaux.

bercer [bɛʀse] [4] *fol.* përkund, tund.

berceuse [bɛʀsøz] *f.* ninullë.

béret [beʀe] *m.* beretë ☞ **les soldats français portent des bérets** ushtarët francezë mbajnë bereta.

berge [bɛʀʒ] *f.* breg i pjerrët (*i një lumi, kanali*).

berger [bɛʀʒe] *m.* çoban, barí.
🕮 *f.* bergère [bɛʀʒɛʀ].

bergerie [bɛʀʒəʀi] *f.* vathë.

bermuda [bɛʀmyda] *m.* pantallona të shkurtëra.

besoin [bəzwɛ̃] *m.* nevojë ☞ **Hélène a besoin de votre aide pour résoudre le problème** Elena ka nevojë për ndihmën tuaj për të zgjidhur problemin ☞**Thomas a sommeil : il a besoin de dormir** Thomait i vjen gjumë : ai duhet të flejë.

bête [bɛt] *f.* kafshë ☞ **Arnaud aime les bêtes** Arnoja i do kafshët 🔔 *mb.* budalla ☞ **il est bête comme ses pieds** ai është budalla i madh.

bêtise [bɛtiz] *f.* marri, marrëzi.

betterave [bɛtʀav] *f.* panxhar.

beurre [bœʀ] *m.* gjalpë.

biberon [bibʀɔ̃] *m.* biberon.

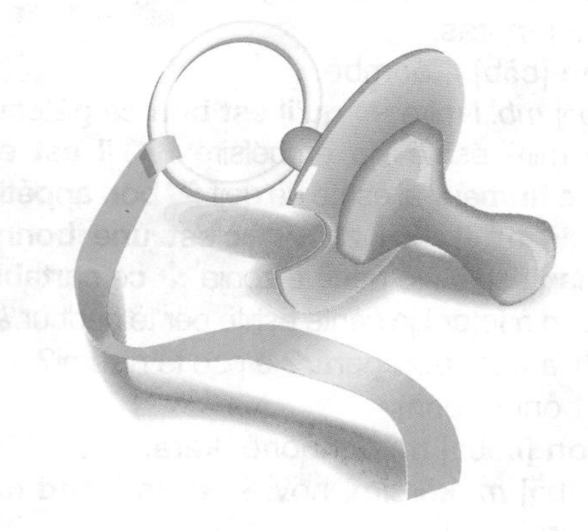

Bible [bibl] *m.* Bibël.

bibliothèque [biblijɔtɛk] *f.* bibliotekë ☞ **Alex emprunte souvent des livres à la bibliothèque municipale** Aleksi merr (*huazon*) shpesh libra në bibliotekën e lagjes.

La Bibliothèque Nationale biblioteka kombëtare, është biblioteka kryesore e Francës në Paris. Ajo është krijuar nga Mbreti Karl i Pestë në vitin 1570. Në të ruhen të gjitha librat që botohen dhe dokumentet që botohen në Francë.

bicéphale [bisefal] *mb.* dykrenare ☞ **l'aigle bicéphale** shqiponja dykrenare.

biche [bi] *f.* sutë, drenushë.

bicyclette [bisiklɛt] *f.* biçikletë.

bidon [bidɔ̃] *m.* bidon.

bien [bjɛ̃] *ndajf.* mirë ☞ **Besa parle très bien le français** Besa e flet shumë mirë frëngjishten ☞ **bien! bravo**! mirë! të lumtë! ☞ **la gymnastique te fait du bien** gjimnastika të bën mirë ☞ **bien que** edhe pse ☞ **bien qu'il soit étranger il parle très bien le français** edhe pse i huaj ai e flet shumë mirë frëngjishten 🔔 *mb.i pandrysh.* mirë ☞ **ce sera très bien ainsi** kështu do të jetë shumë mirë 🔔 *m.* e mirë ☞ **le bien et le mal** e mira dhe e keqja.

bientôt [bjɛ̃to] *ndajf.* pas pak ☞ **à bientôt!** mirupafshim së shpejti!

bière [bjɛʀ] *f.* birrë.

bifteck [biftɛk] *m.* biftek.

bijou [biʒu] *m.* stoli ☞ **les bagues, les bracelets, les colliers, les boucles d'oreilles sont des bijoux** unazat, byzylykët, varëset, vathët janë stoli.

📖 *sh.* bijoux

bille [bij] *f.* zar ☞ **jouer aux billes** luaj me zare.

billet [bijɛ] *m.* pusullë, biletë ☞ **Marc n'était pas à la maison, je lui ai écrit un billet** Marku nuk ishte në shtëpi, unë i shkrova (*i lashë*) atij një pusullë ❖ **papa a acheté un billet d'aller-retour pour Paris** babai bleu një biletë vajtje-ardhje për në Paris ❖ **il l'a payé en billets de banque** ai e pagoi atë me kartmonedha.

biscuit [biskɥi] *m.* biskotë.

bise [biz] *f.* thëllim, murlan, veri ❖ puthje.

bisou, bizou [bizu] *m.* puthje.

📖 **Bise** dhe **bisou** përdoren në ligjërimin e shkujdesur bisedor.

bistro(t) [bistʀo] *m.* kafe, pijetore.

bizarre [bizaʀ] *mb.* i çuditshëm, i jashtëzakonshëm ☞ **c'est bizarre!** është e çuditshme!

blague [blag] *f.* shaka ☞ **faire une blague à un ami** bëj shaka me një mik.

blanc [blɑ̃] *mb.* i bardhë ☞ **la neige est blanche** bora është e bardhë ❖ i pashkruar ☞ **Arthur écrit sur du papier blanc** Arturi shkruan mbi letër të bardhë 🔔 *m.* e bardha.

📖 *f.* blanche [blɑ̃].

blanchisserie [blɑ̃ isʀi] *f.* pastërti, lavanderi.
blatte [blat] *f.* buburrec.
blé [ble] *m.* grurë ☞ **un épi de blé** një kalli gruri.
se **blesser** [səblese] [3] *fol.* plagosem, vritem ☞ **tu saignes? tu es blessé?** po të del gjak? je plagosur?
blessure [blesyʀ] *f.* plagë.

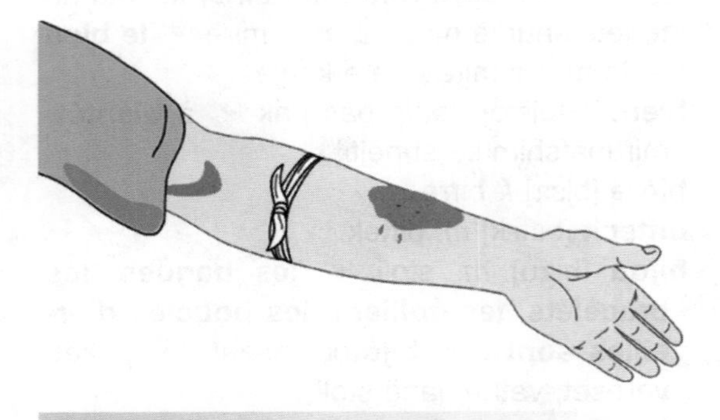

🕮 **Blessure** thuhet zakonisht për një plagë që rrjedh gjak.

bleu [blø] *mb., m.* i kaltër ☞ **le ciel est bleu quand il n'y a pas de nuages** qielli është i kaltër kur nuk ka re 🔔 *m.* vulë, mbresë, shenjë.
bloc [blɔk] *m.* bllok ☞ **un bloc de béton** një bllok betoni ❖ **en bloc** grumbull .
blond [blɔ̃] *mb.* flokëverdhë.
bloquer [blɔke] [3] *fol.* bashkoj, grumbulloj ❖ bllokoj.
se **blottir** [səblɔtiʀ] [11] *fol.* kruspullohem. mblidhem kruspull ☞ **le chat est blotti dans le fauteuil** macja është mbledhur kruspull në kolltuk.
blouse [bluz] *f.* përparëse ☞ **les médecins, les infermiers et les pharmaciens portent des blouses blanches** mjekët, infermierët, farmacistët mbajnë përparëse të bardha.
blouson [bluzɔ̃] *m.* xhaketë lëkure, xhup.
bobard [bɔbaʀ] *m.* dokrra, dëngla ☞ **ce ne sont que des bobards** janë veçse gënjeshtra.
bobine [bɔbin] *f.* çikrik, rrotë, masur, suvajkë.
bobo [bobo] *m.* dhimbje e vogël (*në gjuhën e fëmijëve*).
bocal [bɔkal] *m.* poç, kavanoz.
🕮 *sh.* bocaux [bɔko].
bœuf [bœf] *m.* ka
🕮 *sh.* bœufs [bø].
boire [bwaʀ] [39] *fol.* pi ☞ **Marie a soif, elle boit de l'eau** Maria ka etje, ajo po pi ujë ❖ përpij ❖ thith ☞ **le buvard boit l'encre** letra thithëse thith bojën.
bois [bwa] *m.* dru ☞ **le tableau noir est en bois** dërrasa e zezë është prej druri ❖ pyll ☞ **allons dans le bois nous promener sous les arbres** hajde shkojmë në pyll të shëtisim nën pemë ❖ shtyllë (*e portes së futbollit*) ❖ *sh.* bri (*të drerit*).
boisson [bwasɔ̃] *f.* pije.
boîte [bwat] *f.* kuti ☞ **une boîte à chaussures** një kuti këpucësh ☞ **petits pois en boîte** bizele (*të konservuara*) në kuti ☞ **la boîte à lettres** kutia e postës.
boîter [bwate] [3] *fol.* çaloj.
bol [bɔl] *m.* tas.
bombe [bɔ̃b] *f.* bombë.
bon [bɔ̃] *mb.* i mirë ☞ **qu'il est bon ce gâteau!** sa e mirë është kjo ëmbëlsirë! ☞ **il est en bonne humeur** ai është në qejf ☞ **bon appétit!** ju bëftë mirë! ❖ i zoti ☞ **c'est une bonne maman** është një nënë e zonja ❖ **ce cartable est bon à jeter** kjo çantë është për të hedhur 🔔 *pasth.* **à quoi bon partir?** e pse të nisemi?
🕮 *f.* bonne [bɔn].
bonbon [bɔbɔ] *m.* bonbone, karamele.
bond [bɔ̃] *m.* kërcim, hov ☞ **d'un bond** me një kërcim.
bondir [bɔ̃diʀ] [11] *fol.* kërcej, hidhem ☞ **elle bondit de joie** ajo hidhet nga gëzimi ❖ vërsulem.
bonheur [bɔ̃nœʀ] *m.* lumturi ❖ fat ☞ **porter bonheur** sjell fat.
bonhomme [bɔnɔm] *m.* bablok ☞ **un bonhomme de neige** njeri prej bore.
🕮 *sh.* bonshommes [bɔ̃zɔm].
bonjour [bɔ̃ʒuʀ] *m.* tungjatjeta, mirëdita.

Në Francë thuhet **bonjour!** edhe për mirëmëngjesi! Mbas orës 17:00, përdoret si shprehje përshëndetjeje **bonsoir!** mirëmbrëma! Ndërsa kur largohemi për të fjetur thuhet **bonne nuit!** natën e mirë! Francezët përdorin shumë shprehje përshëndetjeje të ndërtuara me mbiemrin **bon** i mirë. Kështu thuhet ☞ **bon après-midi, bonne fin d'après-midi, bonne soirée,** që do të përktheheshin në shqipe me ☞ kalofshi një mbasdite të mirë ! një mbrëmje të mirë !

bonnet [bɔnɛ] *m.* kësulë, kapuç, skufje.
bonsoir [bɔ̃swaʀ] *m.* mirëmbrëma.
bonté [bɔ̃te] *f.* dashamirësi ❖ mirësi.
bord [bɔʀ] *m.* anë, buzë ☞ **le bord de la route** buza e rrugës ❖ **les passagers sont montés à bord** *(d'un bateau, d'un avion)* pasagjerët hipën (*në anije në aeroplan*).
bosse [bɔs] *f.* gungë, xhungë.
bossu [bɔsy] *mb.*, *m.* gungaç, kurrizo.
botte [bɔt] *f.* tufë (*me presh, etj.*) ❖ çizme.
bouche [bu] *f.* gojë ☞ **rester bouche bée** ngelem gojëhapur, habitem ☞ **bouche cousue!** mos trego! ❖ grykë (*metroje, lumi, etj.*).
bouchée [bu e] *f.* kafshatë.
boucher [bu e] [3] *fol.* tapos, shtupoj 🔔 **se boucher** zihet, bllokohet.
boucherie [bu ʀi] *f.* dyqan mishi ❖ *fig.* kasaphanë, kërdi, gjakderdhje.
bouchon [bu ɔ̃] *m.* tapë, shtupë.
boucle [bukl] *m.* tokëz ❖ **boucle d'oreille** vath ❖ **boucle de cheveux** kaçurrel ❖ dredhë.
bouclier [buklije] *m.* mburojë ☞ **bouclier humain** mburojë njerëzore.
bouder [bude] [3] *fol.* var buzët, rri me turinj.
boue [bu] *f.* baltë.
bouée [bue] *f.* bovë ❖ **bouée de sauvetage** gomë shpëtimi.
bouger [buʒe] [5] *fol.* lëviz, tundem ☞ **Sophie, ne bouge pas**! Sofi, mos lëviz! ☞ **Marc a une dent qui bouge** Markut i lëviz një dhëmb.
bougie [buʒi] *f.* qiri.

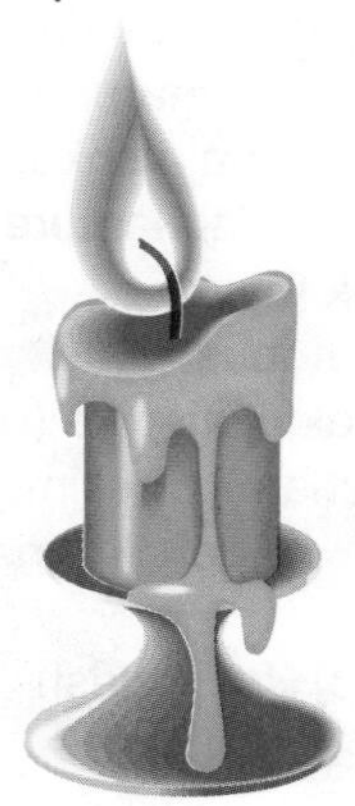

bouillant [bujɑ̃] *mb.* i valuar, shumë i nxehtë ❖ *fig.* që vlon ☞ **bouillant de colère** që zjen nga zemërimi.
📖 *f.* bouillante [bujɑ̃t].
bouillir [bujiʀ] [15] *fol.* zien, valon, merr valë
boulanger [bulɑ̃ʒ] *m.* bukëpjekës, bukëshitës 📖 *f.* boulangère [bulɑ̃ʒɛʀ].
boulangerie [bulɑ̃ʒəʀi] *f.* dyqan i bukës.
boule [bul] *f.* lëmsh ☞ **jouer aux boules** luaj me gjyle.
boulevard [bulvaʀ] *m.* bulevard.
bouquet [bukɛ] *m.* buqetë, tufë (*lulesh*).
bourgeon [buʀʒɔ̃] *m.* syth, burbuqe.
bourrer [buʀe] [3] *fol.* mbush ☞ **papa bourre sa pipe** babai mbush llullën ❖ ngop.
bousculer [buskyle] [3] *fol.* shtyj fort.
boussole [busɔl] *f.* busull.

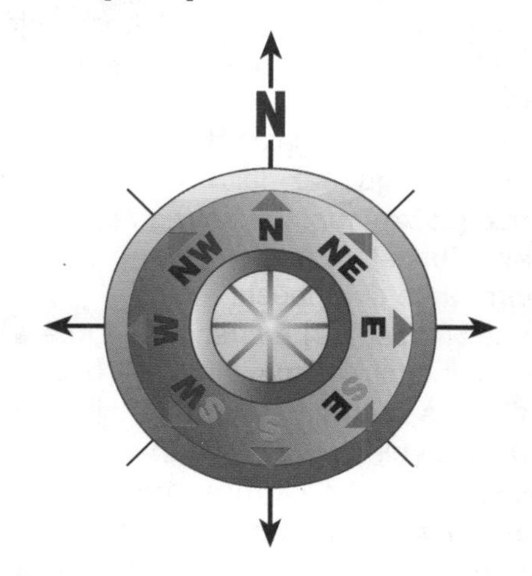

bout [bu] *m.* skaj, cep, anë ☞ **les fleurs sont au bout de la cour** lulet ndodhen në fund të oborrit ☞ **d'un bout à l'autre** nga njëra anë te tjetra ☞ **au bout du monde** në fund të botës ❖ copë ☞ **un bout de pain** një copë bukë.
bouteille [butɛj] *f.* shishe.
boutique [butik] *f.* dyqan ☞ **la boutique est fermée** dyqani është mbyllur.
bouton [butɔ̃] *m.* syth ❖ puçërr ❖ kopsë ❖ çelës.
boutonner [butɔne] [3] *fol.* kopsit ☞ **boutonne ton manteau, il fait froid!** kopsite pallton, bën ftohtë!
bracelet [bʀaslɛ] *m.* byzylyk.
branche [bʀɑ̃] *f.* degë ❖ *fig.* degë (*në ekonomi*) ❖ **branches des lunettes** bishtat e syzeve.

bras [bʀa] *m.* krah ☞ **maman me prend dans ses bras** mamaja më merr në krahët e saj ❖ krah pune ❖ krah ☞ **le fauteuil a deux bras** kolltuku ka dy krahë ❖ **bras de mer** ngushticë.

bravo! [bʀavo] *m., pasth.* të lumtë!.

brébis [bʀebi] *m.* dele.

bretelle [bʀətɛl] *f.* rrip ❖ *sh.* tiranda.

brillant [bʀijɑ̃] *mb.* i shkëlqyeshëm, i shndritshëm ❖ **un élève brillant** një nxënës i shkëlqyer

📖 *f.* brillante [bʀijɑ̃t].

briller [bʀije] [3] *fol.* shkëlqej, ndrit ❖ *fig.* shkëlqej, shquaj mbi të tjerët.

brin [bʀɛ̃] *m.* fije ☞ **un brin d'herbe** një fije bari ☞ **un brin d'espoir** një fije shprese.

brique [bʀik] *f.* tullë.

briquet [bʀikɛ] *m.* çakmak ☞ **une pierre à briquet** një gur çakmaku.

bronzé [bʀɔ̃ze] *mb.* i nxirë (*nga dielli*).

brosse [bʀɔs] *f.* furçë ☞ **une brosse à dents** furçë dhëmbësh.

brosser [bʀɔse] [3] *fol.* fshij me furçë 🔔 **se brosser** fshij, laj me furçë ☞ **brosse-toi les dents avant de dormir!** laji dhëmbët para se të biesh për të fjetur!

brouette [bʀuɛt] *f.* karrocë dore ☞ **on peut tirer ou pousser une brouette** mund të tërheqim ose të shtyjmë një karrocë dore.

brouillard [bʀujaʀ] *m.* mjegull.

brouter [bʀute] [3] *fol.* kullot ☞ **les moutons et les chèvres broutent** dhentë dhe dhitë kullosin.

bruine [bʀɥin] *f.* shi i imët dhe i ftohtë.

bruit [bʀɥi] *m.* zhurmë ☞ **tu entends le bruit de l'eau?** e dëgjon zhurmën e ujit? ☞ **la nouvelle a fait du bruit** lajmi bëri bujë.

brûler [bʀyle] [3] *fol.* djeg ☞ **le feu brûle dans la cheminée** zjarri digjet në oxhak ❖ **je brûle d'impatience** s'më pritet më, s'duroj dot.

brûlure [bʀylyʀ] *f.* djegie, plagë nga djegia.

brun [bʀœ̃] *mb.* i zeshkët.

📖 *f.* brune [bʀyn].

brusque [bʀysk] *mb.* i ashpër, i rrëmbyer ❖ i menjëhershëm, i papritur, i befasishëm.

brutal [bʀytal] *mb.* i egër.

📖 *sh.* brutaux [bʀyto].

bruyant [bʀyjɑ̃] *mb.* i zhurmshëm.

📖 *f.* bruyante [bʀyjɑ̃t].

bûche [by] *f.* kërcu ☞ **papa met une bûche dans la cheminée** babai vë një kërcu në oxhak ❖ **la bûche de Noël** ëmbëlsirë për Krishtlindje (*në formën e një cope trungu*).

bûcheron [by ʀɔ̃] *m.* druvar.

buisson [bɥisɔ̃] *m.* gëmushë, kaçubë.

bulle [byl] *f.* flluskë.

bulletin [byltɛ̃] *m.* buletin ❖ biletë, faturë ❖ **bulletin de vote** fletë votimi ❖ **le bulletin de notes** dëftesë notash.

bureau [byʀo] *m.* tryezë shkrimi ❖ zyrë ☞ **tous les matins, maman va au bureau** çdo mëngjes mamaja shkon në zyrë ❖ **un bureau de tabac** duhantore.

📖 *sh.* bureaux [byro].

bus [bys] *m.* autobus.

but [by(t)] *m.* cak, kufi, pikë (*që duhet të arrij*) ❖ shenjë, nishan ❖ qëllim, objektiv ❖ (*në futboll*) portë ❖ gol ☞ **marquer un but** shënoj një gol.

buter [byte] [3] *fol.* ndesh ❖ pengohem, ngec.

ça = cela [sa, s(ə)la] *përem.* ky, kjo ☞ **qu'est-ce que c'est ça!** ç'është kjo! ☞ **ça m'est égal** aq më bën.

> 📖 **Ça** është forma e shkurtuar e përemrit **cela,** dhe përdoret zakonisht në gjuhën e ligjërimit bisedor.

çà [sa] *ndajf.* këtej, këtu ☞ **çà et là** andej-këtej.
cabane [kaban] *f.* kasolle.
cabine [kabin] *f.* kabinë.
cabriole [kabʀijɔl] *f.* kollotumba.
cacao [kakao] *m.* kakao.
caca [kaka] *m.* kakë.
cacahouète [kakawɛt] *f.* kikirik.
cache-cache [ka ka] *m.* kukafshehtas ☞ **les enfants jouent à cache-cache** fëmijët luajnë kukafshehtas.
cache-col [ka kɔl] *m.* shall.
cacher [ka e] [3] *fol.* fsheh, mbuloj ☞ **Aline a caché sa poupée** Alina e ka fshehur kukullën e saj ☞ **où t'es-tu caché**? ku je fshehur?
cachette [ka ɛt] *f.* skutë ☞ **en cachette** tinëz, fshehtas.
cadeau [kado] *m.* dhuratë ☞ **cadeau de Nouvel An** dhuratë e Vitit të Ri.
cadenas [kadnɑ] *m.* dry.

cadet [kadɛ] *mb.* më i vogël ☞ **mon frère cadet** vëllai im më i vogël.
📖 *f.* cadette [cadɛt].
cadran [kadʀɑ̃] *m.* fushë (*ore*).
cadre [kɑdʀ(ə)] *m.* kornizë.
cafard [kafaʀ] *m.* buburrec.
café [kafe] *m.* kafe ❖ kafene.
cafetière [kaftjɛʀ] *f.* enë ku përgatitet kafeja.
cage [kaʒ] *f.* kafaz.
cahier [kaje] *m.* fletore ☞ **cahier rayé** fletore me vija ☞ **cahier quadrillé** fletore me kuti ☞ **cahier à dessin** fletore vizatimi ☞ **cahier de textes** ditar.
caillou [kaju] *m.* guriçkë, guralec.
📖 *sh.* cailloux.
caisse [kɛs] *f.* arkë.
cajoler [kaʒɔle] [3] *fol.* përkëdhel, ledhatoj.
calcul [kalkyl] *m.* llogari, hesap.
calculatrice [kalkylatʀis] *f.* makinë llogaritëse.
calculer [kalkyle] [3] *fol.* llogaris, bëj hesap.
calendrier [kalɑ̃dʀije] *m.* kalendar.
câliner [kaline] [3] *fol.* ledhatoj, përkëdhel.
calme [kalm] *mb.* i qetë.
calmer [kalme] [3] *fol.* qetësoj.
calvados [kalvados] *m.* kalvados, raki molle.
camarade [kamaʀad] *m.* shok ☞ **camarade de classe** shok klase.
caméléon [kameleɔ̃] *m.* kameleon.
caméra [kameʀa] *f.* kamerë ☞ **caméra de télévision** kamerë televizive.
camion [kamjɔ̃] *m.* kamion.
camp [kɑ̃] *m.* kamp.
campagne [kɑ̃paɲ] *f.* fushë ❖ fshat ☞ **aller à la campagne** shkoj në fshat ❖ fushatë (*elektorale*) ❖ ekspeditë ushtarake.
camping [kɑ̃piɲ] *m.* kamping, fushim ☞ **faire du camping** shkoj në kamping.
canal [kanal] *m.* kanal.
📖 *sh.* canaux [kano].
canapé [kanape] *m.* kanape ❖ fetë bukë e lyer (*me djathë, etj.*).
canard [kanaʀ] *m.* rosak.
canari [kanaʀi] *m.* kanarinë.
cancan [kɑ̃kɑ̃] *m.* thashetheme.
caniche [kani] *m.* qenush.
canif [kanif] *m.* biçak.

canne [kan] *f.* kallam i madh ☞ **canne à sucre** kallam sheqeri ☞ **canne à pêche** kallam peshkimi ❖ shkop, bastun.

canoe [kanɔe] *m.* kanoe, varkë e lehtë.

canon [kanɔ̃] *m.* top.

canot [kano] *m.* varkë ☞ **canot pneumatique** gomone ☞ **canot de sauvetage** varkë shpëtimi.

cantine [kɑ̃tin] *f.* mensë.

caoutchouc [kaut u] *m.* kauçuk, llastik ☞ **bottes en caoutchouc** çizme llastiku.

capable [kapabl(ə)] *mb.* i aftë ☞ **es-tu capable de courir?** a je i zoti të vraposh?

cape [kap] *f.* pelerinë.

capitaine [kapitɛn] *m.* kapiten ☞ **à vos ordres, mon capitaine!** si urdhëron, kapiten!

capitale [kapital] *f.* kryeqytet ☞ **Paris, capitale de la France** Parisi, kryeqytet i Francës.

Parisi, kryeqytet i Francës, në lashtësi quhej **Lutèce** Lutecia. Ai është qyteti më i rëndësishëm i Francës, si nga popullsia ashtu edhe nga veprimtaria politike, intelektuale dhe ekonomike që zhvillon. Në shekuj, ai është njohur si qyteti i artit dhe i modës. Parisi është i dëgjuar për vlerat e rralla arkitektonike dhe muzeale të tij.

caprice [kapʀis] *m.* tekë.

captif [kaptif] *mb.* rob.
📖 *f.* captive [kaptiv].

capturer [kaptyʀe] [3] *fol.* kap, arrestoj.

capuche [kapy] *f.* kapuç (*për kokën*).

capuchon [kapy ɔ̃] *m.* kapuç ❖ kapak (*stilolapsi*).

car[1] [kaʀ] *lidh.* sepse ☞ **mamie Marie met des lunettes, car elle voit mal** nëna Maria mban syze sepse nuk shikon mirë.

car[2] [kaʀ] *m.* autobus.

caractère [kaʀaktɛʀ] *m.* karakter, natyrë ☞ **avoir un bon caractère** ka një karakter të mirë ❖ shkronjë ☞ **je ne peux pas lire les petits caractères** nuk i lexoj dot shkronjat e vogla.

caractéristique [kaʀakteʀistik] *f.* tipar.

caravane [kaʀavan] *f.* karvan ❖ shtëpi me rrota.

caresse [karɛs] *f.* përkëdhelje.

caresser [kaʀese] [3] *fol.* përkëdhel, ledhatoj.

carnaval [kaʀnaval] *m.* karnaval.
📖 *sh.* carnavals.

carnet [kaʀnɛ] *m.* bllok, fletore e vogël shënimesh ☞ **carnet d'adresses** bllok adresash ☞ **carnet de chèques** bllok i çeqeve ☞ **carnet de tickets** bllok biletash.

carotte [kaʀɔt] *f.* karotë.

carré [kaʀe] *m., mb.* katror ☞ **on écrit 4^2 = 16 et on dit 4 au carré égale 16** shkruhet $4^2 = 16$ dhe thuhet 4 në katror baras 16.

carreau [kaʀo] *m.* xham (*i dritares*) ❖ pllakë (*dyshemeje*).

carrefour [kaʀfuʀ] *m.* kryqëzim.

carrelage [kaʀlaʒ] *m.* dysheme me pllaka.

carrosse [kaʀɔs] *m.* karrocë ☞ **seuls les nobles avaient des carosses** vetëm fisnikët kishin karroca.

cartable [kaʀtabl] *m.* çantë shkolle ☞ **Julie porte son cartable sur le dos** Juli e mban çantën e shkollës në kurriz.

carte [kaʀt] *f.* letër (*bixhozhi*) ☞ **une carte à jouer** letër bixhozi ❖ librezë ☞ **la carte d'étudiant** libreza e studentit ❖ kartëvizitë ☞ **carte postale** kartolinë ☞ **carte téléphonique** kartë telefonike ❖ listë gjellësh, pijesh ❖ hartë (*gjeografike*).

carton [kaʀtɔ̃] *m.* karton.

cas [kɑ] *m.* rast ☞ **en tout cas** në çdo rast ❖ (*për një sëmundje*) **c'est un cas désespéré** është një rast i rëndë (*pa shpresë*).

cascade [kaskad] *f.* ujëvarë.

case [kɑz] *f.* e ndarë (*kutie, sirtari*) ❖ kuti ☞ **un échiquier a soixante-quatre cases** një fushë shahu ka 64 kuti.

casque [kask] *f.* përkrenare, helmetë, kaskë.

casquette [kaskɛt] *f.* kasketë.

casse-croûte [kɑskʀut] *m.* sillë.

casse-noix [kɑsnwa] *m.* thyerëse arrash.

📖 un casse-noix, deux casse-noix.

casser [kɑse] [3] *fol.* thyej ☞ **casser un carreau** thyej një xham (*të dritares*) 🔔 **se casser** ☞ **Antoine s'est cassé la jambe en faisant du ski** Antuani theu këmbën duke bërë ski.

casserole [kasʀɔl] *f.* tenxhere.

casse-tête [kɑstɛt] *m.* punë ose lojë që të lodh shumë, kokëçarje ❖ zhurmë lodhëse.

📖 un casse-tête, deux casse-tête.

cassette [kasɛt] *f.* kasetë (*për muzikë*) ❖ videokasetë.

castor [kastɔʀ] *m.* kastor.

cauchemar [ko maʀ] *m.* ëndërr e keqe, makth ❖ tmerr.

cause [koz] *f.* shkak ☞ **le match a été annulé à cause du mauvais temps** ndeshja u anullua për shkak të kohës së keqe ❖ çështje, padi, gjyq.

cave [kav] *f.* qilar, bodrum.

caverne [kavɛʀn] *f.* shpellë, guvë.

ce [sə] *përem.* çfarë ☞ **dis-moi ce que tu désires** më thuaj çfarë dëshiron ☞ **c'est à moi** është imja.

> 📖 **Ce** përdoret me apostrof përpara fjalëve që fillojnë me zanore ose **H** të pazëshme.

ce [sə] *mb.* ky, kjo, këta, këto ☞ **ce pull est cher** ky pulovër kushton shtrenjtë ☞ **ce crayon est pointu** ky laps është me majë ☞ **ces cahiers** këto fletore ☞ **cette fenêtre** kjo dritare.

📖 *sh.* **ces** [se]; *f.* **cette** [sɛt], *sh.* **ces** [se].

> 📖 përpara fjalëve që fillojnë me zanore apo me **H** të pazëshme **ce** bëhet **cet** [sɛt] ☞ **cet élève** ky nxënës, kjo nxënëse. Shpesh do të hasni formën **cet élève-là**, që do të thotë atë nxënës ose atë nxënëse ☞ **ce jour-là** atë ditë.

ceci [səsi] *përem.* ky, kjo, kjo gjë ☞ **comment s'appelle ceci!** si quhet kjo!

céder [sede] [8] *fol.* heq dorë ☞ **céder la place** lë vendin ☞ **la branche a cédé** dega ra (*u thye*) ❖ nuk i bëj ballë, mundem, mposhtem.

ceinture [sɛ̃tyʀ] *f.* rrip ☞ **Loïc met une ceinture pour tenir son pantalon** Loik vë një rryp për të mbajtur pantallonat ❖ brez ☞ **ceinture de sécurité** brez i sigurimit.

cela [s(ə)la] *përem.* kjo, ajo, kjo gjë, ajo gjë ☞ **cela ne te regarde pas** kjo gjë nuk të duhet ty.

> 📖 Në gjuhën e ligjërimit bisedor përdoret shpesh forma e shkurtuar **ça.**

célèbre [selɛbʀ(ə)] *mb.* i dëgjuar, i shquar, i famshëm ☞ **Victor Hugo, le célèbre auteur du roman *Les Misérables*** Viktor Hygoi, autori i dëgjuar i romanit *Të Mjerët.*

céleri [selʀi] *m.* selino.

celle [sɛl] *përem.* ajo ❖ shih **celui.**

celles [sɛl] *përem.* ato ❖ shih **celui.**

celui [səlɥi] *përem.* ai ☞ **je prend mon parapluie, tu prends celui de ma sœur** unë po marr çadrën time, ti merr atë të motrës sime ☞ **ma chambre est celle qui donne sur le jardin** dhoma ime është ajo që e ka pamjen nga kopshti.

📖 *sh.* **ceux** [sø] ; *f.* **celle** [sɛl], *sh.* **celles** [sɛl].

cendre [sɑ̃dʀ(ə)] *f.* hi.

cendrier [sɑ̃dʀije] *m.* tavllë duhani.
cent [sɑ̃] *mb., m.* njëqind ☞ **cent pour cent** njëqind për qind ☞ **cent mille** njëqind mijë ☞ **quatre cents** katërqind ☞ **quatre cent un** katërqind e një.

> 🕮 Numri **cent** e bën shumësin me **–s** vetëm kur nuk ndiqet nga një numër tjetër ☞ **trois cents** treqind ☞ **trois cent deux** treqind e dy.

centimètre [sɑ̃timɛtʀ(ə)] *m.* centimetër.
central [sɑ̃tʀal] *mb.* qendror, kryesor, thelbësor.
🕮 *sh.* centraux [sɑ̃tʀo].
centre [sɑ̃tʀ(ə)] *m.* qendër ☞ **au centre de la ville** në qendër të qytetit ❖ **à Paris, le Centre Georges Pompidou est un centre culturel** në Paris, Qendra Zhorzh Pompidu është një qendër kulturore.
cependant [səpɑ̃dɑ̃] *lidh.* megjithatë ☞ **Paul n'arrête pas de manger des gâteaux, et cependant il est maigre** Poli nuk pushon së ngrëni ëmbëlsira dhe megjithatë ai është i dobët.
cercle [sɛʀkl(ə)] *m.* rreth ☞ **pour dessiner un cercle on se sert d'un compas** për të vizatuar një rreth përdorim një kompas ❖ grup, rreth ☞ **le cercle littéraire de l'école** rrethi letrar i shkollës.
cerf [sɛʀ] *m.* dre.
cerfeuil [sɛʀfœj] *m.* nenexhik.
cerf-volant [sɛʀvɔlɑ̃] *m.* balonë.
🕮 *sh.* cerfs-volants.
cerise [s(ə)ʀiz] *f.* qershi.

certain [sɛʀtɛ̃] *mb.* i sigurt ☞ **j'en suis certaine** jam e sigurt ❖ **j'aime seulement certains films** më pëlqejnë vetëm disa filma 🔔 *përem.sh.* disa ☞ **certains sont partis, d'autres sont restés à l'école** disa u larguan, të tjerët qëndruan në shkollë.
🕮 *f.* certaine [sɛʀtɛn].
certes [sɛʀt(ə)] *ndajf.* posi, si jo, sigurisht.
cerveau [sɛʀvo] *m.* tru.
🕮 *sh.* cerveaux.

> 🕮 **cerveau** përdoret për njerëzit dhe **cervelle** *f.* përdoret për trurin e kafshëve.

ces [se] *përem.* këta, këto ❖ shih **ce.**
cet [sɛt] *mb.* ky, kjo ❖ shih **ce.**
cette [sɛt] *mb.* kjo ❖ shih **ce.**
ceux [sø] *përem.* këta ❖ shih **ce.**
chacun [akɛ̃] *përem.* secili ☞ **prenez deux livres chacun** merrni nga dy libra secili ☞ **chacun aura un cadeau pour Noël** secili do të ketë një dhuratë për Krishtlindje.
🕮 *f.* chacune [akyn].
chagrin [agʀɛ̃] *m.* hidhërim, brengë ☞ **j'ai du chagrin** jam i mërzitur, i dëshpëruar.
chaîne [ɛn] *f.* zinxhir ☞ **chaîne en or** zinxhir prej floriri ❖ vargmal ☞ **la chaîne des Pyrénées sépare la France et l'Espagne** vargmali i Pireneve ndan Francën nga Spanja ❖ kanal (*televizioni*).
chaise [ɛz] *f.* karrige ☞ **chaise pliante** karrige portative (*që paloset*) ☞ **Marie s'asseoit sur une chaise haute** Maria ulet në një karrige të lartë (*për fëmijë*).
chalet [alɛ] *m.* shtëpi (*në mal ose në fshat*).
chaleur [alœʀ] *f.* nxehtësi ❖ vapë ☞ **quelle chaleur!** sa vapë!
chambre [ɑ̃bʀ(ə)] *f.* dhomë ☞ **chambre à coucher** dhomë gjumi ☞ **chambre à air** kamerdare.
chameau [amo] *m.* deve, gamile.
🕮 *sh.* chameaux.
champ [ɑ̃] *m.* arë ❖ fushë, lëmë.

champignon [ãpiɲɔ̃] *m.* kërpudhë ☞ **ramasser des champignons dans la forêt** mbledh kërpudha në pyll.

champion [ãpjɔ̃] *m.* kampion ☞ **champion du monde du cent mètres** kampion i botës në njëqindmetra (*vrapim*).
🕮 *f.* championne [ãpjɔn].

championnat [ãpjɔna] *m.* kampionat.

chance [ãs] *f.* fat ☞ **avoir de la chance** kam fat ☞ **par chance** për fat ❖ mundësi ☞ **il a toutes les chances de gagner** ai i ka të gjitha mundësitë të fitojë.

> 🕮 **Bonne chance!** paç fat! Në shqip përdoret më dendur ☞ Suksese! Të vaftë mbarë !

chanceux [ãsø] *mb.* fatlum, me fat.

change [ãʒ(ə)] *m.* këmbim, ndërrim ☞ **bureau de change** zyrë e këmbimit të parave.

changer [ãʒe] [5] *fol.* ndërroj, këmbej ❖ ndryshoj 🔔 **se changer** ndërrohem, ndërroj veshjen.

chanson [ãsɔ̃] *f.* këngë ☞ **une chanson d'amour** një këngë dashurie.

chanter [ãte] [3] *fol.* këndoj ☞ **chanter doucement** këndoj me zë të ulët.

chanteur [ãtœʀ] *m.* këngëtar.
🕮 *f.* chanteuse [ãtœz].

chapeau [apo] *m.* kapele ☞ **un chapeau de paille** kapele kashte.
🕮 *sh.* chapeaux.

chaque [ak] *mb.* çdo ☞ **chaque nuit** çdo natë.

charbon [aʀbɔ̃] *m.* qymyr ☞ **noir comme du charbon** i zi si qymyri.

charcuterie [aʀkytʀi] *f.* sallameri.

charger [aʀʒe] [5] *fol.* ngarkoj (*një kamion, një anije, një bateri, etj.*).

chariot [aʀjo] *m.* karrocë e vogël ☞ **un chariot à bagages** karrocë për transportin e bagazheve (*në aeroport, në stacionin e trenit, etj.*).

charmant [aʀmã] *mb.* i hijshëm, i këndshëm ☞ **le prince charmant** princi i hijshëm i ëndrrave.

charme [aʀm(ə)] *m.* hir, nur, hijeshi ☞ **se porter comme un charme** jam shumë mirë me shëndet ❖ magji ❖ shkozë.

chasse [as] *f.* gjah, gjueti ☞ **papa va à la chasse** babai shkon për gjah.

chasseur [asœʀ] *m.* gjahtar.
🕮 *f.* chasseuse [asœz].

chat [a] *m.* dac, maçok ☞ **Felix, le chat de Beșa, miaule quand il veut aller dehors et ronronne quand on le caresse** Feliksi, maçoku i Besës, miaullin kur do të dalë jashtë dhe kernjon kur e përkëdhel ☞ **le Chat botté** maçoku me çizme ☞ **il n'y a pas un chat** nuk ka frymë njeriu (*nuk ka asnjeri*).
🕮 *f.* chatte [at].

> Në frëngjisht, për të përkëdhelur një mace përdoret fjala **minet** që në shqip mund të thuhej *piso*. Ndërsa **gros Minet**, në gjuhën e fëmijëve shqiptarë do të ishte *daci i madh*.

châtaigne [atɛɲ] *f.* gështenjë.

châtain [atɛ̃] *mb., m.* ngjyrë gështenje ☞ **Sophie a des yeux d'un châtain clair** Sofia i ka sytë ngjyrë gështenje të çelur.
🕮 *f.* châtaine [atɛn].

château [ato] *m.* kështjellë ☞ **château de sable** kështjellë rëre.
🕮 *sh.* châteaux.

Kështjellat janë të shumta në Francë dhe dallohen për stilin dhe vlerat e mëdha arkitektonike. Në to kanë banuar mbretërit dhe feudalët e vendit. Kështjella e Versajës, kështjellat e Luarit janë ndër më të dëgjuarat në Francë.

chatouiller [atuje] [3] *fol.* gudulis.
chaud [o] *mb., m.* i ngrohtë, i nxehtë ❖ që të mban ngrohtë ☞ **un manteau chaud** një pallto që të mban ngrohtë ☞ **au chaud** në temperaturë të lartë ☞ **en été, il fait chaud** në verë, bën vapë.
🕮 *f.* chaude [od].
chauffage [ofaʒ] *m.* ngrohje, nxehje ☞ **chauffage au bois** ngrohje me dru.
chauffer [ofe] [3] *fol.* ngroh, nxeh.
chauffeur [ofœʀ] *m.* shofer ☞ **chauffeur de taxi** shofer taksie.
chaussette [osɛt] *f.* çorape (me qafa të shkurtëra) ☞ **pour avoir chaud aux pieds, Marie porte des chaussettes de laine** për t'i patur këmbët e ngrohta, Maria mban çorape leshi.
chaussure [osyʀ] *f.* këpucë ☞ **je mets mes chaussures** mbath këpucët ☞ **je cire les chaussures de mes petits frères** unë lyej këpucët e vëllezërve të mi të vegjël.
chauve [ov] *mb.* tullac.
chauve-souris [ovsuʀi] *f.* lakuriq i natës.
🕮 *sh.* chauves-souris.
chef [ɛf] *m.* shef, udhëheqës ☞ **chef d'orchestre** dirigjent ☞ **chef de cuisine** kryekuzhinier.
chemin [(ə)mɛ̃] *m.* udhë, shteg ☞ **un chemin qui traverse le bois** një udhë që i bie përmes pyllit ❖ rrugë ☞ **Marc, connais-tu le chemin de l'école?** Mark, a e di rrugën për në shkollë? ☞ **chemin de fer** [(ə)mɛ̃d(ə)fɛʀ] hekurudhë.
cheminée [(ə)mine] *f.* oxhak, vatër.

chemise [(ə)miz] *f.* këmishë ☞ **une chemise de nuit** një këmishë nate.
chêne [ɛn] *m.* lis, dushk.
chenille [(ə)nij] *f.* vemje.
chèque [ɛk] *m.* çek ☞ **papa ne paie pas en chèque, il paie en espèces** babai nuk paguan me çek, ai paguan me para në dorë.
cher [ɛʀ] *mb.* i dashur, i shtrenjtë ☞ **un cher ami** një mik i dashur ☞ **Chère Madame...**(*në një letër, kur i drejtohesh një zonje*) E dashur zonjë.... ❖ i shtrenjtë, i kushtueshëm ☞ **cette montre est trop chère** kjo orë është shumë e shtrenjtë ☞ **ce n'est pas cher** nuk është shtrenjtë.
🕮 *f.* chère.
chercher [ɛʀ e] [3] *fol.* kërkoj ☞ **Marie a perdu son stylo, elle le cherche** Maria ka humbur stilolapsin, ajo po e kërkon ❖ **voilà une heure que je te cherche** u bë një orë që të kërkoj ❖ **chercher à comprendre** përpiqem të kuptoj ☞ **je viens te chercher à huit heures** do vij të të marr në orën tetë ☞ **Arnaud est parti chercher du pain** Arnoja shkoi të marrë (*blejë*) bukë.
cheval [(ə)val] *m.* kalë ☞ **Isabelle aime monter à cheval** Izabelës i pëlqen të hypi në kalë (*të kalërojë*) ☞ **elle fait souvent du cheval** ajo kalëron shpesh ☞ **cheval à bascule** kalë lëkundës (*lodër ku koloviten fëmijët*).
🕮 *sh.* chevaux [(ə)vo].
chevalier [(ə)valje] *m.* kalorës.

cheveu [(ə)vø] *m.* flok.
🕮 *sh.* cheveux.
cheville [(ə)vij] *f.* syri, nyelli i këmbës.
chèvre [ɛvʀ(ə)] *f.* dhi.
chevreuil [əvʀœj] *m.* kaproll.
chewing-gum [wiygɔm] *m.* çamçakiz.
chez [e] *prép.* te, në ☞ **je vais chez le dentiste** po shkoj te dentisti ☞ **elle vit chez sa tante** ajo banon te halla e saj ☞ **écris-moi chez ma mère** më shkruaj në adresën e nënës sime ☞ **chez moi** në shtëpinë time ☞ **je vais de chez moi à la poste** shkoj nga shtëpia ime në postë.
chic [ik] *mb.* elegant ☞ **chic!** fantastik!
🕮 *f.* chic ; *sh. chic.*
chien [jɛ̃] *m.* qen ☞ **chien rôdeur** qen endacak ☞ **attention, chien méchant!** ruajuni nga qeni!
🕮. *f.* chienne [jɛn].

chiffon [ifɔ̃] *m.* leckë ☞ **Marc nettoie son vélo avec un chiffon** Marku e pastron biçikletën me një leckë ❖ zhele, rroba të zhubrosura.
chiffre [ifʀ(ə)] *m.* numër ☞ **sais-tu écrire le nombre vingt-deux avec des chiffres?** a di ti ta shkruash numrin njëzet e dy me shifra?
chiot [jo] *m.* qenush.
chirurgien [iʀyrʒjɛ̃] *m.* kirurg.
🕮 *f.* chirurgienne [iʀyʀʒjɛn].
chocolat [ɔkɔla] *m.* çokollatë ☞ **chocolat au lait** çokollatë me qumësht ☞ **chocolat aux noisettes** çokollatë me lajthi ❖ kakao (*pije*) ☞ **un chocolat chaud** një kakao e ngrohtë.
choisir [waziʀ] [11] *fol.* zgjedh.
choix [wa] *m.* zgjedhje ☞ **fais ton choix** zgjidh vetë ❖ kategori, klasë ☞ **de choix** i një cilësie shumë të mirë.
chômeur [ɔmœʀ] *m.* i papunë.
🕮 *f.* chômeuse, [ɔmøz].
chope [ɔp] *f.* krikëll (*birre*).
chose [ɔz] *f.* gjë, send ☞ **c'est autre chose** është tjetër gjë ☞ **quelque chose** diçka ☞ **vieilles choses** vjetërsira 🔔 *m.* ☞ **qu'est-ce que c'est que ce chose!** ç'është kjo histori!
chou [u] *m.* lakër.
🕮 *sh.* choux.
chouchouter [u ute] [3] *fol.* llastoj.
chouette [uɛt] *f.* kukuvajkë 🔔 *pasth.* sa mirë! ☞ **"on y va au cinéma!" "chouette!"** "shkojmë në kinema?" "shumë mirë" 🔔 *mb.* i bukur ☞ **une chouette fille** një vajzë e bukur.
chut! [yt] *pasth.* shët!
chute [yt] *f.* rrëzim, rënie ❖ ujvarë.
cible [sibl] *f.* shenjë, nishan ☞ **tirer à la cible** gjuaj në shenjë.
ciel [sjɛl] *m.* qiell.
🕮 Shumësi i **ciel** është **ciels,** por mund të gjeni edhe formën **cieux** [sjø], të përdorur zakonisht nëpër poezi dhe lutje fetare.
cigare [sigaʀ] *m.* puro.
cigarette [sigaʀɛt] *f.* cigare.
cigogne [sigɔɲ] *f.* lejlek.
cil [sil] *m.* qerpik ☞ **la poupée a de longs cils** kukulla ka qerpikë të gjatë.
cimetière [simtjɛʀ] *m.* varrezë.
cinéma [sinema] *m.* kinema.

Kinemaja u zbulua në Francë, në vitin 1895, nga vëllezërit Lymier (**les frères Lumière**).

cinq [sɛ̃k] *mb.* pesë.
cinquante [sɛ̃kɑ̃t] *mb., m.* pesëdhjetë.
cinquième [sɛ̃kjɛm] *mb., m.* i pesti.
cintre [sɛ̃tʀ(ə)] *m.* kubé ❖ varëse rrobash.
circuit [siʀkɥi] *m.* rreth ❖ udhëtim (*turistik*) ❖ qark ☞ **le circuit électrique** qarku elektrik.**circuler** [siʀkyle] [3] *fol.* qarkulloj.
cire [siʀ] *f.* dyllë.
cirer [siʀe] *fol.* lustroj (*parketin, këpucët*).
cirque [siʀk] *m.* cirk ☞ **papa nous emmène**

chaque dimanche au cirque babai na çon çdo të diel në cirk.
ciseau [sizo] *m.* daltë 🔔 *sh.* gërshërë.
citoyen [sitwajɛ̃] *m.* qytetar.
📖 *f.* citoyenne [sitwajɛn].
citron [sitrɔ̃] *m.* limon ☞ **citron pressé** limon i shtrydhur.

citrouille [sitʀuj] *f.* kungull.
clair [klɛʀ] *mb.* i ndriçuar ☞ **ma maison est très claire** shtëpia ime ka shumë dritë ❖ i kulluar, i kthjellët ☞ **l'eau de la source est très claire** ujët e burimit është shumë i kulluar ❖ i çelët ☞ **une couleur claire** një bojë e çelët 🔔 *ndajf.* qartë ☞ **parler clair** flas qartë.
classe [klas] *f.* klasë ☞ **en quelle classe es-tu!** në ç'klasë je ti? ☞ **voiture de seconde classe** vagon i klasës së dytë.
classement [klasmɑ̃] *m.* renditje ☞ **être premier dans le classement** zë vendin e parë në renditje.
clavier [klavje] *m.* tastjerë.
clef ose **clé** [klɛ] *f.* çelës ☞ **maman ferme la porte à clé** mamaja e mbyll derën me çelës ☞ **clé anglaise** çelës anglez (*vegël pune*) ☞ **clé de sol** çelësi i solit (*në muzikë*).
clémentine [klemɑ̃tin] *f.* mandarinë.
client [klijɑ̃] *m.* klient ☞ **les meilleurs clients de cette librairie sont les enfants** klientët më të mirë të kësaj librarie janë fëmijët.
📖 *f.* cliente [klijɑ̃t].
climat [klima] *m.* klimë ☞ **un climat sec, humide, chaud, froid, doux** një klimë e thatë, me lagështirë, e ngrohtë, e ftohtë, e butë.

clochard [klɔ aʀ] *m.* lypës, endacak (*pa shtëpi që rron nën ura nëpër qytetet e mëdha*).
cloche [klɔ] *f.* kambanë ☞ **les cloches sonnaient chaque dimanche** kambanat binin çdo të diel ❖ kapak qelqi.
à **cloche-pied** [klɔ pjɛ] *ndajf.* cingthi ☞ **Marc s'amuse à sauter à cloche-pied** Marku po argëtohet duke u hedhur cingthi.
clocher [klɔ e] *m.* kambanore.
clôture [klotyʀ] *f.* mbyllje ☞ **le discours de clôture** fjala e mbylljes.
clou [klu] *m.* gozhdë ❖ **le clou d'une fête** kulmi i festës.
clown [klun] *m.* palaço.
📖 *f.* clownesse.
coccinelle [kɔksinɛl] *f.* nuse pashke, mollëkuqe.

cochon [kɔ ɔ̃] *m.* derr ☞ **cochon d'Inde** kavie.
coco [kɔ(o)ko] *m.* ☞ **noix de coco** arrë kokoje.
cœur [kœʀ] *m.* zemër ☞ **j'ai le cœur qui bat** më rreh zemra ☞ **mon équipe de cœur** ekipi që pëlqej më shumë ☞ **apprendre par cœur un poème** mësoj përmendsh një vjershë ☞ **Nicolas a le cœur gros** Nikolla është i trishtuar ☞ **Isabelle aime beaucoup Philipe, elle l'aime de tout son cœur** Izabela e do shumë Filipin, ajo e do atë me gjithë zemër.
coffre [kɔfʀ(ə)] *m.* arkë ❖ bagazh (*i veturës*).
coffre-fort [kɔfʀəfɔʀ] *m.* kasafortë.
se **cogner** [kɔɲe] [3] *fol.* përplasem ☞ **Marie s'est cognée contre la table** Maria u përplas mbas tryezës.

coiffer [kwafe] [3] *fol.* rregulloj flokët.
coiffeur [kwafœʀ] *m.* floktar, berber.
📖 *f.* coiffeuse [kwaføz].
coiffure [kwafyʀ] *f.* krehje.
coin [kwɛ̃] *m.* cep, qoshe ☞ **la boulangerie est au coin de la rue** dyqani i bukës ndodhet në cep të rrugës ☞ **trouvons un coin tranquille pour parler** le të gjejmë një qoshe të qetë për të biseduar ☞ **il me regarde du coin de l'œil** ai më sheh me bisht të syrit.
coincer [kwɛ̃se] [4] *fol.* ngec, bllokoj ☞ **le tiroir est coincé** ka ngecur sirtari.
col [kɔl] *m.* jakë ❖ qafë (*mali*), grykë.
colère [kɔlɛʀ] *f.* zemërim, inat ☞ **Yves se met facilement en colère** Ivi zemërohet shpejt.
colis [kɔli] *m.* pako.
colle [kɔl] *f.* zamkë.
collection [kɔlɛksjɔ̃] *f.* koleksion.
collège [kɔlɛʒ] *m.* kolegj.
collègue [kɔlɛg] *m.* koleg.
coller [kɔle] [3] *fol.* ngjit.
collier [kɔlje] *m.* gjerdan.
colline [kɔlin] *f.* kodër☞ **une maison sur la colline** një shtëpi në kodër.
colombe [kɔlɔ̃b] *f.* pëllumb.

colonne [kɔlɔn] *f.* kolonë ☞ **colonne vertébrale** shtylla kurrizore.
colonie [kɔlɔni] *f.* koloni ☞ **Madagascar, l'Indochine, l'Algérie, la Côte d'Ivoire, le Sénégal furent des colonies françaises** Madaskari, Indokina, Algjeria, Bregu i Fildishtë, Senegali kanë qenë koloni franceze ❖ **une colonie de vacances** kamp pushimi (*për fëmijë*).
colorer [kɔlɔʀe] [3] *fol.* ngjyros, ngjyej, bojatis ☞ **colorer le mur en vert** ngjyros murin me të gjelbërt.
colorier [kɔlɔrje] [10] *fol.* ngjyros ☞ **Loïc colorie son dessin** Loiku ngjyros vizatimin.
combattre [kɔ̃batʀ(ə)] [33] *fol.* luftoj ☞ **les Gaullois ont combattu les Romains avec vaillance** Galët kanë luftuar me trimëri kundër romakëve.
combien [kɔ̃bjɛ̃] *ndajf.* sa ☞ **combien ça coûte?** sa kushton kjo? ☞ **combien tu parles!** sa shumë që flet! ☞ **combien de sucre dois-je acheter?** sa sheqer duhet të blej? ☞ **combien de kilos pesez-vous?** sa kilogram peshoni?
combine [kɔ̃bin] *f.* marifet, dallavere.
comble [kɔ̃bl(ə)] *m.* kulm ☞ **c'est le comble!** është kulmi! 🔔 *mb.* plot ☞ **la salle était comble** salla ishte mbushur plot.
comète [kɔmɛt] *f.* kometë ☞ **la comète de Halley** kometa Hallej.
comique [kɔmik] *mb.* komik.
commander [kɔmɑ̃de] [3] *fol.* komandoj, urdhëroj ☞ **Sophie aime bien commander** Sofisë i pëlqen të komandojë ☞ **maman nous a commandés de sortir** mamaja na urdhëroi të dilnim ❖ porosit ☞ **Marie a commandé un caffé** Maria porositi një kafe.
comme [kɔm] *ndajf.* si ☞ **une fille comme elle** një vajzë si ajo ☞ **comme ci comme ça** çka, jo keq 🔔 *lidh.* meqë ☞ **comme Marc était en retard, il a dû inventer un mensonge** Markut, nga që ishte me vonesë, iu desh të shpikte një gënjeshtër ☞ **regardez comme il court** shikoni si vrapon.
commencement [kɔmɑ̃smɑ̃] *m.* fillim.
commencer [kɔmɑ̃se] [4] *fol.* filloj ☞ **Valérie commencera à ranger sa chambre après**

le déjeuner Valeria do të fillojë ta rregullojë dhomën pas drekës ❖ **silence, le film commence** qetësi, filmi po fillon.

comment [kɔmɑ̃] *ndajf.* si ☞ **comment vas-tu?** si je (*si shkon*)? ☞ **comment t'appelles-tu?** si quhesh? ☞ **dis-moi comment tu fais pour résoudre ce problème** më thuaj si ja bën për të zgjidhur këtë problem ☞ **comment?** çfarë?

commerce [kɔmɛʀs] *m.* tregti.

commode [kɔmɔd] *mb.* i përshtatshëm ☞ **un sac commode pour le voyage** çantë e përshtatshme për udhëtim ❖ i lehtë ☞ **l'explication de ce mot n'est pas commode** shpjegimi i kësaj fjale nuk është i lehtë.

commun [kɔmœ̃] *mb.* i përbashkët ☞ **une chambre commune** një dhomë e përbashkët ❖ i përgjithshëm ☞ **intérêt commun** interes i përgjithshëm ❖ i zakonshëm, i rëndomtë.

📖 *f.* commune [kɔmyn].

communauté [kɔmynɔte] *f.* bashkësi ☞ **la Communauté Européenne** Bashkësia Evropjane.

communication [kɔmynikasjɔ̃] *f.* komunikim ❖ ligjëratë ❖ lidhje telefonike. ☞ **La poste, le téléphone, la télévision, les journaux, l'Internet sont des moyens de communication** posta, telefoni, televizioni, gazetat, interneti janë mjete të komunikimit.

compagnie [kɔ̃paɲi] *f.* shoqëri ☞ **Marie-Lise n'est pas sortie ce soir, elle a fait compagnie à sa maman malade** Mariliza nuk doli sonte, ajo i bëri shoqëri nënës së saj të sëmurë ❖ **SIGAL est une compagnie d'assurance** SIGAL është një shoqëri sigurimesh.

comparaison [kɔ̃paʀezɔ̃] *m.* krahasim ☞ **fais la comparaison entre ces deux images** bëj krahasimin (*krahaso*) e këtyre dy figurave.

compartiment [kɔ̃paʀtimɑ̃] *m.* ndarje, e ndarë (*në një sirtar, në një tren, etj.*).

compas [kɔ̃pɑ] *m.* kompas.

compétition [kɔ̃petisjɔ̃] *f.* garë ☞ **Éric participe à des compétitions de natation** Eriku merr pjesë në garat e notit.

complet [kɔ̃plɛ] *mb.* i plotë ☞ **une collection complète de Renoir** një koleksion i plotë i Rënuarit ❖ i mbushur tërësisht ☞ **hôtel complet** hotel i zënë (*që nuk ka më vende të lira*).

📖 *f.* complète [kɔ̃plɛt].

complètement [kɔ̃pletmɑ̃] *ndajf.* plotësisht, krejtësisht.

compliment [kɔ̃plimɑ̃] *m.* kompliment.

> 📖 Në numrin shumës fjala **compliments** merr kuptimet: urime, përgëzime, nderime dhe përdoret si shprehje mirësjelljeje ☞ **mes sincères compliments** përgëzimet e mia të sinqerta.

compliqué [kɔ̃plike] *mb.* i ndërlikuar, i ngatërruar ☞ **Thomas ne comprends pas la leçon, elle est très compliquée** Thomai nuk e kupton mësimin, ai është shumë i ndërlikuar (*i vështirë për t'u kuptuar*).

comportement [kɔ̃pɔʀtəmɑ̃] *m.* sjellje.

composer [kɔ̃poze] [3] *fol.* bëj, formoj ❖ hartoj, krijoj (*një poemë*) ❖ kompozoj (*një sonatë*).

comprendre [kɔ̃pʀɑ̃dʀ(ə)] [32] *fol.* kuptoj ☞ **Besa comprend bien le français** Besa e kupton mirë frëngjishten ☞ **je comprends bien ses difficultés** i marr me mend vështirësitë e tij ❖ përfshij, përmbaj ☞ **ce livre comprend 100 pages** ky libër përmban, ka 100 faqe.

compte [kɔ̃t] *m.* numërim, llogaritje ❖ llogari ☞ **mon père a un compte bancaire** babai im ka një llogari në bankë ☞ **rendre compte** jap llogari, vë në dijeni ☞ **tenir compte** marr parasysh.

compter [kɔ̃te] [3] *fol.* numëroj ☞ **ma soeur sait compter jusqu'à dix** motra ime di të numërojë deri në dhjetë ❖ kam ndër mend, shpresoj, them ❖ kam besim, mbaj shpresë ☞ **je compte sur toi** kam besim te ti ❖ ka rëndësi ☞ **ça ne compte pas** kjo nuk ka rëndësi.

concert [kɔ̃sɛʀ] *m.* koncert.

concierge [kɔ̃sjɛʀʒ(ə)] *m., f.* portier (banese).

conclure [kɔ̃klyʀ] [51] *fol.* përfundoj, mbyll.

conclusion [kɔ̃klyzjɔ̃] *f.* përfundim ☞ **en conclusion** si përfundim, shkurt.

concours [kɔ̃kuʀ] *m.* konkurs.

condition [kɔ̃disjɔ̃] *f.* kusht ☞ **maman m'a permis de sortir, mais à une condition...** mamaja më la të dal, por me një kusht... ❖ gjendje, rrethanë ☞ **les conditions de travail** kushtet e punës.

conduire [kɔ̃dɥiʀ] [43] *fol.* çoj ☞ **ce chemin conduit à l'école** kjo rrugë të çon në shkollë ❖ **papa conduit très bien** babai e nget makinën shumë mirë ❖ përcjell ☞ **je te conduirai à l'aéroport** do të të përcjell në aeroport 🔔 **se conduire** sillem ☞ **Patrick se conduit bien à l'école** Patriku sillet mirë në shkollë.

conduite [kɔ̃dɥit] *f.* sjellje, qëndrim ❖ drejtim, udhëheqje ☞ **les enfants ont visité le musée sous la conduite de leur institutrice** fëmijët e vizituan muzeun nën drejtimin e mësueses ❖ ngarje (*makine*) ☞ **des leçons de conduite** mësime për të ngarë makinën.

cône [kon] *m.* kon.

confetti [kɔ̃feti] *m.* zbukurime prej letre (*që bëjnë fëmijët*).

confiance [kɔ̃fjɑ̃s] *f.* besim ☞ **j'ai confiance en toi, je te fais confiance** kam besim te ti.

confiture [kɔ̃fityʀ] *f.* reçel ☞ **un pot de confiture de coings** një vazo me reçel ftoi.

confondre [kɔ̃fɔ̃dʀ(ə)] [31] *fol.* ngatërroj.

confortable [kɔ̃fɔʀtabl(ə)] *mb.* i rehatshëm.

confus [kɔ̃fy] *mb.* i ngatërruar, i turbulluar.

congé [kɔ̃ʒe] *m.* leje, pushim ☞ **congé de maladie** leje shëndetësore.

congeler [kɔʒ(ə)le] [8] *fol.* ngrij.

connaissance [kɔnɛsɑ̃s] *f.* njohje ❖ ndjenjë ☞ **sans connaissance** pa ndjenjë ❖ *sh.* njohuri.

connaître [kɔnɛtʀ] [37] *fol.* njoh ☞ **je connais ton oncle** e njoh xhaxhanë tënd ❖ di ☞ **il connaît bien le français** ai e di mirë frëngjishten ☞ **Marie connaît par cœur la poésie** Maria e di përmendsh vjershën.

conseil [kɔ̃sɛj] *m.* këshillë.

conseiller [kɛ̃seje] [3] *fol.* këshilloj.

considérable [kɔ̃sideʀabl(ə)] *mb.* i madh, i rëndësishëm.

consoler [kɔ̃sɔle] [3] *fol.* ngushëlloj, qetësoj ☞ **Anne a consolé sa petite sœur qui pleurait** Ana e qetësoi motrën e saj të vogël që qante.

consommer [kɔ̃sɔme] [3] *fol.* harxhoj ☞ **cette voiture consomme trop d'essence** kjo veturë harxhon shumë benzinë.

construire [kɔ̃stʀɥiʀ] [43] *fol.* ndërtoj ☞ **l'école a été construite il y a deux ans** shkolla është ndërtuar para dy vjetësh.

consultation [kɔ̃syltasjɔ̃] *f.* vizitë mjeku.

contact [kɔ̃takt] *m.* takim, prekje, kontakt ☞ **lentille de contact, verre de contact** lente kontakti (*xham syzesh që vendoset drejt-përdrejt në sy*) ❖ **entrer en contact avec le directeur** lidhem me drejtorin.

contagieux [kɔ̃taʒjø] *mb.* ngjitës ☞ **la grippe est une maladie contagieuse** gripi është një sëmundje ngjitëse.

📖 *f.* contagieuse [kɔ̃taʒjøz].

conte [kɔ̃t] *m.* rrëfim, tregim, përrallë ☞ **les contes commencent souvent par : " Il était une fois... "** përrallat fillojnë shpesh me : " Na ishte një herë... ".

contenir [kɔ̃t(ə)niʀ] [19] *fol.* përmban, nxe, mban 🔔 **se contenir** e mbaj veten, përmbahem.

content [kɔ̃tɑ̃] *mb.* i kënaqur.

📖 *f.* contente [kɔ̃tɑ̃t].

continent [kɔ̃tinɑ̃] *m.* kontinent ☞ **on peut considérer Antarctique comme un sixième continent** Antarktika mund te quhet si kontinenti i gjashtë.

continu [kɔ̃tiny] *mb.* i vazhdueshëm.

📖 *f.* continue.

continuer [kɔ̃tinɥe] [3] *fol.* vazhdoj ☞ **Sophie continue à chanter** Sofia vazhdon të këndojë.

contour [kɔ̃tuʀ] *m.* kontur, vijat përvijuese ☞ **les contours d'un dessin** vijat e një vizatimi.

contraire [kɔ̃tʀɛʀ] *mb.* i kundërt ☞ **l'auto roule au sens contraire** vetura ecën në drejtim të kundërt ☞ **haut est le contraire de bas** lart është e kundërta e poshtë ☞ **au contraire** përkundrazi ☞ **il n'est pas beau, au contraire il est laid** ai nuk është i bukur, përkundrazi është i shëmtuar.

contre [kɔ̃tʀ] *parafj.* kundër ☞ **France contre Allemagne** Franca kundër Gjermanisë (*në sport*) ☞ **appuyez-vous contre le mur!** mbështetuni mbas murit! ☞ **je te donne deux bonbons contre une bille** të jap dy karamele për një zar (*si këmbim*).

contrôler [kɔ̃tʀɔle] [3] *fol.* kontrolloj.

convaincre [kɔ̃vɛ̃kʀ(ə)] [36] *fol.* bind ☞ **enfin, je l'ai convaincu de chanter** më në fund, e binda të këndonte.

convenable [kɔ̃vnabl(ə)] *mb.* i përshtatshëm.

conversation [kɔ̃vɛʀsasjɔ̃] *f.* bisedë.

copain [kɔpɛ̃] *m.* shok.

📖 *f.* copine [kɔpin].

copie [kɔpi] *f.* kopje ❖ kopje, ekzemplar ❖ detyrë (*nxënësi*).

copier [kɔpje] [10] *fol.* kopjoj ☞ **il a copié sur son camarade** ai ka kopjuar nga shoku i tij.

copine [kɔpin] *f.* shoqe ❖ shih **copain.**

coq [kɔk] *m.* gjel, këndes ☞ **le coq chante "cocorico "** gjeli këndon "kikiriki".

> **Le cop**, gjeli, një nga simbolet e Francës, e ka origjinën në kuptimin e dyfishtë të fjalës latine *gallus*, që do të thotë *gjel* dhe *gal*. Galët ishin stërgjyshërit e francezëve të sotëm. Gjeli simbolizon krenarinë e popullit francez.

coquelicot [kɔkliko] *m.* lulëkuqe.

coquillage [kɔkija] *m.* guaskë, gocë deti.

coquille [kɔkij] *f.* guaskë, lëvozhgë ☞ **le poussin est sorti de sa coquille** zogu doli nga veza.

corail [kɔʀaj] *m.* koral.

📖 *sh.* coraux [kɔʀo].

corbeau [kɔʀbo] *m.* korb.

📖 *sh.* corbeaux.

corbeille [kɔʀbɛj] *f.* shportë, kanistër, kosh ☞ **corbeille à papier** koshi i letrave.

corde [kɔʀd(ə)] *f.* litar, tërkuzë ☞ **corde à sauter** litar për t'u hedhur ❖ **les cordes du violon** telat e violinës.

cordonnier [kɔʀdɔnje] *m.* këpucar.

📖 *f.* cordonnière [kɔʀdɔnjɛʀ].

> **Fjalë e urtë**
>
> **Les coordonniers sont toujours les plus mal chaussés.** Këpucarët janë gjithmonë më keq të veshur. Fjala e urtë shqiptare që do të shprehte, pak a shumë, të njëjtën gjë do të ishte: Këpucari nuk ka kohë të rregullojë këpucët e tij.

corne [kRn(ə)] *f.* bri ☞ **les cornes du cerf** brirët e drerit.

corps [kɔR] *m.* trup ☞ **le corps humain** trupi i njeriut ❖ **les astres sont des corps célestes** yjet janë trupa qiellorë.

correspondance [kɔRɛspɔdɑ̃s] *f.* letërkëmbim ☞ **j'ai une correspondance suivie avec Michel** mbaj një letërkëmbim të vazhdueshëm me Mishelin ❖ ngjashmëri ☞ **entre ces deux photos il y a une correspondance parfaite** ka një ngjashmëri të përkryer midis këtyre dy fotografive ❖ korrespondencë (*e trenave, avionave*).

corriger [kɔl e] [5] *fol.* ndreq, rregulloj ❖ qortoj (*një detyrë, një hartim*).

costume [kɔstym] *m.* kostum (*për burrat*), veshje ☞ **un costume national** kostum kombëtar.

côte [kot] *f.* brinjë ☞ **côte à côte** pranë e pranë ❖ bregdet.

Côte d'Azur, quhet kështu e gjithë zona franceze e bregdetit të Mesdheut që ndodhet midis kufirit italian dhe qytetit të Marsejës. Klima e saj e ngrohtë dhe bukuritë e mëdha natyrore e bëjnë atë një nga vendet më turistike të Mesdheut.

côté [kote] *m.* anë, ijë ☞ **juste à côté** shumë afër ☞ **à côté de moi** afër meje ☞ **de l'autre côté de la rivière** nga ana tjetër e lumit ☞ **de mon côté** nga ana ime ❖ **les côtés d'un triangle** brinjët e një trekëndëshi.

coton [kɔtɔ̃] *m.* pambuk.

cou [ku] *m.* qafë

couchant [ku ɑ̃] *mb.* që perëndon, në perëndim.

couche [ku] *f.* shtresë ☞ **une couche de peinture** një shtresë boje ❖ panoline.

se **coucher** [səku e] [3] *fol.* bie për të fjetur ❖ shtrihem ❖ perëndon ☞ **en été, le soleil se lève tôt et se couche tard** në verë, dielli lind herët dhe perëndon vonë.

coude [kud] *m.* bërryl.

coudre [kudR(ə)] [53] *fol.* qep ☞ **fil à coudre** pe.

couette [kuɛt] *f.* jorgan.

couler [kule] [3] *fol.* rrjedh **la Seine coule à Paris** Sena rrjedh në Paris ❖ kullon ☞ **tu as le nez qui coule** të kullojnë hundët ❖ **le robinet coule** çezma pikon, rrjedh ❖ fundoset ☞ **le Titanic a coulé en 1912** Titaniku u fundos (*u mbyt*) në 1912.

couleur [kulœr] *f.* ngjyrë ☞ **des photos en couleur** fotografi me ngjyra ❖ bojë.

couloir [kulwaR] *m.* korridor.

coup [ku] *m.* goditje, e rënë ☞ **un coup de feu** një e shtënë (*arme*) ☞ **un coup de pied** një shkelm ☞ **un coup de poing** një grusht ☞ **un coup de vent** një furtunë ☞ **un coup de téléphone** një telefonatë ☞ **tout à coup** papritmas.

Fjalë e urtë

Faire d'une pierre deux coups. Të vrasësh me një gur dy zogj.

coupe [kup] *f.* kupë, gotë ☞ **finale de la Coupe du monde** finalja e Kupës së Botës ❖ prerje (*floku, bari, etj.*).

couper [kupe] [3] *fol.* pres ☞ **maman coupe le gâteau avec un couteau** mamaja e pret ëmbëlsirën me një thikë.

couple [kupl(ə)] *m.* çift ☞ **jouer en couple** luajmë dy nga dy.

cour [kuR] *f.* oborr.

courage [kuRa] *m.* guxim, trimëri ☞ **du courage!** forca! jepi!

courageux [kuRa ø] *mb.* i guximshëm, trim. 📖 *f.* courageuse [kuRa øz].

courant [kuRɑ̃] *m.* rrjedhë, rrymë ☞ **à contre courant** kundër rrymës ❖ **une prise de courant** një prizë korenti ❖ **être au courant de cette nouvelle** jam në dijeni të këtij lajmi.
courbe [kuRb(ə)] *f.* përkulje, kurbë.
coureur [kuRœR] *m.* vrapues, rendës.
🕮 *f.* coureuse [kuRøz].
courge [kuR] *f.* kungull.
courgette [kuR ɛt] *f.* kungulleshkë.
courir [kuRiR] [16] *fol.* vrapoj, rend ☞ **Sophie préfère courir** Sofisë i pëlqen të vrapojë.
couronne [kuRɔn] *f.* kurorë ❖ kurorë (*mbretërore*).

courrier [kuRje] *m.* postë, shtyp ☞ **il y a du courrier pour papa** ka letra për babanë.
cours [kuR] *m.* rrjedhë ☞ **la digue arrête le cours de la rivière** diga e ndalon rrjedhjen e lumit ❖ **travaux en cours** bëhen punime ❖ kurs, mësim ☞ **un cours de langue** një mësim gjuhe ☞ **un cours particulier** një mësim privat.
course [kuRs] *f.* vrapim ☞ **course sur cent metres** vrapim i njëqind metrave ❖ garë ☞ **courses d'automobiles** gara makinash ❖ **faire les courses** bëj pazarin.
court [kuR] *mb.* i shkurtër ☞ **Isabelle porte une jupe courte** Izabela mban një fund të shkurtër ☞ **en hiver, les jours sont plus courts qu'en été** në dimër, ditët janë më të shkurtëra se në verë.
cousin [kuzɛ̃] *m.* kushëri ☞ **cousin germain** kushëri i parë.
🕮 *f.* cousine [kuzin].
coussin [kusɛ̃] *m.* jastëk, shilte.
couteau [kuto] *m.* thikë.
🕮 *sh.* couteaux.
coûter [kute] [3] *fol.* kushton ☞ **combien ça coûte?** sa kushton? ☞ **Il ne coûte pas très cher** nuk kushton shumë shtrenjt.
coutume [kutym] *f.* zakon, doke ☞ **comme de coutume** si zakonisht.
couvercle [kuvɛRkl(ə)] *m.* kapak.
couvert [kuvɛR] *m.* mbulesë tavoline ☞ **mettre le couvert** shtroj tryezën.
couverture [kuvɛRtyR] *f.* mbulesë (*krevati*), batanije ❖ kopertinë.
couvrir [kuvRiR] [12] *fol.* mbuloj 🔔 **se couvrir** mbulohem.
crabe [kRa(ɑ)b] *m.* gaforre.
cracher [kRa e] [3] *fol.* pështyj ☞ **Thomas crache le chewing-gum avant de répondre** Thomai e pështyn çimçakizin para se të përgjigjet.
craie [kRɛ] *f.* shkumës ☞ **il y a des craies blanches et des craies de couleur** ka shkumësa të bardhë dhe shkumësa me ngjyrë.
crapaud [kRapo] *m.* zhabë.
craquer [kRake] [3] *fol.* kërcas ☞ **le pain grillé craque sous les dents** buka e thekur kërcet në dhëmbë ❖ **mon pantalon qui a craqué** m'u grisën pantallonat.
crayon [kRɛjɔ̃] *m.* laps, kalem ☞ **j'écris au crayon** shkruaj me laps.
création [kReasjɔ̃] *f.* krijim.
crèche [kRɛ] *f.* çerdhe.
créer [kRee] [3] *fol.* krijoj, sajoj, nxjerr.
crème [kRɛm] *f.* ajkë ❖ krem.
crémerie [kRɛmRi] *f.* bulmetore.
crêpe [kRɛp] *f.* krep.

Crêpe është një lloj petulle tipike franceze. Ajo përgatitet me vezë, qumësht, miell. Brumi duhet të jetë i hollë dhe piqet në një tigan të sheshtë. Krepët mund të lyhen me reçel, mjaltë, sheqer, etj. Kur mbushen me proshutë, sallatë apo djathë quhen **la galette** galeta. Në Francë, krepët mund t'i blesh kudo, edhe nëpër qoshet e rrugëve, edhe nëpër lokale të veçanta që quhen **Crêperie**.

creuser [kRøze] [3] *fol.* gërmoj ☞ **se creuser la tête** vras mendjen.
crever [kRəve] [8] *fol.* pëlcas, shpoj ❖ pëlcet, shpohet (*goma*) ❖ ngordh (*kafsha*).

crevette [kRəvɛt] *f.* karkalec deti.

cri [kRi] *m.* britmë ☞ **Valérie a poussé un cri** Valeria lëshoi një britmë.

crier [kRije] [10] *fol.* bërtas, gërthas, them me zë të lartë ☞ **ne crie pas, ton frère dort!** mos bërtit, yt vëlla po fle!

criminel [kRiminɛl] *m.* vrasës.
📖 *f.* criminelle.

crinière [kRinjɛR] *f.* krifë.

croc [kRo] *m.* çengel ❖ dhëmbë (*qeni, tigri, etj.*).

croche-pied [kRɔ pjɛ] *m.* stërkëmbësh ☞ **Marc a fait un croche-pied à Michel** Marku i vuri stërkëmbshin Mishelit.

crochet [kRɔ ɛ] *m.* çengel, grremç ❖ citë (*për të thurur*) ☞ **Mamie fait du crochet** gjyshja bën dantellë ❖ kllapë katrore.

crocodile [kRɔkɔdil] *m.* krokodil.

croire [kRwaR] [38] *fol.* besoj ☞ **il ne faut jamais croire Ilir** mos i beso anjëherë Ilirit ❖ kujtoj, pandeh ☞ **je croyais être seul** kujtoja se isha vetëm.

croiser [kRwaze] [3] *fol.* kryqëzoj ☞ **croiser les jambes, les bras** kryqëzoj këmbët, krahët 🔔 **se croiser** ☞ **les deux routes se croisent** të dyja rrugët kryqëzohen ❖ takoj, has (*dikë në rrugë*).

croissant [kRwasɑ̃] *m.* kruasan ❖ gjysmë hëne.

Croissant është një lloj kulaçi prej buke, i ëmbël, në formën e hënës së re, që francezët pëlqejnë ta hanë për mëngjes.

croix [kRwa] *f.* kryq ☞ **vous cochez d'une croix les bonnes réponses** shënoni me një kryq përgjigjet e sakta .

croquis [kRɔki] *m.* skicë.

croûte [kRut] *f.* kore, krodhë.

cru [kRy] *mb.* i gjallë, i papjekur ☞ **les carottes se mangent cuites ou crues** karotat hahen të ziera ose të gjalla.
📖 *f.* crue.

cruche [kRy] *f.* shtambë.

cruel [kRyɛl] *mb.* i egër, mizor, i pamëshirshëm ☞ **Jacques est cruel avec les mouches** Zhaku është i pamëshirshëm me mizat (*i vret të gjitha)*.
📖 *f.* cruelle.

cube [kyb] *mb.* kub ☞ **mètre cube** metër kub 🔔 *m.* kub ☞ **les cotés d'un cube sont des carrés** faqet e kubit janë katrorë.

cueillir [kœjiR] [13] *fol.* vjel, këput (*lule, fruta*).

cuillère [kɥijɛR] *f.* lugë.
📖 Mund të shkruhet edhe **cuiller.**

cuir [kɥiR] *m.* lëkurë ☞ **une veste en cuir** një xhaketë prej lëkure.

cuire [kɥiR] [43] *fol.* pjek, ziej ☞ **cuire au four** pjek në furrë.

cuisine [kɥizin] *f.* kuzhinë ☞ **à la cuisine** në kuzhinë ❖ art i të gatuarit ☞ **tu sais faire la cuisine!** a di të gatuash!

cuisiner [kɥizine] [3] *fol.* gatuaj.

cuisinier [kɥizinje] *m.* kuzhinier.
📖 *f.* cuisinière [kɥizinjɛR].

cuisinière [kɥizinjɛR] *f.* sobë ☞ **une cuisinière à gaz** një sobë me gaz.

cuisse [kɥis] *f.* kofshë ☞ **une cuisse de poulet** një kofshë pule.

cuivre [kɥivR] *m.* bakër.

culotte [kylɔt] *f.* pantallona të shkurtëra ❖ mbathje grash.

cultiver [kyltive] [3] *fol.* punoj, lëvroj ☞ **les élèves cultivent le jardin de l'école** nxënësit punojnë kopshtin e shkollës.

cure-dent [kyRdɑ̃] *m.* kleçkë, kruese dhëmbësh.
📖 *sh.* cure-dents.

curieux [kyRjø] *mb.* kureshtar ☞ **Robert est curieux de savoir tout ce qui concerne les océans** Roberti është kureshtar të dijë gjithçka që lidhet me oqeanet ❖ i çuditshëm.
📖 *f.* curieuse [kyRjøz].

cycliste [siklist] *m.* çiklist.

cygne [siɲ] *m.* mjellmë.

cylindre [silɛ̃dR(ə)] *m.* cilindër.

cyprès [sipRɛ] *m.* selvi, qiparis.

dame [dam] *f.* zonjë ❖ damë (*lojë*) ☞ **Sophie et Nathalie jouent aux dames** Sofia dhe Natalia po luajnë damë 🔔 *pasth.* **dame oui!** sigurisht! ta pret mendja!

danger [dɑ̃ʒe] *m.* rrezik.

dangereux [dɑ̃ʒʀø] *mb.* i rrezikshëm ☞ **il est dangereux de se pencher au dehors** është e rrezikshme të përkulesh jashtë dritares (*ose më mirë në shqipe, do të thoshim: kujdes, mos u përkul jashtë dritares!*). 📖 *f.* dangereuse [dɑ̃ʒʀøz].

dans [dɑ̃] *paraf.* në ☞ **l'oiseau est dans la cage** zogu është në kafaz ☞ **il y a du monde dans la rue** ka njerëz në rrugë ❖ mbas, në ☞ **le train arrive dans deux heures** treni mbërrin mbas dy orësh ☞ **dans la journée, le bébé n'a pas dormi** gjatë ditës, foshnja nuk fjeti.

danse [dɑ̃s] *f.* vallëzim, valle ☞ **Irène aime beaucoup la danse** Irenës i pëlqen shumë vallëzimi.

danser [dɑ̃se] [3] *fol.* vallëzoj, kërcej.

Sur le pont d'Avignon
L'on y danse, l'on y danse
Sur le pont d'Avignon
L'on y danse tout en rond
Mbi urën e Avinjonit
ç'po vallëzojmë, ç'po vallëzojmë
Mbi urën e Avinjonit
ç'po vallëzojmë rreth e qark.

danseur [dɑ̃sœʀ] *m.* vallëzues, kërcimtar. 📖 *f.* danseuse [dɑ̃søz].

date [dat] *f.* datë ☞ **la date de naissance** datëlindja.

datte [dat] *f.* hurmë.

dauphin [dɔfɛ̃] *m.* delfin.

de [də] *paraf.* ☞ **un morceau de fromage** një copë djathë ☞ **le livre de Monique** libri i Monikës ❖ nga ☞ **tu es d'où?** nga je? ☞ **je suis de Lyon** jam nga Lioni ❖ **maman travaille de sept heures à midi** mamaja punon nga ora shtatë deri në mesditë ☞ **papa travaille de nuit** babai punon natën ❖ **le train vient de Paris** treni vjen nga Parisi ☞ **elle est aimée de tout le monde** të gjithë e duan atë ❖ **lunettes de soleil** syze dielli ☞ **mamie pleure de joie** gjyshja qan nga gëzimi ☞ **j'ai deux jours de libre, je vais à la campagne** do të shkoj në fshat se kam dy ditë pushim ❖ **les enfants saluent de la main leurs parents** fëmijët përshëndetin me dorë prindërit e tyre ☞ **rien de nouveau** asgjë të re ☞ **d'un coup de pied** me një shkelm.

📖 **De** kryen funksione të ndryshme në fjali. Ajo mund të jetë edhe nyje kur ndodhet përpara emrave konkretë sasia e të cilëve është e papërcaktuar ☞ **j'achète du pain** blej bukë ☞ **j'achète de la viande** blej mish ☞ **j'achète des fruits** blej fruta. Në formën mohuese përdoret gjithmonë **de** edhe sikur emri që ajo përcakton të jetë në numrin shumës. Kështu, thuhet ☞ **je n'achète pas de pain** nuk blej bukë ☞ **je n'achète pas de fruits** nuk blej fruta.
De bëhet **d'** kur ndodhet përpara fjalëve që fillojnë me zanore apo **H** të pazëshme. Nuk thuhet **de le** por **du**, nuk thuhet **de les** por **des**.
De përdoret shpesh para foljeve në paskajore ☞ **il a cessé de parler** ai pushoi së foluri. Në këtë rast, në shqipe do të përdorej një formë tjetër foljore duke mos e përkthyer fjalë për fjalë **de**.

dé [de] *m.* zar ❖ gishtëz.

débarras [debaʀa] *m.* depo, vend për rrangullat (*në* shtëpi).

débarrasser [debaʀase] [3] *fol.*spastroj, heq nga një vend ☞ **après le déjeuner,**

Pauline débarrasse la table mbas drekës, Polina ngre tavolinën 🔔 **se débarrasser** heq qafe ❖ zhvesh **débarrasse-toi de ton blouson** hiqe xhupin.

déborder [debɔʀde] [3] *fol.* derdhet (*qumështi*), vërshon (*lumi*).

debout [d(ə)bu] *ndajf.* më këmbë ☞ **il se tient debout** ai qëndron më këmbë.

déboutonner [debutɔne] [3] *fol.* shkopsit.

se **débrouiller** [sədebʀuje] [3] *fol.* vërtit, ia dal mbanë ☞ **est-ce que tu sais te débrouiller tout seul?** a di t'ja dalësh vetëm?

début [deby] *m.* fillim ☞ **recommençons depuis le début** le të rifillojmë edhe një herë nga fillimi ☞ **du début à la fin** nga fillimi deri në fund ☞ **je pars en voyage au début de la semaine** unë do të nisem për pushime në fillim të javës.

décembre [desɑ̃bʀ] *m.* dhjetor.

déception [desɛpsjɔ̃] *f.* zhgënjim ☞ **quelle déception!** çfarë zhgënjimi!

décevoir [des(ə)vwaʀ] [21] *fol.* zhgënjej.

se **déchaîner** [səde ɛne] [3] *fol.* sulem me turr (*me vrap*).

déchirer [de iʀe] [3] *fol.* gris, çjerr ☞ **Nathalie a déchiré la lettre** Natalia e grisi letrën ❖ copëtoj zemrën, hidhëroj ☞ **cette mort lui a déchiré le cœur** kjo vdekje ia coptoi zemrën.

décider [deside] [3] *fol.* vendos ☞ **les enfants ont décidé de ne plus se disputer** fëmijët vendosën të mos zihen më ☞ **il a décidé de partir** ai vendosi të niset ❖ i mbush mendjen, bind, detyroj ☞ **il l'a décidé à partir** ai e bindi atë të nisej.

décision [desizjɔ̃] *f.* vendim ☞ **papa a pris une décision: il ne fumera plus** babai mori një vendim: ai nuk do të pijë më duhan.

décoloré [dekɔlɔʀe] *mb.* i çngjyrosur, i zbardhur.

décorer [dekɔʀe] [3] *fol.* zbukuroj, stolis ☞ **les enfants décorent bien le sapin de Noël** fëmijët po e zbukurojnë mirë pemën e Vitit të Ri.

découper [dekupe] [3] *fol.* pres, copëtoj.

découvrir [dekuvʀiʀ] *fol.* zbuloj ☞ **j'ai découvert la casserole** e zbulova tenxheren ❖ gjej ☞ **j'ai découvert une pièce d'un franc** gjeta një monedhë prej një frange ☞ **découvrir le coupable** zbuloj fajtorin 🔔 **le ciel se découvre** qielli po kthjellohet (*po hapet koha*).

décrire [dekʀiʀ] [47] *fol.* përshkruaj.

dedans [dədɑ̃] *ndajf.* brenda ☞ **viens dedans!** hajde brenda! ☞ **là – dedans, il fait très chaud** aty brenda, është shumë ngrohtë.

défaire [defɛʀ] [42] *fol.* zhbëj ☞ **après le voyage, je défais la valise** mbas udhëtimit unë e zbras valixhen ❖ **défaire un nœud** zgjidh një nyje.

défaut [defo] *m.* e metë, cen ☞ **Marc a un très grand défaut, il est paresseux** Marku ka një të metë të madhe, ai është dembel.

défendre [defɑ̃dʀ(ə)] [31] *fol.* mbroj ☞ **défendre les droits des enfants** mbroj të drejtat e fëmijëve ❖ ndaloj ☞ **je te défends de toucher à ma poupée** të ndaloj ta prekësh kukullën time.

défence [defɑ̃s] *f.* mbrojtje ❖ **défence de fumer!** ndalohet duhani!

défenseur [defɑ̃sœʀ] *m.* mbrojtës.

défilé [defile] *m.* parakalim, sfilatë (*mode*).

dégager [degaʒe] [5] *fol.* liroj ☞ **dégagez la rue!** lirojeni rrugën! 🔔 **le ciel se dégage** qielli po kthjellohet ❖ nxjerr ☞ **les plantes dégagent du gaz carbonique** bimët lëshojnë gaz karbonik.

dégonflé [degɔ̃fle] *mb.* i shfryrë.
dégoût [degu] *m.* neveri, pështirosje.
dégoûtant [degutɑ̃] *mb.* i neveritshëm, i fëlliqur.
📖 *f.* dégoutante [degutɑ̃t].
degré [dəgʀe] *m.* gradë ☞ **un degré sous zéro** një gradë nën zero ❖ **cousin de deuxième degré** kushëri i dytë ☞ **les degrés de comparaison** shkallët e krahasimit.
déguisement [degizmɑ̃] *m.* maskim ☞ **Sophie s'habille avec les vêtements de son frère, c'est un déguisement** Sofia vesh rrobat e vëllait, ajo maskohet.
dehors [dəɔʀ] *ndajf.* jashtë ☞ **je t'attends dehors** po të pres jashtë ☞ **dehors!** jashtë!
déjà [deʒa] *ndajf.* tashmë ☞ **il est déjà parti** ai tashmë është nisur.
déjeuner [deʒœne] [3] *fol.* ha mëngjesin ose drekën 🔔 *m.* drekë ☞ **petit déjeuner** mëngjes.
délacer [delase] *fol.* zgjidh ☞ **délacer les chaussures** zgjidh këpucët.
délicat [delika] *mb.* i hollë, i imët ❖ i brishtë.
délice [delis] *m.* ëndje, kënaqësi.
délicieux [delisjø] *mb.* shumë i bukur ❖ i shijshëm.
📖 *f.* délicieuse [delisjøz].
demain [d(ə)mɛ̃] *ndajf.* nesër.
demande [d(ə)mɑ̃d] *f.* pyetje ❖ kërkesë.

> **Fjalë e urtë**
>
> **A sotte demande point de réponse.**
> Budallait hapi rrugë.

demander [d(ə)mɑ̃de] [3] *fol.* kërkoj ☞ **Brigitte a demandé une poupée pour Noël** Brizhita ka kërkuar (*si dhuratë*) një kukull për Krishtlindje ☞ **je te demande pardon** të kërkoj falje ❖ pyes ☞ **il m'a demandé où se trouvait la gare** ai më pyeti se ku ndodhej stacioni i trenit ☞ **demander un renseignement** kërkoj një të dhënë (*pyes për një të dhënë*) 🔔 **se demander** vras mendjen.
démanger [demɑ̃ʒe] [5] *fol.* më kruhet, më ha.
démarrer [demaʀe] [3] *fol.* niset (*vapori, treni, etj.*) ☞ **as-tu démarré?** a e ndeze motorin? ☞ **la voiture ne veut pas démarrer** vetura nuk do të ndizet.
déménager [demenaʒe] [5] *fol.* mbart plaçkat.
demeurer [dəmœʀe] [3] *fol.* banoj ☞ **Noémie va demeurer dans notre quartier** Noemia do të banojë në lagjen tonë.
demi [d(ə)mi] *mb.* gjysmë ☞ **une demi-heure** një gjysmë ore ☞ **il est huit heures et demie** ora është tetë e gjysmë.

> 📖 **demi** bëhet **demie** kur ndjek pas një emër të gjinisë femërore.

démolir [demɔliʀ] [11] *fol.* prish, rrëzoj.
démonter [demɔ̃te] [3] *fol.* çmontoj.
démontrer [demɔ̃tʀe] [3] *fol.* tregoj.
dent [dɑ̃] *f.* dhëmb ☞ **dents de lait** dhëmbë të qumështit ☞ **j'ai un mal de dents** më dhëmb dhëmbi ☞ **brosse à dents** furçë dhëmbësh ❖ **les dents de la scie** dhëmbët e sharrës.

> **Fjalë e urtë**
>
> **Napoléon cédant Sedan céda ses dents.**
> Napoleoni kur dorëzoi Sedanin sikur ia shkulën të gjithë dhëmbët.

dentifrice [dɑ̃tifʀis] *f.* pastë dhëmbësh.
dentiste [dɑ̃tist(ə)] *m.* dentist.

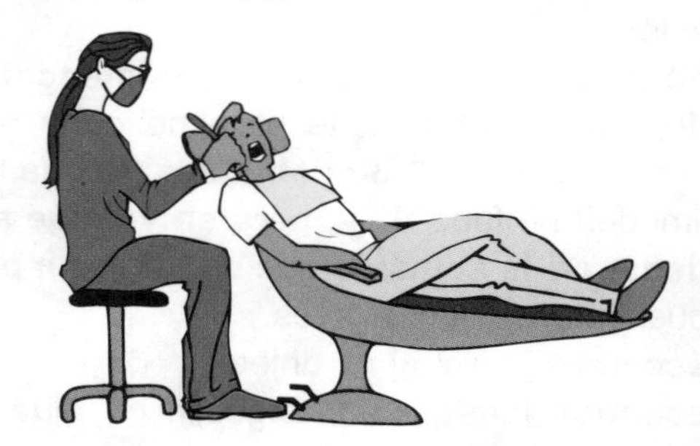

départ [depaʀ] *m.* nisje ☞ **au départ** në nisje ☞ **c'est l'heure du départ du train** është ora e nisjes së trenit.
dépasser [depase] [3] *fol.* kaloj, tejkaloj ☞ **la voiture a dépassé le camion** vetura ia kaloi kamionit ☞ **depasser les limites de vitesse** i tejkaloj kufijtë e shpejtësisë ☞ **la**

chemise dépasse sous ta veste të del këmisha nga xhaketa.

se **dépêcher** [sədepe e] [3] *fol.* nxitoj ☞ **vite, dépêche-toi!** shpejt, nxito!

dépendre [depɑ̃dʀ(ə)] [31] *fol.* varet ☞ **"tu sortiras demain?" "ça dépend du temps"** "a do të dalësh nesër?" "varet nga koha."

dépense [depɑ̃s] *f.* shpenzim ☞ **l'argent de poche est pour les menues dépenses** paratë e xhepit janë për shpenzime të vogla.

dépenser [depɑ̃se] [3] *fol.* shpenzoj.

déplacer [deplase] [4] *fol.* zhvendos.

depuis [dəpɥi] *parafj.* që nga ☞ **depuis deux heures** që prej dy orësh ☞ **je ne l'ai pas vu depuis** nuk e kam parë prej kohësh.

déranger [deʀɑ̃ʒe] [5] *fol.* shqetësoj ☞ **ne me dérange pas, Sophie, laisse-moi tranquille!** mos më shqetëso, Sofi, më lerë të qetë! ❖ **ta chambre est dérangée** e ke dhomën të çrregullt (*rrëmujë*).

dernier [dɛʀnje] *mb.* i fundit ☞ **la dernière fois** herën e fundit ☞ **le dernier jour du mois** dita e fundit e muajit ☞ **il arrive toujours le dernier** ai mbërrin gjithmonë i fundit ❖ i kaluar ☞ **l'année dernière** vitin e kaluar. 📖 *f.* dernière [dɛʀnjɛʀ].

derrière [deʀjɛʀ] *parafj.* prapa, pas, nga pas ☞ **il y a un jardin derrière l'école** pas shkollës ndodhet një kopsht 🔔 *ndajf.* **il est resté derrière** ai ngeli prapa 🔔 *m.* anë e pasme ❖ të ndenjurat, prapanicë ☞ **un coup de pied au derrière** një shqelm bythëve.

dès [de] *parafj.* që ☞ **dès maintenant** që tani ☞ **dès la fenêtre** që nga dritarja ☞ **écris-moi dès que tu peux** më shkruaj menjëherë sa të mundësh.

désagréable [dezagʀeabl(ə)] *mb.* i pakëndshëm, i papëlqyer, antipatik (*njeri*).

désastre [dezastʀ(ə)] *m.* gjëmë, mynxyrë ☞ **quel désastre!** ç'hata!.

descendre [desɑ̃dʀ(ə)] [31] *fol.* zbres ☞ **descendre l'escalier** zbres shkallët ❖ **desendre un tableau** ul poshtë një pikturë.

descente [desɑ̃t] *f.* zbritje, ulje ☞ **une route en descente** një rrugë e pjerrët.

désert [dezɛʀ] *m.* shkretëtirë.

désespéré [dezɛspeʀe] *mb.* i dëshpëruar, i mërzitur.

déshabiller [dezabije] [3] *fol.* zhvesh 🔔 **se déshabiller** zhvishem ☞ **déshabille-toi et prends ton bain!** zhvishu dhe lahu!

désir [deziʀ] *m.* dëshirë.

désirer [deziʀe] [3] *fol.* dëshiroj, dua.

désobéir [dezobeiʀ] [11] *fol.* nuk i bindem dikujt ☞ **Marc désobéit à ses parents** Marku nuk iu bindet prindërve.

désordonné [dezɔʀrdɔne] *mb.* i çrregullt.

désordre [dezɔʀdʀ(ə)] *m.* rrëmujë.

desquels, desquelles [dɛkɛl] *përem.* i të cilëve, e të cilave ❖ shih **lequel.**

dessert [desɛʀ] *m.* fruta, ëmbëlsirë, desert.

dessin [desɛ̃] *m.* vizatim ☞ **dessin animé** film vizatimor.

dessiner [desine] [3] *fol.* vizatoj.

dessous [d(ə)su] *ndajf.* poshtë, nën ☞ **six degré au-dessous de zéro** gjashtë gradë nën zero ☞ **je t'attends à l'étage de dessous** të pres në katin e poshtëm 🔔 *m.* pjesë e poshtme ☞ **le prix du vase est collé sur le dessous** çmimi i vazos është ngjitur në pjesën e poshtme.

dessus [d(ə)sy] *ndajf.* sipër, mbi ☞ **le livre est au-dessus** libri është aty mbi 🔔 *m.* pjesa e sipërme.

destin [dɛstɛ̃] *m.* fat.

détacher [deta e] [3] *fol.* shkëput, shqit ☞ **detachez les ceintures** zgjidhini rripat (*në aeroplan*).

détail [detaj] *m.* hollësi, imtësi ❖ detal ❖ pakicë ☞ **vendre au détail** shes me pakicë.

détective [detɛktiv] *m.* detektiv ☞ **un détective privé** një detektiv privat.

détester [deteste] [3] *fol.* urrej, përbuz ☞ **je deteste le fromage** nuk më pëlqen fare djathi.
détroit [detʀwa] *m.* ngushticë ☞ **le détroit de Magellan** ngushtica e Magelanit.
détruire [detʀɥiʀ] [43] *fol.* prish, shkatërroj, rrënoj.
dette [dɛt] *f.* hua, borxh.
deux [dø] *mb., m.* dy ☞ **le deux janvier** në dy janar ☞ **couper le gâteau en deux** e ndaj ëmbëlsirë në dysh ☞ **les deux** të dy.
deuxième [døzjɛm] *mb., m.* i dytë ☞ **la deuxième fois** hera e dytë.
devant [d(ə)vɑ̃] *parafj.* përpara ☞ **devant l'école** përpara shkollës 🔔 *ndajf.* përpara ☞ **va devant!** ec përpara! ☞ **de devant, par devant** nga përpara 🔔 *m.* pjesë e përparme.
développer [dev(ə)lɔpe] [3] *fol.* laj një film ☞ **j'envoie au laboratoire un film à développer çoj në laborator një film për të larë** ❖ zhvilloj ☞ **la natation développe tous les muscles** noti zhvillon të gjithë muskujt ❖ shtjelloj, trajtoj një temë ☞ **développez ce thème** shtjelloheni këtë temë.
devenir [dəvniʀ] [19] *fol.* bëhem ☞ **la chenille est devenue papillon** vemja u bë flutur ❖ **que sont devenues mes chaussettes?** ç'u bënë çorapet e mia?
deviner [d(ə)vine] [3] *fol.* marr me mend, parashikoj.
devinette [d(ə)vinɛt] *f.* gjëegjëzë.
devoir [d(ə)vwaʀ] [21] *fol.* duhet ☞ **je dois aller chez le docteur** duhet të shkoj te doktori ☞ **Georges doit être parti** Zhorzhi duhet të jetë nisur ☞ **Marie doit dix francs à sa sœur** Maria i detyrohet dhjetë franga të motrës. 🔔 *m.* detyrë (*shkolle*) ☞ **j'ai trop de devoirs** kam shumë detyra ❖ detyrë ☞ **les droits et les devoirs** të drejtat dhe detyrat.
dévorer [devɔʀe] [3] *fol.* kullufit, përpij.
diable [djɑbl(ə)] *m.* djall, shejtan, dreq ☞ **ce diable de temps** kjo dreq kohe ☞ **aller au diable** shkoj shumë larg.
dictée [dikte] *f.* diktim.
dictionnaire [diksjɔnɛʀ] *m.* fjalor.
dieu [djø] *m.* zot, perëndi.
différence [difeʀɑ̃s] *f.* ndryshim ☞ **à la différence de** në ndryshim me.
différent [difeʀɑ̃] *mb.* i ndryshëm ☞ **en différentes manières** në mënyra të ndryshme.
difficile [difisil] *mb.* i vështirë, i zorshëm ☞ **un problème difficile** një problem i vështirë ☞ **un mot difficile à prononcer** një fjalë që shqiptohet me vështirësi.
digérer [diʒeʀe] [8] *fol.* tres (*ushqimin*) ❖ përvetësoj (*mësimin*).
dimanche [dimɑ̃] *m.* e diel.
dindon [dɛ̃dɔ̃] *m.* gjeldeti.
📖 *f.* dinde [dɛ̃d] pulëdeti.

dîner [dine] [3] *fol.* darkoj 🔔 *m.* darkë.

> Frëngjishtja filtet jo vetëm në Francë por edhe në shumë vende të tjera, si në Belgjikë, Zvicër, Kanada, dhe në disa vende afrikane. Të gjitha këto shtete quhen vende frankofone dhe përdorin ndonjëherë shprehje të veçanta si p.sh. në rastin e vakteve të të ngrënit. Në Francë **déjeuner** do të thotë vakti i drekës që hahet në mesditë, ndërkohë që në Belgjikë dhe në Kanada ka kuptimin e mëngjesit **petit déjeuner;** darka në frëngjishten e Francës do të thotë **dîner** dhe **souper** në Belgjikë. Edhe emrat e disa numrave ndryshojnë. Nëntëdhjetë thuhet **quatre-vingt-dix** në Francë dhe **nonante** në Zvicër.

dire [diʀ] 46] *fol.* them ☞ **Thomas voudrait dire quelque chose** Thomai donte të thoshte diçka ☞ **il m'a dit du bien pour toi** ai më foli mirë për ty ❖ them, lajmëroj ☞ **je te l'avais dis** të thashë ❖ **cette phrase ne veut rien dire** kjo fjali nuk ka kuptim ❖

dites donc! çudi! ☞ **c'est-à-dire** domethënë 🔔 **se dire** them me vete.

📖 Shprehja e ligjërimit bisedor **ça te dirait de... ?** në shqipe do të përkthehej me *ç'do të thoshe sikur...?* ☞ **Ça te dirait d'aller au cinéma ce soir ?** Ç'do të thoshe sikur të shkonim në kinema sonte?

direct [diʀɛkt(ə)] *mb.* i drejtë, i drejtpërdrejtë.
directeur [diʀɛktœʀ] *m.* drejtor.
📖 *f.* directrice [diʀɛktʀis] drejtoreshë.
direction [diʀɛksjɔ̃] *f.* drejtim ❖ drejtori ❖ drejtim (*rruge*).
diriger [diʀiʒe] [5] *fol.* drejtoj ❖ ngas, nis (*një mjet*) 🔔 **se diriger** drejtohem, shkoj drejt.
discothèque [diskɔtɛk] *f.* diskotekë.
discours [diskuʀ] *m.* fjalim, ligjëratë ☞ **prononcer un discours** mbaj një fjalim.
discuter [diskyte] [3] *fol.* diskutoj ☞ **les élèves ont discuté du film toute la matinée** nxënësit diskutuan për filmin gjatë gjithë mëngjesit ❖ **Éric est allé se coucher sans discuter** Eriku shkoi të flinte pa kundërshtuar.
disparaître [dispaʀɛtʀ(ə)] [37] *fol.* zhdukem ❖ humbas, vdes. se **disputer** [sədispyte] [3] *fol.* bëj sherr, zihem ☞ **ils se sont disputés pour un rien** ata u zunë për hiçgjë.
disque [disk] *m.* disk ☞ **le lancer du disque** hedhja e diskut (*në sport*) ❖ **disque compact CD** kompakt disk CD.
disquette [diskɛt] *f.* disketë.
distance [distɑ̃s] *f.* largësi, distancë.
distrait [distʀɛ] *mb.* i hutuar, i pavëmendshëm ☞ **Véronique est souvent distraite en classe** Veronika është shpesh e pavëmendshme në klasë.
📖 *f.* distraite [distʀɛt].
distraction [distʀaksjɔ̃] *f.* mungesë vëmendjeje, hutim ❖ zbavitje, argëtim.
distribuer [distʀibye] [3] *fol.* ndaj, shpërndaj ☞ **le directeur de l'école a distribué les prix** drejtori i shkollës ndau çmimet ❖ përhap.

Në Francë, për vlerësimin e nxënësve, përdoret sistemi me njëzet nota. Nga nota dhjetë deri në njëzet vlerësimi është kalues.

division [divizjɔ̃] *f.* përçarje, mosmarrëveshje ❖ kategori (*në sport*) ☞ **championat de première division** kampionat i kategorisë së parë.
divorce [divɔʀs] *m.* shkurorëzim, ndarje ❖ mosmarrëveshje.
divorcer [divɔʀse] [4] *fol.* ndahem.
dix [dis] *mb., m.* dhjetë ☞ **dix crayons** [dikʀɛjɔ̃] dhjetë lapsa ☞ **dix heures** [dizœʀ] ora dhjetë.
docteur [dɔktœʀ] *m.* doktor, mjek.

documentaire [dɔkymɑ̃tɛʀ] *m.* film dokumentar.
dodo [dodo] *m.* gjumë, nani (*në gjuhën e fëmijve*) ☞ **c'est l'heure de faire dodo** është ora për të bërë nani ☞ **va au dodo!** nani! në gjumë!

Dodo, l'enfant do,
L'enfant dormira vite.
Dodo, l'enfant do,
L'enfant dormira bientôt.
Nani nani djalën o,
Gjumi shpejt ta zërë o.
Nani nani djalën o,
Gjumi shpejt ta zërë o.

doigt [dwa] *m.* gisht ☞ **l'institutrice interroge l'élève qui lève le doigt** mësuesja pyet nxënësin që ngre gishtin ☞ **Besa sait la leçon sur le bout des doigts** Besa e di mësimin në majë të gishtave.
dommage [dɔmaʒ] *m.* dëm ☞ **quel dommage!** sa keq!
dompter [dɔ̃te] [3] *fol.* zbut (*kafshë të egra*) ❖ mposht, nënshtroj.
don [dɔ̃] *m.* dhuratë ❖ prirje, talent ☞ **Sophie a un don pour le piano** Sofia ka prirje për piano.
donc [dɔ̃] *lidh.* pra, domethënë ☞ **je suis fatigué, donc je me couche** po shtrihem se jam i lodhur

☞ **donc, commençons!** fillojmë, pra!

📖 Në krye të fjalisë dhe përpara një zanoreje **donc** shqiptohet [dɔ̃k].

donner [dɔne] [3] *fol.* jap ☞ **je ne te prête pas le livre, je te le donne** po ta jap (*fal*) librin, nuk po ta huazoj ❖ **cet arbre a donné beaucoup de fruits** kjo pemë ka dhënë (*prodhuar*) shumë fruta ❖ **la chambre donne sur la mer** dhoma e ka pamjen nga deti ☞ **étant donné** meqë 🔔 **se donner du mal** përpiqem.

dont [dɔ̃] *përem.* i të cilit, i së cilës, për të cilin, për të cilën ☞ **j'ai un ami dont le père est journaliste** unë kam një mik babai i të cilit është gazetar.

dormir [dɔʀmiʀ] [15] *fol.* fle ☞ **ne fais pas de bruit, Nathalie, dors!** mos bëj zhurmë, Natali, fli! ☞ **dormir debout** fle më këmbë.

dos [do] *m.* shpinë, kurriz ☞ **porter sur le dos** mbaj mbi shpinë ☞ **de dos** nga kurrizi, nga prapa ❖ mbështetëse (*e karriges*).

douane [dwan] *f.* doganë.

double [dubl(ə)] *mb.* i dyfishtë ☞ **une double dose** një dozë e dyfishtë 🔔 *m.* **quatre est le double de deux** katra është dyfishi i dyshit.

doubler [duble] [3] *fol.* dyfishoj ❖ parakaloj (*një makinë*).

doucement [dusmɑ̃] *ndajf.* ngadalë, pa u nxituar, pa u ndier ☞ **tout doucement** dalëngadalë ☞ **vas-y tout doucement!** jepi ngadalë! ❖ qetë.

douche [du] *f.* dush ☞ **chaque matin je prends une douche** çdo mëngjes bëj dush (*lahem*).

douillet [dujɛ] *mb.* i butë, njeri i ndjeshëm ☞ **il est douillet, il pleure à la moindre douleur** ai është shumë i ndjeshëm, ai qan për dhembjen më të vogël.

📖 *f.* douillette [dujɛt].

douleur [dulœʀ] *f.* dhembje ❖ hidhërim.

douloureux [duluʀø] *mb.* i dhembshëm, që dhemb ❖ pikëllues.

📖 *f.* douloureuse [duluʀøz].

doute [dut] *m.* mëdyshje, ngurrim, dyshim ☞ **sans doute** pa dyshim.

doux [du] *mb.* i ëmbël ☞ **le miel a une saveur douce** mjalti ka një shije të ëmbël ❖ i butë ☞ **le chat a une fourrure douce** macja ka një gëzof të butë ❖ i urtë, i sjellshëm ☞ **notre institutrice est très douce avec nous** mësuesja jonë është shumë e butë (*e sjellshme, e duruar*) me ne.

📖 *f.* douce [dus].

douzaine [duzɛn] *f.* duzinë.

douze [duz] *mb., m.* dymbëdhjetë.

dragée [dʀaʒe] *f.* bajame e sheqerosur.

drap [dʀa] *m.* çarçaf ☞ **changer les draps** ndërroj çarçafët.

drapeau [dʀapo] *m.* flamur.

📖 *sh.* drapeaux.

Flamuri francez është tringjyrësh: blu, i bardhë dhe i kuq. Kjo përzgjedhje ngjyrash është bërë që në Revolucionin e vitit 1789. Bluja dhe e kuqja ishin ngjyrat e Parisit, e bardha ishte ngjyra e mbretit.

dresser [dʀese] [3] *fol.* ngre ☞ **dresser les oreilles** ngre veshët ❖ stërvis, mësoj (*një kafshë*).

droit[1] [dʀwa] *mb.* i drejtë ☞ **une ligne droite** një vijë e drejtë ☞ **continuez tout droit** vazhdoni drejt 🔔 *m.* e drejtë ☞ **le droit de vote** e drejta e votës.

📖 *f.* droite [dʀwat].

droit[2] [dʀwa] *mb.* i djathtë.

drôle [dʀɔl] *mb.* gazmor, për të qeshur, shakaxhi ☞ **une histoire drôle** një histori gazmore ❖ i çuditshëm ☞ **regarde ce drôle de garçon!** shikoje këtë djalë të çuditshëm!

du [dy] *parafj., nyje.* Shih **de.**

dur [dyʀ] *mb.* i fortë ☞ **le fer est dur** hekuri është i fortë ☞ **un œuf dur** vezë e zier shumë ❖ i vështirë, i rëndë ☞ **cet exercice est dur** ky ushtrim është i vështirë.

📖 *f.* dure.

durer [dyʀe] [3] *fol.* zgjas, vazhdoj ☞ **le cours a duré une heure** mësimi zgjati një orë.

duvet [dyve] *m.* push.

eau [o] *f.* ujë ☞ **un pistolet à eau** një pistoletë me ujë ☞ **les grandes eaux de Versailles** shatërvanet e Versajës ❖ **j'ai l'eau à la bouche** më lëshon goja lëng ❖ **eau-de-vie** raki.

Le château de Versailles kështjella e Versajës është një nga monumentet më të bukura të Parisit. Punimet për ndërtimin e saj kanë filluar që nga viti 1661. Ajo ka qenë selia e mbretërve të Francës. Vlerat e saj të rralla arkitektonike, kopshtet dhe shatërvanet e saj të mrekullueshëm e bëjnë kështjellën e Versajës një nga muzetë më të vizituar të Francës.

éblouir [ebluiʀ] [11] *fol.* verboj ☞ **le soleil m'éblouit** dielli më verbon.

écaille [ekɑj] *f.* luspë (*peshku, gjarpri, etj.*).

écarter [ekaʀte] [3] *fol.* largoj, hap ☞ **il a les jambes écartées** i ka këmbët e hapura.

échange [e ɑ̃ʒ] *m.* këmbim, shkëmbim.

échanger [e ɑ̃ʒe] [5] *fol.* këmbej, shkëmbej ☞ **Paul a échangé des billes contre des bonbons** Poli i këmbeu zaret me karamele.

s'**échapper** [se ape] [3] *fol.* iki, arratisem ☞ **retiens le chien pour qu'il ne s'échappe pas!** mbaje qenin që të mos iki!

écharpe [e aʀp] *f.* shall.

échauder [e ode] [3] *fol.* përvëloj (*me ujë*).

Fjalë e urtë

Chat échaudé craint l'eau froide. U dogj nga qulli e i fryn edhe kosit.

échauffement [e ofmɑ̃] *m.* nxehje (*në sport*).

échec [e ek] *m.* humbje, dështim ❖ *sh.* shah ☞ **jouer aux échecs** luaj shah ☞ **échec et mat** shah dhe mat.

échelle [e ɛl] *f.* shkallë.

écho [eko] *m.* oshëtimë, jehonë.

éclabousser [eklabuse] [3] *fol.*spërkat (*me baltë*).

éclair [eklɛʀ] *m.* shkrepëtimë, vetëtimë ☞ **pendant l'orage il y a des éclairs** gjatë shtrëngatës ka shkrepëtima.

éclairer [eklɛʀe] [3] *fol.* ndriçoj 🔔 **s'éclairer** ndriçohem ☞ **autrefois, on s'éclairait à la bougie** dikur, ndriçoheshim me qiri.

éclater [eklate] [3] *fol.* pëlcet ☞ **le ballon a grossi, et il a éclaté** tullumbacja u fry dhe plasi ❖ shpërthen ☞ **Sophie éclate de rire** Sofia shpërthen në gaz (*qesh me të madhe*).

éclore [eklɔʀ] [55] *fol.* del (*zogu nga veza*) ❖ çel (*lulja*).

école [ekɔl] *f.* shkollë ☞ **école maternelle** kopsht (*fëmijësh)*☞ **école élémentaire** shkollë fillore.

écolier [ekɔlje] *m.* nxënës.

📖 *f.* écolière [ekɔljɛʀ].

économie [ekɔnɔmi] *f.* ekonomi ❖ kursim ☞ **économie du temps** kursim i kohës ☞ **faire des économies** kursej.

écorce [ekɔʀs] *f.* lëkurë, lëvozhgë (*e portokallit, pjeprit, etj.*).

écorchure [ekɔʀ yʀ] *m.* gërvishtje.

écouter [ekute] [3] *fol.* dëgjoj ☞ **écoute-moi bien!** dëgjomë mirë! (*me vëmendje*).

écran [ekʀɑ̃] *m.* ekran.

écraser [ekʀaze] [3] *fol.* shtyp ☞ **j'ai écrasé un moustique sur le mur** shtypa një mushkonjë në mur ❖ **écraser une noix** thyej një arrë ☞ **tu m'as écrasé le pied** më shkele këmbën 🔔 **s'écraser** shtypem, bëhem copë.

écrevisse [ekʀəvis] *f.* karavidhe.
écrire [ekʀiʀ] [47] *fol.* shkruaj ☞ **Nathalie apprend à écire** Natalia po mëson të shkruajë 🔔 **s'écrire** shkruhet ☞ **comment s'écrit ce mot?** si shkruhet kjo fjalë?
écriture [ekʀityʀ] *f.* shkrim (*me dorë*).
écrivain [ekʀivɛ̃] *m.* shkrimtar.
écume [ekym] *f.* shkumë (*e detit, e birrës, etj.*).
écureuil [ekyʀœj] *m.* ketër.

écurie [ekuʀi] *f.* stallë (*kuajsh*).
édredon [edʀədɔ̃] *m.* jorgan.
éducation [edykasjɔ̃] *f.* edukim ❖ arsim.
effacer [efase] [4] *fol.* fshij.
effet [efɛ] *m.* rezultat, pasojë ☞ **en effet** në të vërtetë.
s'**efforcer** [sefɔʀse] [4] *fol.* përpiqem, mundohem.
effort [efɔʀ] *m.* përpjekje.
effrayant [efʀɛjɑ̃] *mb.* i frikshëm.
📖 *f.* effayante [efʀɛjɑ̃t].
effrayer [efʀeje] [47] *fol.* tmerroj, frikësoj.
égal [egal] *mb.* i barabartë ☞ **deux plus deux égal quatre** dy edhe dy baras katër ❖ i njëjtë ☞ **pour moi c'est égal** për mua është e njëjta gjë.
📖 *sh.* égaux [ego].
église [egliz] *f.* kishë.
égoïste [egɔist(ə)] *mb.* egoist.
égout [egu] *m.* kanal i ujrave të zeza, gjiriz.
égratignure [egʀatiɲyʀ(ə)] *f.* çjerrje, gërvishtje.
élan [elɑ̃] *m.* vrull, hov.
élargir [elaʀʒiʀ] [11] *fol.* zgjeroj ☞ **il faut élargir la route** duhet zgjeruar rruga.
électricité [elɛktʀisite] *f.* elektricitet.
électronique [elɛktʀɔnik] *mb.* elektronik 🔔 *f.* ektronikë.
élémentaire [elemɑ̃tɛʀ] *mb.* i thjeshtë, elementar.
éléphant [elefɑ̃] *m.* elefant.
élevé [elve] *mb.* i rritur ☞ **Nathalie est bien élevée** Natalia është e edukuar ☞ **Philippe est mal élevé** Filipi është i paedukuar.
élève [elɛv] *m., f.* nxënës, nxënëse ☞ **un élève attentif** një nxënës i vëmendshëm.
élever [elve] [8] *fol.* ngre, lartësoj (*një monument*) ❖ rrit (*një fëmijë*), edukoj 🔔 **s'élever** ngrihem, çohem.
éliminer [elimine] [3] *fol.* mënjanoj ❖ zhduk.
elle [ɛl] *përem.* ajo ☞ **elle fait la cuisine** ajo po gatuan ☞ **elle aussi** edhe ajo ☞ **nous sommes arrivés avant elle** ne mbërritëm para saj.
📖 *sh.* elles [ɛl] ato.
s'**éloigner** [selwaɲe] [3] *fol.* largohem, iki.
emballer [ɑ̃bale] [3] *fol.* mbështjell, paketoj.
embêter [ɑ̃bete] [3] *fol.* mërzit, ngacmoj (*dikë*).
embouteillage [ɑ̃butɛjaʒ] *m.* bllokim qarkullimi.
embrasser [ɑ̃bʀase] [3] *fol.* përqafoj, puth (*në faqe*) ☞ **maman m'a embrassé** mamaja më përqafoi.
emmener [ɑ̃mne] [8] *fol.* çoj, shpie, marr me vete (*një njeri*) ☞ **papa emmène Sophie à la maternelle** babai e çon Sofinë në kopsht.
s'**émouvoir** [semuvwaʀ] [24] *fol.* mallëngjehem, prekem.
empêcher [ɑ̃pe e] [3] *fol.* pengoj.
empire [ɑ̃piʀ] *m.* perandori.
employé [ɑ̃plwaje] *m.* nëpunës.
📖 *f.* employée.
employer [ɑ̃plwaje] [6] *fol.* përdor ☞ **pour faire ce cube j'ai employé un papier spécial** për të bërë këtë kub, unë kam përdorur një letër të veçantë.
empoisonner [ɑ̃pwasɔne] [3] *fol.* helmoj.
emporter [ɑ̃pɔʀte] [3] *fol.* marr me vete (*një send*) ☞ **Michel a emporté par mégarde mon stylo** Misheli mori pa dashje stilolapsin tim ❖ **Philippe l'a remporté sur Renaud** Filipi e mundi Rënonë 🔔 **s'emporter** rrëmbehem, zëmërohem.
empreinte [ɑ̃pʀɛ̃t] *f.* gjurmë, shenjë.
emprunter [ɑ̃pʀɛ̃te] [3] *fol.* marr hua ☞ **papa a emprunté de l'argent à la banque** babai

mori hua në bankë.

ému [emy] *mb.* i mallëngjyer.

en[1] [ɑ̃] *ndajf.* **"Quand va-t-il à Paris?" "Il en revient."** "Kur do të shkojë në Paris?" "Ai sapo u kthye (andej)." 🔔 *përem.* **rendez-moi mon stylo, j'en ai besoin** ma ktheni stilolapsin se kam nevojë për të ☞ **j'en ai assez de ce plat** m'u mërzit kjo gjellë.

en[2] [ɑ̃] *parafj.* në ☞ **aller en Albanie** shkoj në Shqipëri ☞ **aller en Crète** shkoj në Kretë ☞ **être en ville** jam në qytet ❖ **en hiver** në dimër ☞ **en mai** në maj ☞ **en une heure** për një orë ❖ **un jouet en bois** një lodër prej druri ☞ **un film en couleur** një film me ngjyra ❖ **être en bonne santé** jam mirë me shëndet ☞ **une fille en rouge** një vajzë (*veshur*) në të kuqe ❖ **voyager en avion** udhëtoj me avion ❖ **en vain** më kot ☞ **en tout** gjithë-gjithë.

> 📖 **en** shërben gjithashtu për të formuar përcjelloren e foljeve ☞ **en courant, je suis tombé** duke vrapuar u rrëzova.

enceinte [ɑ̃sɛ̃t] *f.* mur rrethues 🔔 *mb.f.* shtatzënë

enchanter [ɑ̃ ɑ̃te] [3] *fol.* magjeps, mahnit.

enchanteur [ɑ̃ ɑ̃tœʀ] *mb.* magjepsës, mahnitës 🔔 *m.* magjistar ☞ **l'enchanteur Merlin** magjistari Merlin.

📖 *f.* enchanteresse.

encore [ɑ̃kɔʀ] *ndajf.* ende ☞ **il est encore en train de jouer** ai është ende duke lozur ☞ **pas encore** akoma jo ☞ **Marie veut encore un peu de sucre** Maria do përsëri pak sheqer.

encre [ɑ̃kʀ(ə)] *f.* bojë (*shkrimi*).

s'**endormir** [sɑ̃dɔʀmiʀ] [15] *fol.* më zë gjumi.

endroit [ɑ̃dʀwa] *m.* vend ☞ **j'habite un bel endroit** banoj në një vend të mirë ☞ **mets ton chapeau à l'endroit!** vëre kapelen në vend!

énergie [enɛʀʒi] *f.* energji ❖ forcë, gjallëri.

enfance [ɑ̃fɑ̃s] *f.* fëmijëri.

enfant [ɑ̃fɑ̃] *m.* fëmijë, kalama ☞ **ils ont trois enfant, un fils et deux filles** ata kanë tre fëmijë, një djalë dhe dy vajza.

enfer [ɑ̃fɛʀ] *m.* ferr, skëterrë.

enfermer [ɑ̃fɛʀme] [3] *fol.* mbyll brenda.

enfiler [ɑ̃file] [3] *fol.* shkoj (*perin në gjilpërë*) ❖ vesh ☞ **enfiler une veste** vesh xhaketën.

enfin [ɑ̃fɛ̃] *ndajf.* më në fund ☞ **le bébé s'est enfin endormi** foshnjen më në fund e zuri gjumi ❖ me një fjalë, shkurt ☞ **enfin, dépêche-toi!** pra, nxito!

enfoncer [ɑ̃fɔ̃se] [4] *fol.* ngul, fut 🔔 **s'enfoncer dans la neige** futem thellë në borë.

s'**enfuir** [sɑ̃fwiʀ] [20] *fol.* ia mbath, iki me të katra.

engager [ɑ̃gaʒe] [5] *fol.* fut, shtie ☞ **engager la clé dans la serrure** fus çelësin në bravë ❖ **engager un ouvrier** pajtoj në punë një punëtor.

enlèvement [ɑ̃lɛvmɑ̃] *m.* rrëmbim.

enlever [ɑ̃lve] [8] *fol.* heq ☞ **Tu as chaud? Enlève ta veste** Ke vapë? Hiqe xhaketën.

ennemi [ɛnmi] *mb.,m.* armik.

ennui [ɑ̃nɥi] *m.* mërzitje ☞ **mourir d'ennui** vdes nga mërzitja ❖ hall, problem ☞ **maman a des ennuis de santé** mamaja ka probleme me shëndetin ☞ **quel ennui!** çfarë telashi!

ennuyer [ɑ̃nɥije] [6] *fol.* mërzit, bezdis ☞ **ce livre m'ennuie** ky libër më mërzit 🔔 **je me suis ennuyé à la fête** u mërzita në festë ❖ më merr malli ☞ **je me suis ennuyé de ma mamie** më mori malli për gjyshen.

ennuyeux [ɑ̃nɥijø] *mb.* i mërzitshëm.

📖 *f.* ennuyeuse [ɑ̃nɥijøz].

énorme [enɔʀm] *mb.* shumë i madh.

enrouler [ɑ̃ʀule] [3] *fol.* mbështjell 🔔 **s'enrouler** mbështillem.

enseignant [ɑ̃sɛɲɑ̃] *m.* mësues.

📖 *f.* enseignante [ɑ̃sɛɲɑ̃t] mësuese.

enseigner [ɑ̃sɛɲe] [3] *fol.* jap mësim.

ensemble [ɑ̃sɑ̃bl(ə)] *ndajf.* bashkë ☞ **tous ensemble** të gjithë së bashku.

ensoleillé [ɑ̃sɔleje] *mb.* me diell ☞ **une journée ensoleillée** një ditë me diell.
ensuite [ɑ̃sɥit] *ndajf.* mandej, pastaj.
entendre [ɑ̃tɑ̃dʀ(ə)] [31] *fol.* dëgjoj ☞ **j'ai entendu du bruit dans l'escalier** dëgjova zhurmë në shkallë ❖ **bien entendu** natyrisht 🔔 **s'entendre** merrem vesh.
enterrer [ɑ̃teʀe] [3] *fol.* varros.
entier [ɑ̃tje] *mb.* i plotë, i pafilluar.
📖 *f.* entière [ɑ̃tjɛʀ].
entonnoir [ɑ̃tɔnwaʀ] *m.* hinkë.
entourer [ɑ̃tuʀe] [3] *fol.* rrethoj.
entraînement [ɑ̃tʀɛnmɑ̃] *m.* stërvitje.
entraîneur [ɑ̃tʀɛnœʀ] *m.* trajner.
entre [ɑ̃tʀ(ə)] *parafj.* midis, ndërmjet ☞ **la route entre Paris et Bruxelles** rruga ndërmjet Parisit dhe Brukselit ❖ **Paul arrivera entre huit heures et dix heures** Poli do të mbërrijë midis orës tetë dhe dhjetë.
entrée [ɑ̃tʀe] *f.* hyrje ☞ **entrée interdite** ndalohet hyrja ☞ **entrée libre** lejohet hyrja ❖ antipastë.
entreprise [ɑ̃tʀəpʀiz] *f.* ndërmarrje.
entrer [ɑ̃tʀe] [3] *fol.* hyj, futem ☞ **ne reste pas dehors, entre!** mos rri jashtë, hyr!
entre-temps [ɑ̃tʀətɑ̃] *ndajf.* ndërkohë.
enveloppe [ɑ̃vlɔp] *f.* zarf ☞ **Claire m'a envoyé une carte sous enveloppe** Kleri më dërgoi një kartolinë me zarf.
envers [ɑ̃vɛʀ] *parafj.* ndaj, kundrejt ☞ **il est honnête envers ses camarades** ai është i ndershëm me shokët 🔔 *m.* anë e prapme (*e diçkaje*) ☞ **il met la chemise à l'envers** ai e vesh këmishën së prapthi.

> Në Francë, midis të rinjve, është mjaft i përhapur një lloj i veçantë të foluri, i quajtur *verlan.* Ky emër vjen nga shprehja *l'envers*, që do të thotë *së prapthi.* Sipas kësaj mënyre, folësi iu ndërron vendin rrokjeve të fjalës, duke filluar me rrokjen e fundit, kështu p.sh.: *fe-mme* (*grua, bashkëshorte*) do të shqiptohej *moeu-f, bi-zarre* (*i çuditshëm*) bëhet *zar-bi.*

envie [ɑ̃vi] *f.* zili ❖ dëshirë e madhe ☞ **Nathalie a envie d'une bicyclette** Natalia dëshëron shumë një biçikletë ☞ **j'ai envie de dormir** dua të fle ☞ **ce chocolat me fait envie** për këtë çokollatë më lëshon goja lëng.
environ [ɑ̃viʀɔ̃] *ndajf., parafj.* rreth.
environnement [ɑ̃viʀɔnmɑ̃] *m.* mjedis.
s'**envoler** [sɑ̃vɔle] [3] *fol.* fluturoj.
envoyer [ɑ̃vwaje] [6] *fol.* nis, dërgoj ☞ **papa a envoyé Marie faire une course** babai e dërgoi Marien për të blerë diçka ☞ **j'ai envoyé un colis à Éric par la poste** i dërgova Erikut një pako me postë.
épais [epɛ] *mb.* i trashë ❖ i dendur ☞ **une épaisse fumée** një tym i dendur.
📖 *f.* épaisse [epɛs].
s'**épanouir** [sepanwiʀ] [11] *fol.* çel (*lulja*).
épargne [epaʀɲ(ə)] *f.* kursim ☞ **la caisse d'épargne** arka e kursimit.
épargner [epaʀɲe] [3] *fol.* kursej.
éparpillé [epaʀpije] *mb.* i shpërndarë.
épaule [epol] *f.* shpatull ☞ **papa porte Thomas sur ses épaules** babai e mban Thomanë mbi supe.
épée [epe] *f.* shpatë.
épeler [eple] [9] *fol.* gërmëzoj.
épi [epi] *m.* kalli (*gruri, tërshëre*) ❖ flok i ngritur përpjetë.

épicerie [episʀi] *f.* ushqimore (*dyqan*).
épinard [epinaʀ] *m.* spinaq.
épine [epin] *f.* gjemb.

> **Fjalë e urtë**
>
> **Il n'est point de roses sans épines** nuk ka trëndafil pa gjemba.

épingle [epɛ̃gl(ə)] *f.* gjilpërë me kokë ☞ **épingle de nourrice** ose **épingle de**

sûreté paramanë ☞ **épingle à linge** kapëse teshash.

épisode [epizɔd] *m.* episod ☞ **un feuilleton à épisodes** një film me seri.

éplucher [eply e] [3] *fol.* qëroj, pastroj ☞ **maman épluche les pommes de terre** mamaja po qëron patatet.

éponge [epɔ̃ʒ] *f.* sfungjer.

époque [epɔk] *f.* epokë ☞ **à cette époque nous étions enfants** në atë kohë ne ishim fëmijë.

épouser [epuze] [3] *fol.* martohem.

épreuve [epʀœv] *f.* provë, provim ☞ **l'épreuve écrite de français** provim me shkrim i frëngjishtes ☞ **mettre à l'épreuve** vë në provë.

épuiser [epɥize] [3] *fol.* shter, shteroj ❖ rraskapit ☞ **je suis épuisé** jam shumë i lodhur.

équerre [ekɛʀ] *f.* vizore trekëndëshe.

équipe [ekip] *f.* grup, skuadër, ekip.

erreur [eʀœʀ] *f.* gabim ☞ **par erreur** gabimisht.

escabeau [ɛskabo] *m.* fron, stol, shkallë (*që përdoret brenda shtëpisë*).

escalader [ɛskalade] [3] *fol.* kapërcej, hidhem.

escalier [ɛskalje] *m.* shkallë ☞ **mamie se tient à la rampe de l'escalier** gjyshja mbahet te parmaku i shkallës ☞ **escalier roulant** shkallë lëvizëse.

escargot [ɛskaʀgo] *m.* kërmill.

espace [ɛspas] *m.* hapësirë.

espèce [ɛspɛs] *f.* lloj, gjini ☞ **une espèce animale** një lloj kafshe ❖ *(në shumës)* monedhë ☞ **payer en espèces** paguaj me para në dorë.

espérer [ɛspeʀe] [8] *fol.* shpresoj ☞ **j'espère que Monique viendra dimanche** shpresoj që Monika të vijë të dielën.

espion [ɛspjɔ̃] *m.* spiun.

📖 *f.* espionne [ɛspjɔn] spiune.

espoir [ɛspwaʀ] *m.* shpresë.

esprit [ɛspʀi] *m.* mendje ☞ **il me vient une idée à l'esprit** më vjen në mendje një mendim ❖ shpirt, frymë ☞ **l'esprit d'équipe** fryma e ekipit ☞ **une maison habitée par des esprits** shtëpi e banuar nga fantazmat.

esquisser [ɛskise] [3] *fol.* skicoj.

essai [esɛ] *m.* provë ❖ skicë, ese.

essayer [eseje] [7] *fol.* provoj ☞ **essayer des chaussures** provoj këpucët ❖ përpiqem, mundohem ☞ **j'ai essayé de me rappeler** u përpoqa të kujtoja.

essence [esɑ̃s] *f.* benzinë ☞ **pompe à essence** pompë me benzinë ☞ **il a fait le plein d'essence** ai e furnizoi makinën (*me benzinë*).

essoufflé [esufle] *mb.* pa frymë; dihatës.

essuyer [esɥije] [6] *fol.* fshij ☞ **essuie ta bouche!** fshiji buzët! ❖ **essuyer une défaite** pësoj një humbje.

est [ɛst] *m.* lindje 🔔 *mb.* lindor ☞ **des peuples de l'Est** popujt e Lindjes.

estomac [ɛstɔma] *m.* stomak.

et [e] *lidh.* dhe, edhe ❖ po ☞ **et toi** po ti.

étable [etabl(ə)] *m.* stallë (*për lopët*).

étage [etaʒ] *m.* kat ☞ **j'habite au premier étage** banoj në katin e parë.

Në Francë, kati i parë i ndërtesave quhet **rez-de-chaussée** që në shqipe do të quhej *kati përdhes*. Kështu që numërimi i kateve fillon nga kati i mëpasëm. **Une maison à trois étages** një shtëpi me tre kate, për një francez do të thotë tre kate pa katin përdhes, ndërsa për një shqiptar, dy kate plus katin përdhes.

étagère [etaʒɛʀ] *f.* raft (*për libra, etj.*).

étalage [etalaʒ] *m.* vitrinë.

étaler [etale] [3] *fol.* ekspozoj (*për të shitur*) ❖ shtroj (*gjalpin mbi bukë*), lyej.

étang [etɑ̃] *m.* pellg.

étape [etap] *f.* vend qëndrimi (*gjatë një udhë-*

timi) ❖ fazë, etapë.

état [eta] *m.* gjendje ❖ shtet ☞ **école d'État** shkollë shtetërore ☞ **coup d'État** grusht shteti.

etc. *shprehje.* etj.

> 🕮 **Etc.** është forma e shkurtuar e **et cetera** dhe shqiptohet [ɛseteʀa]. Në shqipe gjithashtu përdoret *etj.* në vend të *e të tjera.*

été [ete] *m.* verë ☞ **en été** në verë.

éteindre [etɛ̃dʀ(ə)] [35] *fol.* shuaj, fik.

étendre [etɑ̃dʀ(ə)] [31] *fol.* hap, shpalos 🔔 **s'étendre** shtrihem.

éternel [etɛʀnɛl] *mb.* i pafund, i përhershëm ☞ **la neige éternelle** borë e përjetshme.

🕮 *f.* éternelle.

éternuer [etɛʀnɥe] [3] *fol.* teshtij.

étincelle [etɛ̃sɛl] *f.* xixë.

étiquette [etikɛt] *f.* etiketë.

étoffe [etɔf] *f.* stof.

étoile [etwal] *f.* yll ☞ **étoile filante** yll që është duke rënë.

étonné [etɔne] *mb.* i habitur.

étouffer [etufe] [3] *fol.* mbyt, zë frymën 🔔 **s'étouffer** më zihet fryma.

étourdi [etuʀdi] *mb.* i hutuar, i shastisur.

étrange [etʀɑ̃ʒ] *mb.* i çuditshëm.

étranger [etʀɑ̃ʒe] *mb.* i huaj ☞ **une langue étrangère** një gjuhë e huaj ☞ **à l'étranger** jashtë shtetit ❖ i panjohur ☞ **maman m'a dit dẹ ne pas parler aux étrangers** mamaja më ka thënë të mos iu flas të panjohurve.

🕮 *f.* étrangère [etʀɑ̃ʒɛʀ].

être [ɛtʀ(ə)] [2] *fol.* jam ☞ **si j'étais toi** sikur të isha ti ☞ **j'y suis!** ja ku jam! ☞ **c'est à moi** është i imi ☞ **qu'est-ce que c'est**? çfarë është? ❖ ka një profesion ☞ **mon père est journaliste** babai im është gazetar ❖ gjendem ☞ **il n'a jamais été à Paris** ai nuk ka qenë asnjëherë në Paris ☞ **les jouets sont sur la table** lodrat ndodhen mbi tryezë 🔔 *m.* qenie, njeri ☞ **les êtres vivants** qeniet e gjalla.

> 🕮 Folja **être** shërben për të formuar kohët e përbëra të foljeve vetvetore dhe foljeve jokalimtare si **aller, venir, arriver, partir, mourir, naître, monter.** Në shqipe, në të shumtën e rasteve, me përjashtim të ndonjë foljeje jokalimtare si *nisem,* përdoret si folje ndihmëse *kam.* Për këtë arsye, në përkthimin në shqipe të foljes ndihmëse **être,** asnjëherë nuk duhet të ndikoheni nga përdorimi i foljes ndihmëse **être** *jam* i frëngjishtes. ☞ **je suis allée** kam shkuar ☞ **je me suis promené** kam shëtitur ☞ **je me suis lavé** jam larë. Folja **être** shërben edhe për formimin e diatezës pësore të foljeve jokalimtare, dukuri që vihet re edhe në shqipe ☞ **j'ai été réveillé** kam qenë zgjuar.

étrennes [etʀɛn] *f.sh.* dhuratat e Vitit të Ri.

étroit [etʀwa] *mb.* i ngushtë.

étude [etyd] *f.* studim.

étudiant [etydjɑ̃] *m.* student.

🕮 étudiante [etydjɑ̃t].

étui [etɥi] *m.* këllëf ☞ **étui à lunettes** këllëf syzesh.

euro [øʀo] *m.* euro (*monedhë e Bashkimit Europian*).

eux [ø] *përem.* ata, atyre ☞ **eux aussi** ata gjithashtu ☞ **entre eux** midis tyre ☞ **ce sont eux** janë ata.

s'évanouir [sevanwiʀ] [11] *fol.* zhdukem pa lënë gjurmë ❖ më bie të fikët.

s'éveiller [seveje] [3] *fol.* zgjohem ☞ **la nature s'éveille au printemps** natyra zgjohet në pranverë.

événement [evɛnmɑ̃] *m.* ngjarje, ndodhi.
éventail [evɑ̃taj] *m.* freskore.

évident [evidɑ̃] *mb.* i dukshëm, i qartë.
📖 *f.* évidente [evidɑ̃t].
évier [evje] *m.* lavapjatë.
éviter [evite] [3] *fol.* shmang, mënjanoj.
exact [ɛgza(kt)] *mb.* i saktë ☞ **Hélène a donné une réponse exacte** Helena dha një përgjigje të saktë ❖ i përpiktë.
exagérer [ɛgzaʒeʀe] [3] *fol.* zmadhoj, teproj.
examen [ɛgzamɛ̃] *m.* shqyrtim, kontroll ❖ provim ☞ **passer un examen** jap një provim.
examiner [egzamine] [3] *fol.* shqyrtoj, kontrolloj ❖ vizitoj (*te mjeku*).
excellent [ɛkselɑ̃] *mb.* i shkëlqyeshëm, i mrekullueshëm, i përsosur ☞ **j'ai eu une excellente idée** një mendim i shkëlqyer më erdhi në mendje.
📖 *f.* excellente [ɛkselɑ̃t].
exceptionnel [ɛksɛpsjɔnɛl] *mb.* i veçantë.
📖 *f.* exceptionnelle.
exclamation [ɛksklamasjɔ̃] *f.* thirrmë, britmë ❖ pasthirrmë ☞ **point d'exclamation** pikë çuditëse.
excuse [ekskyz] *f.* arsye, justifikim ☞ **ce sont des excuses** janë justifikime ❖ ndjesë ☞ **mes excuses** më falni.
excuser [ekskyze] [3] *fol.* fal, shfajësoj ☞ **excusez-moi** më falni.
exemple [ɛgzɑ̃pl(ə)] *m.* shembull ☞ **par exemple** për shembull.
exercice [ɛgzɛʀsis] *m.* ushtrim ☞ **exercices de grammaire** ushtrime gramatikore ☞ **faire de l'exercice** bëj gjimnastikë, stërvitem.
exiger [ɛgziʒe] [5] *fol.* kërkoj me ngulm.
exister [ɛgziste] [3] *fol.* ekzistoj.
expérience [ɛkspeʀjɑ̃s] *f.* përvojë ❖ eksperiment (*në laborator*).
expert [ɛkspɛʀ] *mb.* i zoti, i aftë 🔔 *m.* specialist.
📖 *f.* experte [ɛkspɛʀt].
explication [ɛksplikasjɔ̃] *f.* shpjegim, sqarim ☞ **l'explication de l'instituteur était claire** shpjegimi i mësuesit ishte i qartë.
expliquer [ɛksplike] [3] *fol.* shpjegoj, sqaroj.
exploit [ɛksplwa] *m.* trimëri.
explorateur [ɛksplɔʀatœʀ] *m.* eksplorues.
📖 *f.* exploratrice [ɛksplɔʀatʀis].
exploser [ɛksploze] [3] *fol.* shpërthej, plas.
exposition [ɛkspozisjɔ̃] *f.* ekspozitë ❖ **l'exposition prolongée au soleil est à déconseiller** qëndrimi për një kohë të gjatë në diell nuk rekomandohet.
exprès [ɛkspʀɛ] *mb.* i shpejtë, ekspres ☞ **une lettre exprès** një letër ekspres (*shumë e shpejtë*) 🔔 *ndajf.* me qëllim ☞ **est-ce que tu penses qu'il a fait exprès?** a mendon ti se ai e bëri me qëllim?
express [ɛkspʀɛs] *mb., m.* i shpejtë, ekspres ☞ **un train express** një tren i shpejtë.
expression [ɛkspʀesjɔ̃] *f.* shprehje ☞ **le moyen d'expression** mjeti i të shprehurit ❖ **une expression imagée** një shprehje e figurshme.
extérieur [ɛksteʀjœʀ] *mb.* i jashtëm 🔔 *m.* pjesë e jashtme.
extraordinaire [ɛkstʀaɔʀdinɛʀ] *mb.* i jashtëzakonshëm.

fable [fɑbl(ə)] *f.* përrallë, fabul ☞ **Les fables de La Fontaine** Fabulat e La Fontenit.

> Janë të njohura nga fëmijët fabulat e famshme të La Fontenit, shkrimtarit të shquar francez të shekullit XVII. Shumë prej tyre janë përshtatur në gjuhën shqipe nga Çajupi, si p.sh. fabulat: Gjinkalla dhe milingona, Qengji dhe ujku, Dy pëllumbat, etj.

fabriquer [fabʀike] [3] *fol.* bëj, prodhoj, fabrikoj ☞ **ce tapis est fabriqué en Albanie** ky qilim është prodhuar në Shqipëri ❖ sajoj, shpik.
fabuleux [fabylø] *mb.* përrallor ❖ i pabesueshëm.
📖 *f.* fabuleuse [fabyløz].
face [fas] *f.* fytyrë ❖ **faire face** bëj ballë ☞ **regardez-moi en face** më shih në sy ☞ **la maison d'en face** shtëpia përballë.
se **fâcher** [səfɑ e] [3] *fol.* zemërohem, inatosem ☞ **je suis fâché avec toi** jam zemëruar me ty ☞ **ne te fâche pas!** mos u zemëro!
facile [fasil] *mb.* i lehtë ☞ **un problème facile** një problem i lehtë ❖ i butë (*karakter*).
façon [fasɔ̃] *f.* mënyrë ☞ **de cette façon** në këtë mënyrë ☞ **de quelle façon?** në çfarë mënyre? ☞ **de toute façon** sidoqoftë 🔔 *sh.* **des façons** mënyrë të sjelluri, sjellje.
facteur [faktœʀ] *m.* postjer.
📖 *f.* factrice [faktʀis].
faible [fɛbl(ə)] *mb.* i dobët ☞ **aujourd'hui je me sens faible** sot ndjehem i dobët (*i pafuqi*).
faim [fɛ̃] *f.* uri ☞ **j'ai faim** kam uri.
faire [fɛʀ] [42] *fol.* bëj ☞ **Paul a toujours quelque chose à faire** Poli ka gjithmonë diçka për të bërë ☞ **Marie fait un gâteau** Maria po përgatit një ëmbëlsirë ☞ **voilà, c'est fait!** ja ku u bë! ☞ **il fait nuit** u bë natë ❖ (*një zanat*) **mon oncle fait l'ingénieur** xhaxhai im është inxhinier 🔔 **se faire** ☞ **ne vous en faites pas** mos u shqetësoni.
faisan [fazɑ̃] *m.* fazan.
fait [fɛ] *m.* fakt ☞ **de fait** *ose* **en fait** në fakt ☞ **tout à fait** krejt.
falloir [falwaʀ] [25] *fol.* duhet ☞ **il faut une heure pour aller à l'école** duhet një orë për të shkuar në shkollë ☞ **il faudrait que tu parles** duhej që ti të flisje ☞ **il me faut une nouvelle robe** më duhet një fustan i ri ☞ **c'est un garçon comme il faut** është një djalë ashtu si duhet 🔔 **s'en falloir** mungon ☞ **il s'en faut de peu** duhet edhe pak.
fameux [famø] *mb.* i shquar, i famshëm, i dëgjuar.
📖 *f.* fameuse [famøz].
familial [familjal] *mb.* familjar ☞ **vie familiale** jetë familjare.
📖 *sh.* familiaux [familjo].
familier [familje] *mb.* i njohur, shumë i njohur ☞ **cette voix m'est familière** ky zë më është shumë i njohur.
📖 *f.* familière [familjɛʀ].
famille [famij] *f.* familje.
se **faner** [səfane] [3] *fol.* thahem, fishkem.
fanfare [fɑ̃faʀ] *m.* bandë muzikore.
fantaisie [fɑ̃tezi] *f.* fantazi, imagjinatë krijuese.
fantôme [fɑ̃tom] *m.* fantazmë, hije.

farce [faʀs(ə)] *f.* shaka ❖ mbushje (*e specave*).
farine [faʀin] *f.* miell.
fatigué [fatige] *mb.* i lodhur.
faucher [fo e] [3] *fol.* korr, kosit.

faucille [fosij] *f.* drapër.
faucon [fokɔ̃] *m.* fajkua.
faute [fot] *f.* e metë, gabim ☞ **c'est sa faute** e ka ajo gabimin ❖ faj ☞ **à qui la faute?** kush e ka fajin? ☞ **par ma faute** për fajin tim ❖ **sans faute** pa tjetër ❖ (*në sport*) goditje dënimi.
fauteuil [fotœj] *m.* kolltuk.
faux [fo] *mb.* i gënjeshtërt, i rremë ☞ **ce que tu dis est faux** ajo që thua ti nuk është e vërtetë ☞ **une pièce de monnaie fausse** një monedhë e falsifikuar ☞ **j'ai fait un faux pas** bëra një hap të gabuar.
fée [fe] *f.* zanë, shtojzovalle.
félicitations [felisitasjɔ̃] *f.sh.* përgëzime, urime.
femelle [fəmɛl] *f.* femër (*për kafshët*).
féminin [feminɛ̃] *mb.* femëror.
🕮 *f.* féminine [feminin].
femme [fam] *f.* grua ❖ bashkëshorte, grua ❖ **femme de ménage** shërbyese.
fenêtre [f(ə)nɛtʀ(ə)] *f.* dritare ☞ **par la fenêtre** nga dritarja.
fer [fɛʀ] *m.* hekur ☞ **fer à repasser à vapeur** hekur me avull (*për të hekurosur*). ☞ **chemin de fer** hekurudhë.
ferme¹ [fɛʀm] *f.* fermë.

ferme² [fɛʀm] *mb.* i ngjeshur, i fortë ☞ **une viande ferme** mish i fortë ❖ i vendosur, i palëkundur.
fermé [fɛʀme] *mb.* i mbyllur.
fermer [fɛʀme] [3] *fol.* mbyll (*derën, sytë, etj.*).
fermeture [fɛʀmətyʀ] *f.* mbyllje (*e dyqanit*) ❖ **fermeture éclair** zinxhir (*i fustanit*).
fête [fɛt] *f.* festë ☞ **la fête des mères** festa e nënave.
feu [fø] *m.* zjarr ☞ **au feu!** zjarr! ❖ **feux d'artifice** fishekzjarre ❖ **as-tu du feu?** a ke shkrepëse? ❖ dritat (*e makinës*) ☞ **feu vert** drita jeshile e semaforit.
feuille [fœj] *f.* gjethe, fletë ☞ **le chêne perd ses feuilles en automne** lisit i bien gjethet në vjeshtë ☞ **les feuilles mortes** gjethet e rëna (*të pemëve*) ❖ fije letre.

feuilleton [fœjtɔ̃] *m.* film televiziv me seri.
feutre [føtʀ(ə)] *m.* plis ❖ lapustila (*penë me majë të kadiftë*).
février [fevʀije] *m.* shkurt.
fiancé [fjɑ̃se] *m.* i fejuar.
🕮 *f.* fiancée.
ficelle [fisɛl] *f.* spango, gjalmë.
fiche [fi] *f.* skedë ❖ prizë.
fidèle [fidɛl] *mb.* besnik.
fier [fjɛʀ] *mb.* krenar, kryelartë ☞ **il est très fier avec ses camarades** ai është kryelartë me shokët.
🕮 *f.* fière.
fièvre [fjɛvʀ(ə)] *f.* ethe ☞ **Sophie a de la fièvre** Sofia ka temperaturë.
figue [fig] *f.* fik ☞ **figue séchée** fik i thatë.
figure [figyʀ] *f.* fytyrë ☞ **Angèle a la figure sale** Angjela e ka fytyrën të papastër ❖ figurë ☞ **le carré, le triangle et le cercle sont des figures géométriques** katrori, trekëndëshi dhe rrethi janë figura gjeometrike.
fil [fil] *m.* fill, pe ❖ tel ☞ **fil électrique** tel elektrik ❖ teh ☞ **le fil du couteau** tehu i thikës.
file [fil] *f.* varg ❖ radhë ☞ **à la file** njëri pas tjetrit ☞ **se mettre à la file** futem në rradhë.
filet [filɛ] *m.* rrjetë.
fille [fij] *f.* vajzë, bijë ☞ **ils ont deux filles et un fils** ata kanë dy vajza dhe një djalë.

film [film] *m.* film.

fils [fis] *m.* bir, djalë ☞ **Michel est leur fils unique** Misheli është djali i tyre i vetëm.

fin [fɛ̃] *mb.* i hollë, i imët.
📖 *f.* fine [fin].

fin [fɛ̃] *f.* fund, mbarim ☞ **à la fin de la semaine** në fund të javës ☞ **à la fin** më në fund.

finalement [finalmɑ̃] *ndajf.* më në fund.

finir [finiʀ] [11] *fol.* mbaroj, kryej, i jap fund ☞ **la leçon est finie** mësimi mbaroi ☞ **comment ça finira?** si do të përfundojë?

fixer [fikse] [3] *fol.* vendos ☞ **fixer des clous** ngul gozhdë.

flair [flɛʀ] *m.* nuhatje.

flamme [flɑm] *f.* flakë ❖ afsh, zjarr.

flan [flɑ̃] *m.* lloj ëmbëlsire.

flaque [flak] *f.* pellg.

flèche [flɛ] *f.* shigjetë.

fléchir [fle iʀ] [11] *fol.* përkul, lakoj ☞ **fléchissez les genoux!** thyejini gjunjët!

fleur [flœʀ] *f.* lule ☞ **un bouquet de fleurs** një buqetë lulesh.

fleuve [flœv] *m.* lumë (*që derdhet në det*) ☞ **la Seine est un fleuve** Sena është një lumë.

flocon [flɔkɔ̃] *m.* flokë (*bore*).

flotter [flɔte] [3] *fol.* pluskon ❖ valëvitet.

flûte [flyt] *f.* flaut, fyell ☞ **la flûte est un instrument à vent** flauti është një vegël frymore.

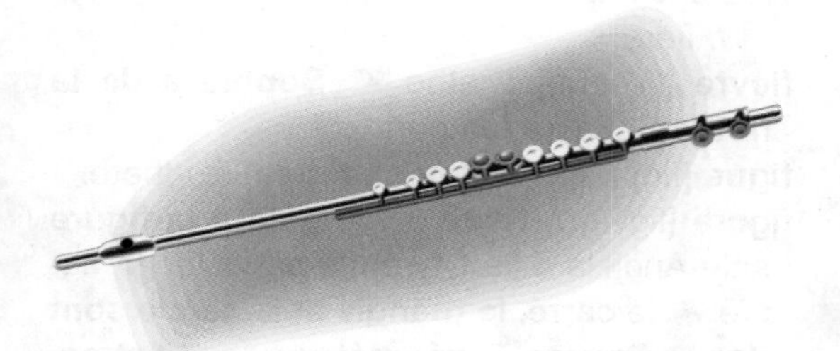

foie [fwa] *m.* mëlçi e zezë.

foin [fwɛ̃] *m.* sanë.

foire [fwaʀ] *f.* panair.

fois [fwa] *f.* herë ☞ **deux fois deux égale quatre** dy herë dy baraz katër ☞ **une fois pour toutes** një herë e mirë ☞ **deux à la fois** dy në të njëjtën kohë ☞ **il était une fois** na ishte një herë.

foncé [fɔ̃se] *mb.* i mbyllët, i errët.

fond [fɔ̃] *m.* fund ☞ **au fond du puits** në fund të pusit.

fonder [fɔ̃de] [3] *fol.* themeloj ☞ **fondre un parti** themeloj një parti 🔔 **se fonder** bazohem.

fondre [fɔ̃dʀ(ə)] [31] *fol.* shkrij ☞ **la glace a fondu** akullorja shkriu ❖ tret ☞ **Blerta fait fondre du chocolat dans du lait chaud** Blerta e tret kakaon në qumësht të ngrohtë ❖ **fondre en larmes** shkrehem në vaj.

fontaine [fɔ̃tɛn] *f.* burim, krua, çezmë.

football [futbol] *m.* futboll.

footballeur [futbolœʀ] *m.* futbollist.
📖 *f.* footballeuse [futboløz].

force [fɔʀs] *f.* fuqi, forcë ☞ **je suis à bout de forces** jam i rraskapitur.

forêt [fɔʀɛ] *f.* pyll ☞ **ils sont allés dans une forêt très épaisse** ata shkuan në një pyll shumë të dendur.

forgeron [fɔʀʒəʀɔ̃] *m.* farkëtar.

Fjalë e urtë

C'est en forgeant qu'on devient forgeron.
Nuk mësohet noti pa hyrë në det.

forme [fɔʀm] *f.* trajtë, pamje, formë ☞ **Patrick sait plier un journal en forme de bateau** Patriku di të palosë një gazetë në formën e një varke ❖ **Valérie est en bonne forme** Valeria është në formë (*në gjendje të mirë fizike dhe shpirtërore*).

former [fɔRme] [3] *fol.* formoj, i jap formë.
formule [fɔRmyl] *m.* formulë ☞ **une formule chimique** një formulë kimike ❖ **une formule de politesse** një shprehje mirësjelleje.
fort [fɔR] *mb.* i fortë, i fuqishëm ☞ **un vent très fort** një erë e fortë ❖ (*para emrit*) i madh ☞ **une forte somme** një shumë e madhe 🔔 *ndajf.* fort ☞ **parle plus fort!** fol më fort! (*me zë më të lartë*).
📖 *f.* forte [fɔRt].

📖 Shembulli tjetër ☞ **ne mets pas la radio si fort** mos ia ngri zërin kaq shumë radios, tregon se, shpesh, **fort** nuk përkthehet në shqipe vetëm me *i fortë*.

fossé [fose] *m.* hendek.
fou [fu] *mb.* i marrë, i çmendur ☞ **je suis folle de joie** jam si e çmendur (*fluturoj*) nga gëzimi ☞ **devenir fou** çmendem.
📖 *f.* folle [fɔl].

📖 Përpara emrave që fillojnë me një H të pazëshme apo me një zanore **fou** bëhet **fol** ☞ **un fol espoir** një shpresë e kotë.

foudre [fudR(ə)] *f.* rrufe.
fouet [fwε] *m.* kamxhik.
fouetter [fwεte] [3] *fol.* rrah me kamxhik, fshikulloj ❖ rrah (*vezët*).
fouiller [fuje] [3] *fol.* rrëmoj, kërkoj ❖ kontrolloj.
foule [ful] *f.* turmë ❖ **j'ai une foule de choses à te dire** kam një mori gjërash (*shumë gjëra*) për të të thënë.
four [fuR] *m.* furrë ☞ **cuire la viande au four** pjek mishin në furrë.
fourchette [fuR εt] *f.* pirun.
fourmi [fuRmi] *f.* milingonë, thnegël.
fourneau [fuRno] *m.* furnelë ❖ furrë ☞ **haut fourneau** furrnaltë.
fourrure [fuRyR] *f.* gëzof.
fraction [fRaksjɔ̃] *f.* (*në matematikë*) thyesë ☞ **dans la fraction 2/5 *ou* deux cinquièmes, 2 est le numérateur et 5 le dénominateur** në thyesën 2/5 *ose* dy të pestat, 2 është numëruesi dhe 5 emëruesi.
fragile [fRaʒil] *mb.* i brishtë ❖ i thyeshëm.
frais [fRε] *mb.* i freskët ☞ **l'air est frais** ajri është i freskët ❖ **du pain frais** bukë e freskët (*e porsabërë*) 🔔 *m.* fresk ☞ **prendre le frais** dal për të marrë ajër të freskët.
📖 *f.* fraîche [fRε].
fraise [fRεz] *f.* luleshtrydhe.

framboise [fRɑ̃bwaz] *f.* mjedër.
franc[1] [fRɑ̃] *mb.* i çiltër, i sinqertë.
📖 *f.* franche [fRɑ̃].
franc[2] [fRɑ̃] *m.* frangë (*monedhë e Francës*).

Franc franga është gjithashtu monedha e Belgjikës dhe e Luksemburgut. Tani keto monedha jonë zëvendesuar nga **euro**.

français [fRɑ̃se] *mb.* frëng, francez ☞ **le peuple français** populli francez ☞ **la langue française** gjuha frënge 🔔 *m.* **les Français** francezët ❖ **le français** frëngjishtja.
📖 *f.* française [fRɑ̃sεz].
franchir [fRɑ̃ iR] [11] *fol.* kapërcej, kaloj.
frange [fRɑ̃ʒ] *f.* thekë.
frapper [fRape] [3] *fol.* godit ☞ **Marc a frappé son petit frère** Marku e goditi vëllanë e tij të vogël ❖ bie ☞ **on frappe à la porte** bie dera (*dikush troket në derë*).
frein [fRε̃] *m.* fre, frena.
freiner [fRεne] [3] *fol.* frenoj, ndaloj.
fréquenter [fRekɑ̃te] [3] *fol.* shkoj shpesh (*në një vend*), rri shpesh (*me dikë*).

frère [fʀɛʀ] *m.* vëlla ☞ **frère aîné** vëlla i madh ☞ **frère cadet** vëlla i vogël ☞ **frères jumeaux** vëllezër binjakë.

(Vargjet e mëposhtme janë nxjerrë nga një këngë për fëmijë, shumë popullore në Francë).
Frère Jacques, Frère Jacques,
Dormez-vous? dormez-vous?
Sonnez les matines, sonnez les matines
Din Ding Don!
Vëlla Zhak, Vëlla Zhak,
Ende po fle? Ende po fle?
Bjeri kambanës së mëngjesit, bjeri!
Ding, Dang, Dong.

fric [fʀik] *m. pop.* pare, të holla.
frigidaire [fʀiʒidɛʀ] *m.* frigorifer.

📖 Në ligjërimin bisedor përdoret zakonisht forma e shkurtuar **frigo** [fʀigo].

friser [fʀize] [3] *fol.* dredh, përdredh ☞ **Georges a les cheveux frisés, Sophie, au contraire a les cheveux plats** Zhorzhi i ka flokët e dredhur, Sofia, në të kundërt, i ka flokët e drejtë.
frissonner [fʀisɔne] [3] *fol.* dridhem, kam të ngjethura.
frit [fʀi] *mb.* i fërguar ☞ **les frites** patate të skuqura.
froid [fʀwa] *mb., m.* ☞ **il fait un hiver froid** bën një dimër i ftohtë ☞ **j'ai froid** kam ftohtë ☞ **un froid de canard** i ftohtë i madh.
fromage [fʀɔmaʒ] *m.* djathë.

Në Francë prodhohen lloje të shumta djathërash, që janë të dëgjuar për cilësinë dhe shijen e tyre të shumëllojtë. Çdo krahinë ka specialitetin e vet dhe në shumë prej tyre prodhohen edhe djathëra shumë të shijshëm me qumësht dhie.

front [fʀɔ̃] *m.* ballë ☞ **mamie a le front tout ridé** gjyshja e ka ballin gjithë rrudha ❖ front (*i luftës*).
frontière [fʀɔ̃tjɛʀ] *f.* kufi.
frotter [fʀɔte] [3] *fol.* fërkoj 🔔 **Anne se frotte les yeux** Ana fërkon sytë.
fruit [fʀɥi] *m.* pemë, frutë ☞ **un jus de fruit** një lëng frute.
fuir [fɥiʀ] [20] *fol.* ua mbath ❖ rrjedh, kullon (*uji nga një tub*).
fumée [fyme] *f.* tym.

Fjalë e urtë

Il n'y a pas de fumée sans feu. Ku ka zë nuk është pa gjë.

fumer [fyme] [3] *fol.* tymos ❖ pi duhan ☞ **défense de fumer** ndalohet duhani.
furieux [fyʀjø] *mb.* i tërbuar, i zëmëruar. 📖*f.* furieuse [fyʀjøz].
fusée [fyze] *f.* fishekzjarr ❖ raketë.

fusil [fyzi] *m.* pushkë.
futur [fytyʀ] *mb., m.* i ardhshëm, e ardhmja.

gâcher [gɑ e] [3] *fol.* prish ☞ **cette nouvelle m'a gâché la journée** ky lajm ma prishi ditën ❖ gatuaj llaçin, allçinë.
gâchis [gɑ i] *m.* rrëmujë ☞ **quel gâchis!** çfarë rrëmuje!
gaffe [gaf] *f.* proçkë, gafë.
gage [gaʒ] *m.* peng.
gagner [gaɲe] [3] *fol.* fitoj ☞ **il travaille pour gagner de l'argent** ai punon për të fituar para ❖ fitoj (*një luftë*) ☞ **gagner un prix** marr (*fitoj*) një çmim.
gai [ge *ose* gɛ] *mb.* i gëzuar ; i qeshur ☞ **Lili est toujours gaie** Lili është gjithmonë e qeshur ❖ i ndezur ☞ **une couleur gaie** një ngjyrë e ndezur.
gain [gɛ̃] *m.* fitim, rrogë, përfitim ☞ **gain de temps** kursim i kohës.
galerie [galʀi] *f.* galeri, tunel ❖ galeri (*artesh*).
galipette [galipɛt] *f.* kollotumba.
galop [galɔp] *m.* galop (*i kalit*).
gamin [gamɛ̃] *m.* kalama.
📖 *f.* gamine [gamin].
gant [gɑ̃] *m.* dorezë, dorashkë.
garçon [gaʀsɔ̃] *m.* djalë ❖ kamarier ☞ **garçon! l'addition s'il vous plaît!** kamarier, llogarinë ju lutem!
garde [gaʀd(ə)] *f.* ruajtje ❖ roje ☞ **monter la garde** bëj roje ☞ **garde du corps** roje trupore ❖ **prenez garde du chien!** ruajuni nga qeni! ☞ **prends garde de tomber!** kujdes se mos biesh!
garder [gaʀde] [3] *fol.* ruaj ☞ **garder le prisonnier** ruaj të burgosurin ❖ mbaj ☞ **tu peux garder mon livre** mund ta mbash librin tim ☞ **garde ta chambre en ordre!** mbaje dhomën në rregull!
garderie [gaʀdʀi] *f.* çedhe, kopsht fëmijësh.
gare¹ [gaʀ] *f.* stacion (*treni*).
gare²! [gaʀ] *pasth.* kujdes! ki mendjen!

> Kujdes! Mos ngatërroni **gare** të frëngjishtes me *garë* të shqipes e cila në frëngjishte do të thotë **compétition**.

se **garer** [səgaʀe] [3] *fol.* parkoj.
gaspiller [gaspije] [3] *fol.* prish, harxhoj kot.
gâteau [gɑto] *m.* ëmbëlsirë.
📖 *sh.* gâteaux.
gâter [gɑte] [3] *fol.* prish ❖ përkëdhel, llastoj ☞ **un enfant gâté** një fëmijë i llastuar.
gauche [go] *mb.* i majtë ☞ **le pied gauche** këmba e majtë ❖ i ngathët 🔔 *f.* e majta ☞ **à ma gauche** në anën time të majtë.
gaucher [go e] *mb.* mëngjarash.
📖 *f.* gauchère [go ɛʀ].
gaufre [gofʀ] *f.* vafer.

gaz [gɑz] *m.* gaz ☞ **allumer le gaz** ndez gazin (*sobën me gaz*).
gazouiller [gazuje] [3] *fol.* cicëroj ❖ gurgullon (*uji*) ❖ gugat (*pëllumbi, fëmija*).
géant [ʒeɑ̃] *mb., m.* gjigant, vigan.
📖 *f.* géante [ʒeɑ̃t].
gel [ʒɛl] *m.* ngricë.
geler [ʒ(ə)le] [8] *fol.* ngrij ☞ **quand il fait froid l'eau gèle** kur bën ftohtë uji ngrin.
gencive [ʒɑ̃siv] *f.* mish i dhëmbëve.
gendarme [ʒɑ̃daʀm(ə)] *m.* xhandar.
gêner [ʒɛne] [3] *fol.* pengoj ☞ **les travaux gênent la circulation** punimet pengojnë qarkullimin ❖ shqetësoj, bezdis ☞ **ne**

vous gênez pas pour moi! mos u shqetësoni për mua!

général [ʒenʀal] *mb.* i përgjithshëm ☞ **en général** në përgjithësi.
🕮 *sh.* généraux [ʒeneʀo].

généreux [ʒeneʀø] *mb.* bujar.
🕮 *f.* généreuse [ʒeneʀøz].

génial [ʒenjal] *mb.* gjenial, i mrekullueshëm.
🕮 *f.* géniale.

génie [ʒeni] *m.* gjeni.

genou [ʒ(ə)nu] *m.* gju ☞ **Arthur s'est écorché le genou en tombant du vélo** Arturi çori gjurin kur ra nga biçikleta.
🕮 *sh.* genoux.

genre [ʒɑ̃ʀ] *m.* lloj ☞ **je n'aime pas ce genre de film** ky lloj filmi nuk më pëlqen ❖ **il a un genre qui ne me plaît pas** ai ka një mënyrë të vepruari që nuk më pëlqen ❖ gjini ☞ **le genre masculin** gjinia mashkullore.

gens [ʒɑ̃] *m.sh.* njerëz ☞ **les jeunes gens** të rinjtë.

> 🕮 Vini re se si gjinia e fjalës **gens** ndryshon nga vendosja e mbiemrit, para ose prapa saj ☞ **ce sont de bonnes gens** ata janë njerëz të mirë ☞ **ce sont des gens bons** ata janë njerëz të mirë.

gentil [ʒɑ̃ti] *mb.* i sjellshëm, i përzemërt ❖ i urtë ☞ **Nathalie est très gentille ce soir** Natalia është shumë e urtë sonte.
🕮 *f.* gentille [ʒɑ̃tij].

gentillesse [ʒɑ̃tijɛs] *f.* sjellje e hijshme, e fisme ❖ mirësi, dashamirësi.

géographie [ʒeɔgʀafi] *f.* gjeografi.

géométrie [ʒeɔmɛtʀi] *f.* gjeometri.

gerbe [ʒɛʀb(ə)] *f.* tufë (*lulesh*), duaj (*gruri*).

gercé [ʒɛʀse] *mb.* i çarë, i plasaritur.

germer [ʒɛʀme] [3] *fol.* mbin (*fara, lulje, etj.*).

geste [ʒɛst] *m.* lëvizje, gjest ☞ **un beau geste** sjellje e mirë.

gifle [ʒifl] *f.* shuplakë, pëllëmbë.

gigantesque [ʒigɑ̃tɛsk(ə)] *mb.* shumë i madh, prej gjiganti.

girafe [ʒiʀaf] *f.* gjirafë.

gitan [ʒitɑ̃] *m.* arrixhi, cigan.
🕮 *f.* gitane [ʒitan].

glace [glas] *f.* akull ☞ **glisser sur la glace** rrëshqas mbi akull ❖ akullore ☞ **cornet de glace** kaush akulloreje ❖ pasqyrë ☞ **se regarder dans la glace** shikohem në pasqyrë.

glacé [glase] *mb.* i ngrirë.

glaçon [glasɔ̃] *m.* copë akulli.

gland [glɑ̃] *m.* lende.

> **Fjalë e urtë**
>
> **Le gland ne devient pas chêne en un jour.**
> Avash, avash bëhet shelegu dash.

glissant [glisɑ̃] *mb.* i rrëshqitshëm, rrëshqitës.

glisser [glise] [3] *fol.* shkas, rrëshqas 🔔 **se glisser** hyj, futem tinëz.

gnome [gnom] *m.* xhuxh.

goal [gol] *m.* gol.

golf [gɔlf] *m.* golf ☞ **terrain de golf** fushë golfi.

gomme [gɔm] *f.* gomë ☞ **il y a des gommes à crayon et des gommes à encre** ka goma për të fshirë lapsin dhe goma pë të fshirë bojën.

gonfler [gɔ̃fle] [3] *fol.*fryj (*një top*) ❖ ënjt ☞ **mon genou a gonflé** më është ënjtur gjuri.
gorge [gɔʀʒ] *f.* grykë, fyt.
gorgée [gɔʀʒe] *f.* gllënjkë.
gorille [gɔʀij] *m.* gorillë.
goudron [gudʀɔ̃] *m.* serë, zift.
gourmand [guʀmɑ̃] *mb.* grykës, llupës.
gourmandise [guʀmɑ̃diz] *f.* grykësi, lakmi (*për të ngrënë*).
gousse [gus] *f.* bishtajë ❖ **gousse d'ail** thelb hudhre.
goût [gu] *m.* të shijuarit ❖ shije ☞ **avoir du goût pour la musique** më pëlqen muzika.
goûter [gute] [3] *fol.* shijoj ❖ ha zemër 🔔 *m.* zemër (*ushqim që hahet mbasdite*).
goutte [gut] *f.* pikë ☞ **goutte à goutte** pika-pika.
gouvernail [guvɛʀnaj] *m.* timon (*i anijes*).
gouvernement [guvɛʀnəmɑ̃] *m.* qeveri.
gracieux [gʀasjø] *mb.* i hijshëm, i këndshëm.
📖 *f.* gracieuse [gʀasjøz].
grade [gʀad] *f.* gradë ☞ **monter en grade** gradohem.
grain [gʀɛ̃] *m.* kokërr (*rrushi, orizi, kafeje, etj.*) ❖ **grain de beauté** nishan.
graine [gʀɛn] *f.* farë ☞ **la graine a germé** fara mbiu.
graisse [gʀɛs] *f.* dhjamë, yndyrë ☞ **une tache de graisse** një njollë yndyre.
grammaire [gʀamɛʀ] *f.* gramatikë.
gramme [gʀam] *f.* gram.
grand [gʀɑ̃] *mb.* i madh ☞ **ma maison est grande** shtëpia ime është e madhe ❖ i gjatë ☞ **Valérie est grande et mince** Valeria është e gjatë dhe e hollë ❖ i madh (*në moshë*) ☞ **quand je serai grand, je ferai le docteur** kur të rritem (*të bëhem i madh*) do të bëhem doktor.
📖 *f.* grande [gʀɑ̃d].
grandir [gʀɑ̃diʀ] [11] *fol.* rritem, hedh shtat ❖ zmadhoj ☞ **le microscope grandit les objets** mikroskopi i zmadhon objektet.
grand-mère [gʀɑ̃mɛʀ] *f.* gjyshe.
📖 *sh.* grands-mères.
grand-père [gʀɑ̃pɛʀ] *m.* gjysh.
📖 *sh.* grands-pères.

grappe [gʀap] *f.* vile, bistak (*rrushi*).

gras [gʀɑ] *mb.* i lyrshëm, i yndyrshëm ☞ **le beurre est gras** gjalpi është i yndyrshëm ❖ shumë i shëndoshë ❖ i pistë ☞ **les mains grasses** duart e pista 🔔 m. **le gras de la viande** dhjami i mishit.
📖 *f.* grasse [gʀɑs].
gratte-ciel [gʀatsjɛl] *m.* qiellgërvishtës.
gratter [gʀate] [3] *fol.* kruaj.
gratuit [gʀatɥi] *mb.* pa para, falas.
📖 *f.* gratuite [gʀatɥit].

En France, l'enseignement public est gratuit et obligatoire jusqu'à 16 ans. Në Francë, arsimi shtetëror është falas dhe i detyruar deri në moshën 16 vjeç.

grave [gʀav] *mb.* i rëndë ☞ **papa a l'air grave** babai ka hije të rëndë ❖ i rëndësishëm ☞ **ce n'est pas grave si tu ne viens pas** nuk ka rëndësi nëse nuk vjen.
gravier [gʀavje] *m.* çakull ❖ zall.
grêle [gʀɛl] *f.* breshër.
grelotter [gʀəlɔte] [3] *fol.* dridhem (*nga të ftohtit*).
grenade [gʀənad] *f.* shegë ❖ (*në ushtri*) granatë.
grenier [gʀənje] *m.* hambar (*për drithin*) ❖ pullaz, papafingo.
grenouille [gʀənuj] *f.* bretkosë.
grève [gʀɛv] *f.* ranishtë ❖ grevë ☞ **faire la grève de la faim** bëj grevën e urisë.
gribouillage [gʀibujaʒ] *m.* shkarravitje.

griffe [gʀif] *f.* kthetër.
griffer [gʀife] [3] *fol.* çjerr.
griffonner [gʀifɔne] [3] *fol.* shkarravit.
grignoter [gʀiɲɔte] [3] *fol.* brej.
gril [gʀil] *m.* skarë ☞ **bifteck cuit sur le gril** biftek i pjekur në skarë.

grille [gʀij] *f.* kangjella ☞ **les grilles en fer** kangjellat prej hekuri ❖ **une grille de mots croisés** katrorët e fjalëkryqeve.
grimace [gʀimas] *f.* ngërdheshje ☞ **faire des grimaces** ngërdheshem.
grimper [gʀɛ̃pe] [3] *fol.* ngjitem, kacavirrem ☞ **Nicolas grimpe à l'arbre** Nikola kacaviret në pemë.
grippe [gʀip] *f.* grip ☞ **prendre la grippe** më zë gripi.
gris [gʀi] *mb.* i përhimtë, ngjyrë hiri, gri.
📖 *f.* grise [gʀiz].
grogner [gʀɔɲe] [3] *fol.* hungëron (*derri,qeni*) ❖ flas nëpër dhëmbë (për të shprehur pakënaqësinë).
gronder [gʀɔ̃de] [3] *fol.* gjëmon, buçet, oshëtin ☞ **le tonnerre gronde** bubullin ❖ qortoj ☞ **quand Valérie a cassé le vase, sa mère l'a grondée** kur Valeria e theu vazon, e ëma e qortoi.

gros [gʀo] *mb* i trashë, i madh ☞ **une grosse valise** një valixhe e madhe ❖ **des yeux gros de larmes** sy të mbushur me lot ❖ **un gros mot** një fjalë e ndyrë 🔔 ❖ *ndajf.* shumë ☞ **il a perdu gros** ai ka humbur shumë.
📖 *f.* grosse [gʀos].
grossir [gʀosiʀ] [11] *fol.* trashem, fryhem.
grotte [gʀɔt] *f.* shpellë, guvë.
groupe [gʀup] *m.* grup, grumbull, tufë.
grue [gʀy] *f.* (*shpend*) krillë ❖ vinç.
guêpe [gɛp] *f.* grerëz.
guérir [geʀiʀ] [11] *fol.* shëroj ☞ **il va guérir bientôt** ai do të shërohet së shpejti.
guerre [gɛʀ] *f.* luftë.

Është e njohur në historinë e Francës lufta njëqindvjeçare **La guerre de cent ans,** midis Francës dhe Anglisë, në periudhën 1337-1453. Ajo erdhi si shkak i një sërë konfliktesh midis mbretërve të të dy vendeve.

gueule [gœl] *f.* gojë (*e disa kafshëve*), turi ☞ **ta gueule!** kyçe!
gui [gi] *m.* veshtull (*bimë që përdoret në Francë për të zbukuruar shtëpinë për Vitin e Ri*).
guichet [gi ɛ] *m.* biletari, sportel.
guide [gid] *m.* udhëheqës ❖ udhërrëfyes, guidë (*broshurë, fletëpalosje, etj.)* ☞ **guide touristique de Paris** guida turistike e Parisit.
guirlande [giʀlɑ̃d] *f.* kurorë (*lulesh, gjethesh, dafine*).
guitare [gitaʀ] *f.* kitarë.
gymnase [ʒimnaz] *m.* palestër ❖ gjimnaz (*në disa vende si Zvicër, Gjermani, etj.)*.
gymnastique [ʒimnastik] *f.* gjimnastikë.

H [a] *f.* h ☞ **l'heure H** ora e vendimit.

🕮 **H** në fillim të fjalës mund të jetë e pazëshme (*muet*) ose e zëshme (*aspiré*). **H** e pazëshme nuk shqiptohet, njëlloj sikur të mos ekzistonte, dhe fjala fillon me tingullin pasues. Edhe **H** e zëshme, nuk shqiptohet ashtu si edhe **H** e pazëshme megjithatë gjatë shkrimit dhe shqiptimit përdorimi i apostrofës është i nevojshëm për të realizuar lidhjen.
Në fjalorët e frëngjishtes, **H** e zëshme paraprihet nga një yllth * për t'u dalluar nga ajo e pazëshme. Edhe në fjalorin tonë do të përdoret e njëjta shenjë.

habile [abil] *mb.* i aftë, i shkathët.
habileté [abilte] *f.* aftësi, shkathtësi.
habillement [abijmɑ̃] *m.* veshje ☞ **magasin d'habillement** dyqan veshjeje.
s'**habiller** [sabije] [3] *fol.* vishem ☞ **maman aide Corinne à s'habiller** mamaja e ndihmon Korinën për t'u veshur.
habitant [abitɑ̃] *m.* banor.
🕮 *f.* habitante [abitɑ̃t].
habiter [abite] [3] *fol.* banoj, jetoj ☞ **j'habite à Paris** banoj në Paris.
habitude [abityd] *f.* shprehi, zakon ☞ **d'habitude, Michel se lève tôt** zakonisht, Misheli ngrihet herët.
s'**habituer** [sabitɥe] [3] *fol.* mësohem, e bëj zakon ☞ **es-tu habitué à la nouvelle école?** a u mësove me shkollën e re?
***hache** [a] *f.* sëpatë.
***haie** [ɛ] *f.* gardh ❖ (*në sport*) pengesë.
***haine** [ɛn] *f.* urrejtje, neveri.
haïr [aiʀ] [11] *fol.* urrej.
hameçon [amsɔ̃] *m.* grep (*peshkimi*).
***hangar** [ɑ̃gaʀ] *m.* depo, hambar, hangar (*avionash*).
***hanneton** [antɔ̃] *m.* zhuzhingë.
***hanté** [ɑ̃te] *mb.* i pushtuar nga xhindet.
***hareng** [aʀɑ̃] *m.* harengë (*peshk*).
***haricot** [aʀiko] *m.* fasule ☞ **haricot vert** fasule e njomë ☞ **haricot blanc** fasule e thatë.
***hasard** [azaʀ] *m.* rast ☞ **au hasard** kuturu ☞ **par hasard** rastësisht ☞ **à tout hasard** sido që të ndodhë.
***hâte** [at (ə)] *f.* shpejtësi, nxitim ☞ **il est venu à la hâte** erdhi me nxitim.
***haut** [o] *mb.* i lartë ☞ **cette montagne est haute** ky mal është i lartë ☞ **ne parle pas à voix haute!** mos fol me zë të lartë! 🔔 *m.* lartësi, majë ☞ **le haut de la colline** maja e kodrës ☞ **en haut** lart 🔔 *ndajf.* lart ☞ **monter là-haut** ngjitem lart.
🕮 *f.* haute [ot].
hauteur [otœʀ] *f.* lartësi ☞ **ce mur a deux mètres de hauteur** ky mur është dy metra i lartë ❖ lartësi, nivel ☞ **une fille à la hauteur** një vajzë e shkathët.
***haut-parleur** [opaʀlœʀ] *m.* altoparlant.
🕮 *sh.* haut-parleurs.
hélice [elis] *f.* helikë.
hélicoptère [elikɔptɛʀ] *m.* helikopter.
herbe [ɛʀb(ə)] *f.* bar ☞ **le jardinier tond l'herbe devant l'école** kopshtari kosit barin përpara shkollës ❖ **fines herbes** erëza.
herbier [ɛʀbje] *m.* herbarium.
***hérisson** [eʀisɔ̃] *m.* iriq.

héritier [eʀitje] *m.* trashëgimtar.
🕮 *f.* héritière [eʀitjɛʀ].
***héroïne** [eʀɔin] *f.* heroinë. ❖ shih **héros.**
***héros** [eʀo] *m.* hero.
🕮 *f.* héroïne.
hésiter [ezite] [3] *fol.* ngurroj.
heure [œʀ] *f.* orë ☞ **dans une heure, il sera 4 heures** për një orë do të jetë ora 4 ☞ **un quart d'heure** një çerekore ☞ **je suis à l'heure** jam në kohën e duhur ☞ **de**

bonne heure herët ☞ **tout à l'heure** pak më parë *ose* së shpejti.

📖 Në frëngjishte, për të pyetur se sa është ora, përdoret shprehja gjithmonë në njëjës ☞ **quelle heure est-il?** sa është ora? Si përgjigje të kësaj pyetjeje ☞ **il est deux heures** ora është dy, përdoret gjithmonë fjala **heures**, ndërsa në shqipe jo gjithmonë prania e saj është e domosdoshme.

heureusement [øʀøzmɑ̃] *ndajf.* për fat të mirë ☞ **il est tombé, heureusement il n'est pas blessé** ai u rrëzua, por për fat të mirë nuk u vra.

heureux [øʀø] *mb.* i lumtur, i kënaqur ☞ **une vie heureuse** një jetë e lumtur ❖ **c'était une heureuse journée** ishte një ditë e mbarë.

*__heurter__ [œʀte] [3] *fol.* përplas.

hexagone [ɛgzagɔn] *mb., m.* gjashtëkëndësh.

📖 **L'Hexagone** (*français*) gjashtëkëndëshi francez, quhet kështu Franca për shkak të formës së gjashtëkëndëshit që kanë kufijtë e saj.

*__hibou__ [ibu] *m.* buf.
📖 *sh.* hiboux.

hier [jɛʀ] *ndajf.* dje ☞ **hier soir** dje në mbrëmje.

hirondelle [iʀɔ̃dɛl] *f.* dallëndyshe.

Fjalë e urtë

Une hirondelle ne fait pas le printemps. Një dallëndyshe nuk e sjell pranverën *ose* nuk vjen vera me një lule.

histoire [istwaʀ] *f.* histori ☞ **j'aime l'histoire de la Grèce Antique** më pëlqen historia e Greqisë së Lashtë ❖ përrallë ☞ **raconte-moi une histoire!** më trego një përrallë!

*__hit-parade__ [itpaʀad] *f.* klasifikim.

hiver [ivɛʀ] *m.* dimër ☞ **en hiver** në dimër.

*__homard__ [ɔmaʀ] *m.* karkalec i madh deti.

homme [ɔm] *m.* burrë ❖ njeri ☞ **les droits de l'homme** të drejtat e njeriut.

honnête [ɔnɛt] *mb.* i ndershëm.

honneur [ɔnœʀ] *f.* nder ☞ **en l'honneur de** për nder të.

*__honte__ [ɔ̃t] *f.* turp ☞ **j'ai honte** kam turp.

hôpital [ɔpital] *m.* spital.
📖 *sh.* hopitaux [ɔpito].

*__hoquet__ [ɔkɛ] *m.* lemzë ☞ **j'ai le hoquet** më zuri lemza.

horaire [ɔʀɛʀ] *m., mb.* orar ☞ **l'horaire des cours** orari i mësimeve.

horizon [ɔʀizɔ̃] *m.* horizont.

horoscope [ɔʀɔskɔp] *m.* horoskop.

horloge [ɔʀlɔʒ] *f.* orë (*muri*).

horrible [ɔʀibl(ə)] *mb.* i tmerrshëm ☞ **un film horrible** një film i tmerrshëm (*i frikshëm*) ❖ i shëmtuar, i neveritshëm ☞ **il a un horrible chapeau** ai ka një kapele të shëmtuar.

hôte [ot], **hôtesse** [otɛs] *m.,f.* zoti, zonja e shtëpisë ❖ *f.* **hôtesse de l'air** stuardesë.

📖 Fjala **hôte** ka gjithashtu kuptimin e mikut (*që vjen në shtëpi*) dhe në këtë rast përdoret vetëm gjinia mashkullore.

hôtel [ɔtɛl] *m.* hotel ❖ **Hôtel de ville** bashki.

*__houe__ [u] *f.* shatë.

huile [ɥil] *f.* vaj ❖ **peinture à l'huile** pikturë me bojë vaji.

*__huit__ [ɥit] *mb.,m.* tetë.

huître [ɥitʀ] *f.* midhje.

humain [ymɛ̃] *mb.* njerëzor 🔔 *m.* njeri.

humble [œ̃bl(ə)] *mb.* i përulur, kokëulur.

humeur [ymœʀ] *f.* humor ☞ **je suis de bonne humeur** jam me humor të mirë.

*__hurler__ [yʀle] [3] *fol.* ulërij.

*__hutte__ [yt] *f.* kasolle, kolibe.

ici [isi] *ndajf.* këtu ☞ **viens ici tout de suite!** hajde këtu menjëherë! ☞ **d'ici un mois** këtu e një muaj më parë.

idée [ide] *f.* ide, mendim ☞ **j'ai une bonne idée** kam një mendim të mirë.

identique [idɑ̃tik] *mb.* i njëjtë.

identité [idɑ̃tite] *f.* identifikim ☞ **carte d'identité** letërnjoftimi.

ignare [iɲaʀ] *mb.* i paditur, i painformuar.

ignorant [iɲɔʀɑ̃] *mb.* i paditur, i pashkollë, injorant.

📖 *f.* ignorante [iɲɔʀɑ̃t].

ignorer [iɲɔʀe] [3] *fol.* nuk di.

il [il] *përem.* ai ☞ **il est très sage** ai është shumë i urtë.

📖 Në frëngjishte, përemri **il**, ashtu si gjithë përemrat e tjerë vetorë në rolin e kryefjalës, është gjithmonë i pranishëm në fjali, ndërsa në shqipe fjalia mund të fillojë pa kryefjalën përemër, kështu që në shumë shembuj nuk është i nevojshëm përkthimi i përemrit kryefjalë ☞ **je vais à l'école** po shkoj në shkollë.

île [il] *f.* ishull.

Vendndodhja e parë e Parisit, kryeqytetit të Francës, ishte një ishull i vogël i krijuar nga një bigëzim i Lumit të Senës. Dy shekuj para erës së re, aty ndodhej një fshat i vogël peshkatarësh. Ky ishull sot përbën zemrën e qytetit dhe quhet **l'Ile de la Cité** (*ishulli i qytetit*). Aty ndodhet Katedralja e famshme e Shënmërisë së Parisit (*Notre-Dame de Paris*).

illuminer [il(l)ymine] [3] *fol.* ndriçoj.

illusion [il(l)yzjɔ̃] *f.* iluzion, ëndërr e zbrazët.

illusionniste [il(l)yzjɔnist(ə)] *m.* prestidigjitator.

illustration [il(l)ystʀasjɔ̃] *f.* ilustrim, figurë.

illustré [il(l)ystʀe] *mb., m.* i ilustruar ☞ **Marc lit un illustré** Marku lexon një libër të ilustruar.

ils [il] *përem.* ata.

image [imaʒ] *f.* shëmbëlltyrë ☞ **il regarde son image sur la glace** ai po shikon shëmbëlltyrën e vet në pasqyrë ❖ figurë, ilustrim.

imaginer [imaʒine] [3] *fol.* përfytyroj ☞ **je peux l'imaginer** e marr me mend.

imiter [imite] [3] *fol.* imitoj.

immédiatement [imɛdjatmɑ̃] *ndajf.* menjëherë.

immense [imɑ̃s] *mb.* i pafund, shumë i madh.

immeuble [imœbl(ə)] *m.* shtëpi, ndërtesë ☞ **j'habite un appartement dans un immeuble neuf** banoj në një apartament në një ndërtesë të re .

immobile [im(m)ɔbil] *mb.* i palëvizshëm, i patundur, si i ngrirë.

impair [ɛ̃pɛʀ] *mb., m.* tek ☞ **nombres impars** numra tek.

📖 *f.* impaire.

imperméable [ɛ̃pɛʀmɛabl(ə)] *mb.* i padepërtueshëm, i papërshkueshëm 🔔 *m.* mushama.

impoli [ɛ̃pɔli] *mb.* i pasjellshëm, i panjerëzishëm.

📖 *f.* impolie.

important [ɛ̃pɔʀtɑ̃] *mb.* i rëndësishëm ☞ **je n'ai oublié rien d'important** nuk kam harruar asgjë me rëndësi ❖ i madh ☞ **une importante somme d'argent** një shumë e madhe parash.

📖 *f.* importante [ɛ̃pɔʀtɑ̃t].

importer [ɛ̃pɔʀte] [3] *fol.* ka rëndësi, vlen ☞ **ce qui importe pour lui, c'est de réussir** ajo që ka rëndësi për të është të dalë faqebardhë ☞ **peu importe!** nuk ka rëndësi, s'prish punë! ☞ **n'importe quoi** çfarëdo ☞ **n'importe qui** cilido ☞ **n'importe comment** sido që të jetë.

impossible [ɛ̃pɔsibl(ə)] *mb.* i pamundur.

impression [ɛ̃pʀesjɔ̃] *f.* përshtypje, mbresë.

imprimante [ɛ̃pʀimɑ̃t] *f.* printer.

imprudent [ɛ̃pʀydɑ̃] *mb.* i pakujdesshëm, i pamatur.

incapable [ɛ̃kapabl(ə)] *mb.* i paaftë, i pazoti.
incendie [ɛ̃sɑ̃di] *m.* zjarr (*i madh*) ☞ **les pompiers ont éteint l'incendie** zjarrfikësit e shuan zjarrin.
inconfortable [ɛ̃kɔ̃fɔʀtabl(ə)] *mb.* i parehatshëm.
inconnu [ɛ̃kɔny] *mb.* i panjohur.
🕮 *f.* inconnue.
inconscient [ɛ̃kɔ̃sjɑ̃] *mb.* i pavetëdijshëm.
🕮 *f.* inconsciente [ɛ̃kɔ̃sjɑ̃].
incroyable [ɛ̃kʀwajabl(ə)] *mb.* i pabesueshëm.
indécis [ɛ̃desi] *mb.* i pavendosur, i pasigurt.
🕮 *f.* indécise [ɛ̃desiz].
indépendant [ɛ̃depɑ̃dɑ̃] *mb.* i pavarur.
🕮 *f.* indépendante [ɛ̃depɑ̃dɑ̃t].
index [ɛ̃dɛks] *m.* gishti tregues.
indiquer [ɛ̃dike] [3] *fol.* tregoj ☞ **indiquer le chemin** tregoj rrugën.
inférieur [ɛ̃feʀjœʀ] *mb.* i poshtëm ☞ **la lèvre inférieure** buza e poshtme.
infini [ɛ̃fini] *mb.* i pafund, i pakufishëm ☞ **à l'infini** pa fund.
🕮 *f.* infinie.
infirmier [ɛ̃firmje] *m.* infermier.
🕮 *f.* infermière [ɛ̃firmjɛʀ].
ingénieur [ɛ̃ʒenjœʀ] *m.* inxhinier.

ingrédient [ɛ̃gʀedjɑ̃] *m.* përbërës.
injection [ɛ̃ʒɛksjɔ̃] *f.* injeksion, gjilpërë.
innocent [inɔsɑ̃] *mb.* i pafajshëm.
🕮 *f.* innocente [inɔsɑ̃t].
inondation [inɔ̃dasjɔ̃] *f.* përmbytje.
inoubliable [inubliabl(ə)] *mb.* i paharrueshëm.
s'**inquiéter** [sɛ̃kjete] [8] *fol.* shqetësohem, kam merak ☞ **ne t'inquiète pas!** mos u shqetëso!
s'**inscrire** [sɛ̃skʀiʀ] [47] *fol.* regjistrohem, futem (*në një shkollë*).
insecte [ɛ̃sɛkt] *m.* kandërr, insekt.
insigne [ɛ̃siɲ] *m.* shenjë, distinktiv.
insister [ɛ̃siste] [3] *fol.* ngul këmbë ☞ **n'insiste pas!** mos ngul këmbë!
s'**installer** [sɛ̃stale] [3] *fol.* zë vend ☞ **installe-toi!** zër vend, ulu!
instant [ɛ̃stɑ̃] *m.* çast ☞ **pour l'instant** tani për tani.
instituteur [ɛ̃stitytœʀ] *m.* mësues.
🕮 *f.* institutrice [ɛ̃stitytʀis].
instruction [ɛ̃stʀyksjɔ̃] *f.* arsim.
instrument [ɛ̃stʀymɑ̃] *m.* vegël, instrument, mjet.
insupportable [ɛ̃sypɔʀtabl(ə)] *mb.* i padurueshëm.
intelligent [ɛ̃teliʒɑ̃] *mb.* i zgjuar.
intention [ɛ̃tɑ̃sjɔ̃] *f.* qëllim, mendim ☞ **Michel a l'intention de passer ses vacances en Italie** Misheli ka ndërmend t'i kalojë pushimet në Itali ☞ **à l'intention de Madame Lepic** për zonjën Lëpik.
interdiction [ɛ̃tɛʀdiksjɔ̃] *f.* ndalim.
interdire [ɛ̃tɛʀdiʀ] [46] *fol.* ndaloj, nuk lejoj ☞ **il est interdit de fumer** ndalohet duhani.
interdit [ɛ̃tɛʀdi] *mb.* i ndaluar ☞ **stationnement interdit** ndalim qëndrimi ☞ **accès interdit** ndalohet hyrja.
intéressant [ɛ̃teʀesɑ̃] *mb.* interesant, tërheqës.
🕮 *f.* intéressante [ɛ̃teʀesɑ̃t].
intéresser [ɛ̃teʀese] [3] *fol.* ka interes, intereson. 🔔 **Michel s'intéresse à l'aviation** Misheli interesohet për aviacionin.
intérêt [ɛ̃teʀɛ] *m.* interes ☞ **écouter avec intérêt** dëgjoj me interes ❖ interesim.
intérieur [ɛ̃teʀjœʀ] *mb.* i brendshëm 🔔 *m.* brendësi ☞ **à l'intérieur** brenda.
🕮 *f.* intérieure.
international [ɛ̃tɛʀnasjɔnal] *mb.* ndërkombëtar ☞ **rencontre internationale** takim ndërkombëtar.
🕮 *sh.* internationaux [ɛ̃tɛʀnasjɔno].

interrogation [ɛ̃teʀɔgasjɔ̃] *f.* pyetje ☞ **point d'interrogation** pikëpyetje.
interroger [ɛ̃terɔʒe] [5] *fol.* pyes ☞ **l'institutrice interroge les élèves sur la grammaire** mësuesja pyet nxënësit për gramatikën.
interrupteur [ɛ̃teʀyptœʀ] *m.* çelës elektrik.
interview [ɛ̃tɛʀvju] *f.* intervistë.

intrigue [ɛ̃tʀig(ə)] *m.* intrigë.
introduire [ɛ̃tʀɔdɥiʀ] [43] *fol.* fut, shtie.
inutile [inytil(ə)] *mb.* i kotë, i padobishëm.
inventer [ɛ̃vɑ̃te] [3] *fol.* shpik ☞ **les Chinois ont inventé l'imprimerie** kinezët kanë shpikur shtypshkronjën ❖ sajoj ☞ **inventer un prétexte** sajoj një shkak.
invention [ɛ̃vɑ̃sjɔ̃] *f.* shpikje
inverse [ɛ̃vɛʀs] *mb.* i kundërt ☞ **dans le sens inverse** në drejtim të kundërt.
invisible [ɛ̃vizibl(ə)] *mb.* i padukshëm.
invitation [ɛ̃vitasjɔ̃] *f.* ftesë.
inviter [ɛ̃vite] [3] *fol.* ftoj ☞ **maman a invité Marc à dîner chez nous** mamaja e ka ftuar Markun për darkë te ne.
issue [isy] *f.* dalje ☞ **issue de secours** dalje në rast rreziku ❖ rrugëdalje ☞ **il n'y a pas d'issue** nuk ka rrugëdalje.
italien [italjɛ̃] *mb., m.* italjan.
📖 *f.* italienne [italjɛn].
ivre [ivʀ(ə)] *mb.* i dehur.

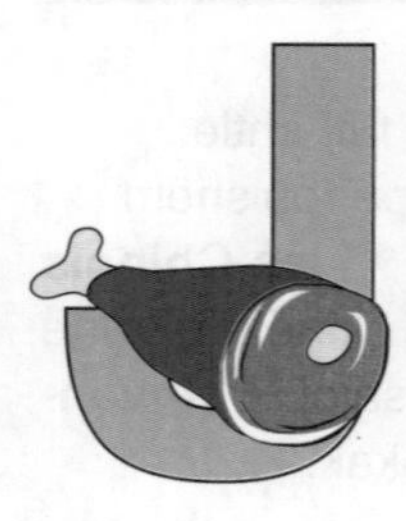

j [ʒi] *m.* j ☞ **le jour J** ditë e rëndësishme.
jacinthe [ʒasɛ̃t] *f.* zymbyl.
jaguar [ʒagwaʀ] *m.* jaguar.
jaloux [ʒalu] *mb.* xheloz ❖ ziliqar.
📖 *f.* jalouse [ʒaluz].
jamais [ʒamɛ] *ndajf.* kurrë ☞ **je n'ai jamais vu ce film** nuk e kam parë asnjëherë këtë film ☞ **jamais de la vie!** kurrë më! ☞ **à tout jamais** përgjithmonë.
jambe [ʒɑ̃b] *f.* këmbë ☞ **s'enfuir à toutes jambes** ia mbath me të katra.
jambon [ʒɑ̃bɔ̃] *m.* proshutë.
janvier [ʒɑ̃vje] *m.* janar.
jardin [ʒaʀdɛ̃] *m.* kopsht ☞ **au jardin** në kopsht.
jardinier [ʒaʀdinje] *m.* kopshtar.
📖 *f.* jardinière [ʒaʀdinjɛʀ].

jaune [ʒon] *mb.* i verdhë 🔔 *m.* **le jaune d'œuf** e verdha e vezës.
je [ʒə] *përem.* unë ☞ **je parle avec Valérie** unë flas me Valerinë.

📖 **Je** merr apostrof kur ndodhet përpara një zanoreje apo një **H** të pazëshme dhe i paraprin gjithmonë foljes, ndërsa në shqipe jo gjithmonë do ta gjeni të përkthyer ☞ **j'habite à Vlora** banoj në Vlorë.

jet [ʒɛ] *m.* curril, rrjedhje ❖ hedhje ☞ **jet d'eau** shatërvan.
jeter [ʒ(ə)te] [9] *fol.* hedh ☞ **Marc jette des cailloux dans la mare** Marku hedh guralecë në pellg ❖ hedh poshtë ☞ **jette les fleurs, elles sont fanées!** hidhi poshtë lulet se janë fishkur! ☞ **jeter dehors** nxjerr jashtë.
jeton [ʒ(ə)tɔ̃] *m.* monedhë për telefon publik.
jeu [ʒø] *m.* lojë ☞ **un jeu vidéo** një video lojë ☞ **par jeu** për qejf ☞ **jeu de cartes** lojë me letra *(bixhoz)*.
jeudi [ʒødi] *m.* e enjte.
jeune [ʒœn] *mb., m.* i ri.
joie [ʒwa] *f.* gëzim, gaz, shend, hare ☞ **pousser des cris de joie** bërtas nga gëzimi.
joindre [ʒwɛ̃dʀ(ə)] [35] *fol.* puq, bashkoj ☞ **le plombier a joint les deux tuyaux** hidrauliku bashkoi të dy tubat ❖ takoj ☞ **je n'ai pas réussi à joindre le docteur** nuk munda ta takoj doktorin.
joli [ʒɔli] *mb.* i bukur ☞ **je la trouve très jolie** ajo më duket shumë e bukur ☞ **elle a une jolie voix** ajo ka një zë të bukur.
joue [ʒu] *f.* faqe ☞ **embrasser sur les deux joues** e puth në të dy faqet.
jouer [ʒue] [3] *fol.* luaj ☞ **jouer au football** luaj futboll ❖ *(me një vegël muzikore)* i bie ☞ **jouer du piano** i bie pianos.
jouet [ʒwɛ] *m.* lodër *(fëmijësh)* ☞ **boutique de jouets** dyqan lodrash.
jour [ʒuʀ] *m.* ditë ☞ **quel jour sommes-nous?** në ç'ditë jemi sot? ☞ **de jour** ditën ☞ **dans un jour** mbas një dite, të nesërmen ☞ **il y a un jour** dje.

Fjalë e urtë

Il ne faut pas remettre au lendemain ce qu'on peut faire le jour même. Punën e sotme mos e lër për nesër.

journal [ʒuʀnal] *m.* gazetë ❖ **journal télévisé** lajmet, revista televizive ❖ ditar.
📖 *sh.* journaux [ʒuʀno].
journée [ʒuʀne] *f.* ditë ☞ **toute la journée** gjithë ditën ☞ **journée de travail** ditë pune ☞ **journée fériée** ditë feste.

joyeux [ʒwajø] *mb.* i gëzuar ☞ **joyeux Noël** gëzuar Krishtlindjen.
📖 *f.* joyeuse [ʒwajøz].
juger [ʒyʒe] [5] *fol.* gjykoj, vlerësoj.
juillet [ʒɥijɛ] *m.* korrik ☞ **le 14 juillet est la fête nationale de France** 14 korriku është festa kombëtare e Francës.
juin [ʒɥɛ̃] *m.* qershor.
jumeau [ʒymo] *m.* binjak.
📖 *sh.* jumeaux; *f.* jumelle, *sh.* jumelles.
jumelles [ʒymɛl] *f.sh.* dylbi.

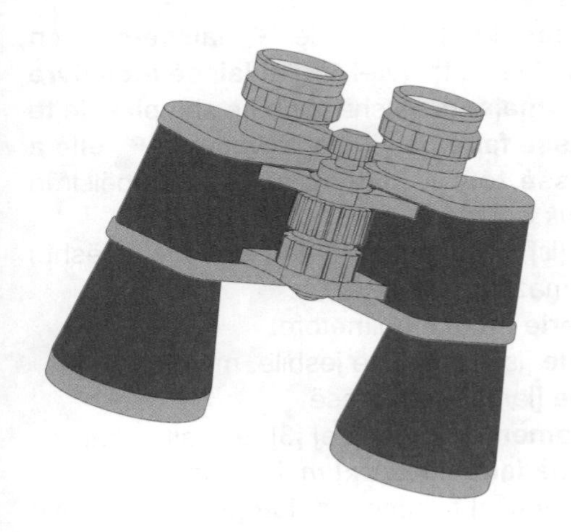

jument [ʒymɑ̃] *f.* pelë.
jungle [ʒœ̃gl(ə)] *f.* xhungël.
jupe [ʒyp] *f.* fund ❖ **jupe-culotte** fund pantallon.
jurer [ʒyʀe] [3] *fol.* zotohem ❖ betohem.
jus [ʒy] *m.* lëng (*frutash, zarzavatesh, etj.*) ☞ **jus de pomme** lëng molle.
jusque [ʒysk(ə)] *parafj.* **jusqu'à** gjer, deri në ☞ **il y a deux kilomètres jusqu'à la ville** mbeten edhe dy kilometra deri në qytet ☞ **jusqu'à aujourd'hui** deri sot ☞ **jusqu'à demain** deri nesër ☞ **jusqu'ici** deri këtu ☞ **jusqu'à ce que tu comprennes** deri sa ta kuptosh.
juste [ʒyst(ə)] *mb.* i drejtë ☞ **ce n'est pas juste!** nuk është e drejtë! ☞ **ton calcul est juste** llogaria jote është e saktë ☞ **cette robe est juste** ky fustan është tamam mbas trupit 🔔 *ndajf.* saktë, ashtu si duhet ❖ pikërisht, tamam ☞ **juste maintenant** pikërisht tani ❖ mezi ☞ **il vient tout juste d'arriver** ai sapo mbërriti.
justice [ʒystis] *f.* drejtësi ☞ **demander justice** kërkoj drejtësi.
justifier [ʒystifje] [3] *fol.* shfajësoj.

kaki [kaki] *m.* hurmë, kaki.
kangourou [kɑ̃guʀu] *m.* kangur.
karaté [kaʀate] *m.* karate.
képi [kepi] *m.* kapele (*oficeri, polici, në Francë*).
kilogramme ose **kilo** [kilo, kilɔgʀam] *m.* kilogram.
kilomètre [kilɔmɛtʀ(ə)] *m.* kilometër.
kiosque [kjɔsk(ə)] *m.* qoshk, kioskë.
kiwi [kiwi] *m.* lloj zogu ❖ kivi (*frutë*).
klaxon [klaksɔ̃] *m.* bori (automobili).
klaxonner [klaksɔne] [3] *fol.* i bie bories.

la [la] *nyje.* shih **le¹, le².**
la [la] *përem.* atë ☞ **est-ce que tu la vois?** a e shikon atë?

📖 **La,** përpara fjalëve që fillojnë me zanore apo **H** të pazëshme, merr apostrof.

là [la] *ndajf.* aty, atje ☞ **le livre est là, sur la table** libri ndodhet atje, mbi tryezë ☞ **est-ce que Paul est là?** a është Poli aty? ☞ **mets-le là!** vendose atë atje! ☞ **passez par là!** kaloni andej! **çà et là** andej-këndej ☞ **là-bas** atje poshtë ☞ **là-haut** atje lart ☞ **ce livre- là** ai libër ☞ **celui-là, celle-là, ceux-là, celles-là** ai, ajo, ata, ato.
labourer [labuʀe] [3] *fol.* lëroj (*tokën*).
lac [lak] *m.* liqen.
lacer [lase] [4] *fol.* lidh (*me lidhëse*) ☞ **lace tes chaussures!** lidhi këpucët!
lacet [lasɛ] *m.* lidhëse ☞ **les lacets de chaussures** lidhëset e këpucëve.
lâcher [lɑ e] [3] *fol.* liroj, lëshoj.
laid [lɛ] *mb.* i shëmtuar.
📖 *f.* laide [lɛd].

laine [lɛn] *f.* lesh ☞ **chaussettes en laine** çorape prej leshi.
laisse [lɛs] *f.* rrip qeni ☞ **tiens le chien en laisse!** mbaje qenin lidhur!
laisser [lɛse] [3] *fol.* lë ☞ **laisse-moi en paix!** lëmë të qetë! ☞ **j'ai laissé mon livre à la maison** e lashë librin në shtëpi ☞ **je te laisse faire** po të lejoj të veprosh ☞ **elle a laissé tout le gâteau** ajo e la ëmbëlsirën (*nuk e hëngri*).
lait [lɛ] *m.* qumësht ☞ **lait entier** qumësht i pamazitur (me ajkë).
laiterie [lɛtʀi] *f.* bulmetore.
laitue [lɛty] *f.* sallatë jeshile, marule.
lame [lam] *f.* teh, presë.
se **lamenter** [səlɑ̃mɑ̃te] [3] *fol.* vajtoj, qaj.
lampadaire [lɑ̃padɛʀ] *m.* lampadar.
lampe [lɑ̃p] *f.* llambë ☞ **lampe à gaz** llambë me gaz .
lance [lɑ̃s] *f.* ushtë.
lance-pierres [lɑ̃spjɛʀ] *m.* llastik.
lancer [lɑ̃se] [4] *fol.* hedh ☞ **lancer une pierre** hedh një gur 🔔 *m.* hedhje ☞ **le lancer du disque** hedhja e diskut.

landau [lɑ̃do] *m.* pajton.
langage [lɑ̃gaʒ] *m.* gjuhë, e folur.

langouste [lɑ̃gust] *f.* karkalec deti i madh.

langue [lɑ̃g] *f.* gjuhë ☞ **tirer la langue à quelqu'un** i nxjerr gjuhën dikujt ❖ **j'apprends une langue étrangère** po mësoj një gjuhë të huaj ❖ **tenir la langue** e mbaj gojën (*ruhem kur flas*) ☞ **cette voisine est une mauvaise langue** kjo fqinjë flet keq për të tjerët.

lapin [lapɛ̃] *m.* lepur.

laquelle [lakɛl] *përem.* e cila ❖ shih **lequel.**

large [larʒ] *mb.* i gjerë ☞ **la rue est large** rruga është e gjerë 🔔 *m.* **le bateau a gagné le large** anija doli në det të hapur.

largeur [laʀʒœʀ] *f.* gjerësi.

larme [laʀm(ə)] *f.* lot ☞ **pleurer à chaudes larmes** qaj me ngashërim.

lavabo [lavabo] *m.* lavaman.

lavage [lavaʒ] *m.* larje.

laver [lave] [3] *fol.* laj ☞ **lave-toi les pieds!** laji këmbët!

laverie [lavʀi] *f.* pastërti (*lokali*).

lave-linge [lavlɛ̃ʒ] *m.* makinë larëse.

lave-vaisselle [lavvɛsɛl] *m.* makinë larëse për enët.

le¹ [l(ə)] *nyje shquese.* **le père de Sophie est un bon médecin** babai i Sofisë është një mjek i mirë.
🕮 *sh.* les [le] ; *f.* la [la], *sh.* les [le].

> 🕮 **Le** dhe **la** marrin apostrof përpara fjalëve që fillojnë me zanore apo **H** të pazëshme. Nyja dhe mbiemri pronor në frëngjishte nuk qëndrojnë asnjëherë bashkë. Kështu thuhet **mon stylo** *stilolapsi im* dhe asnjëherë **le mon stylo.**

le² [l(ə)] *përem.* atë ☞ **je l'ai salué** e përshëndeta atë ☞ **prends-le!** merre atë!.
🕮 *f.* la [la], *sh.* les [le].

> 🕮 **La,** përpara fjalëve që fillojnë me zanore apo **H** të pazëshme, merr apostrof.

lécher [le e] [8] *fol.* lëpij ☞ **Valérie lèche sa glace** Valeria lëpin akulloren.

leçon [ləsɔ̃] *f.* mësim ☞ **Sylvie apprend sa leçon de physique** Silva po mëson mësimin e fizikës ❖ **Marc doit tirer une leçon de son échec au concours** Marku duhet të nxjerrë një mësim nga humbja në konkurs.

lecture [lɛktyʀ] *f.* lexim ☞ **une faute de lecture** një gabim leximi.

légende [leʒɑ̃d] *f.* legjendë ❖ tekst që shoqëron një figurë.

léger [leʒe] *mb.* i lehtë ☞ **mon cerf-volant est léger** balloni im është i lehtë ☞ **j'entends un bruit léger** po dëgjoj një zhurmë të lehtë (*të vogël*) ☞ **musique légère** muzikë e lehtë.
🕮 *f.* légère [leʒɛʀ].

légume [legym] *m.* perime, zarzavate ☞ **une soupe de légumes** një supë me zarzavate.

lendemain [lɑ̃dmɛ̃] *m.* e nesërme ☞ **le lendemain matin** të nesërmen në mëngjes.

lent [lɑ̃] *mb.* i ngadalshëm.
🕮 *f.* lente [lɑ̃t].

lentille [lɑ̃tij] *f.* thjerrëz ❖ lente ☞ **lentilles de contact** xhama kontakti.

léopard [leɔpaʀ] *m.* leopard.

lequel [ləkɛl] *përem.* i cili ☞ **l'homme avec lequel tu m'as vu est mon oncle** burri me të cilin ti më pe është xhaxhai im 🔔 *pyetës.* cili ☞ **lequel de vos frères est footballeur?** cili nga vëllezërit e tu është futbollist?
🕮 *sh.* lesquels [lekɛl] ; *f.* laquelle [lakɛl], *sh.* lesquelles [lekɛl].

> 🕮 Kur përemri **lequel** ndjek parafjalën **à** dhe **de, ai bëhet: auquel, auxquels, auxquelles; duquel, desquels, desquelles** ☞ **le vélo duquel tu m'as parlé est italien** biçikleta për të cilën më fole është italiane ☞ **auxquelles filles as-tu parlé?** cilave vajza u fole?

les [le] *nyje.* **les garçons** djemtë ☞ **les filles** vajzat ❖ shih **le.**
les [le] *përem.* ata ☞ **suivez-les!** shkojuni pas atyre!
lesquels [lekɛl] *përem.* të cilët ❖ shih **lequel.**
lessive [lesiv] *f.* pluhur larës ☞ **lessive pour la vaisselle** detergjent për enët ❖ larje rrobash ☞ **faire la lessive** laj rroba.
lettre [lɛtʀ(ə)] *f.* gërmë, shkronjë ☞ **les lettres de l'alphabet** shkronjat e alfabetit ❖ letër ☞ **j'ai reçu une lettre** mora një letër.
leur [lœʀ] *përem.* atyre ☞ **je leur ai parlé de mes projets** iu fola atyre për planet e mia 🔔 *mb.pronor.* i tyre, e tyre, të tyret ☞ **leurs filles** vajzat e tyre.
📖 *sh.* leurs.

📖 Mbiemri pronor i frëngjishtes nuk merr asnjëherë nyje përpara.

la **leur** [lalœʀ] *përem.* e tyrja ❖ shih **le leur.**
le **leur** [ləlœʀ] *përem.* i tyre ☞ **mon chien est plus méchant que le leur** qeni im është më i egër se sa i tyre ☞ **mes enfants sont plus petits que les leurs** fëmijët e mi janë më vegjël se sa të tyret.
📖 *sh.* les leurs; *f.* la leur ; *sh.* les leurs.
leurs [lœʀ] *mb.* të tyre ❖ shih **leur.**
les **leurs** [lelœʀ] *përem.* të tyret ❖ shih **le leur.**
lever [l(ə)ve] [8] *fol.* ngre ☞ **lève les bras!** ngriji krahët! 🔔 **se lever** ngrihem ☞ **le soleil se lève** dielli po ngrihet ☞ **le vent se lève** ngrihet era.
lèvre [lɛvʀ(ə)] *f.* buzë ☞ **les lèvres rouges de la poupée** buzët e kuqe të kukullës ☞ **Sophie a le sourire aux lèvres** Sofia është gjithmonë e qeshur.
lézard [lezaʀ] *m.* hardhucë.

liaison [ljɛzɔ̃] *f.* lidhje, bashkim.

📖 **Liaison** është një fenomen gjuhësor që haset shpesh në frëngjishten e folur dhe që konsiston në shqiptimin e dy fjalëve të veçanta si të një fjale të vetme. Kjo ndodh kur fjala paraardhëse mbaron me një bashtingëllore të pazëshme dhe ajo pasardhëse fillon me një zanore apo një **H** të pazëshme ☞ **les amis** [lezami]) ☞ **vous avez** [vuzave].
Në këtë rast bashkëtingëlloret **s, x, z** shqiptohen [z], **d** shqiptohet [t], **f** shqiptohet [v] ☞ *ils ont* (ata kanë) [ilzɔ̃] ☞ *six heures* (gjashtë orë) [sizøʀ] ☞ *quand il arrive* (kur të mbërrijë) [kɑ̃tilaʀiv] ☞ *il a neuf ans* (ai është nëntë vjeç) [ilanøvɑ̃].
Lidhja nuk bëhet mbas lidhëses **et** (dhe), kur fjalët pasardhëse fillojnë me **H** të zëshme, si edhe kur këto fjalë janë ose **oui** (po) ose numërorë **huit, huitième, onze, onzième.**

libellule [libelyl] *f.* pilivesë.
libérer [libeʀe] [8] *fol.* liroj ☞ **le prisonnier a été libéré** i burgosuri u lirua ❖ çliroj ☞ **libérer le pays de l'occupation étrangère** çliroj vendin nga pushtimi i huaj ❖ lëshoj (*energji*).
liberté [libɛʀte] *f.* liri.
librairie [libʀɛʀi] *f.* librari.
libre [libʀ(ə)] *mb.* i lirë ☞ **tu es libre de sortir** je i lirë të dalësh ☞ **dans le train il y a des places libres** ka vende të lira (*të pazëna*) në tren ❖ **école libre** shkollë private ❖ **entrée libre** hyrja falas.
liège [ljɛʒ] *m.* tapë.
lier [lje] [10] *fol.* lidh ☞ **lier avec une corde** lidh me një spango ❖ lidhet ☞ **ce souvenir est lié à son enfance** ky kujtim lidhet me fëmijërinë e tij.
lierre [ljɛʀ] *m.* dredhëz.
lieu [ljø] *m.* vend ❖ **avoir lieu** ndodh, bëhet ☞ **avoir lieu d'être inquiet** kam arsye të shqetësohem ☞ **au lieu de** në vend të.
lièvre [ljɛvʀ] *m.* lepur i egër.
ligne [liɲ] *f.* vijë ☞ **ligne droite** vijë e drejtë ☞ **ligne courbe** vijë e përkulur ☞ **ligne aérienne** linjë ajrore ❖ rresht, radhë ☞ **une dictée de dix lignes** një diktim prej dhjetë rreshtash ☞ **allez à la ligne** filloni kryeradhë.
lilas [lila] *m.* jargavan.

lime [lim] *f.* limë.
limite [limit] *f.* kufi ☞ **sans limite** pa kufi.
limonade [limɔnad] *f.* limonadë.
limpide [lɛ̃pid] *mb.* i kulluar, i tejdukshëm.
linge [lɛ̃ʒ] *m.* ndërresë ☞ **une corde à linge** teli i rrobave ☞ **des pinces à linge** kapëse të rrobave.
lion [ljɔ̃] *m.* luan.
📖 *f.* lionne [ljɔn] luaneshë.

liquide [likid] *mb.* i lëngshëm, i ujshëm.
lire [liʀ] [45] *fol.* lexoj ☞ **je sais lire** di të lexoj.
lisse [lis] *mb.* i lëmuar.
liste [list(ə)] *f.* listë ☞ **l'institutrice a lu la liste des élèves** mësuesja lexoi listën e nxënësve.
lit [li] *m.* shtrat, krevat ☞ **lits superposés** krevat marinari (*me dy kate*).
litre [litʀ(ə)] *m.* litër.
livre¹ [livʀ(ə)] *m.* libër ☞ **livre à figures** *ose* **illustré** libër me figura.
livre² [livʀ(ə)] *f.* gjysmë kile.
local [lɔkal] *mb.* i vendit ☞ **l'heure locale** ora lokale (*e vendit*).
📖 *sh.* locaux [lɔko].
locomotive [lɔkɔmɔtiv] *f.* lokomotivë.
loger [lɔʒe] [5] *fol.* banoj ☞ **il est logé à l'hôtel** ai banon në hotel ❖ strehoj ☞ **ils ont logé un ami** ata kanë strehuar një mik.
logiciel [lɔʒisjɛl] *m.* program (*informatike*).
logique [lɔʒik] *f.* logjika.
loi [lwa] *f.* ligj ☞ **porter une arme sans autorisation est interdit par la loi** mbajtja e armës pa leje dënohet me ligj ❖ **Newton a découvert la loi de la pesanteur** Njutoni ka zbuluar ligjin e rëndesës.
loin [lwɛ̃] *ndajf.* larg ☞ **j'habite loin de l'école** unë banoj larg shkollës ☞ **au loin, on voit un bateau** nga larg duket një anije ❖ **l'été est encore loin** vera është ende larg (*do shumë kohë të vijë*) ☞ **de loin** nga larg.
lointain [lwɛ̃tɛ̃] *mb.* i largët ☞ **une époque lointaine** një kohë e largët.
📖 *f.* lointaine [lwɛ̃tɛn].
loisir [lwaziʀ] *m.* kohë e lirë ❖ *sh.* argëtime, veprimtari.
long [lɔ̃] *mb.* i gjatë ☞ **une longue liste** një listë e gjatë ☞ **une robe longue** një fustan i gjatë ❖ **il est long à manger** ai ha ngadalë.
longtemps [lɔ̃tɑ̃] *ndajf.* gjatë, një kohë të gjatë ☞ **j'ai attendu longtemps** prita gjatë ☞ **il y a longtemps qu'Éric est parti** ka kohë që Eriku është nisur.
longueur [lɔ̃gœʀ] *f.* gjatësi.
lorsque [lɔʀsk(ə)] *lidh.* kur ☞ **j'allais sortir lorsqu'il a téléphoné** isha duke dalë kur ai telefonoi.
loterie [lɔtʀi] *f.* llotari.
loto [lɔto] *m.* llotari.
louer [lwe] [3] *fol.* marr me qira ☞ **papa a loué une voiture** babai mori me qira një veturë ☞ **à louer** jepet me qira ❖ lavdëroj ☞ **tous les journaux louaient l'écrivain** të gjitha gazetat lavdëronin shkrimtarin.
loup [lu] *m.* ujk ☞ **manger comme un loup** ha si i babëzitur.

📖 *f.* louve [luv] ulkonjë.

Fjalë e urtë

Quand on parle du loup, on en voit la queue. Shih qenin, bëj gati shkopin.

lourd [lur] *mb.* i rëndë ☞ **ce panier est lourd** kjo shportë është e rëndë ☞ **j'ai un sommeil lourd** kam gjumë të rëndë ☞ **il fait un temps lourd** bën zagushi ☞ **papa a de lourdes responsabilités** babai ka përgjegjësi të mëdha.

luge [lyʒ] *f.* slitë.

lui [lɥi] *përem.* ai, ajo, atij, asaj ☞ **je lui ai dit** i thashë atij *ose* asaj ☞ **lui aussi** edhe ai ❖ atij, asaj ☞ **je lui ai donné un livre** i dhashë atij një libër ☞ **le lui ai parlé de toi** i fola atij për ty ❖ **j'ai été au cinéma avec lui** isha në kinema me atë ☞ **un ami à lui** një miku i tij ☞ **à lui seul** vetëm ai.

lumière [lymjɛʀ] *f.* dritë ☞ **la lumière du matin** drita e mëngjesit ☞ **éteinds la lumière!** shuaje dritën!

lundi [lœ̃di] *m.* e hënë.

lune [lyn] *f.* hënë ☞ **un croissant de lune** një gjysmëhëne ☞ **la pleine lune** hëna e plotë ❖ **la lune de miel** muaji i mjaltit ❖ **Marie est souvent dans la lune** Maria është shpesh e hutuar.

lunettes [lynɛt] *f. sh.* syze ☞ **porter des lunettes** mbaj syze ☞ **des lunettes de soleil** syze dielli.

lutin [lytɛ̃] *m.* shejtan (*djalë*).

lutte [lyt] *f.* luftë ☞ **la lutte contre le tabac** lufta kundër duhanit ❖ mundje ☞ **papa pratiquait la lutte quand il était jeune** babai bënte mundje kur ishte i ri.

lycée [lise] *m.* gjimnaz.

lynx [lɛ̃ks] *m.* rrëqebull.

ma [ma] *mb. pronor.* im
🕮 shih **mon.**
mâcher [ma e] [3] *fol.*përtyp.
machin [ma ɛ̃] *m.* gjë, send (*përdoret në vend të një fjale që nuk na kujtohet*) ☞ **à quoi sert ce machin-là?** për çfarë shërben ai send?
machine [ma in] *f.* makinë ☞ **la machine à laver** makinë larëse.
maçon [masɔ̃] *m.* murator.
madame [madam] *f.* zonjë ☞ **Madame Dubois** zonja Dybua.
🕮 *sh.* mesdames [medam] .
mademoiselle [madmwazɛl] *f.* zonjushe ☞ **Mademoiselle Dubois** zonjusha Dybua.
🕮 *sh.* mesdemoiselles [medmwazɛl].

🕮 Në gjuhën e shkruar shpesh përdoren format e shkurtuara, si psh.: **Mme** për **Madame, Mmes** për **Mesdames, Mlle Mademoiselle** dhe **Mlles** për **Mesdemoiselles**.

magasin [magazɛ̃] *m.* dyqan ☞ **magasin de vêtements** dyqan për veshje.
magazine [magazin] *m.* revistë.
magicien [maʒisjɛ̃] *m.* magjistar.
🕮 *f.* magicienne [maʒisjɛn].

magie [maʒi] *f.* magji.
magique [maʒik] *mb.* magjik ☞ **une baguette magique** një shkop magjik.
magnéto [maɲeto] *m. shkurtim i* **magnétophone** [maɲetɔfɔn] *m.* magnetofon.
magnétoscope [maɲetɔskɔp] *m.* magnetoskop, video.
magnifique [maɲifik] *mb.* shumë i mirë, shumë i bukur, fantastik ☞ **aujourd'hui, il fait un temps magnifique** sot, bën një kohë shumë e bukur.
mai [mɛ] *m.* maj.
maigre [mɛgʀ(ə)] *mb.* i dobët ☞ **elle est maigre** ajo është e dobët ❖ **un maigre repas** një ushqim i varfër.

🕮 Në përgjithësi mbiemrat e frëngjishtes vendosen pas emrit, por ka edhe raste kur ai vendoset përpara emrit. Në qoftë se ai është më i shkurtër se emri ☞ **un bon élève** një nxënës i mirë, mbiemri nuk ndryshon kuptim. Ndërsa në rastet e tjera, me vendosjen prapa emrit, mbiemri e ndryshon kuptimin ☞ **Robert est maigre** Roberti është i dobët *dhe* **il touche un maigre salaire** ai merr një rrogë të vogël.

maillot [majo] *m.* kanatierë, fanellë ❖ **maillot de bain** kostum banje.
main [mɛ̃] *f.* dorë ☞ **haut les mains!** duart lart! ☞ **bas les mains!** duart poshtë! ☞ **un tapis fait à la main** një qilim punuar me dorë.
maintenant [mɛ̃t(ə)nɑ̃] *ndajf.* tani ☞ **juste maintenant** pikërisht tani.
maire [mɛʀ] *m.* kryetar bashkie.
mais [mɛ] *lidh.* por ☞ **il est intelligent mais paresseux** ai është i zgjuar por dembel.
maïs [mais] *m.* misër.
maison [mɛzɔ̃] *f.* shtëpi ☞ **un gâteau maison** një ëmbëlsirë shtëpie (*e bërë në shtëpi*).
maître [mɛtʀ(ə)] *m.* mjeshtër ☞ **maître nageur** mjeshtër noti ❖ mësues ☞ **Anne est une maîtresse d'école très aimée de ses élèves** Ana është një mësuese shkolle që e duan shumë nxënësit.
🕮 *f.* maîtresse [mɛtʀɛs].

majeur [maʒœʀ] *mb.* i madh, i rëndësishëm ☞ **la majeure partie** pjesa më e madhe ❖ madhor ☞ **devenir majeur** bëhem i madh (*në moshë madhore*).
majuscule [maʒyskyl] *mb.* ☞ **lettre majuscule** shkronjë e madhe e shtypit.
mal [mal] *ndajf.* keq ☞ **il parle mal le français** ai e flet keq frëngjishten ☞ **mal à propos** jo në kohën e duhur ☞ **être mal à l'aise** nuk jam rehat 🔔 *m.* e keqe ☞ **le bien et le mal** e mira dhe e keqja ☞ **j'ai mal à la tête** më dhemb koka ☞ **j'ai le mal de mer** më zuri deti.
📖 *sh.* maux [mo].
malade [malad] *mb., m.* i sëmurë.
maladie [maladi] *f.* sëmundje.
maladroit [maladʀwa] *mb.* i ngathët, duartharë.
📖 *f.* maladroite [maladʀwat].
malchanceux [mal ʃɑ̃sø] *mb.* i pafat.
📖 *f.* malchanceuse [mal ʃɑ̃søz].
mâle [mɑl] *m.* mashkull ☞ **le loup est le mâle de la louve** ujku është mashkulli i ulkonjës.
malgré [malgʀe] *parafj.* me gjithë,edhe pse ☞ **malgré son père** kundër dëshirës së t'et ☞ **il est sorti malgré la pluie** ai doli edhe pse binte shi.
malheur [malœʀ] *m.* fatkeqësi, gjëmë.

Fjalë e urtë

A quelque chose malheur est bon. Çdo e keqe ka një të mirë.

malheureusement [maløʀøzmɑ̃] *ndajf.* fatkeqësisht, për fat të keq.
malheureux [maløʀø] *mb.* i pafat, i mjerë.
📖 *f.* malheureuse [maløʀøz].

📖 edhe **malheureux** është nga ata mbiemra që ndryshon kuptim me ndërrimin e vendit ☞ (pas emrit) **enfant malheureux** fëmijë i trishtuar, i mjerë ☞ (përpara emrit) **une malheureuse erreur** një gabim i vogël, pa rëndësi.

malin [malɛ̃] *mb.* i zgjuar ☞ **tu te crois malin?** kujton se je i zgjuar? ❖ i lig ☞ **un sourire malin** një buzëqeshje keqdashëse ☞ **tumeur maligne** një tumor i keq 🔔 *m.* shejtan, qerrata.
malle [mal] *f.* baule ❖ bagazh (*makine*).
maman [mɑ̃mɑ̃] *f.* nënë, mëmë.
manche[1] [mɑ̃] *f.* mëngë.
manche[2] [mɑ̃] *m.* bisht (*i kazmës*).
mandarine [mɑ̃daʀin] *f.* mandarinë.
manège [manɛʒ] *m.* vend ku stërviten kuajt ❖ rrotullame.
manger [mɑ̃ʒe] [5] *fol.* ha (*bukë*).
manière [manjɛʀ] *f.* mënyrë ☞ **de quelle manière?** si? në ç'mënyrë? ❖ sjellje ☞ **je n'aime pas ses manières** sjelljet e saj nuk më pëlqejnë.
manquer [mɑ̃ke] [3] *fol.* mungoj ☞ **le temps nous manque** nuk kemi kohë ☞ **ma mamie me manque** më merr malli për gjyshen ☞ **il a manqué l'école** ai mungoi në shkollë ☞ **manquer le train** më lë treni ☞ **manquer à son devoir** nuk e kryej detyrën ☞ **manquer à sa parole** nuk e mbaj fjalën.
manteau [mɑ̃to] *m.* pallto.
📖 *sh.* manteaux.
mappemonde [mapmɔ̃d] *f.* hartë e botës ❖ glob.

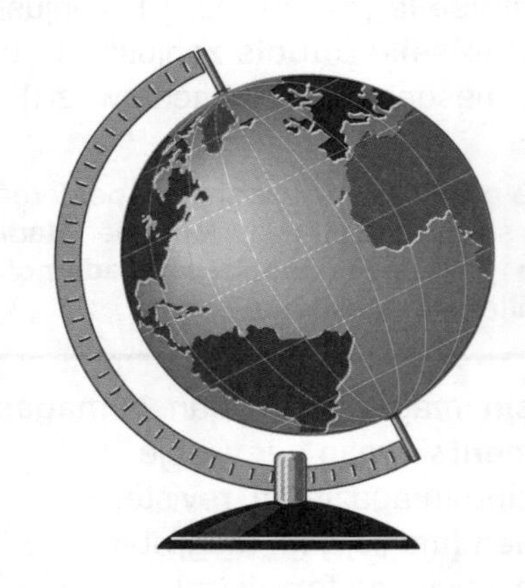

maquillage [makijaʒ] *m.* makijazh, grim.
marbre [maʀbʀ(ə)] *m.* mermer.
marchand [maʀ ɑ̃] *m.* tregtar, shitës ☞ **marchand de fruits et de légumes** shitës perimesh dhe frutash.
📖 *f.* marchande [maʀʃɑ̃d].
marche[1] [maʀ] *f.* ecje ☞ **l'école est dix minutes de marche** shkolla është dhjetë minuta larg (*të ecësh dhjetë minuta*) ☞ **mettre en marche** vë në lëvizje ☞ **cette machine est en état de marche** kjo makinë funksionon.
marche[2] [maʀ] *f.* shkallë, shkallare.

marché [maʀ e] *m.* treg, pazar ☞ **j'ai acheté ce vélo à bon marché** e bleva lirë këtë biçikletë ☞ **il fait le marché chaque dimanche** ai e bën pazarin çdo të diel.
marcher [maʀ e] [3] *fol.* eci ☞ **le petit Thomas marche à quatre pattes** Thomai i vogël hiqet zvarrë (*ecën me të katra*) ❖ punon, funksionon ☞ **ma montre ne marche pas** ora ime nuk punon.
mardi [maʀdi] *m.* e martë.

Le mardi gras është një festë popullore, shumë e vjetër, në Francë. Atë ditë, fëmijët venë maska dhe zhvillohet parakalimi i karnavaleve.

mare [maʀ] *f.* pellg.
marécage [maʀekaʒ] *m.* moçal, kënetë.
marge [maʀʒ] *f.* anë ☞ **en marge** në anë (*të fletës*).
marguerite [maʀgəʀit] *f.* luleshqerrë.
mari [maʀi] *m.* burrë, bashkëshort.
mariage [maʀjaʒ] *m.* martesë ☞ **un mariage d'amour** një martesë me dashuri ❖ dasmë.
marié [maʀje] *m.* dhëndër ☞ **vive la mariée!** rroftë nusja!
📖 *f.* mariée.
se **marier** [səmaʀje] [3] *fol.* martohem ☞ **Robert et Anne vont se marier bientôt** Roberti dhe Ana do të martohen së shpejti.
marin [maʀɛ̃] *mb.* deti, i detit, detar ☞ **les oiseaux marins** zogjtë e detit 🔔 *m.* marinar.
marionnette [maʀjɔnɛt] *f.* kukull ☞ **le théâtre des marionnettes** teatri i kukullave.

marmite [maʀmit] *f.* kusi, tenxhere.
marque [maʀk] *f.* shenjë ☞ **un marque de brûlure** një shenjë nga djegja ❖ markë ☞ **de quelle marque est cette montre?** çfarë marke është kjo orë?
marquer [maʀke] [3] *fol.* shënoj ☞ **marquer une adresse sur son calepin** shënoj një adresë në bllok ❖ **l'horloge marque deux heures** ora tregon dy ❖ **marquer un but** bëj gol.
marron [maʀɔ̃] *m.* gështenjë 🔔 *mb.* ngjyrë gështenjë.
📖 une chaise marron, deux chaises marron.
mars [maʀs] *m.* mars.
marteau [maʀto] *m.* çekiç.
📖 *sh.* marteaux.
masculin [maskylɛ̃] *mb.* mashkullor.
📖 *f.* masculine [maskylin].
masque [mask] *f.* maskë.

masse [mas] *f.* masë, vëllim ☞ **une masse de marbre** një bllok mermeri ❖ grumbull, një mori ☞ **une masse de choses** një mori gjërash.
match [mat] *m.* ndeshje.
📖 *sh.* matchs *ose* matches.
matelas [mat(ə)lɑ] *m.* dyshek.
maternelle [matɛ̃ʀnɛl] *f.* kopsht fëmijësh.
mathématiques [matematik] *f.sh.* matematikë.
matière [matjɛʀ] *f.* lëndë ☞ **la porcelaine est une matière fragile** porcelani është një lëndë e thyeshme ❖ lëndë, fushë ☞ **la table des matières** pasqyra e lëndës.
matin [matɛ̃] *m.* mëngjes ☞ **il se lève tôt le matin** ai ngrihet herët në mëngjes.

matinée [matine] *f.* mëngjes ☞ **toute la matinée** gjithë mëngjesin.

mauvais [movɛ] *mb.* i keq ☞ **cette pomme est mauvaise** kjo mollë ka shije të keqe ☞ **un mauvais film** një film jo i bukur ☞ **les nouvelles sont mauvaises** nuk kemi lajme të mira ☞ **il fait mauvais temps** bën kohë e keqe **il est mauvais en mathématiques** ai është i dobët në matematikë 🔔 *ndajf.* keq ☞ **ça sent mauvais!** bie erë e keqe.

> 🕮 Vini re se si mbiemri **mauvais** nuk përkthehet në shqipe gjithmonë me barasvlerësin e tij *i keq, i lig,* por, ose me ndonjë mbiemër tjetër, ose me mbiemrin *i mirë, i bukur* në një ndërtim gjuhësor mohues.

maximal [maksimal] *mb.* më i madh ☞ **la vitesse maximale** shpejtësia më e madhe.

mayonnaise [majɔnɛz] *f.* majonezë.

> Kuzhina franceze përdor shumë salcat e ndryshme që shoqërojnë mishin, peshkun, perimet, etj. Ndër salcat më të njohura mund të përmendim **la mayonnaise** *majoneza*, e cila u shpik për herë të parë në vitin 1756. Ajo e ka marrë emrin nga qyteti Mahon i ishujve Baleare dhe u përdor për të zëvendësuar gjalpin : **sauce mahonnaise** që do të thotë *salca e Mahonit,* mori më pas emrin **la sauce mayonnaise.** Ky emër u bë i njohur më vonë në të gjitha vendet e botës.

me [m(ə)] *përem.* më ☞ **elle m'attend** ajo më pret ☞ **il me l'a donné hier** ai m'a dha atë dje.

> 🕮 **Me** merr apostrof **m'** përpara fjalëve që fillojnë me zanore ose me **H** të pazëshme.

mécanique [mekanik] *mb.* mekanik.

méchant [me ɑ̃] *mb.* i lig, i keq ☞ **attention, chien méchant!** kujdes nga qeni! ❖ (*përpara emrit*) pa vlerë ☞ **une méchante couverture** një batanije e vjetër.
🕮 *f.* méchante [me ɑ̃t].

médecin [medsɛ̃] *m.* mjek.

> 🕮 Frëngjishtja, në ndryshim me shqipen, nuk e ka femëroren për shumë emra profesionesh. Në këto raste, kur bëhet fjalë për gra mjeke, apo ministre mund të thuhet ☞ **une femme médecin** një mjeke (*fjalë për fjalë do të përkthehej* një grua mjeke) ☞ **une femme ministre** një ministre.

médicament [medikamɑ̃] *m.* bar, ilaç.

méduse [medyz] *f.* kandil (*deti*).

meilleur [mejœʀ] *mb.* më i mirë ☞ **il est meilleur que moi en français** ai është më i mirë se unë në frëngjisht ☞ **elle est la meilleure** ajo është më e mira.
🕮 *f.* meilleure.

mélanger [melɑ̃ʒe] [5] *fol.* trazoj, përziej ☞ **Paul mélange deux couleurs** Poli përzien dy ngjyra.

melon [m(ə)lɔ̃] *m.* pjepër.

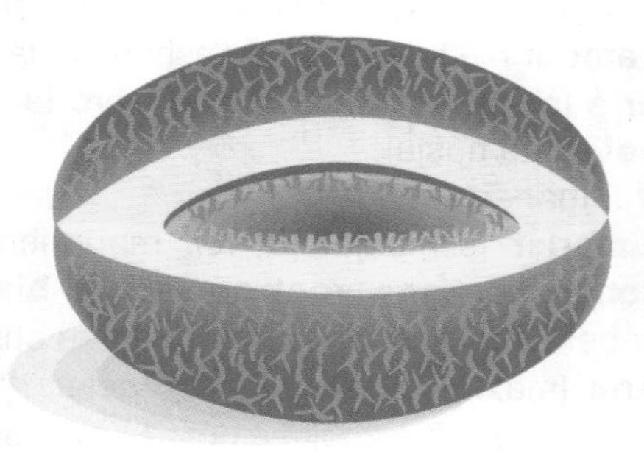

membre [mɑ̃bʀ(ə)] *m.* gjymtyrë ☞ **les membres supérieurs et les membres inférieurs** gjymtyrët e sipërm dhe gjymtyrët e poshtëm ❖ anëtar ☞ **il est membre du club de football** ai është anëtar i klubit të futbollit.

même [mɛm] *mb.* (*përpara emrit*) i njëjtë, i ngjashëm ☞ **elles ont la même robe** ato kanë të njëjtin fustan ☞ **en même temps** në të njëjtën kohë ☞ **c'est la même chose** është e njëjta gjë ❖ (*pas emrit ose përemrit*) vetë ☞ **moi-même** unë vetë 🔔 *përem.* i njëjti, po ai ☞ **il est toujours le même** është gjithmonë po ai 🔔 *ndajf.* madje, edhe, bile ☞ **ils sont tous sortis, même les enfants** kanë dalë të gjithë, madje edhe fëmijët ❖

pikërisht ☞ **aujourd'hui même** pikërisht edhe sot ☞ **quand même** megjithatë ☞ **merci, de même** faleminderit gjithashtu.

mémoire [memwaʀ] *m.* kujtesë ☞ **avoir un trou de mémoire** kam një harresë ❖ punim diplome ❖ *sh.* kujtime ☞ **les Mémoires de Charles de Gaulle** Kujtimet e Sharl dë Golit.

menacer [mənase] [4] *fol.* kërcënoj ☞ **la pluie menace** rrezikon të bjerë shi.

ménage [menaʒ] *m.* punë shtëpie ☞ **faire le ménage** pastroj shtëpinë ❖ çift ☞ **un jeune ménage** një çift i ri (*të porsamartuar*).

ménagère [menaʒɛʀ] *f.* amvisë.

mener [m(ə)ne] [8] *fol.* çoj, shpie ☞ **cette route mène au village** kjo rrugë të çon në fshat ❖ drejtoj ☞ **notre équipe mène deux à zéro** ekipi ynë udhëheq dy me zero.

mensonge [mɑ̃sɔ̃ʒ] *m.* gënjeshtër.

menteur [mɑ̃tœʀ] *m.* gënjeshtar, rrenacak. 🕮 *f.* menteuse [mɑ̃tøz].

mention [mɑ̃sjɔ̃] *f.* shënim ❖ notë, vlerësim.

mentionner [mɑ̃sjɔ̃ne] [3] *fol.* zë në gojë, përmend.

mentir [mɑ̃tiʀ] [15] *fol.* gënjej.

menton [mɑ̃tɔ̃] *m.* mjekër.

menu [məny] *m.* menu, listë gjellësh.

menuisier [mənɥizje] *m.* zdrukthtar.

mer [mɛʀ] *f.* det ☞ **mer forte** det me dallgë ☞ **au bord de la mer** në breg të detit ☞ **la mer est basse** është zbaticë ☞ **la mer est haute** është baticë.

merci [mɛʀsi] *pasth.* faleminderit ☞ **merci beaucoup** shumë të faleminderit ☞ **oui, merci** po, faleminderit ☞ **merci pour la promesse** faleminderit për premtimin ☞ **merci d'être venu** faleminderit që erdhët.

mercredi [mɛʀkʀədi] *m.* e mërkurë.

merde [mɛʀd(ə)] *f.* mut.

Fjala **merde** haset shpesh në frëngjishte me një kuptim shumë më pak vulgar se në gjuhën shqipe. Pasthirrmës **Merde alors!** në shqipe do t'i korrespondonte *dreqi ta hajë*!

mère [mɛʀ] *f.* nënë, mëmë ❖ (*në gjuhën kishtare*) motër, nënë ☞ **la mère Thérèse** nënë Tereza.

mériter [meʀite] [3] *fol.* meritoj.

merveilleux [mɛʀvɛjø] *mb.* i mrekullueshëm. 🕮 *f.* merveilleuse [mɛʀvɛjøz].

mes [me] *mb.* e mi ❖ shih **mon.**

message [mesaʒ] *m.* njoftim, lajm, lajmërim.

mesure [məzyʀ] *f.* matje ❖ masë ☞ **prendre les mesures** marr masat (*te rrobaqepësi*).

mesurer [məzyʀe] [3] *fol.* mas ☞ **il mesure un mètre** ai është një metër ☞ **mesurer la hauteur du mur** mas lartësinë e murit.

métal [metal] *m.* metal. 🕮 *sh.* métaux [meto].

métier [metje] *m.* zanat ☞ **quel métier fait ton père?** çfarë zanati ka babai yt? çfarë pune bën babai yt?

mètre [mɛtʀ(ə)] *m.* metër ☞ **mètre carré** metër katror ☞ **mètre cube** metër kub.

métro [metʀo] *m.* metro.

Métro është shkurtim i **chemin de fer métropolitain** që në shqipe do të thotë *hekurudhë ndërqytetëse* e cila shërben për transportin e udhëtarëve në pikat e ndryshme të qytetit. Metroja e Parisit është ndërtuar që më 1900. Në përgjithësi, ajo kalon nën tokë dhe shtrihet deri në zonat më të largëta periferike të Parisit. Linjat e saj, që sot arrijnë në gjashtëmbëdhjetë, shtohen dhe modernizohen pa ndërprerje. Stacionet e metrosë së Parisit, rreth 300, ndodhen në çdo 500 metra largësi.

mettre [mɛtʀ(ə)] [33] *fol.* vë, vendos ☞ **je mets la bouteille sur la table** po e vendos shishen mbi tryezë ☞ **mettre les mains en l'air** ngre duart lart ☞ **mettre le chat dehors** nxjerr macen jashtë ❖ **mettre du sucre** hedh sheqer ❖ **mettre les vêtements** vesh rrobat ❖ **j'ai mis 2 heures à faire ce travail** m'u deshën dy orë për të bërë këtë punë ☞ **mettre la table** shtroj tryezën ☞ **mettre au lit** vë për të fjetur ☞ **mettre en marche** vë në lëvizje 🔔 **se mettre** qëndroj, rri ☞ **mettez-vous à table!** zini vend në tryezë! ☞ **se mettre en colère** zemërohem.

meuble [mœbl(ə)] *m.* orendi, mobilje.

miauler [mjole] [3] *fol.* mjaullin.

microphone *ose* **micro** [mikʀɔfɔn, mikʀo] *m.* mikrofon.

microscope [mikʀɔskɔp] *m.* mikroskop.

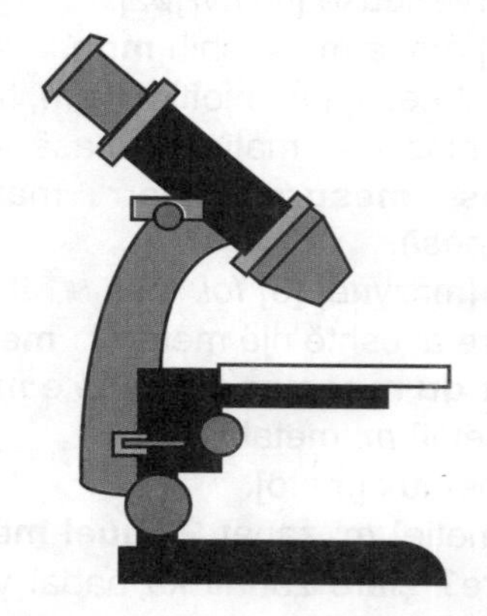

midi [midi] *m.* mesditë, drekë ❖ jug ☞ **le Midi** Franca e jugut.

Fjalë e urtë

Chercher midi à quatorze heures. Shikon qimen në vezë. " Kapet pas gjërave të vogla e pa rëndësi ".

mie [mi] *f.* tul buke.

miel [mjɛl] *m.* mjaltë ☞ **lune de miel** muaj mjalti.

mien [mjɛ̃] *përem.* imi ☞ **si tu n'as pas ton parapluie, je te donne le mien** në qoftë se nuk e ke çadrën, po të jap timen ☞ **tes gants sont plus nouveaux que les miens** dorezat e tua janë më të reja se të miat.
📖 *sh.* les miens; *f.* la mienne [mjɛn], *sh.* les miennes.

la **mienne** [lamjɛn] *përem.* imja ❖ shih le **mien.**

les **miennes** [lemjɛn] *përem.* të miat ❖ shih le **mien.**

les **miens** [lemjɛ̃] *përem.* të mitë ❖ shih le **mien.**

miette [mjɛt] *f.* thërrime.

mieux [mjø] *ndajf.* më mirë ☞ **le dessin de Paul est mieux fait que celui de Philippe** vizatimi i Polit është bërë më mirë sesa ai i Filipit ☞ **j'aime mieux son dessin** më pëlqen më shumë vizatimi i tij ☞ **mieux vaut tard que jamais** më mirë vonë se kurrë 🔔 *mb.* më i mirë. ☞ **c'est avec ces cheveux longs qu'elle est le mieux** me flokë të gjatë ajo duket më e mirë ☞ **de mieux en mieux** mirë e më mirë.

mignon [miɲɔ̃] *mb.* i bukur, i dashur, i ëmbël, i shoqërueshëm 🔔 *m.f.* vogëlush, vogëlushe.
📖 *f.* mignone [miɲɔn].

milieu [miljø] *m.* mes ☞ **au milieu de la route** në mes të rrugës ☞ **vers le milieu du mars** aty nga mesi i marsit ❖ mjedis ☞ **le milieu marin** mjedisi detar.
📖 *sh.* milieux.

militaire [militɛʀ] *mb.* ushtarak.

mille [mil] *mb., m.* një mijë ☞ **mille fois merci** shumë të faleminderit ☞ **mille un** një mijë e një ☞ **quatre mille hommes** katër mijë njerëz.

millénaire [milenɛʀ] *mb., m.* mijëvjeçar.

milliard [miljaʀ] *m.* miliard.

millimètre [mi(l)limɛtʀ(ə)] *m.* milimetër.

million [miljɔ̃] *m.* milion.

mince [mɛ̃s] *mb.* i hollë.

mince! [mɛ̃s] *pasth.* ta marrë dreqi!

mine [min] *f.* çehre, pamje e jashtme ☞ **Marie a bonne mine** Maria e ka çehrenë të mirë ❖ minierë.

minéral [mineʀal] *mb., m.* mineral ☞ **eau minérale** ujë mineral.
📖 *sh.* minéraux [mineʀo].

minimum [minimɔm] *m.* minimum.

ministre [ministʀ(ə)] *m.* ministër ☞ **Premier ministre** kryeministër ☞ **Conseil des ministres** këshilli i ministrave.

minuit [minɥi] *m.* mesnatë.

minuscule [minyskyl] *mb.* shumë i vogël 🔔 *f.* **miniscule** shkronjë e vogël.

minute [minyt] *f.* minutë ☞ **attends, j'arrive dans une minute** prit se erdha për një minutë.
miracle [miʀakl] *m.* mrekulli ☞ **par miracle** për mrekulli.
miroir [miʀwaʀ] *m.* pasqyrë ☞ **se regarder dans le miroir** shikohem në pasqyrë.

missile [misil] *m.* raketë lufte.
mixeur [miksœʀ] *m.* përzierës elektrik (*për ushqimet*).
mixte [mikst(ə)] *mb.* i përzier.
mobilette [mɔbilɛt] *f.* motoçikletë e vogël.
mode [mɔd] *m.* mënyrë ☞ **mode d'emploi** mënyrë e përdorimit 🔔 *f.* modë ☞ **suivre la mode** ndjek modën.
modèle [mɔdɛl] *m.* model.
moderne [mɔdɛʀn(ə)] *mb.* i sotëm, i kohës.
moi [mwa] *përem.* mua ☞ **aide-moi!** ndihmomë! ☞ **il n'obéit qu'à moi** vetëm mua më bindet ☞ **mon frère et moi** vëllai im dhe unë ☞ **toi et moi** ti dhe unë ❖ (*me parafjalë*) **avec moi** me mua ☞ **pour moi** për mua.
moine [mwan] *m.* murg.

> **Fjalë e urtë**
>
> **L'habit ne fait pas le moine.** Mos i shiko gunën po shikoji punën.

moineau [mwano] *m.* harabel, trumcak.
🕮 *sh.* moineaux.
moins [mwɛ̃] *ndajf.* më pak ☞ **j'ai moins de livres que toi** kam më pak libra se ti ☞ **j'ai moins froid** kam më pak ftohtë ☞ **plus ou moins** pak a shumë ☞ **au moins** të paktën 🔔 *parafj.* **six moins deux font quatre** gjashtë pa dy bëjnë katër.
mois [mwa] *m.* muaj.

Les mois de l'année/ Muajt e vitit

Janvier	janar
Février	shkurt
Mars	mars
Avril	prill
Mai	maj
Juin	qershor
Juillet	korrik
Août	gusht
Septembre	shtator
Octobre	tetor
Novembre	nëntor
Décembre	dhjetor

moisi [mwazi] *mb.* i mykur (*djathë, bukë*).
moisissure [mwazisyʀ] *f.* myk.
moisson [mwasɔ̃] *f.* korrje ❖ të korrat.
moitié [mwatje] *f.* gjysmë ☞ **deux est la moitié de quatre** dyshi është gjysma e katrës ☞ **nous sommes à la moitié du chemin** jemi në gjysmë të rrugës ☞ **je ne fais pas les choses à moitié** unë nuk i bëj gjërat për gjysmë ☞ **à moitié prix** me gjysmë çmimi.
mollet [mɔlɛ] *m.* pulpë.
moment [mɔmɑ̃] *m.* çast ☞ **un moment, s'il vous plait!** prisni një çast, ju lutem! ☞ **à ce moment-là** në atë çast (*kohë*) ☞ **du moment que …** nga koha që … ☞ **à tout moment** në çdo kohë.
mon, ma, mes [mɔ̃, ma, me] *mb.* **mon fils, ma fille, mes enfants** djali im, vajza ime, fëmijët e mi.
🕮 *sh.* mes ; *f.* ma, *sh.* mes.

> Në frëngjishte, emrat që shoqërohen nga një mbiemër pronor nuk marrin kurrë nyje ☞ **mon livre**. Kur ndodhet përpara emrave të gjinisë femërore që fillojnë me zanore apo me **H** të pazëshme, mbiemri **mon** përdoret në vend të formës femnore **ma** ☞ **mon amie** mikja ime.

monde [mɔ̃d] *m.* botë ☞ **faire le tour du monde** i bie përreth botës ☞ **le champion du monde** kampioni i botës ❖ njerëz ☞ **il y a beacoup de monde** ka shumë njerëz ☞ **tout le monde le sait** të gjithë njerëzit e dinë.
mondial [mɔ̃djal] *mb.* botëror.
🕮 *f.* mondiale, *sh.* mondiaux [mɔ̃djo].
monnaie [mɔnɛ] *f.* monedhë ☞ **le franc est une monnaie française** frangu është monedhë franceze ❖ kusur ☞ **le boucher m'a rendu la monnaie** kasapi ma ktheu kusurin ❖ të holla ☞ **as-tu de la monnaie pour acheter le journal?** a ke të holla për të blerë gazetën?
monsieur [məsjø] *m.* zotëri ☞ **Monsieur Dubois** zoti Dybua.
🕮 *sh.* messieurs [mesjø].

Në gjuhën e shkruar shpesh përdoren format e shkurtuara, si psh. : **M.** për **Monsieur** dhe **MM.** për **Messieurs.**

---

monstre [mɔ̃stʀ(ə)] *m.* përbindësh.
mont [mɔ̃] *m.* mal ☞ **le mont Blanc est le sommet le plus élevé de France** Mali i Bardhë është maja më e lartë në Francë.

Mali i Bardhë është i lartë 4807 m. Një tunel prej 11 km e përshkon atë për të lidhur Francën me Italinë.

---

montagne [mɔ̃taɲ] *f.* mal ☞ **en hiver, nous allons à la montagne pour faire du ski** në dimër, ne shkojmë në mal për të bërë ski ❖ **la montagne russe** treni fluturues *ose* mali rus.
montée [mɔ̃te] *f.* ngjitje ❖ e përpjetë.
monter [mɔ̃te] [3] *fol.* hipi, ngjitem ☞ **monter en train** ngjitem në tren ❖ **le soleil monte** del dielli ❖ **monter un cheval** i hipi kalit ❖ montoj ☞ **monter une tente** montoj një tendë.
montre [mɔ̃tʀ(ə)] *f.* orë dore ☞ **remonter une montre** kurdis orën.
montrer [mɔ̃tʀe] [3] *fol.* tregoj ☞ **montre-moi ton devoir!** tregomë detyrën tënde! 🔔 **se montrer** dal, dukem.

se **moquer** [səmɔke] [3] *fol.* tallem ☞ **ne te moque pas de moi!** mos u tall me mua!
morceau [mɔʀso] *m.* copë ☞ **un morceau de fromage** një copë djathë ☞ **un morceau de sucre** një pafkë sheqeri ❖ copë, pjesë (*letrare, muzike*) ☞ **un morceau de musique** një pjesë muzikore.
🕮 *sh.* morceaux.
mordre [mɔʀdʀ(ə)] [31] *fol.* kafshoj ☞ **ce chien ne mord pas** ky qen nuk kafshon.
morsure [mɔʀsyʀ] *f.* kafshim (*i gjarprit, i qenit, etj.*).
mort [mɔʀ] *mb.* i vdekur ☞ **je suis mort de froid** po vdes nga të ftohtit 🔔 *f.* vdekja ☞ **après la mort** mbas vdekjes.
mosquée [mɔske] *f.* xhami.
mot [mo] *m.* fjalë ☞ **je ne connais pas ce mot** nuk e di këtë fjalë ☞ **mot de passe** parullë ☞ **grands mots** fjalë të mëdha ☞ **mot à mot** fjalë për fjalë ☞ **mots croisés** fjalëkryq ❖ lajm, njoftim ☞ **laisse-moi un mot pour me dire où tu vas** më lër një shënim për të më thënë se ku do të shkosh.
moteur [mɔtœʀ] *m.* motor.
motocyclette [motosiklɛt], **moto** [moto] *f.* motoçikletë.
motte [mɔt] *f.* plis.
mou [mu] *mb.* i butë ☞ **la chair molle** mish i qullët.
🕮 *f.* molle [mɔl].
mouche [mu] *f.* mizë.
se **moucher** [səmu e] [3] *fol.* shfryj hundët.
mouchoir [mu waʀ] *m.* shami.
moudre [mudʀ(ə)] [54] *fol.* bluaj.
mouette [mwɛt] *f.* pulëbardhë.

mouiller [muje] [3] *fol.* lag, njom ☞ **la rosée mouille l'herbe** vesa e lag barin.

moule[1] [mul] *m.* kallëp.

moule[2] [mul] *f.* midhje.

moulin [mulɛ̃] *m.* mulli ☞ **moulin à vent** mulli me erë.

mourir [muʀiʀ] [17] *fol.* vdes ☞ **mourir de rire** vdes gazit.

mousse[1] [mus] *f.* myshk ❖ shkumë ☞ **mousse à raser** shkumë rroje ☞ **la mousse de bière** shkumë birre.

mousse[2] [mus] *m.* marinar i vogël, muço.

moustache [musta] *f.* mustaqe.

moustique [mustik] *m.* mushkonjë.

moutarde [mutaʀd(ə)] *f.* mustardë.

mouton [mutɔ̃] *m.* dash 🔔 *sh.* **les moutons** dhentë.

mouvement [muvmɑ̃] *m.* zhvendosje, lëvizje.

moyen [mwajɛ̃] *m.* mjet ☞ **les moyens de transport** mjetet e transportit ❖ **par tous les moyens** me të gjitha mjetet, mënyrat 🔔 *mb.* i mesëm.

🕮 *f.* moyenne [mwajɛn].

moyenne [mwajɛn] *f.* mesatare.

muet [mɥɛ] *mb., m.* memec ❖ pa zë ☞ **un film muet** një film pa zë.

🕮 *f.* muette [mɥɛt].

mugir [myʒiʀ] [11] *fol.* pëllet (*demi, lopa*).

multiplication [myltiplikasjɔ̃] *f.* shumëzim.

municipalité [mynisipalite] *f.* komunë, bashki ☞ **la municipalité de Tirana** bashkia e Tiranës.

mur [myʀ] *m.* mur.

mûr [myʀ] *mb.* i pjekur ❖ i përfunduar, i mbaruar.

🕮 *f.* mûre.

mûre [myʀ] *f.* man ❖ manaferra.

muscle [myskl(ə)] *m.* muskul.

museau [myzo] *m.* turi.

🕮 *sh.* museaux.

musée [myze] *m.* muze.

> **Le musée du Louvre** Muzeu i Luvrit është muzeu më i madh i artit në Francë. Aty ndodhen vepra të dëgjuara të artistëve më të famshëm jo vetëm të Francës por edhe të gjithë botës.

muselière [myzəljɛʀ] *f.* turizë (*e qenit*).

musique [myzik] *f.* muzikë.

> **La fête de la musique** festa e muzikës, që organizohet çdo vit në Francë, rimerr një traditë të hershme të fshatrave dhe qyteteve të Francës, për të zhvilluar koncerte dhe vallëzime nëpër rrugët dhe sheshet e tyre.

myrtille [miʀtil] *f.* boronicë.

mystère [mistɛʀ] *m.* mister, enigmë.

mystérieux [misteʀjø] *mb.* i fshehtë, misterioz, i mistershëm.

🕮 f. mystérieuse [misteʀjøz].

nage [naʒ] *f.* not.
nageoire [naʒwaʀ] *m.* fletë peshku.
nager [naʒe] [5] *fol.* notoj ☞ **Sophie sait nager la brasse** Sofia di të bëjë not bretkosë ☞ **nager le crawl** bëj not krol ☞ **nager sur le dos** notoj në shpinë ❖ rri mbi ujë.
naïf [naif] *mb., m.* i padjallëzuar, i leshtë.
🕮 *f.* naïve [naiv].
nain [nɛ̃] *m.* shkurtabiq, xhuxh ☞ **Blancheneige entra dans la maison des sept nains** Borëbardha hyri në shtëpinë e 7 xhuxhave.

naissance [nɛsɑ̃s] *f.* lindje ☞ **lieu de naissance** vendlindje ☞ **il est aveugle de naissance** ka lindur i verbër.
naître [nɛtʀ(ə)] [37] *fol.* lind ☞ **"Où es-tu né?" "Je suis né à Berat."** "Ku ke lindur?" "Kam lindur në Berat."
nappe [nap] *f.* mbulesë tavoline.
narine [naʀin] *f.* vrimë hunde.
natation [natasjɔ̃] *f.* not ☞ **épreuve de natation** garë noti.
nation [nasjɔ̃] *f.* komb.
natte [nat] *f.* rrogoz ❖ gërshet.
nature [natyʀ] *f.* natyrë ☞ **la protection de la nature** mbrojtja e natyrës ❖ natyrë, karakter ☞ **une bonne nature** një karakter i mirë.
naturel [natyʀɛl] *mb.* natyror ☞ **produits naturels** prodhime natyrore ☞ **sciences naturelles** shkencat e natyrës ❖ **Nicolas est naturel** Nikolla është i thjeshtë.
🕮 *f.* naturelle.
naufrage [nofʀaʒ] *m.* mbytje e anijes ☞ **Titanic a fait naufrage en 1912** Titaniku u mbyt më 1912.
naviguer [navige] [3] *fol.* lundroj.
navire [naviʀ] *m.* anije.
ne [n(ə)] *ndajf.* (*tregon mohim*) nuk ☞ **il ne chante pas** ai nuk këndon ☞ **il ne chante plus** nuk këndon më ☞ **il ne chante point** nuk këndon aspak ☞ **il ne chante jamais** nuk këndon asnjëherë ☞ **il ne fait que chanter** ai vetëm këndon ☞ **il n'a rien dit** nuk tha asgjë.

🕮 **Ne** merr apostrof **n'** përpara fjalëve që fillojnë me zanore apo **H** të pazëshme.

---

nécessaire [nesesɛʀ] *mb.* i nevojshëm.
nécessité [nesesite] *f.* nevojë ❖ domosdoshmëri.
neige [nɛʒ] *f.* borë ☞ **flocon de neige** flokë bore ☞ **bonhomme de neige** njeri prej bore.

Për fëmijët francezë janë të dashura **les classes de neige** mësimet e rrëshqitjes me ski, të organizuara nga trajnerë të specializuar nëpër stacionet dimërore të skive.

Në Francë Borëbardha ka pothuajse të njëjtin emër si edhe në shqipe: **blanche-neige** që do të thotë fjalë për fjalë *borë e bardhë.* Shtatë xhuxhat e përrallës quhen: **Atchoum** Açumi, **Dormeur** Gjumashi, **Grincheux** Grindaveci, **Joyeux** i Lumturi, **Prof** Doktori, **Simplet** Budallai, dhe **Timide** i Druajturi.

---

neiger [nɛʒe] [5] *fol.* bie borë.

nénuphar [nenyfaʀ] *m.* zambak uji.

nerveux [nɛʀvø] *mb.* nervor ❖ nervoz.
🕮 *f.* nerveuse [nɛʀvøz].
n'est-ce pas? [nɛspɑ] *ndajf.* apo jo.
net [nɛ] *mb.* i pastër ❖ i qartë.
🕮 *f.* nette [nɛt].
nettoyer [netwaje] [6] *fol.* pastroj.
neuf [nœf] *mb., m.* i ri ☞ **un manteau tout neuf** një pallto e re fringo ☞ **refaire à neuf** e bëj përsëri.
🕮 *f.* neuve [nœv].
neuf [nœf] *mb., m.* nëntë.
neveu [n(ə)vø] *m.* nip.
🕮 *sh.* neveux ; *f.* nièce, *sh.* nièces.
nez [ne] *m.* hundë.
ni [ni] *lidh.* as ☞ **il ne mange ni boit** ai as ha, as pi ☞ **je ne parle ni allemand ni italien** unë nuk flas as gjermanisht, as italisht ☞ **ni l'un ni l'autre ont envie de venir** as njëri, as tjetri nuk kanë dëshirë të vijnë.
niche [ni (ə)] *f.* kolibe (*e qenit*).
nid [ni] *m.* çerdhe, fole (*për zogjtë*).

Fjalë e urtë

Petit à petit, l'oiseau fait son nid. Gur, gur bëhet kalaja. Gjërat ndërtohen pak e nga pak.

nièce [njɛs] *f.* mbesë.
niveau [nivo] *m.* nivel ☞ **au dessus du niveau de la mer** mbi nivelin e detit.
🕮 *sh.* niveaux.
noce [nɔs] *f.* **les noces** martesë, dasmë.
Noël [nɔɛl] *m.* Krishtlindje ☞ **l'arbre de Noël** pema e Krishtlindjes ☞ **Joyeux Noël!** Gëzuar Krishtlindjen! ☞ **le Père Noël** plaku i Vitit të Ri.
nœud [nø] *m.* nyjë ☞ **le nœud ferroviaire** nyje hekurudhore.
noir [nwaʀ] *mb.* i zi ☞ **un crayon noir** një laps i zi ☞ **noir comme le charbon** i zi si qymyri ❖ **il fait nuit noire** është natë e errët 🔔 *m.* e zezë ☞ **porter du noir** vishem me të zeza.
noisette [nwazɛt] *f.* lajthi.
noix [nwa] *f.* arrë ☞ **coquille de la noix** lëvozhgë arre ☞ **noix de coco** arrë kokoje.
nom [nɔ̃] *m.* emër ☞ **le nom de cet arbre est peuplier** emri i kësaj peme është plep ❖ mbiemër (*i familjes*) ☞ **nom et prénom** mbiemër dhe emër.
nombre [nɔ̃bʀ(ə)] *m.* numër.
nombreux [nɔ̃bʀø] *mb.* i shumtë ☞ **ils sont nombreux** ata janë shumë ☞ **peu nombreux** pak.
🕮 *f.* nombreuse [nɔ̃bʀøz].
nombril [nɔ̃bʀil] *m.* kërthizë.
non [nɔ̃] *ndajf.* jo ☞ **non, merci** jo, falemnderit ☞ **ni oui, ni non** as po, as jo ☞ **je ne suis pas allé, moi non plus** as unë nuk kam shkuar.
nord, Nord [nɔʀ] *m.* veri ☞ **Pôle Nord** Poli i Veriut ☞ **les pays du Nord sont plus froids** vendet e veriut janë më të ftohtë 🔔 *mb.* verior.
normal [nɔʀmal] *mb.* i zakonshëm, i rregullt, normal.
🕮 *f.* normale, *sh.* normaux [nɔʀmo].
nos [no] *mb.* tanë ❖ shih **notre.**
note [nɔt] *f.* shënim☞ **prendre des notes** mbaj shënime ☞ **j'ai étudié sur mes notes** mësova me shënimet e mija ❖ notë (*muzike*) ❖ **la meilleure note** nota më e lartë ☞ **carnet de notes** libreza e notave.
noter [nɔte] [3] *fol.* shënoj ❖ mbaj shënime ☞ **note mon adresse sur ton carnet!** mbaje shënim adresën time në bllokun tënd!
notre [nɔtʀ(ə)] *mb.* ynë, jonë ☞ **notre père** babai ynë ☞ **notre mère** nëna jonë ☞ **nos parents** prindët tanë.
🕮 *sh.* nos [no].
la **nôtre** [lanɔtʀ(ə)] *përem.* jona ❖ shih **le nôtre** .
le **nôtre** [lənɔtʀ(ə)] *përem.* yni ❖ **votre appartement est plus grand que le nôtre** apartamenti juaj është më i madh se yni ☞ **leur maison est très proche de la nôtre** shtëpia e tyre është shumë pranë tonës.
🕮 *sh.* les nôtres ; *f.* la nôtre, *sh,* les nôtres.

les **nôtres** [lenɔtʀ(ə)] *përem.* tanët, tonat.

nougat [nuga] *m.* nuga (*ëmbëlsirë që bëhet me mjaltë, sheqer dhe bajame*).

nounou [nunu] *f.* teta (*në gjuhën e fëmijëve quhet personi që kujdeset për të vegjëlit, në shtëpi, çerdhe, etj.*).

nounours [nunuʀs] *m.* arush (*prej* gëzofi).

nourrir [nuʀiʀ] [11] *fol.* ushqej.

nourriture [nuʀityʀ] *f.* ushqim.

nous [nu] *përem.* ne ☞ **nous mangeons** ne po hamë ☞ **c'est nous** jemi ne ❖ na ☞ **il nous a envoyé une lettre** ai na dërgoi një letër ☞ **tout le monde nous a vu** të gjithë na panë ❖ (*pas një parafjale*) **venez-vous avec nous?** a do të vini me ne?

> 🕮 Jo gjithmonë përemri **nous** i frëngjishtes ruhet gjatë përkthimit në shqipe ☞ **nous partons** po nisemi.

nouveau [nuvo] *mb.* i ri ☞ **un nouveau voisin** një fqinj i ri ☞ **une nouvelle robe** një fustan i ri ☞ **un nouvel hôpital** një spital i ri ❖ tjetër 🔔 *m.* i sapoardhur ☞ **de nouveau** edhe një herë ☞ **à nouveau** sërish.
🕮 *sh*. nouveaux ; *f.* nouvelle [nuvɛl], *sh.* nouvelles.

> 🕮 Përpara fjalëve që fillojnë me zanore apo me **H** të pazëshme **nouveau** bëhet **nouvel.**

nouveau-né [nuvone] *m.* i porsalindur.

nouvelle [nuvɛl] *f.* lajm ☞ **y a-t-il de bonnes nouvelles?** a ka lajme të mira? ☞ **les nouvelles à la radio** lajmet në radio ❖ novelë ☞ **as-tu lu les nouvelles de Maupassant?** a i ke lexuar novelat e Mopasanit?

novembre [nɔvɑ̃bʀ(ə)] *m.* nëntor.

noyau [nwajo] *m.* bërthamë ☞ **noyau de pêche** bërthamë e pjeshkës.
🕮 *sh.* noyaux..

noyer [nwaje] [6] *fol.* mbyt ❖ përmbyt.

nu [ny] *mb.* i zhveshur, lakuriq ☞ **à pieds nus** zbathur.

nuage [nɥaʒ] *m.* re ☞ **les nuages changent tout le temps de forme** retë marrin vazhdimisht forma të ndryshme ❖ **tu es dans les nuages** ti rron me ëndrra *ose* ti nuk e ke mendjen.

nuit [nɥi] *f.* natë ☞ **la nuit dernière** natën që shkoi ☞ **bonne nuit** natën e mirë ☞ **il fait nuit** po errësohet ☞ **Adèle n'a pas dormi de nuit** Adela nuk fjeti gjatë natës ☞ **en pleine nuit** në mes të natës ❖ **j'ai passé une nuit blanche** nuk fjeta gjithë natën.

> **Douce nuit, belle nuit,**
> **Tout se tait, plus un bruit.**
> **Tu t'endors bien au creux de ton lit,**
> **sur les ailes d'un oiseau tu t'enfuis**
> **Au milieu des étoiles.**
> **Tu rêves et tout est permis.**
> Natë e qetë, natë e bukur,
> Gjithçka hesht, asgjë s'pipëtin.
> Në shtratin tënd i qetë fle,
> Në krahët e një zogu,
> drejt thellësisë së yjeve arratisesh.
> Në ëndërr e mundur gjithçka është.

nul [nyl] *mb.* i pavlefshëm ☞ **ce devoir est nul** kjo detyrë nuk vlen fare ☞ **faire match nul** dal barazim 🔔 *mb., përem.* kurrfarë, aspak ☞ **nulle part** asgjëkundi ☞ **nul n'est content** asnjë nuk është i kënaqur.
🕮 *f.* nulle.

numéro [nymeʀo] *m.* numër (*i telefonit, i rrugës, etj.*) ☞ **j'habite au n° (***numéro***) 24 de la rue du Montparnasse** unë banoj në numrin 24 të rrugës së Monparnasit.

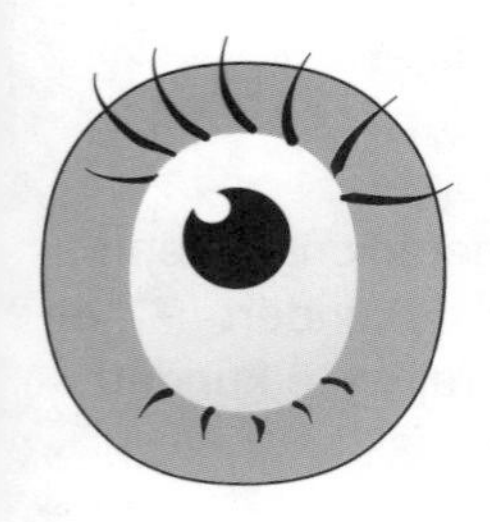

ô [o] *pasth.* oh!

oasis [ɔazis] *f.* oaz.

obéir [ɔbeiʀ] [11] *fol.* bindem ☞ **obéir au professeur** i bindem mësuesit.

obéissant [ɔbeisɑ̃] *mb.* i bindur, i dëgjueshëm.

🕮 *f.* obéissante [ɔbeisɑ̃t].

objet [ɔbʒɛ] *m.* objekt, send, gjë ☞ **objet d'art** vepër arti ☞ **objets trouvés** sendet e gjetura.

obliger [ɔbliʒe] [5] *fol.*detyroj ☞ **maman m'oblige à chanter** mamaja më detyron të këndoj.

obscur [ɔpskyʀ] *mb.* i errët.

observer [ɔpsɛrve] [3] *fol.* vështroj me vëmendje, hetoj, vëzhgoj ☞ **l'institutrice observe tout ce que nous faisons** mësuesja vështron me vëmendje gjithçka që ne bëjmë.

obstacle [ɔpstakl(ə)] *m.* pengesë.

obtenir [ɔptəniʀ] [19] *fol.* marr, fitoj, siguroj, përftoj ☞ **Anne a obtenu un bon résultat** Ana pati një rezultat të mirë.

occasion [ɔkazjɔ̃] *f.* rast ☞ **à l'occasion de son anniversaire** me rastin e ditëlindjes së tij ❖ **une robe d'occasion** një fustan i përdorur ☞ **marché des occasions** tregu i plaçkave të përdorura.

occupation [ɔkypasjɔ̃] *f.* punë, detyrë ❖ pushtim.

occupé [ɔkype] *mb.* i zënë me punë ☞ **je ne peux pas sortir, je suis très occupé** nuk mund të dal se jam shumë i zënë.

occuper [ɔkype] [3] *fol.* pushtoj ❖ zë (*një vend*) 🔔 **s'occuper** merrem me diçka, me dikë ☞ **je m'occupe de mon petit frère** unë merrem me vëllanë tim të vogël.

océan [ɔseɑ̃] *m.* oqean.

octobre [ɔktɔbʀ(ə)] *m.* tetor.

odeur [ɔdœʀ] *f.* erë, aromë ☞ **je sens une odeur de brûlé** ndjej një erë të djeguri.

œil [œj] *m.* sy ☞ **garde les yeux bien fermés!** mbaji sytë mbyllur mirë! ❖ vështrim, shprehje ☞ **Odile a jeté un coup d'œil par le trou de la serrure** Odila shikoi nga vrima e çelësit ☞ **il a un œil malin** ka një vështrim keqdashës ☞ **faire un clin d'œil** shkel syrin ☞ **ouvrir de grands yeux** shqyej sytë nga habia.

🕮 *sh.* yeux [jø].

Fjalë e urtë

Loin des yeux, loin du cœur. Larg syve, larg zemrës. "Njerëzit, po të rrinë shumë kohë pa u parë, rrezikojnë ta harrojnë njëri-tjetrin".

œillet [œje] *m.* karafil.

œuf [œf] *m.* vezë ☞ **œuf sur plat** vezë syze ☞ **jaune d'œuf** e verdha e vezës ☞ **œuf des Pâques** vezë e Pashkëve.

🕮 *sh.* oeufs [ø].

œuvre [œvʀ(ə)] *f.* punë, veprimtari ❖ vepër (*letrare, etj.*).

officiel [ɔfisjɛl] *mb.* zyrtar.

🕮 *f.* officielle.

officier [ɔfisje] *m.* oficer ❖ zyrtar, nëpunës ☞ **officier de l'état civil** nëpunës i gjendjes civile.

offrir [ɔfʀIʀ] [12] *fol.* dhuroj ☞ **qu'est-ce que tu m'offres pour mon anniversaire?** çfarë do të më dhurosh për ditëlindjen time? ❖ jap ☞ **offrir à boire** jap për të pirë.

ogre [ɔgʀ(ə)] *m.* përbindësh ☞ **manger comme un ogre** ha sa një përbindësh.
📖 *f.* ogresse [ɔgrɛs].
ohé [ɔe] *pasth.* hej!
oie [wa] *f.* patë.
oignon [ɔɲɔ̃] *m.* qepë ☞ **maman fait revenir l'oignon dans une poêle** mamaja skuq qepën në një tigan ❖ **oignon de tulipe** qepore (*bulb*) e tulipanit ❖ **petits oignons** qepujka.

oiseau [wazo] *m.* zog ☞ **Blerta a un appétit d'oiseau** Blerta ha si mizë (*ha pak*).
📖 *sh.* oiseaux.
olive [ɔliv] *f.* ulli (*kokrra*).
olivier [ɔlivje] *m.* ulli (*pema*).
ombre [ɔ̃bʀ(ə)] *f.* hije ❖ **sans l'ombre d'un doute** pa asnjë pikë dyshimi.
omelette [ɔmlɛt] *f.* omëletë.
on [ɔ̃] *përem.* (*përemër i pacaktuar që përdoret gjithmonë si kryefjalë*) ☞ **on frappe à la porte** troket dera ☞ **on y va?** shkojmë? ☞ **on a décidé tous les trois de partir** kemi vendosur që të tre të nisemi.

📖 Përemri i pacaktuar **on** ka një përdorim shumë të gjerë në gjuhën frënge. Në shqipe ai mund të përkthehet në forma të ndryshme, herë ai ka kuptimin se dikush e kryen veprimin ☞ **on frappe à la porte** troket dera (*dikush po troket te dera*), herë se është folësi bashkë me bashkëbiseduesin ☞ **on va à la plage?** a shkojmë në plazh?, herë se është vetë folësi ☞ **on fait ce qu'on peut** bëj ç'ka mundem, dhe së fundi, në ligjërimin bisedor, kur folësi i drejtohet bashkëbiseduesit ☞ **on est bien sage aujourd'hui !** qënke e urtë, sot!

oncle [ɔ̃kl(ə)] *m.* xhaxha, dajë.
ongle [ɔ̃gl(ə)] *m.* thua.
onze [ɔ̃z] *mb., m.* njëmbëdhjetë.
opération [ɔpeʀasjɔ̃] *f.* operacion ❖ veprim.
opposé [ɔpɔze] *mb., m.* i kundërt ☞ **en direction opposée** në drejtim të kundërt.
or[1] [ɔʀ] *m.* ar, flori.

Fjalë e urtë

Tout ce qui brille n'est pas or. Çdo gjë që ndrit nuk është flori. "Mos u gënje nga pamja e jashtme ".

or[2] [ɔʀ] *lidh.* por, ja që, mirëpo.
orage [ɔʀaʒ] *m.* stuhi, shtrëngatë.
oral [ɔʀal] *mb.* gojor.
📖 *f.* orale, *sh.* oraux [oʀo].
orange [ɔʀɑ̃ʒ] *m.* portokalle 🔔 *mb.* ngjyrë portokalle.
orchestre [ɔʀkɛstʀ(ə)] *m.* orkestër ☞ **chef d'orchestre** dirigjent.
ordinateur [ɔʀdinatœʀ] *m.* kompjuter.
ordonné [ɔʀdɔne] *mb.* i rregullt.
ordonner [ɔʀdɔne] [3] *fol.* rregulloj, vë rregull ❖ urdhëroj, porosis.
ordre [ɔʀdʀ(ə)] *m.* rregull ☞ **mettre en ordre** vë në rregull ❖ urdhër ☞ **le directeur donne des ordres** drejtori jep urdhra.
ordures[ɔʀdyʀ] *f.sh.* plehra.
oreille [ɔʀɛj] *f.* vesh ☞ **dis-le moi en oreille!** ma thuaj në vesh!
oreiller [ɔʀeje] *m.* jastëk.
organiser [ɔʀganize] [3] *fol.* organizoj.
orge [ɔʀʒ(ə)] *f.* elb.
original [ɔʀiʒinal] *mb.* origjinal ☞ **un homme original** njeri i veçantë.
📖 *f.* originale, *sh.* originaux.
orphelin [ɔʀfəlɛ̃] *mb.* jetim.
📖 *f.* orpheline [œʀfəlin].
orteil [ɔʀtɛj] *m.* gisht këmbe ☞ **le gros orteil** gishti i madh i këmbës ☞ **le petit orteil** gishti i vogël i këmbës.
orthographe [ɔʀtɔgʀaf] *f.* drejtshkrim.
ortie [ɔʀti] *f.* hithër.
os [ɔs] *m.* kockë.
📖 *sh.* os [o].
oser [oze] [3] *fol.* guxoj ☞ **viens ici, si tu l'oses** hajde këtu po ta mbajti.

osier [ozje] *m.* shelg.

ôter [ɔte] [3] *fol.* heq, zhvesh.

ou [u] *lidh.* ose, apo ☞ **aujourd'hui ou demain** sot apo nesër ☞ **il est malade ou il est fou** ai ose është i sëmurë ose është i marrë.

où [u] *ndajf.* ku ☞ **oú va-t-il?** ku po shkon ai? 🔔 *përem.* kur ☞ **l'année oú j'étais au lycée** viti kur unë isha në gjimnaz.

oublier [ublije] [10] *fol.* harroj ☞ **j'ai oublié les vers du poème** i harrova vargjet e vjershës.

ouest [wɛst] *m.* perëndim 🔔 *mb.* perëndimor.

oui ['wi] *ndajf.* po ☞ **je crois que oui** besoj se po.

📖 Francezët, në përgjigje të pyetjeve, nuk përdorin vetëm ndajfoljen pohuese **oui** po ☞ **"est-ce que tu as lu ce livre?" "oui, je l'ai lu"** "a e ke lexuar këtë libër?" "po, e kam lexuar". Në rast se pyetja përmban një formë foljore mohuese atëherë pëgjigjja do të fillojë me fjalën **si** e cila kundërshton idenë mohese të shprehur nga bashkëfolësi ☞ **"tu n'as pas lu ce livre?" "Si, je l'ai lu"** "ti nuk e ke lexuar këtë libër?" "përkundrazi, e kam lexuar" ☞ **"tu n'es pas fâché? " "si, je suis très fâché"** "nuk je zemëruar?" "përkundrazi, jam shumë i zemëruar" ☞ **"tu n'aimes pas chanter ?" "si, j'aime chanter"** "nuk të pëlqen të këndosh?" "përkundrazi, më pëlqen të këndoj" ☞ **"il n'était pas là hier ?" "si, je l'ai vu"** "ai nuk ishte dje këtu?" "përkundrazi, unë e pashë atë".

ouragan [uʀagɑ̃] *m.* stuhi, shtrëngatë.

ours [uʀs] *m.* ari.

outil [uti] *m.* vegël.

ouvert [uvɛʀ] *mb.* i hapur, i çelur ☞ **la fenêtre est ouverte** dritarja është e hapur.

ouvrage [uvʀaʒ] *m.* punë ❖ punim, vepër shkencore.

ouvrier [uvʀije] *m.* punëtor.

📖 *f.* ouvrière [uvʀijɛʀ].

ouvrir [uvʀiʀ] [12] *fol.* hap ☞ **ouvrez vos livres à la page six** hapni librat në faqen gjashtë.

ovale [ɔval] *mb.* vezak.

oxygène [ɔksiʒɛn] *m.* oksigjen.

ozone [ɔzɔn] *m.* ozon.

pacte [pakt(ə)] *m.* pakt.
page [paʒ] *f.* faqe (*libri*).
paillasson [pajasɔ̃] *m.* fshirëse këmbësh (*para* derës).
paille [paj] *f.* kashtë ☞ **chapeau de paille** kapele kashte ❖ pip (*për të thithur limonadën nga gota, ose shishja).*
pain [pɛ̃] *m.* bukë ☞ **une tranche de pain** një fetë bukë.
pair [pɛʀ] *mb.* çift ☞ **nombres pairs** numra çift. 🕮 *f.* paire.
paire [pɛʀ] *f.* palë, çift ☞ **une paire de chaussures** një palë këpucë.
paix [pɛ] *f.* paqe ❖ qetësi ☞ **laisse-moi en paix!** lëmë të qetë!
palais [palɛ] *m.* pallat ☞ **le palais des sports** pallati i sportit ☞ **le palais de Luxembourg** pallati i Luksemburgut.

Në pallatin e Luksemburgut, në Paris, ndërtuar në shekullin XVII, ndodhet Senati Francez.

pâle [pɑl] *mb.* i zbehtë, i zverdhur.
palette [palɛt] *f.* paletë (*e piktorit*).

palme [palm(ə)] *f.* gjethe palme ❖ pendë, fletë notuese (*që veshin zhytësit në këmbë për të notuar më shpejt*).
palmier [palmje] *m.* palmë (*pema*).
pamplemousse [pɑ̃pləmus] *m.* grejpfrut.
panier [panje] *m.* shportë, kosh ❖ (*në sport*) kosh (*basketbolli*).
panne [pan] *f.* defekt ☞ **réparer une panne** ndreq një defekt ☞ **la voiture est en panne** u prish vetura.
panneau [pano] *m.* tabelë (*rruge*). 🕮 *sh.* panneaux.
panorama [panɔʀama] *m.* panoramë.
panser [pɑ̃se] [3] *fol.* fashoj (*një plagë*).
pantalon [pɑ̃talɔ̃] *m.* pantallona.

🕮 Në frëngjishte fjala **pantalon** përdoret në numrin njëjës, ndërsa në shqipe ajo është vetëm në shumës, si fjala *syze* ☞ **j'enfile le pantalon** vesh pantallonat.

panthère [pɑ̃tɛʀ] *f.* panterë.
pantoufle [pɑ̃tufl(ə)] *f.* papuçe, shapka.
paon [paɔ̃] *m.* pallua.
papa [papa] *m.* baba, babi.
papeterie [papətʀi] *f.* fabrikë letre.
papier [papje] *m.* letër ☞ **papier buvard** letërthithëse ☞ **papier toilette** letër higjenike ❖ *sh.* dokumente ☞ **les papiers d'identité** letërnjoftim.
papillon [papijɔ̃] *m.* flutur.
Pâques [pɑk] *f.sh.* Pashkët ☞ **joyeuses Pâques!** gëzuar Pashkët!
paquet [pakɛ] *m.* pako.
par [paʀ] *parafj.* nga, prej ☞ **le carreau a été cassé par l'orage** xhami u thye nga shtrëngata ☞ **regarder par la fenêtre** shikoj nga dritarja ☞ **pour venir je suis passé par Durrës** për të ardhur kalova nga Durrësi ❖ për ☞ **par terre** për tokë ☞ **par personne** për njeri ☞ **par ici** këndej ☞ **par contre** përkundrazi ☞ **prendre par la main** kap prej dore ☞ **par hasard** rastësisht ❖ me ☞ **arriver par le train** vij me tren ☞ **la fête se termine par les feux d'artifice** festa mbaron me fishekzjarret ☞ **sortir par le beau temps** dal me kohë të mirë ❖ **deux fois par jour** dy herë në ditë ❖ me anën e, me ☞ **par la force** me forcë ❖ **par cœur** për mendsh.

parachute [paʀa yt] *m.* parashutë.

parade [paʀad] *f.* sfilatë, parakalim.

paradis [paʀadi] *m.* parajsë.

paraître [paʀɛtʀ(ə)] [37] *fol.* dukem, shfaqem ❖ del, botohet ❖ **il me paraît difficile** më duket e vështirë.

parapluie [paʀaplɥi] *m.* çadër.

parasol [paʀasɔl] *m.* çadër dielli.

parc [paʀk] *m.* park, lulishte ☞ **parc d'attraction** park lojërash ☞ **parc de stationnement** parking.

parce que [paʀs(ə)kə] *lidh.* sepse ☞ **j'ai mis mon manteau parce qu'il faisait froid** e vesha pallton sepse bënte ftohtë.

parcours [paʀkuʀ] *m.* udhë (*e përshkuar*) ☞ **le parcours du train** rruga e përshkuar nga treni.

pardon [paʀdɔ̃] *m.* ndjesë, të falur ☞ **je vous demande pardon** ju kërkoj të falur 🔔 *pasth.* më falni!

pardonner [paʀdɔne] [3] *fol.* fal ☞ **pardonne-moi!** më falni!

pareil [paʀɛj] *mb.* i njëjtë, i njëllojtë ☞ **sa robe est pareille à la mienne** fustani i saj është njëlloj si imi ☞ **je n'ai jamais vu une chose pareille** s'kam parë ndonjëherë një gjë të tillë ☞ **c'est pareil** është e njëjta gjë.
📖 *f.* pareille.

parent [paʀɑ̃] *m.* i afërt, kushëri ☞ **les parents** prindërit, të afërmit.

paresseux [paʀesø] *mb.* përtac.
📖 *f.* paresseuse [paʀesøz].

parfait [paʀfɛ] *mb.* i përkryer, i përsosur.
📖 *f.* parfaite [paʀfɛt].

parfois [paʀfwa] *ndajf.* nganjëherë, herë-herë.

parfum [paʀfɛ̃] *m.* parfum ☞ **un flacon de parfum** një shishe parfumi.

parier [paʀje] [10] *fol.* vë bast ☞ **je parie qu'il ne viendra pas** vë bast që ai nuk do të vijë.

parking [paʀkiɛŋ] *m.* parking.

parler [paʀle] [3] *fol.* flas ☞ **il parle bien le français** ai e flet mirë frëngjishten.

parmi [paʀmi] *parafj.* ndërmjet, midis.

📖 **Parmi** përdoret kur dikush apo diçka ndodhet midis shumë njerëzve apo sendeve ☞ **parmi les arbres** midis pemëve.

parole [paʀɔl] *f.* fjalë ☞ **les paroles d'une chanson** fjalët (*teksti*) e një kënge ❖ **donner sa parole** jap fjalën ☞ **tenir parole** e mbaj premtimin.

Fjalë e urtë

Parole jetée prend sa volée, parole lâchée ne revient jamais. Fjalë e thënë, gur i shtënë.

parquet [paʀkɛ] *m.* parket.

part [paʀ] *f.* pjesë ☞ **prends ta part de gâteau!** merre pjesën tënde të ëmbëlsirës! ☞ **quelque part** diku ☞ **d'autre part** nga ana tjetër ☞ **nulle part** asgjëkundi ☞ **tout le monde est venu, à part Georges** të gjithë erdhën, përveç Zhorzhit ☞ **je viens de la part de Véronique** vij nga ana e Veronikës.

partager [paʀtaʒe] [5] *fol.* ndaj ❖ marr pjesë ☞ **je partage votre douleur** marr pjesë në dhembjen tuaj.

parterre [paʀtɛʀ] *m.* lehe ☞ **un parterre de fleurs** lehe me lule.

partie [paʀti] *f.* pjesë ☞ **la première partie du film** pjesa e parë e filmit ❖ lojë ☞ **une partie de foot, d'échecs, de cartes** një lojë fotbolli, shahu, me letra.

partir [partiʀ] [15] *fol.* iki, largohem ☞ **partir**

de la maison largohem nga shtëpia ❖ nisem ☞ **le train part à dix heures** treni niset në orën dhjetë ☞ **prêts, partez**! gati, nisuni!

partout [paʀtu] *ndajf.* kudo ☞ **j'ai cherché partout** kërkova kudo.

pas[1] [pɑ] *m.* hap, çap ☞ **marcher d'un pas lent** eci me hap të ngadaltë ❖ **marcher à grands** pas eci me hapa të mëdhenj.

pas[2] [pɑ] *ndajf.* **je ne vais pas à l'école** unë nuk shkoj në shkollë ☞ (*përforcon një kundërshtim*) **vient-il ou pas?** po vjen ai apo jo? ☞ **pas possible** e pamundur ☞ **pas vrai** s'është e vërtetë.

📖 **Ne + folje + pas** është forma mohuese e foljeve në frëngjishte ☞ **je ne mange pas** unë nuk po ha. Në ligjërimin bisedor shpesh haset forma ☞ **je mange pas,** e cila do të përkthehej në të njëjtën mënyrë.

passage [pɑsaʒ] *m.* kalim ☞ **attendre le passage de l'autobus** pres të kalojë autobusi ❖ rrugë, kalim ☞ **passage à niveau** kalim i ruajtur (*kur kryqëzohet hekurudha me rrugën automobilistike)* ☞ **passage clouté** vijat e bardha (*për këmbësorët*) ☞ **passage souterrain** kalim nëntokësor ❖ fragment ☞ **Éric lit son passage préféré** Eriku lexon fragmentin që i pëlqen më shumë.

passager [pɑsaʒe] *mb.* kalimtar, i shkurtër (*në kohë*) 🔔 *m.* udhëtar.

📖 *f.* passagère [pɑsaʒɛʀ].

passe [pɑs] *f.* kalim ☞ **mot de passe** fjalë kalim (*parullë*) ❖ (*në sport*) pasim.

passé [pɑse] *mb.* i kaluar ☞ **le mois passé** muajin e kaluar 🔔 *m.* e kaluar.

passeport [pɑspɔʀ] *m.* pasaportë.

passer [pɑse] [3] *fol.* kaloj, shkoj ☞ **une voiture noire est passée à toute vitesse** një veturë e zezë kaloi me shpejtësi të madhe ❖ **passe à la maison avant d'aller au cinéma!** kalo nga shtëpia para se të shkosh në kinema! ❖ **mon mal à la tête est passé** më shkoi dhembja e kokës ❖ **passer un examen** jap një provim ☞ **comme le temps passe** sa shpejt ikën koha 🔔 **se passer** ndodh ☞ **qu'est-ce qui se passe?** ç'po ndodh?

passe-temps [pɑstɑ̃] *m.* zbavitje (*për të kaluar kohën*).

📖 un passe-temps, deux passe-temps.

pastèque [pastɛk] *f.* shalqi.

pâte [pɑt] *f.* brumë ☞ **pâte brisée** brumë biskotash ☞ **pâte feuilletée** petë me kulaçka ❖ **pâte dentifrice** pastë dhëmbësh 🔔 *sh.* makarona.

pâté [pɑte] *m.* paté (mish i grirë i përgatitur me erëza dhe i zier në një enë balte që hahet i ftohtë) ☞ **pâté de foie** paté me mëlçi ❖ **pâté de sable** kallëp rëre (*që bëjnë fëmijët në plazh*).

patience [pasjɑ̃s] *f.* durim, këmbëngulje.

patient [pasjɑ̃] *mb.* i duruar, i durueshëm 🔔 *m.* pacient.

📖 *f.* patiente [pasjɑ̃t].

patin [patɛ̃] *m.* patinë ☞ **patins à roulettes** patina me rrota ☞ **patins à glace** patina (*për në akull*).

patinage [patinaʒ] *m.* patinazh.

patinoire [patinwaʀ] *m.* pistë patinazhi.

pâtisserie [pɑtisʀi] *f.* ëmbëltore ❖ ëmbëlsirë.

patrie [patʀi] *f.* atdhe.

patrimoine [patʀimwan] *m.* pasuri, trashëgimi.

patron [patʀɔ̃] *m.* padron.

📖 *f.* patronne [patʀɔn].

patte [pat] *f.* këmbë, putër.

paume [pom] *f.* pëllëmbë.

paupière [popjɛʀ] *f.* qepallë.
pause [poz] *f.* pushim.
pauvre [povʀ(ə)] *mb.* (*pas emrit*) **un homme pauvre** një njeri i varfër ❖ (*para emrit*) **le pauvre garçon** i mjeri djalë.
pavé [pave] *m.* kalldrëm.
payer [peje] [7] *fol.* paguaj.
pays [pei] *m.* vend ☞ **les pays d'Europe** vendet e Europës.
🕮 *sh.* pays.
paysage [peizaʒ] *m.* peizash, pamje.
paysan [peizɑ̃] *m.* fshatar.
🕮 *f.* paysanne [peizan].
peau [po] *m.* lëkurë ☞ **peau bronzée** lëkurë e nxirë nga dielli ❖ lëkurë, lëvore.
pêche[1] [pɛ] *f.* pjeshkë (*kokrra*).
pêche[2] [pɛ] *f.* peshkim ☞ **aller à la pêche** shkoj për të peshkuar.

péché [pe e] *m.* mëkat.
pêcher [pe e] *fol.* peshkoj ☞ **mon oncle pêche au bord de la rivière** xhaxhai im peshkon në breg të lumit.
pédale [pedal] *f.* pedal, këmbëz.
pédaler [pedale] [3] *fol.* pedaloj.
peigne [pɛɲ] *m.* krëhër.
peigner [pɛɲe] [3] *fol.* kreh.
peignoir [pɛɲwaʀ] *m.* robëdëshambër ☞ **peignoir de bain** robëdëshambër banje.
peindre [pɛ̃dʀ(ə)] [35] *fol.* lyej ☞ **peindre les murs** lyej muret ❖ vizatoj, pikturoj ☞ **Cézanne a peint beaucoup de natures mortes** Sezan ka pikturuar shumë natyra të qeta.
peine [pɛn] *f.* hidhërim, vuajtje, brengë ☞ **Valérie a eu de la peine à la mort de son chat** Valeria u hidhërua shumë kur i vdiq macja ❖ mundim ☞ **ça ne vaut pas la peine** nuk ia vlen mundimi ❖ **il est à peine commencé** ai sapo ka filluar.
peintre [pɛ̃tʀ(ə)] *m.* bojaxhi ❖ piktor ☞ **Delacroix, Cézanne et Manet sont de grands peintres français** Dëlakrua, Sezan dhe Manet janë piktorë të mëdhenj francezë.
peinture [pɛ̃tyʀ] *f.* bojatisje ❖ pikturë ☞ **faire de la peinture** merrem me pikturë ❖ bojë ☞ **peinture fraîche** bojë e freskët.
peler [pəle] [8] *fol.* qëroj, heq lëkurën.
pelle [pɛl] *f.* lopatë.
pelote [p(ə)lɔt] *f.* lëmsh.
pelouse [p(ə)luz] *f.* lëndinë e vogël.
peluche [p(ə)ly] *f.* kadife ❖ lodër (*prej pelushi*).
pencher [pɑ̃ e] [3] *fol.* anohem, prihem 🔔 **se pencher** përkulem ☞ **Marie se penche en dehors de la fenêtre** Maria përkulet jashtë dritares.
pendant [pɑ̃dɑ̃] *parafj.* gjatë ☞ **pendant l'été** gjatë verës ☞ **pendant longtemps** për një kohë të gjatë ☞ **pendant que** ndërsa, në kohën që.
pendre [pɑ̃dʀ] [31] *fol.* var (*një pikturë, etj.*).
pendule [pɑ̃dyl] *m.* lavjerrës.
péniche [peni] *f.* anije (*për transportin e rërës, qymyrit, etj. në lumenj*).
pensée [pɑ̃se] *f.* mendim.
penser [pɑ̃se] [3] *fol.* mendoj ☞ **à quoi penses-tu?** për çfarë po mendon? ☞ **nous pensons partir demain** mendojmë të nisemi nesër.
pensif [pɑ̃sif] *mb.* i menduar.
🕮 *f.* pensive [pɑ̃siv].
pension [pɑ̃sjɔ̃] *f.* pension ☞ **son grand-père touche une pension de guerre** gjyshi i tij merr pension lufte ❖ konvikt.
pente [pɑ̃t] *f.* pjerrësi, e tatëpjetë.
pépin [pepɛ̃] *m.* farë (*e rrushit, e dardhës, etj.*).
percer [pɛʀse] [4] *fol.* shpoj ❖ **Thomas a une dent qui perce** Thomait po i del një dhëmb.
perceuse [pɛʀsøz] *f.* turjelë.
percevoir [pɛʀsəvwaʀ] [21] *fol.* diktoj, dalloj.

perdre [pɛʀdʀ(ə)] [31] *fol.* humb ☞ **Sarah a perdu sa montre** Sara ka humbur orën ❖ **mon équipe a perdu le match** skuadra jonë e humbi ndeshjen ❖ **il ne faut pas perdre le temps en jouant** nuk duhet humbur koha duke lozur 🔔 **se perdre** humbas udhën ☞ **ils se sont perdus dans la forêt** ata kanë humbur në pyll.
père [pɛʀ] *m.* baba, atë ☞ **Père Noël** Plaku i Vitit të Ri ☞ **père Goriot** xha Gorioi (*titull i një nga romanet më të mirë të shkrimtarit të dëgjuar francez Balzak*).
période [peʀjɔd] *f.* kohë, periudhë.
perle [pɛʀl(ə)] *f.* margaritar ❖ rruazë.
permettre [pɛʀmɛtʀ(ə)] [33] *fol.* lejoj ☞ **maman ne me permet pas d'aller au cinéma** mamaja nuk më lejon të shkoj në kinema..
permis [pɛʀmi] *m.* leje ☞ **permis de conduire** patentë.
permission [pɛʀmisjɔ̃] *f.* leje ☞ **qui t'a donné la permission?** kush ta dha lejen?
perroquet [peʀɔkɛ] *m.* papagall.

perruque [peʀyk] *f.* parukë.
persil [pɛʀsil] *m.* majdanoz.
personnage [pɛʀsɔnaʒ] *m.* personazh.
personne [pɛʀsɔn] *f.* vetë, person, njeri, individ ☞ **une bonne personne** një njeri i mirë ☞ **les grandes personnes** të rriturit.
personne [pɛʀsɔn] *përem.* askush ☞ **personne n'est venu** askush nuk erdhi ☞ **mon père fait la cuisine comme personne** babai im gatuan si askush tjetër ☞ **tu peux le faire mieux que personne** ti mund ta bësh këtë më mirë se kushdo tjetër.
personnel [pɛʀsɔnɛl] *mb.* vetjak ❖ privat.
📖 *f.* personnelle.
peser [pəze] [8] *fol.* peshoj ☞ **Marie pèse 35 kilos** Maria peshon 35 kile.
pétale [pɛtal] *m.* petal.
pétard [petaʀ] *m.* fishekzjarr.
pétillant [petijɑ̃] *mb.* shkreptitës, kërcitës, xixëllues.
📖 *f.* pétillante [petijɑ̃t].
petit [p(ə)ti] *mb.* i vogël, i shkurtër ❖ i vogël ☞ **mon petit frère** vëllai im i vogël 🔔 *ndajf.* **petit à petit** pak nga pak 🔔 *m.* këlysh, kotele ☞ **les petits du chien** këlyshët e qenit.
petite-fille [p(ə)titfij] *f.* mbesë (*fëmija e djalit apo e vajzës*). ❖ *shih* **petit-fils.**
petit-fils [p(ə)tifis] *m.* nip (*fëmija e djalit apo e vajzës*).
📖 *sh.* petits-fils; *f.* petite-fille, *sh.* petites-filles.
petits-enfants [p(ə)tizɑ̃fɑ̃] *m.sh.* nipër e mbesa (*fëmijët e djalit apo të vajzës*).
pétrir [petʀiʀ] [11] *fol.* mbruj, ngjesh (*brumin*).
pétrole [petʀɔl] *m.* vajguri.
peu [pø] *ndajf.* pak ☞ **il mange peu** ai ha pak ☞ **j'en voudrais encore un peu** dua prapë edhe pak ❖ **reste encore un peu** qëndro edhe pak ❖ **je suis un peu fatigué** jam pak i lodhur ☞ **il y a peu de gens** ka pak njerëz ☞ **dans peu de temps** në pak kohë ❖ **peu à peu** pak nga pak ☞ **à peu près** afërsisht.
peuple [pœpl(ə)] *m.* popull.
peur [pœʀ] *f.* frikë ☞ **Vanessa a peur du chien** Vanesa ka frikë nga qeni.
peureux [pœʀø] *mb.* frikacak.
📖 *f.* peureuse [pœʀøz].
peut-être [pøtɛtʀ (ə)] *ndajf.* ndoshta.
phare [faʀ] *m.* fener deti ❖ dritë makine.
pharmacie [faʀmasi] *f.* farmaci.

phoque [fɔk] *m.* fokë.

photografie [fɔtɔgrafi], **photo** [fɔto] *f.* fotografi ☞ **prendre une photo** nxjerr në fotografi.

phrase [fʀɑz] *f.* frazë.

physique [fizik] *mb.* fizik ☞ **éducation physique** edukatë fizike 🔔 *m.* trup, fizik.

piano [pjano] *m.* piano ☞ **jouer du piano** i bie pianos.

pic [pik] *m.* majë mali e thepisur ❖ kazmë ❖ qukapik.

pie [pi] *f.* laraskë ☞ **Sarah est bavarde comme une pie** Sara është shumë llafazane.

pièce [pjɛs] *f.* copë ☞ **une pièce de viande** një copë mish ☞ **une pièce de monnaie** një monedhë ❖ **une pièce de théatre** një pjesë teatrale ❖ kthinë, dhomë ☞ **mon appartement a trois pièces** apartamenti im ka tri dhoma.

pied [pje] *m.* këmbë ☞ **je vais à pied à l'école** unë shkoj më këmbë në shkollë ☞ **de la tête aux pieds** nga koka te këmbët ☞ **je marche pieds nus** eci zbathur ❖ **un coup de pied** një shkelm ❖ **la table a quatre pieds** tryeza ka katër këmbë ❖ **la route passe au pied de la montagne** rruga kalon në rrëzë të malit.

piège [pjɛʒ] *m.* grackë, kurth ☞ **piège à souris** çarku i miut.

pierre [pjɛʀ] *f.* gur ☞ **pierre précieuse** gur i çmuar.

piétiner [pjetine] [3] *fol.* përplas këmbët.

piéton [pjetɔ̃] *m.* këmbësor.

pigeon [piʒɔ̃] *m.* pëllumb.

pile [pil] *f.* turrë, grumbull ☞ **la pile est déchargée** turra u shkarkua ☞ **une pile de livres** një grumbull librash ❖ **jouons à pile ou face** luajmë me turrë a jasë ❖ bateri 🔔 *ndajf.* **dix heures pile** është taman ora dhjetë.

pilote [pilɔt] *m.* pilot ☞ **un pilote de course** një pilot gare (*makinash*) 🔔 *mb.* **école pilote** shkollë eksperimentale.

pilule [pilyl] *f.* hape, pilulë.

pin [pɛ̃] *m.* pishë.

pince [pɛ̃s] *f.* pincë ❖ **pince à linge** kapëse rrobash.

pinceau [pɛ̃so] *m.* furçë.
🕮 *sh.* pinceaux.

pincer [pɛ̃se] [4] *fol.* pickoj.

pinède [pinɛd] *f.* pishnajë.

pingouin [pɛ̃gwɛ̃] *m.* pinguin.

ping-pong [piŋpɔ̃g] *m.* ping-pong.

pinson [pɛ̃sɔ̃] *m.* gushkuq ☞ **Martine est gaie comme un pinson** Martina është shumë e gëzuar.

pioche [pjɔ] *f.* kazmë.

piocher [pjɔ e] [3] *fol.* gërmoj ❖ punoj me zell të madh.

pion [pjɔ̃] *m.* (*me kuptim keqësues*) kujdestar konvikti ❖ gur shahu.
🕮 *f.* pionne [pjɔn].

pipe [pip] *f.* llullë, çibuk.

pipi [pipi] *m.* çiçë, ujët e hollë ☞ **je dois faire pipi** më shpëtoi çiçi.

pique-nique [piknik] *m.* piknik.
🕮 *sh.* pique-niques.

piquer [pike] [3] *fol.* kafshon, pickon ☞ **un moustique m'a piqué** më pickoi mushkonja ❖ digjem (*nga hithrat*) ❖ **se piquer** shpohem ☞ **je me suis piqué par une épingle** u shpova nga një gjilpërë me kokë.
piqûre [pikyʀ] *m.* injeksion ☞ **le docteur m'a fait une piqûre** doktori më bëri një gjilpërë.

pirate [piʀat] *m.* pirat ☞ **un pirate de l'air** një pirat avioni.

pire [piʀ] *mb., m.* më i keq ☞ **c'est le pire**

de tous është më i keqi nga të gjithë ☞ **mon dessin est pire que le tien** vizatimi im është më i keq se yti ☞ **de pire en pire** keq e më keq.

pirouette [piʀwɛt] *f.* piruetë, rrotullim.

pis [pi] *ndajf.* më keq ☞ **de mal en pis, de pis en pis** keq e më keq ☞ **tant pis pour lui** aq më keq për të.

piscine [pisin] *f.* pishinë.

piste [pist(ə)] *f.* pistë ☞ **piste d'atterrissage** pistë e uljes së avionave.

pistolet [pistɔlɛ] *m.* pistoletë.

placard [plakaʀ] *m.* raft, dollap.

place [plas] *f.* shesh ☞ **l'église est sur la place du village** kisha ndodhet në sheshin e fshatit ❖ vend ☞ **je m'asseois sur ce banc-là; c'est ma place** po ulem në këtë bankë; është vendi im ☞ **réserver une place de train** rezervoj një vend në tren ❖ **si j'étais à ta place** sikur të isha në vendin tënd ☞ **à la place de** në vend të.

placer [plase] [4] *fol.* vendos, vë ☞ **j'ai placé les livres sur la table** i vendosa *(i vura)* librat mbi tryezë.

plafond [plafɔ̃] *m.* tavan.

plage [plaʒ] *f.* plazh.

se **plaindre** [səplɛ̃dʀ(ə)] [35] *fol.* ankohem, qahem.

plaine [plɛn] *f.* fushë.

plaire [plɛʀ] [41] *fol.* pëlqej ☞ **cette peinture me plaît** kjo pikturë më pëlqen ☞ **s'il vous plaît** ju lutem 🔔 **se plaire** *(à, dans, à et l'inf.)* më pëlqen ☞ **il se plaît beaucoup chez nous** atij i pëlqen shumë të vijë te ne.

plaisanter [plɛzɑ̃te] [3] *fol.* bëj shaka ☞ **je ne plaisante pas** nuk bëj shaka, e kam me gjithë mend.

plaisir [plɛziʀ] *m.* ëndje, qejf, kënaqësi.

plan [plɑ̃] *m.* plan ☞ **le plan de notre maison** plani, projekti i shtëpisë sonë ❖ rrafsh.

planche [plɑ̃] *f.* dërrasë ❖ **faire la planche** shtrihem në kurriz, pa lëvizur në ujë ❖ **faire de la planche à voile** bëj ski në dallgët e detit *(me anën e një veli të vogël).*

plancher [plɑ̃ e] m. dysheme.

planer [plane] [3] fol. fluturoj me krahë të hapur ❖ shtrihet ❖ rri pezull.

planète [planɛt] f. planet.

planeur [planœʀ] *m.* avion pa motor.

plante [plɑ̃t] *f.* bimë.

planter [plɑ̃te] [3] *fol.* mbjell ☞ **tu peux planter cette fleur dans ce vase** ti mund ta mbjellësh këtë lule në këtë vazo ❖ ngul ☞ **planter un clou** ngul një gozhdë.

plaque [plak] *f.* pllakë ☞ **le nom de la rue est écrite sur une plaque en marbre** emri i rrugës është shkruar në një pllakë mermeri ❖ njollë ☞ **elle a une plaque rouge sur le nez** ajo ka një njollë të kuqe mbi hundë.

plastique [plastik] *m.* plastikë ☞ **Nathalie a couvert son cahier avec du plastique transparent** Natalia e ka veshur fletoren me celofan.

plat[1] [pla] *mb.* i rrafshtë, i sheshtë ☞ **bateau à fond plat** anije me fund të sheshtë ❖ **Victor est à plat ventre sur le tapis** Viktori është shtrirë barkas mbi qilim ❖ i drejtë ☞ **Sophie a les cheveux plats** Sofia i ka flokët e drejtë.

plat[2] [pla] *m.* pjatë ☞ **un plat de frites** një pjatë me patate të skuqura ❖ gjellë.

plateau [plato] *m.* tabaka, tepsi ❖ rrafshnaltë. 📖 *sh.* plateaux.

plâtre [platʀ(ə)] *m.* allçi.

plein [plɛ̃] *mb.* plot ☞ **mon verre est plein** gota ime është plot ☞ **le stade est plein** stadiumi është mbushur plot ❖ **la pleine lune** hëna e plotë ❖ **en pleine jour** në mes të ditës ❖ **faire le plein** furnizoj makinën *(me karburant).*

pleurer [plœʀe] [3] *fol.* qaj ☞ **ne pleure pas pour rien!** mos qaj për hiçgjë!
pleurnicher [plœʀni e] [3] *fol.* bëj sikur qaj.
pleuvoir [pløvwaʀ] [30] *fol.* bie shi ☞ **il pleut à seaux** bie shi me gjyma.
pli [pli] *m.* palë ❖ rrudhë.
plier [plije] [10] *fol.* palos ☞ **Sophie plie la lettre en quatre** Sofia e palos letrën më katërsh ❖ përkul.
plomb [plɔ̃] *m.* plumb.
plombier [plɔ̃bje] *m.* hidraulik.
plongeon [plɔ̃ʒɔ̃] *m.* zhytje.
plonger [plɔ̃ʒe] [5] *fol.* hidhem, zhytem ☞ **Marc plonge dans la rivière** Marku zhytet në lumë.
plongeur [plɔ̃ʒœʀ] *m.* zhytës.
📖 *f.* plongeuse [plɔ̃ʒøz].

pluie [plɥi] *f.* shi.
plume [plym] *f.* pendë, pupël ❖ penë.

Au clair de la lune
mon ami Pierrot,
prête-moi ta plume
pour écrire un mot.
Ma chandelle est morte,
je n'ai plus de feu,
ouvre-moi la porte
pour l'amour de Dieu.
Au clair de la lune
Pierrot répondit :
je n'ai pas de plume,
je suis dans mon lit.
Va chez la voisine,
je crois qu'elle y est
car dans sa cuisine
on bat le briquet.

Nën dritën e hënës
Miku im Piero,
ma jep penën tënde
një fjalë për të shkruar.
Qiriri m'u shua,
dritë më nuk kam,
hapma derën
për hir të Zotit.
Nën dritën e hënës
Pieroja përgjigjet:
Penën më s'e kam,
në shtrat kam rënë.
Shko te fqinja ime,
besoj se atje do të jetë
se në kuzhinën e tyre
zjarrit po i fryjnë.

plus [ply] *ndajf.* më ☞ **je ne le vois plus** nuk e shikoj më ☞ **il n'y a plus que les miettes** kanë ngelur vetëm thërrimet ☞ **plus une minute à perdre** as edhe një minutë s'duhet humbur ☞ **un peu plus** pak më shumë ☞ **le plus beau** më i bukuri ☞ **de plus en plus** gjithnjë e më shumë ☞ **rien de plus** asgjë më tepër 🔔 *parafj.* plus, edhe ☞ **deux plus deux** dy edhe dy ☞ **il fait plus deux aujourd'hui** temperatura sot është plus dy.
plusieurs [plyzjœʀ] *mb.sh., përem. sh.* shumë ☞ **plusieurs fois** shumë herë ☞ **je ne veux plus de prunes, j'en ai mangé plusieurs** nuk dua më kumbulla se hëngra shumë.
plutôt [plyto] *ndajf.* më shumë, më mirë ☞ **cette robe est plutôt blanche que jaune** ky fustan është më shumë i bardhë se sa i verdhë.
pneu [pnø] *m.* gomë (*makine*) ☞ **le pneu a crevé** goma është shpuar.

poche [pɔ] *f.* xhep ☞ **un livre de poche** një libër xhepi (*me përmasa të vogla për t'u mbajtur me vete*) ☞ **l'argent de poche** pare xhepi.

poêle¹ [pwal] *f.* tigan.

poêle² [pwal] *m.* sobë.

poème [pɔɛm] *m.* poemë.

poésie [poezi] *f.* poezi.

poète [pɔɛt] *m.* poet.

poids [pwa] *m.* peshë ☞ **poids brut** peshë bruto ☞ **poids net** peshë neto ❖ (*në sport*) peshë ; gjyle ☞ **lancement du poids** hedhje e gjyles ❖ **poids lourd** kamion.

poignard [pwaɲaʀ] *m.* thikë, kamë.

poignée [pwaɲe] *f.* grusht ☞ **une poignée de sable** një grusht rërë ❖ dorezë ☞ **la poignée de la porte** doreza e derës.

poignet [pwaɲe] *m.* kyç i dorës.

poil [pwal] *m.* qime ☞ **il est à poil** ai është lakuriq.

poing [pwɛ̃] *m.* grusht ☞ **il m'a donné un coup de poing** më dha një grusht.

point [pwɛ̃] *m.* pikë ☞ **les points de l'horizon** pikat e horizontit ❖ pikë (*shenjë pikësimi*) ☞ **deux points** dy pika ☞ **point-virgule** pikë presje ❖ **point de vue** pikpamje ☞ **point faible** pikë e dobët ☞ **point de rencontre** pikë takimi ☞ **maximum des points** numri më i madh i pikëve.

pointe [pwɛ̃t] *f.* majë ☞ **sur la pointe des pieds** në majë të gishtave.

pointu [pwɛ̃ty] *mb.* me majë, i mprehtë.

poire [pwaʀ] *f.* dardhë (*kokrra*).

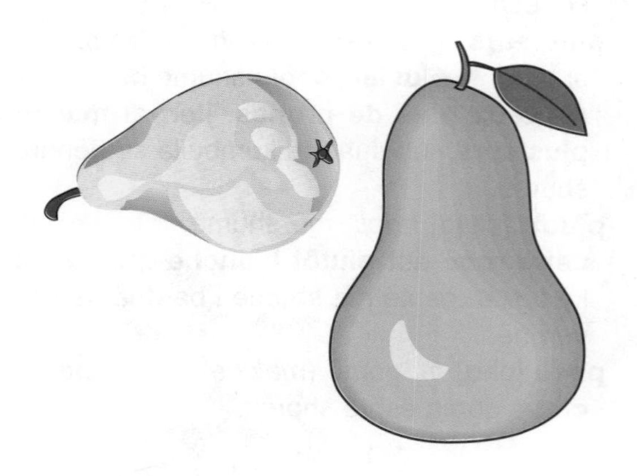

poireau [pwaʀo] *m.* presh.

pois [pwa] *m.* bizele.

poison [pwazɔ̃] *m.* helm.

poisson [pwasɔ̃] *m.* peshk ☞ **la truite est un poisson d'eau douce** trofta është një peshk i ujërave të ëmbla ❖ **les enfants adorent faire des poissons d'avril** fëmijët i kanë qejf gënjeshtrat e 1 prillit.

poitrine [pwatʀin] *f.* kraharor, gjoks.

poivre [pwavʀ(ə)] *m.* piper.

poivron [pwavʀɔ̃] *m.* spec.

pôle [pɔl] *m.* pol ☞ **pôle Nord** Poli i Veriut.

poli [pɔli] *mb.* i sjellshëm ❖ i lëmuar.

police [pɔlis] *f.* polici.

policier [pɔlisje] *mb.* policor ☞ **un film policier** një film policor ☞ **un chien policier** një qen kufiri 🔔 *m.* polic.

📖 *f.* femme policier; *mb.f.* policière [pɔlisjɛʀ].

politesse [pɔlitɛs] *f.* mirësjellje.

pollution [pɔlysjɔ̃] *f.* ndotje mjedisi.

pommade [pɔmad] *f.* melhem, pomadë.

pomme [pɔm] *f.* mollë ❖ **pomme de pin** boçë pishe ❖ **pomme de terre** patate.

pompe [pɔ̃p] *f.* pompë ☞ **pompe à essence** pompë benzine ❖ *sh.* **pompes funèbres** shërbim varrimi.

pompier [pɔ̃pje] *m.* zjarrfikës.

pondre [pɔ̃dʀ(ə)] [31] *fol.* pjell (*vezë*).

pont [pɔ̃] *m.* urë ❖ kuvertë (*e anijes*).

populaire [pɔpylɛʀ] *mb.* popullor.

porc [pɔʀ] *m.* derr ❖ mish derri ☞ **côte de porc** brinjë derri.

porcelaine [pɔʀsəlɛn] *f.* porcelan.
port [pɔʀ] *m.* port.
porte [pɔʀt] *f.* portë, derë ☞ **on a sonné à la porte** ra zilja e derës.
portefeuille [pɔʀtəfœj] *m.* portofol.
portemanteau [pɔʀt(ə)mɑ̃to] *m.* varëse rrobash.
porte-monnaie [pɔʀt(ə)mɔnɛ] *m.* kuletë.
📖 un porte-monnaie, deux porte-monnaie.
porter [pɔʀte] [3] *fol.* mbaj ☞ **porter la valise** mbaj valixhen ❖ vesh ☞ **Marie porte une robe rouge** Maria ka veshur një fustan të kuq ❖ **porter bonheur** sjell fat 🔔 **se porter** mbahet, është në modë ❖ **je me porte bien** jam mirë me shëndet.
portier [pɔʀtje] *m.* portier.
📖 *f.* portière [pɔʀtjɛʀ].
portière [pɔʀtjɛʀ] *f.* derë (*veture, treni*).
portrait [pɔʀtʀɛ] *m.* portret.
poser [poze] [3] *fol.* vë, vendos ☞ **j'ai posé les fleurs sur la table** i kam vendosur lulet mbi tryezë ❖ **poser une question** bëj një pyetje.
possible [pɔsibl(ə)] *mb.* i mundshëm, i realizueshëm ☞ **c'est possible** ka mundësi ☞ **le plus tôt possible** sa më shpejt që të jetë e mundur ☞ **il a fait son possible pour venir** ai bëri sa mundi për të ardhur.
poste¹ [pɔst(ə)] *f.* postë.
poste² [pɔst(ə)] *m.* post, vendrojë ☞ **un poste de police** rajon policie ❖ **un poste de télévision** një televizor ☞ **un poste de radio** një radio.
pot [po] *m.* poç, kavanoz ☞ **pot à confitures** kavanoz reçeli.
potage [pɔtaʒ] *m.* supë.

potager [pɔtaʒe] *m.* kopsht (*perimesh*).
poteau [pɔto] *m.* shtyllë ☞ **poteau électrique** shtyllë e elektrikut.
📖 *sh.* poteaux.
potelé [pɔt(ə)le] *mb.* topolak.
pou [pu] *m.* morr.
📖 *sh.* poux.
poubelle [pubɛl] *f.* kosh plehrash.
pouce [pus] *m.* gisht i madh i dorës.
poudre [pudʀ(ə)] *f.* pluhur ☞ **lait en poudre** qumësht pluhur ❖ pudër ❖ barut.
poulailler [pulaje] *m.* kotec.
poule [pul] *f.* pulë ❖ **une mère poule** nënë e drithëruar për fëmijët ❖ **avoir la chair de poule** më ngjethet mishi.
poulet [puilɛ] *m.* pulë ☞ **poulet rôti** pulë e pjekur.
poulpe [pulp(ə)] *m.* pulpë, tul.
poumon [pumɔ̃] *m.* mushkëri.
poupée [pupe] *f.* kukull ☞ **jouer à la poupée** luaj me kukulla.

pour [puʀ] *parafj.* për ☞ **je l'ai fait pour toi** e bëra për ty ☞ **je suis venu pour vous remercier** erdha për t'ju falenderuar ☞ **je pars pour Lyon** nisem për në Lion ☞ **j'ai acheté cette robe pour cent francs** e bleva këtë fustan për njëqind franga ☞ **pour moi** për mua (*sipas meje*) 🔔 *lidh.* **pour que** me qëllim që ☞ **je te dis cela pour que tu le saches** po ta them këtë që ta dish.
pourboire [puʀbwaʀ] *m.* bakshish.
pourquoi [puʀkwa] *ndajf.* përse, pse ☞ **tu n'es pas venu avec nous, pourquoi?** pse nuk erdhe me ne? ☞ **c'est pourquoi** ja sepse.
pourri [puʀi] *mb.* i kalbur, i prishur.

pourtant [puʀtɑ̃] *ndajf.* megjithatë.
pourvoir [puʀvwaʀ] [23] *fol.* pajis.
pousser [puse] [3] *fol.* shtyj ☞ **poussez la porte!** shtyjeni derën! ❖ **pousser un cri** lëshoj një britmë ❖ mbin ☞ **l'herbe pousse** po mbin bari.
poussette [pusɛt] *f.* karrocë fëmijësh.

poussière [pusjɛʀ] *f.* pluhur ☞ **enlever la poussière** fshij pluhurin.
poussin [pusɛ̃] *m.* zog pule.
pouvoir [puvwaʀ] [27] *fol.* mund ☞ **tu peux aller jouer** ti mund të shkosh të luash ☞ **il ne peut pas venir** ai nuk mund të vijë ❖ **il peut être Albanais** ai mund të jetë shqiptar 🔔 *m.* aftësi, mundësi, fuqi ❖ pushtet.
pratique [pʀatik] *mb.* praktik, i volitshëm, i përdorshëm ☞ **un homme pratique** njeri praktik 🔔 *f.* praktikë, përvojë.
pratiquer [pʀatike] [3] *fol.* praktikoj, zbatoj, ushtroj një profesion.
pré [pʀe] *m.* livadh i vogël.
précédent [pʀesedɑ̃] *mb.* i mëparshëm.
📖 *f.* précédente [pʀesedɑ̃t].
précieux [pʀesjø] *mb.* i çmuar, i vlefshëm.
📖 *f.* précieuse [pʀesjøz].
précis [pʀesi] *mb.* i përpiktë, i saktë.
📖 *f.* précise [pʀesiz].
préférer [pʀefeʀe] [8] *fol.* pëlqej më shumë, parapëlqej ☞ **c'est mon plat préféré** është gjella ime e preferuar.
premier [pʀəmje] *mb.* i parë ☞ **le premier prix** çmimi i parë.
📖 *f.* première [pʀəmjɛʀ].
prendre [pʀɑ̃dʀ(ə)] [32] *fol.* marr ☞ **je ne veux pas que tu prennes cette photo** nuk dua që ti ta marrësh këtë fotografi ❖ **je prends l'autobus à dix heures** i hypi autobusit në orën dhjetë ❖ **qu'est-ce qu'il te prend?** ç'të zuri? (*ç'pate?*) ❖ **demain je suis pris** nesër, jam i zënë ❖ **prendre froid** ftohem ❖ **prendre le bain** lahem.
prénom [pʀenɔ̃] *m.* emër.
préparer [pʀepaʀe] [3] *fol.* përgatis.
près [pʀɛ] *ndajf.* afër ☞ **l'école est près de ma maison** shkolla ndodhet afër shtëpisë sime ☞ **assieds-toi près de moi!** ulu afër meje! ☞ **il est prés de midi** është afërsisht mesditë ☞ **à peu près** afërsisht ❖ **il est près de partir** ai është gati për t'u nisur.
présence [pʀezɑ̃s] *f.* prani.
présent [pʀezɑ̃] *mb.* i pranishëm ☞ **les élèves ici présents** nxënësit e pranishëm këtu ❖ i tanishëm, i sotëm ☞ **à la minute présente** në çastin që po flasim 🔔 *m.* e tanishmja.
📖 *f.* présente [pʀezɑ̃t].
présenter [pʀezɑ̃te] [3] *fol.* paraqes ☞ **je te présente une amie à moi** të njoh me një mikeshën time.
président [pʀezidɑ̃] *m.* président, kryetar.

> Në Francë Presidenti i republikës zgjidhet me votim të drejtpërdrejt nga populli për një periudhë prej pesë vjetësh.

presque [pʀɛsk(ə)] *ndajf.* pothuajse ☞ **il est presque minuit** është pothuajse mesnatë.
presser [pʀese] [3] *fol.* shtrydh ☞ **presser une orange** shtrydh një portokalle ❖ shtyp, shkel (*një sustë*) ❖ shpejtoj, nxit ☞ **je suis pressé** jam me nxitim 🔔 **se presser** ☞ **allez, pressez-vous les enfants!** hajde, shpejtohuni fëmijë!
prestidigitateur [pʀɛstidiʒitjatœʀ] *m.* prestidigjitator.
prêt [pʀɛ] *mb.* gati ☞ **à table! le déjeuner est prêt** në tryezë! dreka është gati ☞

attendez-moi, je ne suis pas prête më prisni, nuk jam gati 🔔 *m.* hua.

📖 *f.* prête [pʀɛt].

prêter [pʀete] [3] *fol.* huaj, jap hua ☞ **tu me prêtes ton vélo?** a ma jep hua biçikletën tënde? *ose thjesht:* a ma jep biçikletën tënde?

pretexte [pʀetɛkst] *m.* shkak, arsye ☞ **donnez un pretexte pour ne pas faire ce qu'il vous ennuie** jepni një justifikim për të mos bërë atë që nuk ju pëlqen.

prêtre [pʀɛtʀ(ə)] *m.* prift.

preuve [pʀœv] *f.* provë.

prévenir [pʀev(ə)niʀ] [19] *fol.* lajmëroj, bëj të ditur ☞ **je t'ai prévenu avant de partir** të lajmërova para se të nisesha.

prévoir [pʀevwaʀ] [22] *fol.* parashikoj.

prier [pʀije] [10] *fol.* lus ☞ **je vous prie** ju lutem ❖ **je t'en prie** s'ka gjë.

prière [pʀijɛʀ] *f.* lutje ☞ **prière de ne pas fumer** lutemi të mos pini duhan.

primaire [pʀimɛʀ] *mb.* fillor ☞ **école primaire** shkollë fillore.

prince [pʀɛ̃s] *m.* princ ☞ **le prince charmant** princi i përrallave.

📖 *f.* princesse [pʀɛ̃sɛs].

principal [pʀɛ̃sipal] *mb.* kryesor.

📖 *f.* principale, *sh.* principaux [pʀɛ̃sipo].

printemps [pʀɛ̃tɑ̃] *m.* pranverë ☞ **au printemps** në pranverë.

prise [pʀiz] *f.* marrje, pushtim ☞ **la prise de la Bastille** marrja e Bastijës ❖ prizë ☞ **la prise électrique** prizë elektrike.

Marrja e burgut të Bastijës nga populli i Parisit, më 14 korrik 1789, shënoi rënien e monarkisë dhe vendosjen e republikës, e cila kishte si parrullë " liri, barazi dhe të drejtat e njeriut " (**liberté, égalité, fraternité et les droits de l'homme**). 14 korriku është sot festa kombëtare e Francës.

prison [pʀizɔ̃] *m.* burg.

privé [pʀive] *mb.* vetjak ❖ privat.

prix [pʀi] *m.* çmim ☞ **le prix des tomates est 1 euro le kilo** çmimi i domateve është 1 euro kilogrami ❖ **le prix de la littérature pour enfants** çmimi i letërsisë për fëmijë ❖ **à tout prix** me çdo kusht.

probable [pʀɔbabl(ə)] *mb.* i mundshëm, i gjasshëm ☞ **aujourd'ui il est probable qu'il neige** sot ka gjasa të bjerë borë.

problème [pʀɔblɛm] *m.* problem.

procès [pʀɔsɛ] *m.* gjyq ❖ proces.

prochain [pʀɔ ɛ̃] *mb.* i afërt, i ardhshëm ☞ **dimanche prochain** të dielën e ardhshme.

📖 *f.* prochaine [pʀɔ ɛn].

produire [pʀɔdɥiʀ] [43] *fol.* prodhoj 🔔 **se produire** bëhet, ndodh.

produit [pʀɔdɥi] *m.* prodhim, produkt.

professeur [pʀɔfesœʀ] *m.* mësues, profesor.

profil [pʀɔfil] *m.* profil.

profond [pʀɔfɔ̃] *mb.* i thellë ☞ **la mer ionienne est très profonde** deti Jon është shumë i thellë.

📖 *f.* profonde [pʀɔfɔ̃d].

profondeur [pʀɔfɔ̃dœʀ] *f.* thellësi.

programme [pʀɔgʀam] *m.* program.

progrès [pʀɔgʀɛ] *m.* përparim ☞ **tu fais des progrès, Marc** Mark, ti po bën përparime.

projet [pʀɔʒɛ] *m.* ide, mendim, plan ❖ projekt.

promenade [pʀɔmnad] *f.* shëtitje ❖ shëtitore ☞ **la promenade des Anglais à Nice** Shëtitorja e Anglezëve në Nisë.

se **prommener** [səpʀɔmne] [8] *fol.* shëtis ☞ **je me promène au bord du lac** shëtis buzë liqenit.

promesse [pʀɔmɛs] *f.* premtim ☞ **papa tient toujours ses promesses** babai i mban gjithmonë premtimet.

promettre [pʀɔmɛtʀ(ə) [33] *fol.* jap fjalën, premtoj.

Fjalë e urtë

Promettre et tenir sont deux. Nga e thëna në të bërë është në mes një det i tërë.

prononciation [pʀɔnɔ̃siasjɔ̃] *f.* shqiptim.
propos [pʀɔpo] *m.* fjalë ☞ **à propos, rappelle-moi d'acheter du pain** meqë ra fjala, kujtomë të blej bukë ❖ **je te cherchais et tu arrives à propos** unë të kërkoja dhe ti erdhe taman kur duhej.
proposer [pʀɔpoze] [3] *fol.* propozoj.
proposition [pʀɔpozisjɔ̃] *f.* propozim ❖ fjali ☞ **proposition subordonnée** fjali e varur.
propre [pʀɔpʀ(ə)] *mb.* i pastër ❖ i vet ☞ **il a écrit de sa propre main** ai shkroi me dorën e vet.
propriétaire [pʀɔpʀijetɛʀ] *m., f.* pronar.
protéger [pʀɔteʒe] [5 dhe 8] *fol.* mbroj.
protester [pʀɔtɛste] [3] *fol.* protestoj, kundërshtoj.
prouver [pʀuve] [3] *fol.* provoj, vërtetoj.
proverbe [pʀœvɛʀb] *m.* fjalë e urtë, proverbë.
province [pʀɔvɛ̃s] *f.* provincë, krahinë ☞ **Provence est une province de France** Provansa është një provincë e Francës.
prudent [pʀydɑ̃] *mb.* i kujdesshëm, i matur. 🕮 *f.* prudente [pʀydɑ̃t].
prune [pʀyn] *f.* kumbull.
public [pyblik] *mb.* publik, i hapur ❖ shtetëror ☞ **école publique** shkollë shtetërore 🔔 *m.* publik, spektatorë. 🕮 *f.* publique.
publicité [pyblisite] *f.* reklamë.
puce [pys] *f.* plesht ❖ **le marché aux puces** tregu il plaçkave të përdorura.
puer [pɥe] [3] *fol.* qelbet, vjen erë të keqe.
puis [pɥi] *ndajf.* pastaj ☞ **je ne veux pas y aller et puis je suis fatigué** nuk dua të shkoj, përveç kësaj jam edhe i lodhur.
puisque [pɥisk(ə)] *lidh.* meqënëse, meqë ☞ **je viendrai puisqu'il faut** do të vij meqë duhet.
puits [pɥi] *m.* pus ☞ **puits de pétrole** pus nafte.

punaise [pynɛz] *f.* tartabiqe ❖ pineskë.
punir [pyniʀ] [11] *fol.* dënoj, ndëshkoj.
punition [pynisjɔ̃] *f.* dënim, ndëshkim.
pur [pyʀ] *mb.* i pastër ☞ **à la montagne l'air est pur** në mal, ajri është i pastër ❖ **un pull en pure laine** një pulovër krejt lesh.
purée [pyʀe] *f.* pure.

🕮 **La purée** është pureja e patateve, ndërsa për perimet dhe frutat e tjera thuhet ☞ **une purée de carotte** pure karotash.

puzzle [pœzl(ə)] *m.* gjëzë ❖ rebus.
pyjama [piʒama] *m.* pizhama ☞ **Sarah dort en pyjama** Sara fle me pizhama.
pyramide [piʀamid] *f.* piramidë.
python [pitɔ̃] *m.* lloj gjarpri.

quai [ke] *m.* skelë ❖ platformë (*stacioni*).

Në Paris fjala **quai** shërben për të emërtuar trotuaret që shkojnë përgjatë lumit të Senës, të cilat janë shëtitore shumë të pëlqyera nga parizianët. Karakteristikë e këtyre trotuareve janë bukinistët **bouquinistes** (*shitësit e librave të përdorur*) të cilët i ekspozojnë librat, gravurat, pikturat e vjetra nëpër stenda gjysmë të mbuluara.
Po buzë këtyre trotuareve kanë selinë edhe mjaft institucione të rëndësishme kombëtare, që shpesh marrin emrin nga vendndodhja e tyre buzë Senës. Kështu p.sh. përdoret **le Quai d'Orsay** [kedɔʀsɛj] për Ministrinë e Punëve të Jashtme të Francës dhe **le Quai des Orfèvres** [kedɛzɔʀfɛvʀ(ə)] për selinë qëndrore të policisë.

qualité [kalite] *f.* cilësi ❖ virtyt ☞ **le courage et la générosité sont des qualités** guximi dhe zemërbardhësia janë virtyte.

quand [kɑ̃] *lidh.* kur ☞ **qund on danse on a toujours soif** kur kërcejmë kemi gjithmonë etje ❖ **quand même** megjithatë 🔔 *ndajf.* **à quand le voyage**? për kur është udhëtimi?

quant à [kɑ̃ta] *parafj.* **quant à moi** sa për mua, për sa më përket mua.

quantité [kɑ̃tite] *f.* sasi ❖ **une quantité de gens** shumë njerëz.

quarante [kaʀɑ̃t] *mb., m.* dyzet.

quarantaine [kaʀɑ̃tɛn] *f.* nja dyzet ❖ karantinë.

quart [kar] *m.* një e katërt, çerek ☞ **un quart d'heure** një çerekore.

quartier [kaʀtje] *m.* lagje ❖ **un quartier de melon** një thelë pjepri.

quatorze [katɔʀz(ə)] *mb., m.* katërmbëdhjetë.

quatre [katʀ(ə)] *mb., m.* katër ☞ **le quatre janvier** në katër janar ☞ **Henri quatre** Henriku i katërt.

quatre-vingt-dix [katʀvɛ̃dis] *mb., m.* nëntëdhjetë.

Belgët dhe zviceranët frëngjishtfolës përdorin **nonante** [nɔnɑ̃t] në vend të **quatre-vingt-dix.**

quatre-vingts [katʀvɛ̃] *mb., m.* tetëdhjetë.

que [kə] *lidh.* që, se ☞ **je sais que tu as raison** e di që ke të drejtë ❖ (*përpara një krahasimi*) **mon sac est plus lourd que ta valise** çanta ime është më e rëndë se valixhja jote ❖ (*kur jepet ndonjë urdhër, apo dëshirë*) **eh bien! qu'il vienne!** e mirë, le të vijë! 🔔 *pasth.* **que c'est beau!** sa bukur! 🔔 *përem.lidh.* të cilin, të cilën, të cilët, të cilat ☞ **la fille que vous voyez** vajza që (*të cilën*) ju shikoni ☞ **les enfants que vous voyez jouer dans la rue** fëmijët që (të cilët) ju shikoni të luajnë në rrugë 🔔 *përem.pyetës.* çfarë ☞ **qu'en sais-tu?** çfarë di ti? ☞ **qu'est-ce qui se passe?** çfarë po ndodh?

📖 Përpara fjalëve që fillojnë me zanoreve apo **H** të pazëshme, **que** merr apostrof dhe bëhet **qu'**.

quel [kɛl] *mb. pyetës.* cili, cila, çfarë ☞ **quel temps fait-il?** si është koha? ☞ **quelle est cette chanteuse?** kush, cila është kjo këngëtare? 🔔 *pasth.* **quelle chaleur!** çfarë vape!

📖 *sh.* quels ; *f.* quelle, *f.sh.* quelles.

quelconque [kɛlkɔ̃k] *mb.* çfarëdo, cilido, cilado qoftë ☞ **pour une raison quelconque** për një arsye çfarëdo.

quelles [kɛl] *mb.* ❖ shih **quel.**
quelque [kɛlk] *mb.* ndonjë, njëfarë, disi ☞ **dites quelques mots** thoni disa fjalë ☞ **après quelque temps** mbas pak kohe ☞ **quelque chose** diçka ☞ **quelque part** diku 🔔 *sh.* disa ☞ **quelques élèves** disa nxënës ☞ **après quelques jours** mbas disa ditësh.
quelquefois [kɛlkəfwa] *ndajf.* nganjëherë.
quelques-uns [kɛlkœzɛ̃] *përem.sh.* disa ☞ **montre-moi quelques-unes de tes photos** tregomë disa nga fotografitë e tua.
📖 *f.* quelques-unes [kɛlkœzyn].
quelqu'un [kɛlkɛ̃] *përem.* dikush, ndonjë ☞ **quelqu'un te cherche** dikush të kërkon ☞ **quelqu'une d'autre** ndonjë tjetër.
📖 *sh.* quelques-uns; *f.* quelqu'une, *sh.* quelques-unes.
question [kɛstjɔ̃] *f.* pyetje ☞ **Lise me pose une question** Liza më bën një pyetje ❖ çështje, problem ☞ **examiner une question** shqyrtoj një çështje.
queue [kø] *f.* bisht (*kafshe, avioni, fruti, etj.*) ☞ **le chien remue la queue** qeni tund bishtin ❖ **la queue de la poêle** bishti i tiganit ❖ radhë ☞ **faire la queue** mbaj radhën ☞ **en queue** në radhë ☞ **les enfants marchent à la queue leu leu** fëmijët vijnë njëri mbas tjetrit (*duke u mbajtur nga bluza*).
qui [ki] *përem.lidh.* që, i cili, e cila, të cilët ☞ **la fille qui est là est ma sœur** vajza që është atje është motra ime ❖ (*pas një parafjale*) ☞ **le monsieur à qui tu m'as présenté est très gentil** zotëria me të cilin më njohe është shumë i sjellshëm 🔔 *përem.pyetës.* kush ☞ **qui est-ce?** kush është? ☞ **de qui parlez-vous?** për cilin po flisni? ☞ **à qui est ce ballon?** i kujt është ky top? ☞ **qui est-ce qui est venu hier?** kush erdhi dje? ☞ **qui est-ce que tu as vu?** cilin takove?
quiconque [kikɔ̃k] *përem.lidh.* kushdo, cilido ☞ **le règlement de l'école punit quiconque est coupable** rregullorja e shkollës dënon këdo që bën faj.
quille [kij] *f.* biril.

quintal [kɛ̃tal] *m.* kuintal.
📖 *sh.* quintaux [kɛ̃to].
quinze [kɛ̃z(ə)] *mb., m.* pesëmbëdhjetë.
quinzaine [kɛ̃zɛn] *f.* dy javë, pesëmbëdhjetë ditë.
quitter [kite] [3] *fol.* lë ☞ **quitter la maison** largohem nga shtëpia.
quoi [kwa] *përem.* çfarë ☞ **la chose à quoi je pense** gjëja për të cilën mendoj ☞ **ils n'ont même pas de quoi vivre** nuk kanë me çfarë të rrojnë 🔔 *përem. pyetës.* çfarë ☞ **de quoi parles-tu?** për çfarë po flet?
quoique [kwak(ə)] *lidh.* ndonëse, megjithëse.
quotidien [kɔtidjɛ̃] *mb.* i përditshëm.
📖 *f.* quotidienne [kɔtidjɛn].

raccommoder [ʀakɔmɔde] [3] *fol.* arnoj 🔔 **se raccommoder** pajtohem ☞ **ils se sont vite raccommodés** u pajtuan shpejt.

racourci [ʀakuʀsi] *m.* rrugë më e shkurtër ☞ **prendre le raccourci** i bie shkurt (*marr rrugën më të shkurtër)*.

raccourcir [ʀakuʀsiʀ] [11] *fol.* shkurtoj ☞ **en automne, les jours raccourcissent** në vjeshtë ditët shkurtohen.

race [ʀas] *f.* racë.

racine [ʀasin] *f.* rrënjë ☞ **les racines des arbres** rrënjët e pemëve ❖ rrënjë ☞ **la racine carrée** rrënja katrore.

racisme [ʀasism(ə)] *m.* racizëm.

raconter [ʀakɔ̃te] [3] *fol.* tregoj, rrëfej ☞ **mamie sait bien raconter** gjyshja di të tregojë bukur.

radeau [ʀado] *m.* lundër, trap.
📖 *sh.* radeaux.

radiateur [ʀadjatœʀ] *m.* radiator.

radio [ʀadjo] *f.* radio ❖ radioskopi, radiografi.

radis [ʀadi] *m.* rrepë.

raide [ʀɛd] *mb.* i tendosur ☞ **cette toile est raide** kjo cohë është e tendosur ❖ i ngurtë, i ngrirë, i mpirë ☞ **il a la jambe raide** e ka këmbën të mpirë ❖ i rrëpirët, thikë ☞ **un chemin raide** një udhë shumë e përpjetë ❖ **des cheveux raides** flokë të drejtë.

raie [ʀɛ] *f.* vijë (*flokësh*) ☞ **raie sur le côté** vijë në anë ❖ ulluk.

rail [ʀaj] *m.* shinë. **raisin** [ʀɛzɛ̃] *m.* rrush ☞ **grappe de raisin** vile rrushi ☞ **raisin sec** rrush i thatë.

raison [ʀɛzɔ̃] *f.* arsye, shkak ☞ **il n'est pas venu à l'école, je n'en connais pas la raison** nuk e di shkakun pse nuk erdhi në shkollë ❖ **tu as raison** ke të drejtë ❖ **maman dit que j'ai l'âge de raison** mamaja thotë që jam në moshë që mund të arsyetoj ❖ **avec raison** me të drejtë ❖ **en raison de** për arsye të, për shkak të.

raisonnable [ʀɛzɔnabl(ə)] *mb.* i arsyeshëm, që arsyeton.

ralentir [ʀalɑ̃tiʀ] [11] *fol.* ngadalësoj ❖ eci me ngadalë.

rallonger [ʀalɔ̃ʒe] [5] *fol.* zgjat ☞ **rallonger la robe** zgjat fustanin.

ramasser [ʀamase] [3] *fol.* mbledh, marr diçka që më ka rënë ☞ **les enfants ramassent les pommes** fëmijët mbledhin mollët (*që kanë rënë përtokë*).

rame [ʀam] *f.* remë, lopatë (*varke*) ☞ **barque à rames** varkë me rema.

ramer [ʀame] [3] *fol.* vozit.

rampe [ʀɑ̃p] *f.* parmak ☞ **les enfants aiment glisser sur la rampe de l'escalier** fëmijëve iu pëlqen të rrëshqasin mbi parmakun e shkallës.

ramper [ʀɑ̃pe] [3] *fol.* zvarritem.

rang [ʀɑ̃] *m.* rresht, radhë ☞ **les élèves se mettent en rang** nxënësit vihen në rresht.

ranger [ʀɑ̃ʒe] [5] *fol.* radhit, rendit, rreshtoj ❖ rregulloj, vë nëpër vende ☞ **Sophie range ses affaires** Sofia vë në vend gjërat e saj.

rangée [ʀɑ̃ʒe] *f.* rresht ☞ **au cinéma il y a des rangées de sièges** në kinema ka radhë me karrige.

râpe [ʀɑp] *f.* rende.

râper [ʀɑpe] [3] *fol.* grij në rende.

rapide [ʀapid] *mb.* i shpejtë.

rappeler [ʀaple] [9] *fol.* thërras, thërras dikë në telefon ☞ **je te rappellerai plus tard** do të të thërras më vonë ❖ kujtoj, sjell ndër mend ☞ **rappelle-moi d'acheter le pain** kujtomë të blej bukën 🔔 **se rappeler** më kujtohet ☞ **je ne me rappelle plus comment il s'appelle** nuk më kujtohet se si e quajnë.

rapport [ʀapɔr] *m.* marrëdhënie ❖ raport ❖ lidhje ☞ **il est mince par rapport à son frère** në krahasim me të vëllanë ai është i hollë.

rapporter [ʀapɔʀte] [3] *fol.* sjell përsëri, kthej ❖ raportoj.

se **rapprocher** [səʀapʀɔ e] [3] *fol.* afrohem.

raquette [ʀakɛt] *m.* raketë (*tenisi, ping-pongu, etj.*).

rare [ʀɑʀ] *mb.* i rrallë ❖ i veçantë.

se **raser** [səʀɑze] [3] *fol.* rruhem.

rasoir [ʀɑzwaʀ] *m.* makinë rroje.

rassurer [ʀasyre] [3] *fol.* qetësoj, siguroj (*dikë*) 🔔 **se rassurer** qetësohem, më del frika ☞ **n'aie pas peur, Nicolas, rassure-toi, je serai là** mos ki frikë, Nikola, qetësohu, unë do të jem aty.

rat [ʀa] *m.* mi.

râteau [ʀɑto] *m.* grabujë, krehër (*për të mbledhur barin, gjethet e rëna, etj.*).

📖 *sh.* râteaux.

rater [ʀate] [3] *fol.* humbas ☞ **j'ai raté le train** më la treni ☞ **rater le but** nuk qëlloj në shenjë ❖ nuk e bëj ashtu siç duhet ☞ **j'ai raté mon examen** nuk e bëra mirë provimin.

rattraper [ʀatʀape] [3] *fol.* kap, arrij ☞ **rattraper le temps perdu** arrij (*fitoj)* kohën e humbur.

rayer [ʀeje] [7] *fol.* bëj, heq vija ❖ prish, fshij ☞ **si tu as mal écrit un mot, tu peux le rayer** në qoftë se e ke shkruar keq një fjalë ti mund ta fshish atë (*duke i hequr një vijë sipër*).

rayon [ʀɛjɔ̃] *m.* rreze (*dielli*) ❖ raft ☞ **les livres sont rangés sur les rayons de la bibliothèque** librat janë radhitur në raftet e bibliotekës ❖ huall ☞ **les abeilles conservent leur miel dans des rayons de cire** bletët e ruajnë mjaltin e tyre në hojet prej dylli ❖ rreze spicë e biçikletës.

rayure [ʀejyʀ] *f.* vijë ☞ **à rayures** me vija ❖ gërvishtje, ciflosje (*e një mobiljeje, e karrocerisë së veturës, etj.*).

réaliser [ʀealize] [3] *fol.* sendërtoj, vë në jetë, zbatoj.

réalité [ʀealite] *f.* realitet, e vërtetë ☞ **en réalité** në të vërtetë.

rebelle [ʀəbɛl] *mb., m.* i pashtruar, rebel.

se **rebeller** [səʀəbɛle] [3] *fol.* ngre krye, ngrihem kundër.

rebondir [ʀ(ə)bɔ̃diʀ] [11] *fol.* kërcen përpjetë (*topi*).

recaler [ʀ(ə)kale] [3] *fol.* lë, rrëzoj (*në provim*) ☞ **j'ai été recalé à l'examen** nuk e mora provimin.

récent [ʀesɑ̃] *mb.* i ri, i fundit ☞ **découverte récente** zbulim i fundit.

📖 *f.* récente [ʀesɑ̃t].

recette [ʀ(ə)sɛt] *f.* recetë (*për të bërë një ëmbëlsirë*) ❖ **les recettes et les dépenses** hyrjet dhe daljet (*harxhimet*).

recevoir [ʀ(ə)səvwaʀ] [21] *fol.* marr ☞ **recevoir une lettre** marr një letër ❖ pres ☞ **recevoir un ami à dîner** pres një mik për darkë ❖ pranoj ☞ **cette école reçoit plus d'élèves cette année** kjo shkollë pranon më shumë nxënës këtë vit.

réchauffer [ʀe ofe] [3] *fol.* ngroh përsëri 🔔 **se réchauffer** ngrohem.

rêche [ʀɛ] *mb.* i ashpër (*stof*) ❖ i athët (*verë*).

recherche [ʀ(ə) ɛr (ə)] *f.* kërkim ☞ **les recherches** hulumtime, kërkime.

récipient [ʀesipjɑ̃] *m.* enë.

récit [ʀesi] *m.* tregim.

réciter [ʀesite] [3] *fol.* them, recitoj.

réclamer [ʀeklame] [3] *fol.* kërkoj, kërkoj me ngulm (*të drejtat*).
récolte [ʀekɔlt(ə)] *f.* korrje, vjelje ❖ të korrat, të vjelat.
recommencer [ʀ(ə)kɔmɑ̃se] [4] *fol.* rifilloj.
récompenser [ʀekɔ̃pɑ̃se] [3] *fol.* shpërblej.
reconnaître [ʀ(ə)kɔnɛtʀ(ə)] [37] *fol.* njoh ❖ pranoj.
récréation [ʀekʀeasjɔ̃] *f.* pushim, çlodhje ❖ pushim i madh (*në shkollë*).
rectangle [ʀɛktɑ̃gl(ə)] *m.* katërkëndësh kënddrejtë.
reculer [ʀ(ə)kyle] [3] *fol.* sprapsem ☞ **il ne faut pas passer derrière une voiture qui recule** nuk duhet kaluar prapa një veture që lëviz mbrapsht ❖ tërhiqem ☞ **tu ne peux plus reculer maintenant** s'ke nga t'ja mbash tani ❖ praps, shtyj (*një send*) ☞ **reculer la date** shtyj datën.
redoubler [ʀ(ə)duble] [3] *fol.* përsërit vitin.
réduire [ʀedɥiʀ] [43] *fol.* pakësoj, zvogëloj ☞ **un billet à prix réduit** një biletë me çmim të ulët.
réfléchir [ʀefle iʀ] [11] *fol.* pasqyroj ❖ mendoj ☞ **avant de répondre il faut que je réfléchisse** para se të përgjigjem duhet të mendohem.
réfrigérateur [ʀefʀiʒeʀatœʀ] *m.* frigorifer.

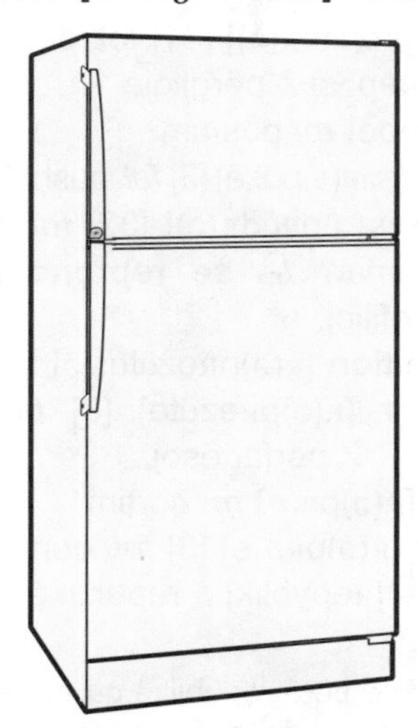

refroidir [ʀ(ə)fʀwadiʀ] [11] *fol.* ftoh.
refuge [ʀ(ə)fyʒ] *m.* strehë, strehim.
refuser [ʀ(ə)fyze] [3] *fol.* nuk pranoj, refuzoj, kundërshtoj.
regarder [ʀ(ə)gaʀde] [3] *fol.* vështroj, shikoj ☞ **regarde à gauche!** shiko majtas! ❖ më takon, më përket ☞ **ses problèmes ne me regardent pas** problemet e tij nuk më interesojnë.
régime [ʀeʒim] *m.* regjim ☞ **je suis au régime** jam me dietë.
région [ʀeʒjɔ̃] *f.* qark, krahinë, rajon, rreth.
registre [ʀəʒistʀ(ə)] *m.* regjistër.
règle [ʀɛgl(ə)] *f.* vizore ❖ rregull ☞ **en règle générale** si rregull.
règlement [ʀɛgləmɑ̃] *m.* rregullore ☞ **le règlement de l'école** rregullorja e shkollës.
regretter [ʀ(ə)gʀete] [3] *fol.* më vjen keq ☞ **je regrette mon ami** më vjen keq për mikun tim.
reine [ʀɛn] *f.* mbretëreshë. ❖ shih **roi**.
rejoindre [ʀ(ə)ʒwɛ̃dʀ(ə)] [35] *fol.* bashkoj, puq ❖ arrij, kap, takoj ☞ **je n'arrive pas à le rejoindre** nuk arrij dot ta takoj 🔔 **se rejoindre** bashkohem.
religion [ʀ(ə)liʒjɔ̃] *f.* fe.
remarquer [ʀ(ə)maʀke] [3] *fol.* vërej, shoh.
remercier [ʀ(ə)mɛʀsje] [10] *fol.* falënderoj.
remettre [ʀ(ə)mɛtʀ(ə)] [33] *fol.* vë në vend ☞ **il a remis de l'ordre dans la chambre** ai vuri rregull në dhomë ❖ jap, dorëzoj ☞ **on m'a remis cette lettre pour toi** më kanë dhënë këtë letër për ty ❖ shtyj (*një mbledhje, etj.*).
remonter [ʀ(ə)mɔ̃te] [3] *fol.* ngjitem ☞ **elle est remontée dans sa chambre** ajo u ngjit në dhomën e saj ❖ ngrihet (*niveli i ujit*) ☞ **la température remonte** temperatura po ngrihet ❖ rimontoj ❖ kurdis (*një orë*).
remplacer [ʀɑ̃plase] [4] *fol.* zëvendësoj.
remplir [ʀɑ̃pliʀ] [11] *fol.* mbush ☞ **remplir un verre d'eau** mbush një gotë me ujë.
remuer [ʀ(ə)mɥe] [3] *fol.* lëviz ☞ **Sophie fait des gestes, elle remue tout le temps** Sofia bën shumë gjeste, ajo lëviz gjatë gjithë kohës ❖ tund, lëkund ☞ **Marc dit non en remuant la tête** Marku thotë jo

duke tundur kokën ❖ trazoj ☞ **Robert remue le lait** Roberti trazon qumështin.

🕮 Pohimi dhe mohimi shprehen shpesh edhe me anën e lëvizjeve të kokës. Popuj të ndryshëm bëjnë lëvizje të ndryshme, kështu një francez thotë **po** duke e përkulur kokën nga lart poshtë dhe anasjelltas dhe **jo** duke e tundur kokën. Shqiptarët bëjnë të kundërtën : për të thënë **po** e tundin kokën dhe për **jo** e përkulin atë. Kjo i ngatërron shpesh francezët kur flasin frëngjisht me folës shqiptarë.

renard [ʀ(ə)naʀ] *m.* dhelpër.
rencontre [ʀɑ̃kɔ̃tʀ(ə)] *f.* takim.
rencontrer [ʀɑ̃kɔ̃tʀe] [3] *fol.* takoj ☞ **je suis content de te rencontrer** jam i kënaqur që të takova 🔔 **se rencontrer** takohem ☞ **nous nous sommes rencontrés à l'école** u takuam në shkollë.
rendez-vous [ʀɑ̃devu] *m.* takim.
🕮 un rendez-vous, des rendez-vous.
rendre [ʀɑ̃dʀ(ə)] [31] *fol.* kthej ☞ **je te rends le livre que tu m'as prêté** po të kthej librin që më dhe ❖ vjell, nxjerr ❖ **rendre les enfants heureux** i bëj fëmijët të lumtur 🔔 **se rendre** shkoj ☞ **se rendre à l'école** shkoj në shkollë ❖ dorëzohem ☞ **l'ennemi s'est rendu** armiku u dorëzua ❖ **se rendre compte de sa présence** vërej praninë e tij.
rêne [ʀɛn] *m.* fre (*kali*).
renne [ʀɛn] *m.* dre.

renoncer [ʀ(ə)nɔ̃se] [4] *fol.* heq dorë.
renseignement [ʀɑ̃sɛɲmɑ̃] *m.* njoftim, e dhënë ☞ **demander des renseignements** kërkoj të dhëna.
rentrée [ʀɑ̃tʀe] *f.* kthim ☞ **la rentrée des classes** fillimi i shkollës (*i mësimeve*).
rentrer [ʀɑ̃tʀe] [3] *fol.* kthehem ☞ **je rentre tard** kthehem vonë ☞ **il vient de rentrer des vacances** ai sapo u kthye nga pushimet ❖ fut, shtie ☞ **la clé ne rentre pas dans la serrure** çelësi nuk hyn në bravë.
renverser [ʀɑ̃vɛʀse] [3] *fol.* përmbys, kthej mbrapsht ☞ **renverser le verre** përmbys gotën ❖ hedh, rrëzoj (*dikë në rrugë*) ☞ **j'ai été renversé par une voiture** një veturë më rrëzoi ❖ **renverser du vin sur la table** derdh verën mbi tryezë.
repaire [ʀ(ə)pɛʀ] *m.* strofull.
réparer [ʀepaʀe] [3] *fol.* ndreq ☞ **il a réparé son auto en panne** ai e ndreqi makinën e tij të prishur.
repas [ʀ(ə)pɑ] *m.* vakt ushqimi, ngrënie ☞ **entre les deux repas** midis dy vakteve.
repasser [ʀ(ə)pase] [3] *fol.* kaloj, kapërcej (*malin*) ❖ hekuros ❖ **repasser un couteau** mpreh një thikë.
répertoire [ʀepɛʀtwaʀ] *m.* listë ❖ (*në teatër*) repertor.
répéter [ʀepete] [8] *fol.* përsërit.
répétition [ʀepestisjɔ̃] *f.* provë (*teatri*) ❖ përsëritje.
répondre [ʀepɔ̃dʀ(ə)] [31] *fol.* përgjigjem.
réponse [ʀepɔ̃s] *f.* përgjigje.
repos [ʀ(ə)po] *m.* pushim.
se **reposer** [səʀ(ə)poze] [3] *fol.* pushoj, çlodhem.
reprendre [ʀ(ə)pʀɑ̃dʀ(ə)] [32] *fol.* marr, kap përsëri, rimarr 🔔 **se reprendre** mbledh veten ❖ rifilloj.
représentation [ʀ(ə)pʀezɑ̃tɑsjɔ̃] *f.* shfaqje.
représenter [ʀ(ə)pʀezɑ̃te] [3] *fol.* paraqit, përshkruaj ❖ përfaqësoj.
reproche [ʀ(ə)pʀɔ] *m.* qortim.
reprocher [ʀ(ə)pʀɔ e] [3] *fol.* qortoj, kritikoj.
république [ʀepyblik] *f.* republikë.

Franca është bërë republikë që në vitin 1792. Motoja e republikës franceze është "Liri, Barazi, Vëllazërim" (**Liberté, Égalité, Fraternité**).

requin [Rəkɛ̃] *m.* peshkaqen.

réserver [RezɛRve] [3] *fol.* mbaj, ruaj, vë mënjanë ❖ rezervoj (*një dhomë hoteli*).

réservoir [RezɛRvwaR] *m.* ujëmbledhës.

résistance [Rezistɑ̃s] *f.* kundërshtim, qëndresë ❖ rezistencë.

La Résistance Rezistenca, quhet kështu lufta partizane që bëri populli francez kundër pushtuesve gjermanë gjatë Luftës së Dytë Botërore.

résister [Reziste] [3] *fol.* qëndroj, bëj ballë.

résoudre [RezudR(ə)] [52] *fol.* zgjidh (*një problem*).

respect [Rɛspɛ] *m.* respekt, nderim ☞ **un profond respect** një respekt i thellë.

respecter [Rɛspɛkte] [3] *fol.* nderoj, respektoj.

respirer [RɛspiRe] [3] *fol.* marr frymë ☞ **respire à fond!** merr frymë thellë!

ressembler [R(ə)sɑ̃ble] [3] *fol.* i ngjaj (*dikujt*), shëmbëllej, përngjaj ☞ **il ressemble à son père** ai i ngjan t'et.

ressort [R(ə)sɔR] *m.* sustë ☞ **un matelas à ressorts** një dyshek me susta.

restaurant [Rɛstɔrɑ̃] *m.* restorant.

reste [Rɛst] *m.* mbetje, tepricë ❖ **le reste de la journée** pjesa tjetër e ditës ❖ *sh.* mbeturinë ☞ **les restes du dîner** mbeturinat e darkës.

rester [Rɛste] [3] *fol.* rri, qëndroj ☞ **vous allez, je reste** ju ikni, unë do të qëndroj ❖ mbetet, qëndron ☞ **il reste encore un peu de pain** ka ngelur edhe pak bukë.

📖 Vini re se si e tashmja e frëngjishtes nuk përkthehet gjithmonë me të tashmen e shqipes. Ajo mund të përkthehet me të ardhmen ☞ **vous allez, je reste** ju ikni, unë do të qëndroj, si edhe me të kryerën e thjeshtë (*passé simple*) ☞ **attends-moi une minute, j'arrive** më prit një minutë se erdha.

résumé [Rezyme] *m.* përmbledhje.

résumer [Rezyme] [3] *fol.* përmbledh.

retard [R(ə)taR] *m.* vonesë ☞ **j'ai du retard** jam me vonesë.

retenir [Rət(ə)niR] [19] *fol.* mbaj ☞ **il retient son père par le bras** ai e mban të atin prej krahu ☞ **retenir un cousin à dîner** mbaj një kushëri për darkë ❖ mbaj mend ☞ **il ne retient rien de ce que je dis** ai nuk mban mend asgjë nga ato që them ❖ tërheq ☞ **avec ses gestes il retient l'attention des autres** me lëvizjet që bën ai tërheq vëmendjen e të tjerëve ❖ (*në matematikë*) mbaj mend (*një shifër*) 🔔 **se retenir pour ne pas pleurer** përmbahem për të mos qarë.

retirer [R(ə)tiRe] [3] *fol.* heq, tërheq 🔔 **se retirer** tërhiqem, largohem.

retour [R(ə)tuR] *m.* kthim ☞ **bon retour!** u kthefsh shëndoshë!

retourner [R(ə)tuRne] [3] *fol.* kthej ☞ **retourner la tête** kthej kokën ❖ kthej, rrotulloj (*nëpër duar*).

réunion [Reynjɔ̃] *f.* bashkim ❖ mbledhje.

réunir [ReyniR] [11] *fol.* bashkoj, puq ❖ mbledh.

réussir [ReysiR] [11] *fol.* dal me sukses, dal faqebardhë ☞ **elle a réussi son examen** ajo e mori provimin (*e bëri mirë provimin*). ☞ **le gâteau est bien réussi** ëmbëlsira ka dalë shumë e mirë.

rêve [Rɛv] *m.* ëndërr ☞ **en dormant, nous faisons des rêves** kur flemë ne shohim ëndrra ☞ **dors bien, fais de beaux rêves!** gjumin e ëmbël, pafsh ëndrra të bukura!

réveil [Revɛj] *m.* zgjim ❖ orë me zile.

réveiller [Revɛje] [3] *fol.* zgjoj ☞ **Sophie**

réveille ton frère! Sofi, zgjoje vëllanë! 🔔 **se réveiller** zgjohem ☞ **ce matin je me suis réveillé tôt** këtë mëngjes, u zgjova herët.

réveillon [ʀevɛjɔ̃] *m.* darkë e Krishtlindjes dhe e Vitit të Ri.

revenir [ʀəv(ə)niʀ] [19] *fol.* vij përsëri ❖ kthehem ☞ **les enfants reviennent de l'école à midi** fëmijët kthehen nga shkolla në mesditë.

rêver [ʀeve] [3] *fol.* ëndërroj ☞ **tu rêves, Marie, tu es dans la lune** ti sheh ëndrra, Mari, ti sikur zbret nga qielli ❖ **j'ai rêvé de toi** të pashë në ëndërr.

réviser [ʀevize] [3] *fol.* përsërit (*mësimin*).

revoir [ʀ(ə)vwaʀ] [22] *fol.* shoh përsëri ; takoj ☞ **au revoir!** mirupafshim!

rez-de-chaussée [ʀed(ə) ose] *m.* kati përdhes ☞ **habiter au rez-de chaussée** banoj në katin e parë (*përdhes*).

Në Shqipëri **le rez-de-chaussée** quhet kati i parë.

rhume [ʀym] *m.* rrufë ☞ **j'ai attrapé un rhume** më ka zënë rrufa.

riche [ʀi] *mb.* i pasur.

ride [ʀid] *f.* rrudhë.

rideau [ʀido] *m.* perde ☞ **un rideau de fer** qepen.
🕮 *sh.* rideaux.

rider [ʀide] [3] *fol.* rrudh.

ridicule [ʀidikyl] *mb.* qesharak.

rien [ʀjɛ̃] *përem.* asgjë ☞ **rien d'autre** asgjë tjetër ☞ **rien de neuf** asgjë të re ☞ **je n'ai fait rien de mal** nuk kam bërë asgjë të keqe.

rigoler [ʀigɔle] [3] *fol.* bëj shaka, qesh.

rigolo [ʀigɔlo] *mb.* gazmor, për të qeshur.
🕮 *f.* rigolote [ʀigɔlɔt].

rincer [ʀɛ̃se] [4] *fol.* shpëlaj 🔔 **se rincer la bouche** shpëlaj gojën.

rire [ʀiʀ] [48] *fol.* qesh ☞ **Nathalie éclate de rire** Natalia shpërthen në të qeshur 🔔 *m.* e qeshur.

Rira bien qui rira le dernier. Qesh mirë ai që qesh i fundit.

risque [ʀisk(ə)] *m.* rrezik ☞ **prendre un risque** rrezikoj.

risquer [ʀiske] [3] *fol.* rrezikoj ☞ **il risque de tomber** ai rrezikon të bjerë.

rivage [ʀivaʒ] *m.* breg (*lumi, deti*).

rive [ʀiv] *f.* breg, buzë (*lumi, deti*).

rivière [ʀivjɛʀ] *f.* lumë.

Franca përshkohet nga shumë lumenj, disa prej të cilëve derdhen në det dhe quhen në frëngjisht **le fleuve** ☞ **le fleuve de la Loire** lumi i Luarit, **le fleuve de la Seine** lumi i Senës. Ata lumenj që derdhen në një tjetër lumë quhen **la riviere.** Në shqipe, në të dy rastet përdoret emri *lumë*.

riz [ʀi] *m.* oriz.

robe [ʀɔb] *f.* fustan ☞ **robe de chambre** penjuar, robëdëshambrë.

robinet [ʀɔbinɛ] *m.* rubinet.

roc [ʀɔk] *m.* shkëmb.

roche [ʀɔ] *f.* **rocher** [ʀɔ e] *m.* shkëmb.

roi [ʀwa] *m.* mbret.
🕮 *f.* reine [ʀɛn].

rôle [ʀɔl] *m.* rol ☞ **Robert joue le rôle de Gavroche** Roberti luan rolin e Gavroshit.

roman [ʀɔmɑ̃] *m.* roman ☞ **roman policier** roman policor.

romand [ʀɔmɑ̃] *mb.* romand ☞ **Suisse romande** Zvicra frëngjishtfolëse.
🕮 *f.* romande [ʀɔmɑ̃d].

romarin [ʀɔmaʀɛ] *m.* rozmarinë.

rompre [ʀɔ̃pʀ(ə)] [34] *fol.* thyej, këpus ☞ **rompre la chaîne** këput zinxhirin ❖ prish ☞ **rompre le silence** prish qetësinë ❖ **il a rompu avec son camarade depuis quelques jours** ai nuk flet më me shokun e tij që prej disa ditësh.

ronchonner [Rɔ̃ ɔne] *fol.* hungëroj, them nëpër dhëmbë.
rond [Rɔ̃] *mb.* i rrumbullakët ☞ **la Terre est ronde** toka është e rrumbullakët ❖ topolak 🔔 *m.* rreth ☞ **en rond** në formë rrethi.
📖 *f.* ronde.
ronde [Rɔ̃d(ə)] *f.* valle (*ku të gjithë valltarët të kapur prej dore kërcejnë në formë rrethi*); rozarozinë.
ronfler [Rɔ̃fle] [3] *fol.* gërhij.
ronger [Rɔ̃ʒe] [5] *fol.* brej 🔔 **se ronger les ongles** ha, brej thonjtë.
rose [Roz] *f.* trëndafil ☞ **bouton de rose** burbuqe trëndafili 🔔 *mb.* i trëndafiltë.

Fjalë e urtë

Il n'y a pas de roses sans épines. Nuk ka trëndafil pa gjëmba. " Është e vështirë të gjesh një njeri, apo send të përkryer, pa asnjë të metë ".

roseau [Rozo] *m.* kallam.
rosée [Roze] *f.* vesë.
rossignol [Rɔsiɲɔl] *m.* bilbil.
rôtir [RɔtiR] [11] *fol.* pjek, skuq (*mishin, etj.*) ☞ **un poulet rôti** një pulë e pjekur.
roue [Ru] *f.* rrotë.
rouge [Ruʒ] *mb.* i kuq ☞ **une robe rouge** një fustan i kuq 🔔 *m.* e kuqja ☞ **le rouge à lèvres** i kuqi i buzëve.
rougeole [Ruʒɔl] *f.* fruth.
rougir [RuʒiR] [11] *fol.* skuqem ☞ **rougir de honte** skuqem nga turpi.
rouille [Ruj] *f.* ndryshk.
rouiller [Ruje] [3] *fol.* ndryshk ❖ ndryshkem.
rouleau [Rulo] *m.* petës ❖ rul ❖ kaush, fishek (*letre, etj.*).
📖 *sh.* rouleaux.
rouler [Rule] [3] *fol.* rrokullisem ☞ **le ballon a roulé du haut de l'escalier** topi u rrokullis që nga kreu i shkallëve ❖ ecën (*automjeti*) ☞ **la voiture roule à toute allure** vetura ecën me të gjithë shpejtësinë ❖ mbështjell ☞ **rouler le tapis** mbështjell qilimin ❖ **tu m'as roulé** ma hodhe ❖ **ça roule** mirë i kemi punët.

route [Rut] *f.* rrugë ☞ **il est arrivé par la route** ai erdhi me makinë ❖ **mettre en route** vë në lëvizje.
roux [Ru] *mb.* i kuqërremtë, kuqalash.
📖 *f.* rousse [Rus].
royaume [Rwajom] *m.* mbretëri.
ruban [Rybɑ̃] *m.* kordele, fjongo ❖ shirit ☞ **ruban adhésif** ngjitës.
ruche [Ry] *f.* koshere, zgjua.
rue [Ry] *f.* rrugë ☞ **une rue très étroite est une ruelle** një rrugë shumë e ngushtë quhet rrugicë.
rugby [Rygbi] *m.* regbi.

Regbia është një sport shumë popullor në Francë. Ai u zbulua për herë të parë në Angli, në fillim të viteve tetëqint dhe gjatë shekullit të nëntëmbëdhjetë ai u përhap shumë shpejt në të gjithë Britaninë e Madhe, në Irlandë dhe në kolonitë si Australi, Zelandë e Re, Afrikë e Jugut. Në kontinent, francezët ishin të parët që e praktikuan këtë sport dhe për shumë kohë e pëlqenin atë më shumë se futbollin. Sot Franca është i vetmi vend jo britanik që merr pjesë në turneun e famshëm të pesë vendeve, së bashku me Anglinë, Skocinë, Uelsin dhe Irlandën.

ruine [Rɥin] *f.* rrënoja ☞ **les ruines romaines** rrënojat romake.
ruisseau [Rɥiso] *m.* rrëke.
📖 *sh.* ruisseaux.
rusé [Ryze] *mb.* dinak.
rythme [Ritm(ə)] *m.* ritëm.

sa [sa] *mb.* i saj, e saj.
📖 shih **son¹.**
sable [sabl(ə)] *m.* rërë.
sabot [sabo] *m.* këpucë druri (*në Francë*).
sac [sak] *m.* thes, torbë, trastë, çantë ☞ **un sac à main** çantë dore ☞ **un sac à dos** çantë që mbahet në kurriz.
sachet [sa ɛ] *m.* qese.
sage [saʒ] *mb.* i urtë ☞ **les enfants ont été sages** fëmijët ndenjën urtë ❖ i mençur.
saigner [seɲe] [3] *fol.* më shkon gjak.
sain [sɛ̃] *mb.* i shëndoshë, i shëndetshëm ☞ **sain et sauf** shëndoshë e mirë.
📖 *f.* saine [sɛn].
saisir [seziʀ] [11] *fol.* kap, zë.
saison [sɛzɔ̃] *f.* stinë.
salade [salad] *f.* sallatë ☞ **sallade de fruits** sallatë me fruta.
sale [sal] *mb.* i pistë, i fëlliqur, i ndotur.
salé [sale] *mb.* i kripur.
salir [saliʀ] [11] *fol.* ndyj, ndot, fëlliq ☞ **Sophie a sali sa robe** Sofia ka ndotur fustanin.
salive [saliv] *f.* pështymë.
salle [sal] *f.* dhomë ☞ **salle à manger** dhomë buke ☞ **salle de bains** banjë ❖ sallë ☞ **salle de cinéma** sallë kinemaje.
salon [salɔ̃] *m.* sallon (*shtëpie*) ❖ **salon de coiffure** sallon bukurie.
saluer [salɥe] [3] *fol.* përshëndet.
salut [saly] *m.* përshëndetje.

> Kujdes në përdorimin e shprehjes " **Salut** ". Me këtë fjalë mund të përshëndetësh një shok me të cilin ke miqësi, por jo një më të madh në moshë, si p.sh., mësuesin, drejtorin e shkollës, mjekun, etj.

samedi [samdi] *m.* e shtunë.

sandwich [sɑ̃dɥit] *m.* sanduiç.

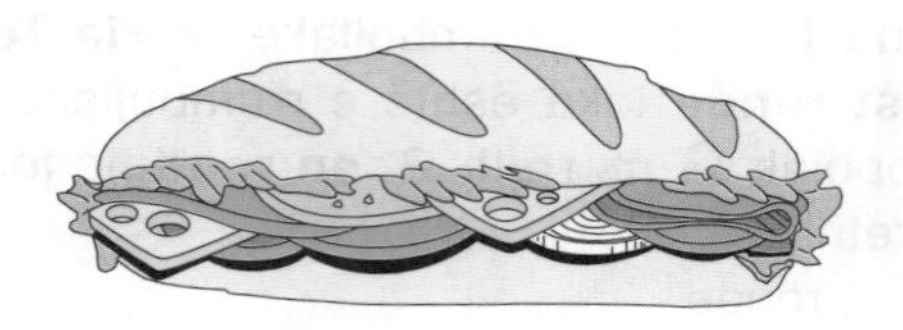

sandale [sɑ̃dal] *f.* sandale.
sang [sɑ̃] *m.* gjak.

> **Fjalë e urtë**
>
> **Bon sang ne peut mentir.** Dardha bie nën dardhë. "Fëmija u ngjan prindërve të tij".

sanglier [sɑ̃glije] *m.* derr i egër.
sanglot [sɑ̃glo] *m.* dënesë, ngashërim ☞ **éclater en sanglots** qaj me dënesë.
sangloter [sɑ̃glɔte] [3] *fol.* qaj me dënesë.
sans [sɑ̃] *parafj.* pa ☞ **je suis sans argent** jam pa të holla ☞ **manger sans fourchette** ha pa pirun.
santé [sɑ̃te] *f.* shëndet ☞ **je bois ce verre à ta santé** e pi këtë gotë për shëndetin tënd.
sapin [sapɛ] *m.* bredh ☞ **sapin de Noël** bredh i Krishtlindjes.
sardine [saʀdin] *f* sardele.
satellite [satelit] *m.* satelit.
satisfaction [satisfaksjɔ̃] *f.* kënaqësi.
satisfait [satisfɛ] *mb.* i kënaqur.
sauce [sos] *f.* salcë.
saucisse [sosis] *f.* salsiçe.
saucisson [sosisɔ̃] *m.* sallam.
sauf¹ [sof] *mb.* që ka shpëtuar nga një rrezik.
📖 *f.* sauve [sɔv].
sauf² [sof] *parafj.* përveç, me përjashtim të ☞ **tout le monde sauf toi** të gjithë përveç teje ☞ **tous les jours sauf samedi** të gjitha ditët me përjashtim të së shtunës.
saut [so] *m.* kërcim ☞ **saut en hauteur** kërcim së larti ☞ **saut en longueur** kërcim së gjati ☞ **saut à la perche** kërcim me shkop.
sauter [sote] [3] *fol.* hidhem, kërcej ☞ **sauter de joie** hidhem përpjetë nga gëzimi ☞ **sauter en parachute** hidhem me parashutë ☞ **sauter à la corde** kërcej me litar.

sauterelle [sotʀεl] *f.* karkalec.

sauvage [sovaʒ] *mb.* i egër (*kafshë, lule*) ✤ i sertë, i paafruar.

sauver [sove] [3] *fol.* shpëtoj 🔔 **le docteur lui a sauvé la vie** doktori i shpëtoi jetën 🔔 **se sauver** ua mbath ☞ **quand je veux l'attraper, il se sauve** kur unë dua ta kap ai ua mbath.

savant [savɑ̃] *mb.* i ditur, i shkolluar 🔔 *m.* dijetar, shkencëtar.

📖 *f.* savante [savɑ̃t].

savoir [savwaʀ] [28] *fol.* di ☞ **sais-tu où est maman?** a e di ku është mamaja? ☞ **je savais qu'il était malade** e dija që ishte i sëmurë ✤ njoh, zotëroj, di ☞ **je sais deux langues étrangères** di dy gjuhë të huaja 🔔 *m.* dituri, dije, njohuri.

savon [savɔ̃] *m.* sapun ☞ **savon liquide** sapun i lëngët ☞ **bulles de savon** flluska sapuni.

Savon de Marseille sapuni i Marsejës, është i njohur dhe shumë i përdorur në Francë.

savoureux [savuʀø] *mb.* i shijshëm.

📖 *f.* savoureuse [savuʀøz].

scarabée [skaʀabe] *m.* bubuzhel.

scarlatine [skaʀlatin] *f.* skarlatinë (*sëmundje që zë kryesisht fëmijët*).

sceau [so] *m.* vulë.

Në Francë ministria e drejtësisë quhet **Garde des sceaux,** që do të thotë ruajtësi i vulave, emër i trashëguar nga koha e mbretërve të Francës.

scène [sεn] *f.* skenë ☞ **les acteur sont sur la scène** aktorët ndodhen në skenë ✤ **la première scène du film** skena e parë e filmit.

scie [si] *f.* sharrë.

Si cent scies scient cent cigares, six cents scies scient six cents cigars. Në qoftë se njëqind sharra sharrojnë njëqind puro, atëhere gjashtëqind sharra sharrojnë gjashtëqind puro. Në shqipe nuk mund të përcillet loja e shpejtësisë dhe e tingëllimit që përmban fraza e frëngjishtes, e cila duhet shqiptuar shpejt, pa u marrë goja.

science [sjɑ̃s] *f.* shkencë, dituri.

science-fiction [sjɑ̃afiksjɔ̃] *f.* letërsi fantastike-shkencore.

scintiller [sε̃tije] [3] *fol.* xixëllin, shkëlqen.

sciure [sjyʀ] *f.* tallash.

score [skɔʀ] *m.* përfundim, rezultat.

scorpion [skɔʀpjɔ̃] *m.* akrep.

scotch [skɔt] *m.* ngjitës.

script [skʀipt] *m.* shkrim ☞ **écrire en script** shkruaj me shkronja shtypi.

sculpture [skyltyʀ] *f.* skulpturë.

se [sə] *përem.* (*në folje vetvetore pësore*) **se regarder dans la glace** shikohem në pasqyrë ☞ **je me lave les mains** laj duart ✤ (*në folje vetvetore reciproke*) **deux personnes qui s'aiment** dy njerëz që duhen ✤ (*në folje vetvetore me kuptim pësor*) **cela se vend bien** kjo shitet mirë.

seau [so] *m.* kovë.

📖 *sh.* seaux.

sec [sεk] *mb.* i thatë, i tharë.

📖 *f.* sèche [sε].

sèche-cheveux [sε əvø] *m.* tharëse flokësh.

📖 un sèche-cheveux, deux sèche-cheveux.

sécher [se e] [8] *fol.* thaj ☞ **sécher les larmes** thaj, fshij lotët 🔔 **se sécher** thahem ☞ **sèche-toi les cheveux!** thaji flokët! ✤ **petits pois séchés** bizele të thata.

second [s(ə)gɔ̃] *mb.* i dytë ☞ **Marc habite au second** Marku banon në katin e dytë.

📖 *f.* seconde [s(ə)gɔ̃d].

seconde [s(ə)gɔ̃d] *f.* sekondë ☞ **une minute dure 60 secondes** një minutë zgjat

60 sekonda ❖ **attends-moi une seconde!** më prit një sekondë!

secouer [s(ə)kwe] [3] *fol.* shkund, tund.

secours [s(ə)kuʀ] *m.* ndihmë ☞ **au secours!** ndihmë! ☞ **poste de secours** ndihmë e shpejtë.

secret [səkʀɛ] *m.* e fshehtë, sekret.

secrétaire [s(ə)kʀetɛʀ] *m., f.* sekretar, sekretare.

sécurité [sekyʀite] *f.* siguri ❖ sigurim.

sein [sɛ̃] *m.* gji.

séjour [seʒuʀ] *m.* qëndrim ☞ **faire un séjour de 2 semaines à Paris** qëndroj dy javë në Paris.

sel [sɛl] *m.* kripë ☞ **gros sel** kripë e trashë ☞ **sel fin** kripë e hollë.

selle [sɛl] *f.* shalë (*kali, biçiklete*).

selon [s(ə)lɔ̃] *parafj.* sipas ☞ **selon moi** sipas meje.

semaine [s(ə)mɛn] *f.* javë ☞ **fin de semaine** fundjavë.

Les jours de la semaine

Lundi	e hënë
Mardi	e martë
Mercredi	e mërkurë
Jeudi	e enjte
Vendredi	e premte
Samedi	e shtunë
Dimanche	e diel

semblable [sɑ̃blabl(ə)] *mb.* i ngjashëm.

semblant [sɑ̃blɑ̃] *m.* dukje, paraqitje ☞ **faire semblant de pleurer** shtirem, bëj sikur qaj.

sembler [sɑ̃ble] [3] *fol.* duket ☞ **la maison semble vide** shtëpia duket bosh ☞ **Paul semblait content** Poli dukej i kënaqur.

semelle [s(ə)mɛl] *f.* shollë, shuall.

Sénat [sena] *m.* senat.

Në Francë, Parlamenti përbëhet nga Asambleja dhe nga Senati i cili e ka selinë në Pallatin e Luksemburgut, në Paris. Senatorët zgjidhen për një periudhë 9-vjeçare.

sens [sɑ̃s] *m.* shqisë ☞ **les cinq sens** pesë shqisat ☞ **avoir du bon sens** kam gjykim të shëndoshë ❖ kuptim, arsye ☞ **ça n'a pas de sens** kjo nuk ka kuptim ❖ drejtim ☞ **nous allons dans le même sens** ne ecim në të njëjtin drejtim.

sensation [sɑ̃sasjɔ̃] *f.* ndijim ❖ përshtypje ☞ **une sensation de peur** ndijim frike.

sensible [sɑ̃sibl(ə)] *mb.* i ndjeshëm ❖ i prekshëm, i dukshëm.

sentier [sɑ̃tje] *m.* shteg.

sentiment [sɑ̃timɑ̃] *m.* ndjenjë.

sentir [sɑ̃tiʀ] [15] *fol.* ndiej ☞ **sentir froid** kam ftohtë (*e ndiej të ftohtin*) 🔔 **se sentir bien** ndihem mirë ❖ **sentir une rose** i marr erë një trëndafili ☞ **cette bouteille sent le pétrole** kjo shishe mban erë vajguri.

sept [sɛt] *mb.* shtatë.

7 en chiffre arabe 7 me shifër arabe.
VII en chiffres romains VII me shifra romake.

séparer [sepaʀe] [3] *fol.* veçoj, ndaj.

septembre [sɛptɑ̃bʀ(ə)] *m.* shtator.

série [seʀi] *f.* seri, varg.

sérieusement [seʀjøzmɑ̃] *ndajf.* me gjithë mend, seriozisht.

sérieux [serjø] *mb.* serioz ☞ **Marie est une élève sérieuse** Maria është një nxënëse serioze ❖ hijerëndë, i vrenjtur.

📖 *f.* sérieuse [seʀjøz].

seringue [s(ə)ʀɛ̃g] *f.* shiringë.

serpent [sɛʀpɑ̃] *m.* gjarpër.

serpillière [sɛʀpijɛʀ] *f.* leckë (*për të larë dyshemenë, etj.*).

serre [sɛʀ] *f.* serë.

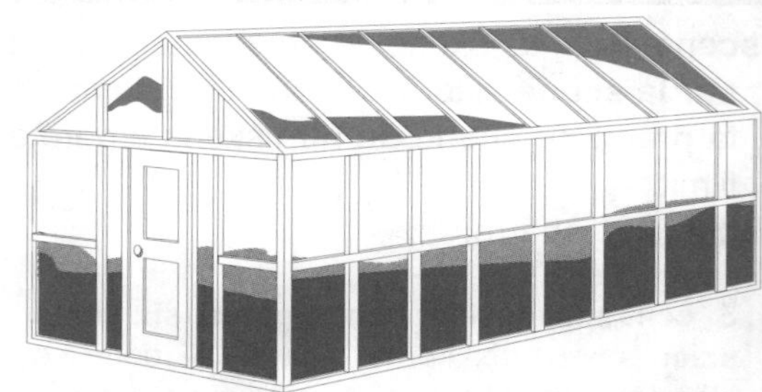

serré [seʀe] *mb.* i ngushtë ☞ **ma jupe est trop serrée** e kam fundin shumë të ngushtë (*mbas trupit*).

serrer [seʀe] [3] *fol.* shtrëngoj ☞ **serrer la main** shtrëngoj dorën ☞ **elle m'a serré**

dans ses bras ajo më shtrëgoi në krahët e saj ❖ **serrez-vous un peu** shtrëngohuni pak ❖ **cette jupe me serre** ky fund më rri pas trupit.

serrure [sɛʀyʀ] *f.* bravë ☞ **trou de la serrure** vrimë e çelësit.

serveur [sɛʀvœʀ] *m.* kamerier.

📖 *f.* serveuse [sɛʀvøz].

service [sɛʀvis] *m.* shërbim, detyrë ☞ **on ne fume pas pendant le service** nuk pihet duhan gjatë punës ☞ **peux-tu me rendre un service?** a mund të më bësh një shërbim? ❖ takëm ☞ **un service à café** një takëm kafeje ❖ **hors service** jashtë përdorimit.

serviette [sɛʀvjɛt] *f.* pecetë ☞ **serviette de toilette** peshqir ❖ çantë.

servir [sɛʀviʀ] [15] *fol.* shërbej ☞ **il sert comme chauffeur** ai punon si shofer ❖ **ce couteau sert à couper le pain** kjo thikë shërben për të prerë bukën ☞ **à quoi sert cet objet?** për çfarë përdoret ky send? 🔔 **se servir** përdor ☞ **je me sers de ma fourchette pour manger** unë përdor pirunin kur ha ☞ **sers-toi, Philippe!** merr, Philip! (*shërbeji vetes në tryezë*).

ses [se] *mb.* e tij, e saj ❖ shih **son[1]**.

seul [sœl] *mb.* i vetëm ☞ **être seul à la maison** jam vetëm në shtëpi ☞ **j'ai un seul frère** kam vetëm një vëlla 🔔 *ndajf.* vetëm ☞ **je fais les devoirs tout seul** i bëj detyrat vetëm (*pa ndihmën e* askujt) 🔔 *m.* **il a été le seul à me croire** ai ishte i vetmi që më besoi.

📖 *f.* seule.

sévère [sevɛʀ] *mb.* i rreptë, i ashpër.

shampooing [ɑ̃pwɛ̃] *m.* shampo.

short [ɔʀt] *m.* pantallona të shkurtëra.

si [si] *lidh.* në qoftë se, po qe se, në rast se ☞ **si tu as le temps, on va sortir** në qoftë se je i lirë do të dalim ☞ **je ne sais pas si Marie le sait** nuk e di nëse Maria e di 🔔 *ndajf.* **vous ne venez pas? Si, je viens** ju nuk do të vini? Po, do të vij ❖ aq, kaq ☞ **un ami si gentil** një mik kaq i sjellshëm ☞ **elle n'est pas si timide que vous croyez** ajo nuk është aq e ndruajtur sa e kujtoni.

📖 **Si** merr apostrof përpara **il** (ai) dhe **ils** (ata).

siècle [sjɛkl(ə)] *m.* shekull.

Le siecle des lumières quhet kështu shekulli i shtatëmbëdhjetë, gjatë të cilit jetuan dhe shkruan shumë filozofë, shkrimtarë dhe artistë të shquar francezë, si Volter, Monteskjë, Didro, etj., të quajtur ndryshe edhe iluministë.

siège [sjɛʒ] *m.* ndenjëse ❖ seli ☞ **le Saint-Siège** vendi i shenjtë, selia e Papës.

le **sien** [sjɛ̃] *përem.* i tij (i vet) ☞ **cette robe est la sienne** ky fustan është i saj ☞ **mes amis et les siens** miqtë e mi dhe të tij 🔔 *m. sh.* **les siens** të afërmit, njerëzit e tij.

📖 *sh.* les siens; *f.* la sienne, *sh.* les siennes.

la **sienne** [lasjɛn] *përem.* e saj ❖ shih **le sien.**

les **siennes** [lesjɛn] *përem.* të tyre ❖ shih **le sien.**

sieste [sjɛst(ə)] *f.* pushim, gjumë i pasdrekës.

siffler [sifle] [3] *fol.* fishkëllej, vërshëllej.

sifflet [siflɛ] *m.* bilbil.

signal [siɲal] *m.* sinjal, shenjë.

📖 *sh.* signaux [siɲo].

signature [siɲatyʀ] *f.* nënshkrim.

signe [siɲ] *m.* shenjë.

signer [siɲe] [3] *fol.* nënshkruaj.

signifier [siɲifje] [10] *fol.* do të thotë, ka kuptim ☞ **qu'est-ce que ça signifie?** ç'kuptim ka kjo?

silence [silɑ̃s] *m.* heshtje, qetësi ☞ **silence, s'il vous plait!** qetësi, pushoni, ju lutem!

silencieux [silɑ̃sjø] *mb.* i heshtur ☞ **rester silencieux** rri pa folur, i heshtur.
📖 *f.* silencieuse [silɑ̃sjøz].
silhouette [silwɛt] *f.* siluetë.
simple [sɛ̃pl(ə)] *mb.* i thjeshtë.
sincère [sɛ̃sɛʀ] *mb.* i sinqertë, i çiltër, i hapur.
singe [sɛ̃ʒ] *m.* majmun.
singulier [sɛ̃gylje] *mb.* i veçantë, i jashtëzakonshëm.
📖 *f.* singulière [sɛ̃gyljɛʀ].
sinon [sinɔ̃] *lidh.* në mos ☞ **Julie doit être malade, sinon elle serait déjà arrivée** Juli duhet të jetë e sëmurë, në mos do të kishte mbërritur tashmë ❖ përndryshe, përveçse ☞ **et que pouvait faire Luc, sinon appeler les pompiers** e ç'mund të bënte Lyku, përveçse të thërriste zjarrfikësit.
sirène [siʀɛn] *f.* sirenë ☞ 📫 **Ulysse et les sirènes** Odiseja dhe sirenat ❖ sirenë ☞ **sirène d'alarme** sirena e alarmit.
sirop [siro] *m.* shurup.
situation [sitɥasjɔ̃] *f.* gjendje, situatë.
situer [sitɥe] [3] *fol.* vendos 🔔 **se situer** ndodhet, gjendet.
ski [ski] *m.* ski.

Rrëshqitja me ski është shumë popullore në Francë. Edhe në shkolla zhvillohet mësimi i skisë dhe në periudhën e dimrit fëmijët shkojnë të organizuar në stacionet dimërore ku zhvillojnë **les classes de neige** mësimet e borës.

slip [slip] *m.* brekë, mbathje.
société [sɔsjete] *f.* shoqëri ☞ **société d'assurances** sigurimet shoqërore.
sœur [sœʀ] *f.* motër ☞ **Jean et Sophie sont frère et sœur** Zhani dhe Sofia janë vëlla e motër ❖ murgeshë.
soi [swa] *përem.* **soi-même** vetë ai ☞ **avoir confiance en soi** kam besim te vetja ime.
soie [swa] *f.* mëndafsh.
soif [swaf] *f.* etje (*për ujë, për lavdi*) ☞ **j'ai soif** më pihet ujë.
soigner [swaɲe] [3] *fol.* kujdesem ❖ mjekoj.
soin [swɛ̃] *m.* kujdes ☞ **maman prend soin de moi** mamaja kujdeset për mua.
soir [swaʀ] *m.* mbrëmje ☞ **ce soir** sonte ☞ **le soir** në mbrëmje.
soirée [swaʀe] *f.* mbrëmje.
soit [swa] *ndajf.* mirë pra 🔔 *lidh.* qoftë ☞ **soit l'un soit l'autre** qoftë njëri, qoftë tjetri ☞ (*në matematikë*) **soit un rectangle ABCD** le të marrim një drejtkëndësh ABCD.
soixante [swasɑ̃t] *mb., m.* gjashtëdhjetë.
soixante-dix [swasɑ̃t(ə)dis] *mb., m.* shtatëdhjetë.
sol [sɔl] *m.* tokë.
soldat [sɔlda] *m.* ushtar ☞ **soldat de plomb** ushtar prej plumbi.
soleil [sɔlɛj] *m.* diell ☞ **tu as un coup de soleil** të ka rënë dielli në kokë.
solide [sɔlid] *mb.* i fortë (*jo i butë*).
solution [sɔlysjɔ̃] *f.* tretësirë ❖ zgjidhje.
sombre [sɔ̃bʀ(ə)] *mb.* i errët ☞ **il fait sombre dans ma chambre** dhoma ime është e errët.
somme [sɔm] *f.* shumë ☞ **faire la somme de deux nombres** nxjerr shumën e dy numrave ❖ **en somme, dépêche-toi!** e po, nxito!
sommeil [sɔmɛj] *m.* gjumë ☞ **il a sommeil** i vjen gjumë.
sommet [sɔmɛ] *m.* majë, kulm ☞ **le sommet de la montagne est couvert de neige** maja e malit është mbuluar me borë.
son[1]]sɔ̃] *mb.* i tij, e tij ☞ **sa sœur et son frère** motra dhe vëllai i tij ☞ **sa maison** shtëpia e tij ☞ **ses frères et sœurs** motrat dhe vëllezërit e tij
📖 *sh.* ses [se] ; *f.* sa [sa], *sh.* ses [se].

📖 Mbiemri pronor në frëngjishte nuk merr asnjëherë nyje të përparme. Kur ndodhet para emrave të gjinisë femërore që fillojnë me zanore apo **H** të pazëshme, përdoret forma **son** ☞ **son amie** mikja e tij, ose mikja e saj.

son² [sɔ̃] *m.* tingull.
son³ [sɔ̃] *m.* krunde, hime.
sonner [sɔne] [3] *fol.* tingëllon, i bie ziles ☞ **on sonne à la porte** bie zilja e derës ☞ **le téléphone sonne** bie telefoni.
sonnette [sɔnɛt] *f.* zile ☞ **appuyer sur la sonnette** i bie ziles.
sorcier [sɔʀsje] *m.* magjistar.
📖 *f.* sorcière [sɔʀsjɛʀ].
sort [sɔʀ] *m.* fat ❖ short ☞ **tirer au sort** hedh shortin.
sorte [sɔʀt] *f.* lloj ☞ **je n'aime pas cette sorte de musique** nuk më pëlqen kjo lloj muzike ❖ mënyrë ☞ **je t'interdis de me répondre de la sorte** nuk të lejoj të më përgjigjesh në këtë mënyrë ☞ **je t'explique de telle sorte que tu comprennes facilement** po të shpjegoj në mënyrë që ti të kuptosh lehtë.
sortie [sɔʀti] *f.* dalje ☞ **sortie de secours** dalje në rast rreziku.
sortir [sɔʀtiʀ] [15] *fol.* dal ☞ **ce soir je ne sors pas** sonte nuk do të dal ☞ **ça m'est sorti de la tête** më doli nga mendja ❖ nxjerr ☞ **sortir les mains de ses poches** i nxjerr duart nga xhepat 🔔 **s'en sortir** dal, shpëtoj.
sot [so] *mb., m.* budalla, rrotë.
📖 *f.* sotte [sɔt].
sottise [sɔtiz] *f.* budallallëk ☞ **ils parlent sans réfléchir et ils font des sottises** ata flasin pa u menduar mirë dhe thonë budallallëqe.
sou [su] *m.* monedhë, grosh, kacidhe ☞ **je n'ai pas un sou** nuk kam asnjë grosh.
souci [susi] *m.* merak, hall.
soucoupe [sukup] *f.* pjatë filxhani.
souffle [sufl(ə)] *m.* frymë ☞ **je suis sans souffle** ngela pa frymë ❖ **il y a un souffle de vent** fryn erë.
souffler [sufle] [3] *fol.* **le vent souffle** fryn era ❖ them me zë të ulët.
souffrir [sufʀiʀ] [12] *fol.* vuaj ☞ **souffrir de la tête** më dhemb koka ☞ **souffrir de la chaleur** nuk e duroj dot vapën.
souhait [swɛ] *m.* urim ☞ **à tes souhaits!** shëndet! (*kur dikush teshtin*).
souhaiter [swete] [3] *fol.* uroj ☞ **je te souhaite un bon anniversaire** të uroj ditëlindjen ❖ dëshiroj ☞ **je souhaite partir avec mon copain pour les vacances** dëshiroj, dua të nisem me shokun tim për pushime.
soulever [sulve] [8] *fol.* ngre (*nga toka*) ☞ **je ne peux pas soulever ce sac** nuk mund ta ngre këtë thes.
soulier [sulje] *m.* këpucë.

souligner [suliɲe] [3] *fol.* nënvizoj.
soupe [sup] *f.* supë ☞ **soupe de légumes** supë me perime.
soupir [supiʀ] *m.* psherëtimë.
soupirer [supiʀe] [3] *fol.* psherëtij.
souple [supl(ə)] *mb.* i përkulshëm ❖ i zhdërvjellët, i shkathët.
source [suʀs] *f.* burim.
sourcil [suʀsi] *m.* vetull.
sourd [suʀ] *mb., m.* i shurdhër, shurdh.
📖 *f.* sourde [suʀd(ə)].

Fjalë e urtë

Il n'est pire sourd que celui qui ne veut pas entendre. Bie daullja në vesh të shurdhët. "Fjalët bien në vesh të shurdhët kur bashkëbiseduesi nuk ka dëshirë të dëgjojë ".

sourd-muet [suʀmɥɛ] *mb., m.* shurdhmemec.
📖 *f.* sourde-muette [suʀmɥɛt].
sourire [suʀiʀ] [48] *fol.* buzëqesh, nënqesh, vë buzën në gaz 🔔 *m.* buzëqeshje.
souris [suʀi] *f.* mi ❖ (*në kompjuter*) maus.
sous [su] *parafj.* nën ☞ **sous le lit** nën krevat.

sous-marin [sumaʀɛ̃] *mb.* i nëndetit, nëndetës ❖ *m.* nëndetëse.
📖 *sh.* sous-marins.
souterrain [suteʀɛ̃] *m.* rrugë nëntokësore.
souvenir [suvniʀ] *m.* kujtim ☞ **j'ai de bons souvenirs** ruaj kujtime të mira ☞ **un souvenir de Paris** një kujtim nga Parisi ☞ **en souvenir de** si kujtim të.
se **souvenir** [səsuvniʀ] [19] *fol.* më kujtohet ☞ **je ne me souviens pas de votre grand-père** gjyshi yt nuk më kujtohet.
souvent [suvɑ̃] *ndajf.* shpesh.
sparadrap [spaʀadʀa] *m.* leukoplast.
spécial [spesjal] *mb.* i veçantë, i posaçëm.
📖 *sh.* spéciaux [spesjo], *f.* spéciale.
spectacle [spɛktakl(ə)] *m.* shfaqje.
spontané [spɔ̃tane] *mb.* i vetvetishëm ❖ i çiltër.
sport [spɔʀ] *m.* sport ☞ **faire du sport** merrem me sport.
sportif [spɔʀtif] *mb., m.* sportiv ☞ **nouvelles sportives** lajmet sportive.
📖 *f.* sportive [spɔʀtiv].
square [skwaʀ] *m.* lulishte.
squelette [skəlɛt] *m.* skelet ☞ **le squelette de l'homme comprend 208 os** skeleti i njeriut përbëhet nga 208 kocka.
stade [stad] *m.* stadium.
station [stasjɔ̃] *f.* ndalesë, qëndrim ☞ **station de bus** vendqëndrim autobusi ☞ **station de service,** pikë shërbimi.
stationnement [stasjɔnmɑ̃] *m.* qëndrim ☞ **stationnement interdit** ndalohet qëndrimi i makinave.
statue [staty] *f.* statujë ☞ **Statue de la Liberté** Statuja e Lirisë.

La Statue de la Liberté éclairant le monde. Statuja e Lirisë që ndriçon botën, vepër e skulptorit francez Bartholdi, iu dhurua Shteteve të Bashkuara të Amerikës nga Franca në vitin 1886 dhe u vendos në qytetin e Nju Jorkut. Ajo është e lartë 93m.

stop [stɔp] *m. pasth.* ndal.
stopper [stɔpe] [3] *fol.* ndaloj, bllokoj.
stupide [stypid] *mb.* i trashë, budalla, i shushatur.
stylo ose **stylographe** [stilo, stilɔgʀaf] *m.* stilograf ❖ stilolaps.
succès [syksɛ] *m.* sukses.
sucer [syse] [4] *fol.* thith ☞ **Besa suce encore son pouce** Besa thith ende gishtin.
sucette [sysɛt] *f.* lëpirëse (*sheqerkë për fëmijët*).
sucre [sykʀ(ə)] *m.* sheqer ☞ **sucre en poudre** sheqer pluhur ☞ **sucre en morceaux** sheqer me pafka.
sucré [sykʀe] *mb.* i ëmbël.
sud [syd] *m.* jug 🔔 *mb.* jugor, të jugut.
suer [sɥe] [3] *fol.* djersit.
sueur [sɥœʀ] *f.* djersë.
suffire [syfiʀ] [44] *fol.* mjaftoj ☞ **cette explication ne me suffit pas** ky shpjegim nuk më mjafton ☞ **le sucre ne suffit pas** sheqeri nuk mjafton.
suite [sɥit] *f.* varg ☞ **une suite de nombres** një varg numrash ☞ **tout de suite** menjëherë ❖ vazhdim ☞ **la suite du récit** vazhdimi i tregimit.
suivant [sɥivɑ̃] *mb.* pasardhës, vazhdues ☞ **au suivant!** tjetri (*ai që vjen më pas*)!
📖 *f.* suivante [sɥivɑ̃t].
suivre [sɥivʀ(ə)] [49] *fol.* ndjek, vazhdoj, pasoj ☞ **suivre pas à pas** ndjek hap pas hapi ❖ ndjek me vëmendje (*mësimin*) 🔔 **se suivre** vijnë njëri pas tjetrit.
sujet [syʒɛ] *m.* subjekt, arsye ☞ **au sujet de** për shkak të ❖ kryefjalë.
superbe [sypɛʀb(ə)] *mb.* shumë i bukur, i shkëlqyer.
supérieur [sypɛʀjœʀ] *mb.* i sipërm ☞

j'habite à l'étage supérieur banoj në katin e sipërm ☞ **vitesse supérieure** shpejtësia më e madhe.

supermarché [sypɛʀmaʀ e] *m.* supermarket.

supporter [sypɔʀte] [3] *fol.* duroj ☞ **je ne peux pas supporter le froid** nuk e duroj dot të ftohtit 🔔 *m.* tifoz.

sur [syʀ] *parafj.* mbi ☞ **le livre est sur la table** libri është mbi tryezë ☞ **le chat grimpe sur l'arbre** macja hipën në pemë ❖ **un livre sur l'Albanie** një libër për Shqipërinë ❖ **il a toujours une pièce d'identité sur lui** ai ka gjithmonë me vete një dokument identifikimi ❖ **sur 12 verres 6 sont ébréchés** nga 12 gota 6 janë të ciflosura ❖ **aller sur Paris** shkoj drejt Parisit.

sûr [syʀ] *mb.* i sigurt ☞ **ça c'est sûr** kjo është e sigurt ☞ **bien sûr** padyshim ☞ **bien sûr que non** padyshim që jo ☞ **un lieu sûr** një vend i sigurt.

surface [syʀfas] *f.* sipërfaqe.

surgelé [syʀʒle] *mb., m.* i mbingrirë ☞ **des tomates surgelées** domate të ngrira.

surnom [syʀnɔ̃] *m.* nofkë.

surprendre [syʀpʀɑ̃dʀ(ə)] [32] *fol.* zë në befasi, kap në faj e sipër ❖ habit. çudit.

surprise [syʀpʀiz] *f.* e papritur, surprizë.

surtout [syʀtu] *ndajf.* sidomos.

surveiller [syʀvɛje] [3] *fol.* mbikqyr, ruaj.

survêtement [syʀvɛtmɑ̃] *m.* tuta (*për gjimnastikë*).

susceptible [sysɛptibl(ə)] *mb.* i prekshëm, i ndjeshëm.

suspendre [syspɑ̃dʀ(ə)] [31] *fol.* var (*diçka*).

syllabe [silab] *f.* rrokje.

sympathique [sɛ̃patik] *mb.* tërheqës.

> 🕮 Në frëngjishten e folur përdoret shpesh forma e shkurtuar **sympa** në vend të **sympathique**.

système [sistɛm] *m.* sistem.

ta [ta] *mb.* ❖ shih **ton.**
tabac [taba] *m.* duhan.
table [tabl(ə)] *f.* tryezë, tavolinë ☞ **mettre la table** shtroj tryezën ☞ **table de nuit** komodinë ❖ **table de matières** pasqyra e lëndës.
tableau [tablo] *m.* pikturë ❖ **tableau noir** dërrasë e zezë.
📖 *sh.* tableaux.
tablette [tablɛt] *f.* copë ☞ **une tablette de chocolat** një pafkë çokollate ❖ hape (*ilaç*).
tablier [tablije] *m.* përparëse.
tabouret [tabuʀɛ] *m.* fron, stol.
tache [ta] *f.* njollë.
tâche [tɑ] *f.* punë, detyrë.
tacher [ta e] [3] *fol.* njollos, bëj me njollë (*një veshje*).
tâcher [tɑ e] [3] *fol.* përpiqem, mundohem.
taille [tɑj] *f.* shtat ☞ **ils ont la même taille** ata kanë të njëjtin trup ❖ masë ☞ **quelle taille as-tu?** ç'masë trupi ke ❖ bel, mes ☞ **papa et maman se tiennent par la taille** babai dhe mamaja kapen prej beli.
taille-crayon [tɑjkʀejɔ̃] *m.* mprehës lapsi.
tailleur [tɑjœʀ] *m.* rrobaqepës ❖ kostum (*grash*).
se **taire** [sətɛʀ] [41] *fol.* hesht, nuk flas ☞ **taisez-vous!** heshtni!
talon [talɔ̃] *m.* thembër ☞ **le talon d'Achille** thembra e Akilit (*pikë e dobët*) ❖ takë ☞ **chaussures à talons hauts** këpucë me taka të larta.
tambour [tɑ̃buʀ] *m.* daulle.
tandis que [tɑ̃dik(ə)] *lidh.* ndërsa, kurse ☞ **Robert regarde la télé, tandis que Marc fait la cuisine** Roberti shikon televizor ndërsa Marku po gatuan.
tanière [tanjɛʀ] *f.* strofkë.
tant [tɑ̃] *ndajf.* aq shumë ☞ **pourquoi tant de hâte?** pse me kaq nxitim? ☞ **tu peux rester tant que tu voudras** ti mund të qëndrosh aq sa të duash ❖ **tant de fois** shumë herë ☞ **tant pis** aq më keq ; s'ke ç'i bën ☞ **tant mieux** aq më mirë.
tante [tɑ̃t] *f.* hallë ❖ teze.
tapage [tapaʒ] *m.* zhurmë, potere.
taper [tape] [3] *fol.* rrah, godas ☞ **il a tapé son petit frère** ai e goditi vëllanë e tij të vogël ❖ shkruaj, shtyp (*me makinë*).
tapis [tapi] *m.* qilim.
taquiner [takine] [3] *fol.* ngacmoj, cyt ☞ **Sophie me taquine tout le temps** Sofia më ngacmon gjithë kohën.
tard [taʀ] *ndajf.* vonë ☞ **tôt ou tard** shpejt a vonë ☞ **au plus tard** jo më vonë se.

Fjalë e urtë

Mieux vaut tard que jamais. Më mirë vonë se kurrë.

tarte [taʀt(ə)] *f.* tortë ☞ **une tarte aux fruits** një tortë me fruta.
tartine [taʀtin] *f.* fetë buke.
tas [tɑ] *m.* grumbull, pirg, tog ☞ **un tas de bois** një turrë me dru ☞ **un tas de mensonges** një mal me gënjeshtra.
tasse [tɑs] *f.* filxhan.
tâter [tɑte] [3] *fol.* prek, cik ❖ **tâter le pouls** mat pulsin.
taupe [top] *f.* urith.
taureau [tɔʀo] *m.* dem.
📖 *sh.* taureaux.

taxi [taksi] *m.* taksi.
te [tə] *përem.* të ☞ **qui te l'a donné?** kush ta dha? ☞ **je t'aime bien** unë të dua shumë ☞ **comment t'appelles-tu?** si të quajnë?

📖 **Te** merr apostrof përpara zanoreve dhe **H** të pazëshme.

technique [tɛknik] *mb.* teknik ☞ **école technique** shkollë teknike (*profesionale*) 🔔 *f.* teknikë, mjeshtëri, metodë.
tee-shirt [ti œʀt] *m.* bluzë pambuku.

📖 Mund të shkruhet edhe **T-shirt.**

tel [tɛl] *mb.* i tillë ☞ **je ne connais pas un tel nom** nuk e njoh një emër të tillë ❖ **les choses sont restées telles quelles** gjërat kanë ngelur ashtu siç ishin ❖ **monsieur un tel** një farë zotërie.

Fjalë e urtë

Tel père, tel fils. Bëmë baba të të ngjaj.

télécommande [telekɔmɑ̃d] *f.* telekomandë.
télégramme [telegʀam] *m.* telegram.
téléphérique [telefeʀik] *m.* teleferik.
téléphone [telefɔn] *m.* telefon ☞ **un coup de téléphone** një telefonatë.
téléphoner [telefɔne] [3] *fol.* telefonoj.
téléviseur [televizœʀ] *m.* televizor.
télévision ose **télé** [televizjɔ̃] *f.* televizion.
telle [tɛl] *mb.* e tillë ❖ shih **tel.**
tellement [tɛlmɑ̃] *ndajf.* aq, kaq, shumë ☞ **c'est tellement compliqué!** është kaq shumë e ndërlikuar!
témoin [temwɛ̃] *m.* dëshmitar.
température [tɑ̃peʀatyʀ] *f.* temperaturë.
tempête [tɑ̃pɛt] *f.* stuhi, shtrëngatë.
temps [tɑ̃] *m.* kohë ☞ **il y a quelque temps** ka disa kohë ❖ **arriverons-nous à temps?** a do të mbërrijmë në kohën e duhur? ☞ **prends ton temps!** merre shtruar! ❖ **quell temps fera-t-il demain?** ç'kohë do të bëjë nesër? ❖ **de temps en temps** herë pas here ☞ **entre temps** ndërkohë ☞ **en même temps** në të njëjtën kohë.

Fjalë e urtë

Tout vient à temps pour qui sait attendre. I duruari, i fituari.

tenailles [t(ə)nɑj] *f.sh.* darë.
tendre¹ [tɑ̃dʀ(ə)] [31] *fol.* ndej, tendos ☞ **le bébé tend les bras à sa maman** foshnja i zgjat krahët s'ëmës ❖ ngre ☞ **tendre un piège** ngre një kurth (*një grackë*) ❖ **tendre l'oreille** mbaj vesh.
tendre² [tɑ̃dʀ(ə)] *mb.* i butë ☞ **peau tendre** lëkurë e butë ☞ **viande tendre** mish i njomë ❖ i dashur, i dhembshur ☞ **mots tendres** fjalë të ëmbla.
tenir [t(ə)niʀ] [19] *fol.* mbaj ☞ **il tient la clef dans sa main** ai e mban çelësin në dorë ☞ **tenir les yeux fermés** i mbaj sytë të mbyllur ❖ zë ☞ **ces livres tiennent trop de place** këto libra zënë shumë vend ❖ qëndron, mban ☞ **le clou tient bien** gozhda mban mirë, ka zënë vend mirë ☞ **tenir la parole** e mbaj fjalën 🔔 **se tenir** mbahem ☞ **ils se tenaient par la main** ata mbaheshin prej dore ❖ qëndroj, rri ☞ **tenez-vous tranquille!** rrini i qetë!
tennis [tenis] *m.* tenis ☞ **Aline et Robert jouent au tennis** Alina dhe Roberti luajnë tenis ☞ **tennis de table** pingpong ☞ **court de tennis** fushë tenisi ❖ atlete (*këpucë të lehta prej cohe*).

tente [tɑ̃t] *f.* tendë, çadër.
tenue [teny] *f.* qëndrim, sjellje (*në klasë, në shoqëri*) ☞ **un peu de tenue, s'il te plaît!** sillu mirë, të lutem! ❖ mënyrë veshjeje ☞ **une tenue sportive** një veshje sportive.

terminer [tɛʀmine] [3] *fol.* mbaroj, kryej, i jap fund (*një pune*) ☞ **j'ai terminé mon dessert** e mbarova ëmbëlsirën ❖ përfundoj ☞ **ce livre termine bien** ky libër përfundon mirë.

terrain [teʀɛ̃] *m.* tokë, truall ☞ **terrain de football** fushë sporti.

terrasse [teʀas] *f.* tarracë, brezare.

terre [tɛr] *f.* tokë ☞ **s'asseoir par terre** ulem përtokë ☞ **la Terre tourne autour du Soleil** Toka rrotullohet rreth Diellit.

terrible [teʀibl(ə)] *mb.* i tmerrshëm ❖ shumë i madh ❖ shumë i mirë *ose* shumë i keq.

tes [te] *mb.* e tua ❖ shih **ton.**

tête [tɛt] *f.* kokë ☞ **j'ai mal à la tête** më dhemb koka ❖ **qu'est-ce qui te passe par la tête?** çfarë të shkon në mendje? ☞ **faire un calcul de tête** bëj një llogari me mend ❖ **arriver en tête** dal në krye (*i pari*) ❖ **une tête de mule** kokëfortë, kokëmushkë.

téter [tete] [8] *fol.* pi qumësht (*foshnja*).

tétine [tetin] *f.* biberon.

têtu [tety] *mb.* kokëfortë.

📖 *f.* têtue.

thé [te] *m.* çaj

théâtre [teɑtʀ(ə)] *m.* teatër ☞ **les acteurs font du théâtre** aktorët luajnë teatër.

théière [tejɛʀ] *f.* çajnik.

thermomètre [tɛʀmɔmɛtʀ(ə)] *m.* termometër.

thon [tɔ̃] *m.* ton (peshk).

ticket [tikɛ] *m.* biletë (*autobuzi, treni, tramvaji, metroje*).

tiède [tjɛd] *mb.* i vakët.

le **tien** [tjɛ̃] *përem.* yti ☞ **ce livre est le mien, celui-là est le tien** ky libër është imi, ai atje është yti ☞ **la tienne** jotja ☞ **les tiens** të tutë.

📖 *sh.* tiens ; *f.* tienne, *sh.* tiennes.

la **tienne** [latjɛn] *përem.* jotja ❖ shih **le tien.**

les **tiennes** [letjɛn] *përem.* të tuat ❖ shih **le tien.**

les **tiens** [letj-] *përem.* të tutë ❖ shih **le tien.**

tige [tiʒ] *f.* kërcell ❖ shufër (*metali*).

tigre [tigʀ(ə)] *m.* tigër.

timbre [tɛ̃bʀ(ə)] *m.* pullë (*poste*).

timide [timid (ə)] *f.* i druajtur.

tire-bouchon [tiʀbu ɔ̃] *m.* tapënxjerrëse.

📖 *sh.* tire-bouchons.

tirelire [tiʀliʀ(ə)] *f.* arkë kursimi (*për fëmijët*).

tirer [tiʀe] [3] *fol.* tërheq ☞ **la locomotive tire les wagons** lokomotiva tërheq vagonat ☞ **tirer une porte** tërheq, mbyll derën ❖ **tirer l'attention** tërheq vëmendjen ❖ **tirer une ligne** heq një vijë ❖ **tirer le bouchon** nxjerr tapën (*e shishes*) ❖ **tirer sur le loup** qëlloj mbi ujkun.

tiroir [tiʀwaʀ] *m.* sirtar.

tisane [tizan] *f.* çaj (*bliri, kamomili, etj.*).

tissu [tisy] *m.* copë, pëlhurë, stofë.

titre [titʀ(ə)] *m.* titull.

toboggan [tɔbɔgɑ̃] *m.* tobogan.

toi [twa] *përem.* ti ☞ **toi et moi** ti dhe unë ☞ **toi aussi** edhe ti ❖ (*pas një parafjale*) **est-ce que je peux partir avec toi?** a mund të nisem me ty? ❖ (*me folje në mënyrën urdhërore, të formës pohuese*) **lave-toi!** lahu!

toile [twal] *f.* pëlhurë, beze ☞ **toile d'araignée** pëlhurë e merimangës.

toilette [twalɛt] *f.* pastrim, larje trupi ☞ **faire sa toilette** lahem ❖ veshje ☞ **changer de toilette** ndërrohem.

toit [twa] *m.* çati.

tomate [tɔmat] *f.* domate.

tombe [tɔ̃b(ə)] *f. m.* varr.

tombeau [tɔ̃bo] *m.* varr.
📖 *sh.* tombeaux.
tomber [tɔ̃be] [3] *fol.* bie, rrëzohem ☞ **je suis tombé du vélo** rashë nga biçikleta ❖ **il tombe de la neige** *ose* **de la pluie** bie borë *ose* shi ❖ **tomber malade** sëmurem ☞ **tomber amoureux** bie në dashuri.
ton [tɔ̃] *mb.* yt ☞ **ton fils** djali yt ☞ **tes fils** djemtë e tu ☞ **ta fille** vajza jote ☞ **tes filles** vajzat e tua.
📖 *sh.* tes ; *f.* ta, *sh.* tes.

📖 Në frëngjishte, mbiemri pronor nuk merr asnjëherë nyje të përparme. Para emrave të gjinisë femnore që fillojnë me zanore apo me **H** të pazëshme ai mbetet gjithmonë **ton** edhe pse duhet të ishte **ta** ☞ **ton amie, Marie** mikja jote, Maria.

tonne [tɔn] *f.* ton.
tonneau [tɔno] *m.* fuçi.
📖 *sh.* tonneaux.
tonnerre [tɔnɛʀ] *m.* bubullimë.
torche [tɔʀ (ə)] *f.* pishtar ☞ **torche électrique** elektrik dore.
torchon [tɔʀ ɔ̃] *m.* leckë (*për të pastruar në kuzhinë*).
tordre [tɔʀdʀ(ə)] [31] *fol.* shtrydh ☞ **tordre du linge** shtrydh teshat ❖ **nous tordions de rire** u shkulëm së qeshuri 🔔 **se tordre** ndrydh ☞ **je me suis tordu le pied** kam ndrydhur këmbën.
torrent [tɔʀɑ̃] *m.* përrua.
tort [tɔʀ] *m.* gabim, faj ☞ **j'ai tort** e kam gabim ☞ **ils ont tort de se disputer** e kanë gabim që grinden ❖ **à tort ou à raison** me të drejtë a pa të drejtë.
tortue [tɔʀty] *f.* breshkë.
tôt [to] *ndajf.* herët ☞ **je me réveille tres tôt** unë zgjohem herët ☞ **tôt ou tard** herët a vonë.
total [tɔtal] *mb., m.* i plotë, i tërë ☞ **un silence total** një heshtje e plotë ☞ **au total, nous étions cinq élèves** gjithëgjithë, ne ishim pesë nxënës.
📖 *f.* totale, *sh.* totaux.
touche [tu] *f.* prekël, tast (*pianoje*) ❖ penelatë.
toucher [tu e] [3] *fol.* prek, cik ☞ **je touche les choses avec mes mains** i prek sendet me duart e mia ❖ prek, mallëngjej ☞ **cette nouvelle m'a beaucoup touché** ky lajm më mallëngjeu shumë 🔔 **se toucher** janë ngjitur ☞ **nos deux jardins se touchent** dy kopshtet tanë janë ngjitur.
touffe [tuf] *f.* tufë.
toujours [tuʒuʀ] *ndajf.* gjithmonë ☞ **j'ai toujours habité Marseille** unë kam banuar gjithmonë në Marsejë ☞ **tu es toujours là?** ende aty je? ☞ **toujours plus** gjithmonë e më shumë ☞ **pour toujours** përgjithmonë.
toupie [tupi] *f.* fugë.
tour[1] [tuʀ] *f.* kullë ☞ **la tour Eiffel** kulla Eifel.

La tour Eiffel, kulla Eifel, është një nga monumentet më të vizituara të Parisit. Ajo u ndërtua në vitin 1889 nga inxhinieri i dëgjuar francez, Gustave Eiffel, me rastin e hapjes së Ekspozitës Universale në Paris. Ajo është e gjitha prej hekuri dhe e lartë 320 metra. Në katet e sipërme të saj ndodhen restorante dhe në majë antena e televizionit francez.

tour[2] [tuʀ] *m.* rrotullim ☞ **un tour de clé** një rrotullim të çelësit ☞ **faire le tour du lac** i bie rreth e qark liqenit ☞ **il est allé faire un tour à vélo** ka shkuar të bëjë një shëtitje me biçikletë ❖ radhë ☞ **c'est mon tour de jouer** e kam unë radhën për të lozur ❖ rreth ☞ **le Tour de France** rrethi çiklistik i Francës ❖ rreng ☞ **il m'a joué un tour** ai ma hodhi (*më punoi një reng*).
touriste [tuʀist(ə)] *m., f.* turist.
tourner [tuʀne] [3] *fol.* rrotulloj ☞ **la Terre tourne**

autour du Soleil Toka rrotullohet rreth Diellit ❖ kthej ☞ **Nathalie tourne les pages du livre** Natalia kthen faqet e librit ☞ **la voiture tourne à gauche** vetura kthehet majtas, merr majtas.
tournesol [tuʀnəsɔl] *m.* luledielli.
tournevis [tuʀnəvis] *m.* kaçavidë.
tous [tus] *mb., përem.* shih **tout.**
tousser [tuse] [3] *fol.* kollitem.
tout [tu] *mb.* i gjithë ☞ **toute la nuit** gjithë natën ☞ **tout le monde** të gjithë ❖ çdo ☞ **tous les matins** çdo mëngjes ☞ **à tout prix** me çdo kusht 🔔 *përem.* **il vend de tout** ai shet nga të gjitha ☞ **tous sont arrivés** të gjithë mbërritën 🔔 *ndajf.* shumë, krejt, fare ☞ **il est tout neuf** ai është krejt i ri ☞ **elle a tout mangé** ajo i hëngri të gjitha ☞ **tout d'abord** pikësëpari ☞ **tout de même** megjithatë ☞ **tout de suite** menjëherë ☞ **tout à l'heure** pas pak ☞ **tout à fait** krejtësisht.
📖 *sh.* tous ; *f.* toute, *sh.* toutes.

📖 Ndajfolja **Tout** përshtatet në gjini dhe numër me mbiemrin që fillon me një bashtingëllore ose një **H** të zëshme ☞ **elle est toute contente** ajo është shumë e kënaqur ☞ **elle est toute honteuse** ajo ka shumë turp.

toutefois [tutfwa] *ndajf.* megjithatë, sidoqoftë.
toux [tu] *f.* kollë.
trace [tʀas] *f.* gjurmë ☞ **suivre à la trace** ndjek pas gjurmëve.
tracer [tʀase] [4] *fol.* përvijoj, ravijëzoj ☞ **j'ai tracé un trait sur le papier** hoqa një vijë në letër.
tracteur [tʀaktœʀ] *m.* traktor.
traduire [tʀadɥiʀ] [43] *fol.* përkthej ☞ **traduire en français** përkthej në frëngjisht.
trahir [tʀaiʀ] [11] *fol.* tradhtoj.
train [tʀɛ̃] *m.* tren ☞ **le train arrive à la gare** treni mbërrin në stacion ❖ **il est en train de chanter** ai është duke kënduar.

📖 Shprehja tipike franceze **être en train de** në shqipe, do të përkthehej gjithmonë me formën foljore *jam duke* ☞ **je suis en train de parler** jam duke folur.

traîne [tʀɛn] *f.* bisht ☞ **être à la traîne** jam i fundit.
traîneau [tʀɛno] *m.* sajë, slitë.
📖 *sh.* traineaux.
traîner [tʀɛne] [3] *fol.* tërheq, zvarrit ☞ **ne traîne pas la chaise!** mos e zvarrit karrigen! ❖ marr me vete ☞ **Hélène traîne sa poupée derrière elle** Elena e merr kukullën me vete 🔔 zvarritem, hiqem zvarrë ☞ **Thomas ne sait pas marcher, il se traîne par terre** Thomai nuk di të ecë, ai zvarritet përtokë.
traire [tʀɛʀ] [40] *fol.* mjel.

trait [tʀɛ] *m.* vizë ❖ tipar, veçori.
traiter [tʀete] [3] *fol.* trajtoj ☞ **il m'a bien traité** ai më priti mirë ☞ **traiter quelqun de menteur** e quaj dikë gënjeshtar ❖ mjekoj ☞ **traiter une maladie par antibiotiques** mjekoj një sëmundje me antibiotikë.
trajet [tʀaʒɛ] *m.* udhë, udhëtim.
tranche [tʀɑ̃] *f.* thelë, fetë.
tranquille [tʀɑ̃kil] *mb.* i qetë ☞ **laissez-moi tranquille!** më lini të qetë!
transformer [tʀɑ̃sfɔʀme] [3] *fol.* shndërroj, kthej, transformoj ☞ **la citrouille se transforma en carrosse** kungulli u kthye në karrocë (*në përrallën e Hirushes*).
transparent [tʀɑ̃sparɑ̃] *mb.* i tejdukshëm.
📖 *f.* transparente [tʀɑ̃sparɑ̃t].
transpirer [tʀɑ̃spiʀe] [3] *fol.* djersij.
transporter [tʀɑ̃spɔʀte] [3] *fol.* transportoj.
travail [tʀavaj] *m.* punë ☞ **quel travail fait ton père?** çfarë pune bën babai yt?
📖 *sh.* travaux [tʀavo].
travailler [tʀavaje] [3] *fol.* punoj.
travers [tʀavɛʀ] ☞ **à travers champs** mes për mes fushave ☞ **regarder au travers**

de ses cils shikoj përmes qerpikëve ❖ **regarder de travers** shikoj shtrembër.

traverser [tʀavɛʀse] [3] *fol.* kapërcej, kaloj ❖ përshkoj.

trèfle [tʀɛfl(ə)] *m.* tërfil ☞ **trèfle à quatre feuilles** tërfil me katër fletë ❖ **as de trèfle** asi spathi (*në lojën me letra*).

tremblement [tʀɑ̃bləmɑ̃] *m.* dridhje, fërgëllimë ❖ **tremblement de terre** tërmet.

trembler [tʀɑ̃ble] [3] *fol.* dridhem.

trempé [tʀɑ̃pe] *mb.* i lagur.

tremper [tʀɑ̃pe] [3] *fol.* lag, njom ☞ **Corinne trempe sa tartine dans le lait** Korina e njom fetën e bukës në qumësht.

tremplin [tʀɑ̃plɛ̃] *m.* trampolinë.

trente [tʀɑ̃t] *mb.,m.* tridhjetë.

très [tʀɛ] *ndajf.* shumë ☞ **elle est très belle** ajo është shumë e bukur ☞ **il fait très froid** bën shumë ftohtë.

trésor [tʀezɔʀ] *m.* thesar.

tresse [tʀɛs] *f.* gërshet.

triangle [tʀjɑ̃gl(ə)] *m.* trekëndësh.

tricher [tʀi e] [3] *fol.* bëj hile.

tricheur [tʀi œʀ] *m.* hileqar.
📖 *f.* tricheuse [tʀi ɛz].

tricot [tʀiko] *m.* triko ☞ **faire du tricot** thur triko.

trier [tʀije] [10] *fol.* zgjedh ❖ ndaj.

triple [tʀipl(ə)] *mb.* i trefishtë.

triste [tʀist] *mb.* i mërzitur, i trishtuar ☞ **Hélène est triste aujourd'hui** Helena është e mërzitur sot ❖ i trishtueshëm, për të ardhur keq ☞ **une triste nouvelle** një lajm i trishtueshëm.

trompe [tʀɔ̃p] *f.* buri ❖ feçkë, hundë (*elefanti*).

tromper [tʀɔ̃pe] [3] *fol.* gënjej, ia hedh 🔔 **se tromper** gënjehem, gabohem ☞ **je me suis trompé de numéro de téléphone** ngatërrova numrin e telefonit.

trompette [tʀɔ̃pɛt] *f.* trumbetë, buri.

tronc [tʀɔ̃] *m.* trung ❖ cung.

trop [tʀo] *ndajf.* tepër, me tepri ☞ **il fait trop chaud** bën shumë ngrohtë.

trotter [tʀɔte] [3] *fol.* vrapon trokthi (*kali*) ❖ eci shpejt dhe me hapa të shkurtër.

trottoir [tʀtwaʀ] *m.* trotuar.

trou [tʀu] *m.* vrimë.

troupe [tʀup] *f.* tufë, grup ❖ *në ushtri* trupë.

troupeau [tʀupo] *m.* kope (*bagëtish*).
📖 *sh.* troupeaux.

trouver [tʀuve] [3] *fol.* gjej ☞ **enfin, j'ai trouvé ma clé** më në fund, e gjeta çelësin ❖ më duket ☞ **je le trouve beau** mua më duket i bukur 🔔 **se trouver** gjendem, ndodhem ☞ **l'école se trouve près du lac** shkolla ndodhet pranë liqenit ❖ jam, ndihem ☞ **je me trouve mal** ndihem keq.

truc [tʀyk] *m.* send, gjë ☞ **papa, j'ai trouvé un drôle de truc!** baba, gjeta një gjë të çuditshme! ❖ marifet, yçkël.

truite [tʀɥit] *f.* troftë.

tu [ty] *përem.* ti ☞ **tu es intelligent** ti je i zgjuar.

Në shqipe, **tu** nuk përkthehet gjithmonë. Kështu mund të thuhet ☞ **que tu es gentil!** sa i sjellshëm je!

tube [tyb] *m.* tub, gyp.

tuer [tɥe] [3] *fol.* vras (*dikë*).

tuile [tɥil] *f.* tjegull.

tulipe [tylip] *f.* tulipan.

tunnel [tynɛl] *m.* tunel.

Le tunnel de la Manche, tuneli i la Manshit, i quajtur ndryshe **Eurotunnel,** lidh Francën me Anglinë. Ai është i gjatë afër 50 km dhe përbëhet nga dy galeri, daljet e të cilave ndodhen 50 m larg njëra-tjetrës.

tuyau [tyjo] *m.* qyngj.
📖 *sh.* tuyaux.

type [tip] *m.* tip, lloj ☞ **un nouveau type de dentifrice** një lloj i ri paste dhëmbësh ❖ njeri ☞ **connais-tu ce type là?** a e njeh atë njeri?

un [œ̃] *nyje.* një ☞ **un petit chat** një maçok i vogël 🔔 *mb.* një ☞ **un à un** një nga një ☞ **un élève** një nxënës 🔔 *përem.* **l'un des enfants les plus sages** një nga fëmijët më të urtë ☞ **les uns** disa ☞ **pas un** askush 🔔 *f.* **la une d'un journal** faqja e parë e një gazete.
📖 *f.* une [yn].

uniforme [ynifɔʀm(ə)] *m.* uniformë.

union [ynjɔ̃] *f.* bashkim.

Fjalë e urtë

L'union fait la force. Bashkimi bën fuqinë.

unique [ynik] *mb.* i vetëm ☞ **il est fils unique** ai është djalë i vetëm ☞ **rue à sens unique** rrugë njëkalimshe ❖ i veçantë, i papërsëritshëm.
unir [yniʀ] [11] *fol.* bashkoj, lidh.
unité [ynite] *f.* njësi.
univers [ynivɛʀ] *m.* botë, gjithësi.

La Sorbonne është universiteti më i vjetër dhe më i rëndësishëm i Francës, i themeluar që në vitin 1253, nga Robert de Sorbon.

université [ynivɛʀsite] *f.* universitet.
urgence [yʀʒɑ̃s] *f.* urgjencë ☞ **en cas d'urgence** në rast urgjence.
urgent [yʀʒɑ̃] *mb.* i ngutshëm.
📖 *f.* urgente [yʀʒɑ̃t].
usage [yzaʒ] *m.* përdorim ☞ **hors d'usage** jashtë përdorimit ❖ zakon.
usé [yze] *mb.* i përdorur ❖ i mbajtur, i vjetruar.
user [yze] [3] *fol.* harxhoj ☞ **cette voiture use beaucoup d'essence** kjo veturë harxhon shumë karburant ❖ vjetroj, përdor shumë ☞ **j'ai usé deux paires de chaussures cet hiver** këtë dimër prisha dy palë këpucë.
usine [yzin] *f.* uzinë.
utile [ytil] *mb.* i dobishëm.
utiliser [ytilize] [3] *fol.* përdor.

vacances [vakɑ̃s] *f.sh.* pushime ☞ **chaque été nous allons en vacances au bord de la mer** çdo verë ne shkojmë për pushime në breg të detit.
vaccination [vaksinasjɔ̃] *f.* vaksinim.

> Vaksinën e parë kundër tërbimit e ka zbuluar shkencëtari i madh francez **Louis Pasteur.**

vache [va] *f.* lopë ☞ **la vache est la femelle du taureau** lopa është femra e demit.
vague[1] [vag] *f.* valë, dallgë ☞ **les grosses vagues sont dangereuses pour les bateaux** dallgët e mëdha janë të rrezikshme për anijet.
vague[2] [vag] *mb.* i turbullt, i paqartë ❖ i papërcaktuar, i pasaktë.
vaincre [vɛ̃kʀ(ə)] [36] *fol.* mund, mposht ☞ **vaincre l'ennemi** mposht armikun.
vainqueur [vɛ̃kœʀ] *m.* ngadhënjimtar, fitimtar.
vaisselle [vɛsɛl] *f.* enët (*e kuzhinës*).
valable [valabl(ə)] *mb.* i vlefshëm, i pranueshëm ☞ **le billet n'est valable que pour le train de huit heures** bileta është e vlefshme vetëm për trenin e orës tetë.
valeur [valœʀ] *f.* vlerë ❖ meritë.
valise [valiz] *f.* valixhe ☞ **faire sa valise** bëj gati valixhen.

vallée [vale] *f.* luginë ☞ **la vallée du Rhône** lugina e lumit Ronë.

valoir [valwaʀ] [25] *fol.* vlej ☞ **cette bague vaut dix milles leks** kjo unazë vlen dhjetë mijë lekë ❖ **il vaudrait mieux rentrer** do të ishte më mirë të ktheheshim.
vaniteux [vanitø] *mb.* mendjemadh, i kotë. 🕮 *f.* vaniteuse [vanitøz].
vapeur [vapœʀ] *f.* avull.
vase [vɑz] *m.* vazo ☞ **un vase en cristal** vazo prej kristali 🔔 *f.* llum.
vaste [vast(ə)] *mb.* shumë i gjerë, shumë i madh ☞ **les vastes plaines** fushat e gjera.
vautour [votuʀ] *m.* shkabë.
veau [vo] *m.* viç ❖ mish viçi ☞ **nous ne mangeons que du veau** ne hamë vetëm mish viçi. 🕮 *sh.* veaux.
végétal [veʒetal] *mb.* bimor 🔔 *m.* bimë ❖ perime. 🕮 *f.* végétale, *sh.* végétaux [veʒeto].
véhicule [veikyl] *m.* mjet transporti.
veille [vɛj] *f.* prag, vigjilje ☞ **à la veille de** në prag të ☞ **la veille de Noël** nata (*vigjilje*) e Krishtlindjes.
veine [vɛn] *f.* venë ☞ **l'infirmière pique la veine du bras pour faire une prise de sang** infermierja, për të marrë gjak, shpon venën e krahut ❖ fat.
vélo [velo] *m.* biçikletë ☞ **vélo de course** biçikletë gare ☞ **faire du vélo** shkoj me biçikletë.
velours [v(ə)luʀ] *m.* kadife.
vendange [vɑ̃dɑ̃ʒ] *m.* vjelja e rrushit.
vendeur [vɑ̃dœʀ] *m.* shitës. 🕮 *f.* vendeuse [vɑ̃døz].
vendre [vɑ̃dʀ(ə)] [31] *fol.* shes.
vendredi [vɑ̃dʀədi] *m.* e premte.
vengeance [vɑ̃ʒɑ̃s] *f.* hakmarrje.
venir [v(ə)niʀ] [19] *fol.* vij ☞ **d'où viens-tu?** nga vjen ti? ❖ **faire venir le médecin** sjell mjekun ❖ **je viens de sortir** sapo dola.

> 🕮 Ndërtimi foljor **venir de,** i ndjekur nga një folje në paskajore (*infinif*), është karakteristik për gjuhën frënge. Ai shënon një veprim që sapo është kryer ☞ **je viens d'avoir huit ans** sapo i mbusha tetë vjeç.

vent [vɑ̃] *m.* erë ☞ **il y a du vent** *ose* **il fait du vent** fryn erë.

vente [vɑ̃t] *f.* shitje ☞ **vente à crédit** shitje me kredi ☞ **en vente** në shitje.
ventilateur [vɑ̃tilatœʀ] *m.* ventilator.
ventre [vɑ̃tʀ(ə)] *m.* bark ☞ **j'ai mal au ventre** më dhemb barku ☞ **Robert est à plat ventre sur le tapis** Roberti është shtrirë barkas mbi qilim.
ver [vɛʀ] *m.* krimb ☞ **ver luisant** xixëllonjë ☞ **ver à soie** krimb mëndafshi.
verbe [vɛʀb] *m.* folje.
véreux [veʀø] *mb.* i krimbur.
📖 *f.* véreuse [veʀøz].
vérité [veʀite] *f.* e vërteta ❖ vërtetësi.
verre [vɛʀ] *m.* qelq, xham ❖ gotë ☞ **verre en papier** gotë prej letre ❖ xham syzesh.
verrou [veʀu] *m.* lloz, shull ☞ **sous les verrous** në burg, në pranga.
📖 *sh.* verrous.
vers [vɛʀ] *parafj.* drejt, nga, në drejtim të ☞ **nous allons vers la place** ne po shkojmë drejt sheshit ❖ rreth ☞ **viens vers huit heures!** hajde rreth orës tetë! 🔔 *m.* varg (*poezie*).
verser [vɛʀse] [3] *fol.* hedh ☞ **verser le lait dans une tasse** hedh qumësht në një filxhan ❖ derdh (*gjak, lot, etj.*).
vert [vɛʀ] *mb.* i gjelbër, i blertë ❖ i njomë (*bar*) ❖ i papjekur ☞ **cette pomme est verte** kjo mollë është e papjekur.
📖 *f.* verte [vɛʀt].
vertical [vɛʀtikal] *mb.* i pingultë, pingul.
📖 *f.* verticale, *sh.* verticaux [vɛʀtiko].
veste [vɛst] *f.* xhaketë.
vestiaire [vɛstjɛʀ] *m.* garderobë (*në palestër, në pishinë, etj.*).
vêtement [vɛtmɑ̃] *m.* veshje, rrobë.
vétérinaire [veterinɛʀ] *mb., m.* veteriner.
vexer [vɛkse] [3] *fol.* fyej ☞ **excuse-moi, je ne voulais pas te vexer** më fal se nuk doja të të fyeja.
viande [vjɑ̃d] *f.* mish ☞ **viande de porc** mish derri.
victime [viktim] *f.* viktimë.
victoire [viktwaʀ] *f.* fitore.
vide [vid] *mb.* i zbrazët, bosh ❖ i lirë, i pazënë ☞ **il y a encore des places vides** ka ende vende të lira.
vider [vide] [3] *fol.* zbraz ☞ **Marie a vidé son bol de lait** Maria e piu të gjithë tasin me qumësht.
vie [vi] *f.* jetë ☞ **enfin, Michel a donné signe de vie** më në fund, Misheli u bë i gjallë ☞ **à vie** për të gjithë jetën ☞ **train de vie** mënyrë jetese.
vieillard [vjɛjaʀ] *m.* plak.
vieux [vjø] *mb., m.* plak, i moshuar ☞ **ma grand-mère est très vieille** gjyshja ime është shumë plakë (*e moshuar*) ❖ i vjetër ☞ **mon manteau est vieux** palltoja ime është e vjetër (*shumë e përdorur*).
📖 *f.* vieille [vjɛj].

📖 Mbiemri **vieux** kur ndodhet përpara një zanoreje apo **H** të pazëshme, bëhet **vieil** ☞ **un vieil ami** një mik i vjetër.

vif [vif] *mb.* i gjallë, i shkathët ☞ **un enfant vif** një fëmijë i shkathët ❖ i fortë ☞ **lumière vive** dritë e fortë ☞ **ma robe est rouge vif** fustani im është i kuq i ndezur.
📖 *f.* vive [viv].
vigne [viɲ] *f.* hardhi ❖ vreshtë.
vigneron [viɲ(ə)ʀɔ̃] *m.* vreshtar.
📖 *f.* vigneronne [viɲ(ə)ʀɔn].
vilain [vilɛ̃] *mb.* i keq, i shëmtuar ☞ **une vilaine robe** një fustan i shëmtuar ❖ i keq, i lig ☞ **un vilain enfant** një fëmijë i prapë ❖ i ndyrë ☞ **un vilain temps** një kohë e keqe (*e ndyrë*).
villa [vila] *f.* vilë.

village [vilaʒ] *m.* fshat.
ville [vil] *f.* qytet ☞ **la ville de Paris** qyteti i Parisit.

Mos e përktheni fjalën **la ville** me *vilë* që në shqipe ka kuptimin *shtëpi jo shumë e madhe, e rrethuar nga një kopsht, që ndodhet zakonisht në një vend të qetë* , të cilën në frëngjishte do ta përkthenim me **la villa.**

vin [vɛ̃] *m.* verë.
vinaigre [vinɛgʀ(ə)] *m.* uthull.

Për të ndërtuar sallatën francezët përdorin **la vinaigrette** [vinɛgʀɛt], që është një përzjerje uthulle, vaji, kripe dhe piperi.

vingt [vɛ̃] *mb., m.* njëzet ☞ **vingt et un** njëzet e një.
vingt-deux [vɛ̃tdø] *mb., m.* njëzet e dy.
violence [vjɔlɑ̃s] *f.* dhunë.
violet [vjɔlɛ] *mb.* ngjyrë vjollce. 🕮 *f.* violette [vjɔlɛt].
violette [vjɔlɛt] *f.* manushaqe.
violon [vjɔlɔ̃] *m.* violinë.

vipère [vipɛʀ] *f.* nepërkë.
virage [viʀaʒ] *m.* kthesë.
virgule [viʀgyl] *f.* presje.
vis [vis] *f.* vidë.
visage [vizaʒ] *m.* fytyrë.
viser [vize] [3] *fol.* shënoj ☞ **le chasseur vise le lapin avec son fusil** gjahtari merr shenjë me çiften e tij lepurin ❖ synoj, kërkoj të arrij.
visite [vizit] *f.* vizitë ☞ **rendre visite à la tante** i bëj vizitë hallës ☞ **visite médicale** vizitë mjekësore.
vitamine [vitamin] *f.* vitaminë.
vite [vit] *ndajf.* shpejt ☞ **reviens vite!** kthehu shpejt!
vitesse [vitɛs] *f.* shpejtësi ☞ **à toute vitesse** me të gjithë shpejtësinë.
vitre [vitʀ(ə)] *f.* xham, qelq.
vitrine [vitʀin] *f.* vitrinë.
vivant [vivɑ̃] *mb.* i gjallë, i shkathët. 🕮 *f.* vivante [vivɑ̃t].
vive! [viv] *pasth.* rroftë!
vivace [vivas] *mb.* i qëndrueshëm, i fortë.
vivre [vivʀ(ə)] [50] *fol.* rroj, jetoj, jam në jetë ☞ **mon grand-père a vécu quatre-vingts-douze ans** gjyshi im ka rrojtur nëntëdhjetë e dy vjeç ❖ jetoj, banoj ☞ **ma tante habite à Toulouse** halla ime banon në Tuluzë.

Fjalë e urtë

Qui vivra verra. Kush të rrojë do të shohë. “Koha do të tregojë se sa i drejtë ishtë veprimi apo ngjarja që ndodhi”.

vœu [vø] *m.* urim ☞ **meilleurs vœux pour le Nouvel An** urimet më të mira për Vitin e Ri ☞ **carte de vœux** kartolinë urimi.
voici [vwasi] *parafj.* ja (*për afër*) ☞ **me voici!** ja ku jam!.
voie [vwa] *f.* udhë, rrugë ☞ **par voie aérienne** me rrugë ajrore ❖ shina ☞ **voie ferrée** hekurudhë ❖ kalim ☞ **route à deux voies** rrugë me dy kalime.
voilà [vwala] *parafj.* ja (*për larg*) ☞ **voilà ce que je voulais!** ja se çfarë doja! ☞ **voilà deux jours qu'il est malade** u bënë dy ditë që ai është i sëmurë.
voile[1] [vwal] *f.* pëlhurë, vel ☞ **bateau à voiles** anije me vela.
voile[2] [vwal] *m.* vello, vel.
voir [vwaʀ] [22] *fol.* shoh, shikoj ☞ **qund je ferme mes yeux je ne vois plus** kur i mbyll sytë nuk shikoj më ❖ shoh, takoj ☞ **j'ai vu Nicolas, ce matin** sot, takova *ose* pashë Nikollën ❖ kuptoj ☞ **maintenant je vois ce que tu veux dire** tani e kuptoj se çfarë do të thuash ❖ dalloj ☞ **quand il y a du brouillard, on ne peut pas voir les arbres** kur ka mjegull pemët nuk dallohen
voisin [vwazɛ̃] *mb., m.* fqinj ☞ **la France et l'Italie sont des pays voisins** Franca dhe

Italia janë vende fqinj ☞ **il y a quelqu'un dans la pièce voisine** në dhomën ngjitur ndodhet dikush ☞ **deux couleurs voisines** dy ngjyra të afërta ☞ **notre voisin est chanteur** fqinji ynë është këngëtar.
📖 *f.* voisine [vwazin].

voiture [vwatyʀ] *f.* veturë, makinë ☞ **voiture de course** veturë garash ❖ vagon.

voix [vwa] *f.* zë ☞ **ne parle pas à haute voix!** mos fol me zë të lartë! ❖ votë.

vol[1] [vɔl] *m.* fluturim ☞ **prendre son vol** fluturoj ❖ tufë ☞ **un vol de perdrix** një tufë me thëllëza.

vol[2] [vɔl] *m.* vjedhje.

volant [vɔlɑ̃] *m.* timon (*i një automjeti*).

volant [vɔlɑ̃] *mb.* fluturues ☞ **soucoupe volante** disku fluturues.
📖 *f.* volante [vɔlɑ̃t].

volcan [vɔlkɑ̃] *m.* vullkan.

voler[1] [vɔle] [3] *fol.* fluturoj.

voler[2] [vɔle] [3] *fol.* vjedh.

Fjalë e urtë

Qui vole un œuf, vole un bœuf. Kuptimi në shqipe do të ishte se njeriu duke përvetësuar sende pa ndonjë vlerë të madhe mësohet dhe vjedh më vonë gjëra shumë më të rëndësishme.

volet [vɔlɛ] *m.* kanat (*i grilës*).

voleur [vɔlœʀ] *m.* vjedhës, hajdut.
📖 *f.* voleuse [vɔløz].

volley-ball [vɔlɛjbɔl] *m.* volejboll.

volonté [vɔlɔ̃te] *f.* vullnet ☞ **avoir une volonté de fer** kam një vullnet të hekurt ❖ dëshirë e madhe ☞ **avoir la volonté de guérir** dua të shërohem ☞ **manger à volonté** ha sa të dua ❖ gatishmëri ☞ **avoir bonne volonté** jam i gatshëm.

vomir [vɔmiʀ] [11] *fol.* vjell.

vos [vo] *mb.* tuaj.
📖 shih **votre.**

votre [vɔtʀ(ə)] *mb.* juaj ☞ **votre fils** djali juaj ☞ **votre fille** vajza juaj ☞ **vos fils** djemtë tuaj ☞ **vos filles** vajzat tuaja ❖ (*përdoret kur i drejtohemi dikujt me mirësjellje*) ☞ **voilà votre café, monsieur** ja kafeja juaj, zotëri.
📖 *sh.* vos.

📖 Mbiemrat pronorë në frëngjisht nuk marrin asnjëherë nyje përpara.

la **vôtre** [lavɔtʀ(ə)] *përem.* juaja.
📖. shih **le vôtre.**

le **vôtre** [ləvɔtʀ(ə)] *përem.* juaji ☞ **notre ordinateur est plus vieux que le vôtre** kompjuteri ynë është më i vjetër se juaji.
📖 *sh.* les vôtres ; *f.* la vôtre, *sh.* les vôtres.

les **vôtres** [levɔtʀ(ə)] *përem.* tuajat.
📖 shih le **vôtre.**

vouloir [vulwaʀ] [26] *fol.* dua, dëshiroj ☞ **je veux une glace** dua një akullore ☞ **qu-est-ce que tu veux faire?** çfarë do të bësh? ☞ **je veux bien** pranoj, s'kam kundërshtim.

vous [vu] *përem.* ju ☞ **si vous voulez nous pouvons partir** në qoftë se ju doni ne mund të nisemi ❖ **je ne vous ai pas vus** nuk ju kam parë ☞ **est-ce que le film vous plaît?** a ju pëlqen filmi?☞ **lavez-vous!** lahuni! ❖ (*pas një parafjale*) **je pense à vous** mendoj për ju.

voyage [vwajaʒ] *m.* udhëtim ☞ **bon voyage!** udhë të mbarë! ☞ **agence de voyage** agjenci udhëtimi.

voyager [vwajaʒe] [5] *fol.* udhëtoj ☞ **voyager en autobus** udhëtoj me autobus.

voyant [vwajɑ̃] *mb.* i dukshëm, që bie shumë në sy 🔔 *m.* dritë, sinjal.
📖 *f.* voyante [vwajɑ̃t].

voyelle [vwajɛl] *f.* zanore.

vrai [vʀɛ] *mb.* i vërtetë ☞ **à vrai dire** të them të vërtetën.

📖 *f.* vraie.

vraiment [vʀemɑ̃] *ndajf.* me të vërtetë, vërtet ☞ **cette glace est vraiment bonne** kjo akullore është me të vërtetë e mirë.

vrombissement [vʀɔ̃bismɑ̃] *m.* gumëzhimë, uturimë.

vu [vy] *mb.* i parë ☞ **bien vu, mal vu** me sy të mirë, me sy të keq.

📖 *f.* vue.

vue [vu] *f.* shikim ☞ **à première vue** me shikimin e parë ❖ pamje ☞ **je ne connais que de vue** e njoh vetëm për fytyrë.

wagon [vagɔ̃] *m.* vagon ☞ **wagon de marchandises** vagon mallrash.
wagon-lit [vagɔ̃li] *m.* vagon gjumi.
wagon-restaurant [vagɔ̃ʀɛstɔ̃ʀɑ̃] *m.* vagon restorant.
week-end [wikɛnd] *m.* fundjavë.
western [wɛstɛʀn] *m.* film uestern.

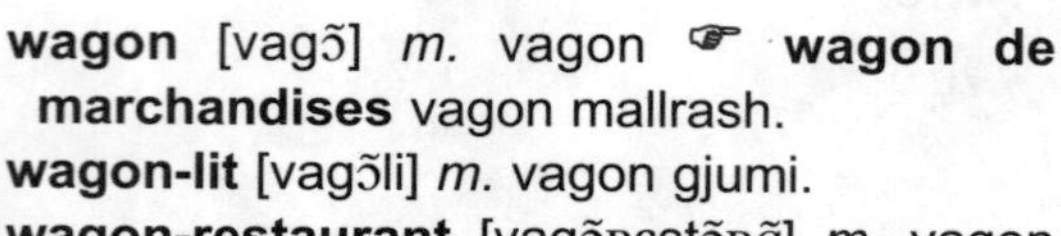

xylophone [ksilɔfɔn] *m.* ksilofon.

y [i] *ndajf.* atje ☞ **restez-y!** qëndro aty! ☞ **il y a beaucoup d'élèves dans la cour de l'école** në oborrin e shkollës ka shumë nxënës ☞ **ça y est** mirë, u bë 🔔 *përem.* **" Pensez-vous aux vacances?" "Oui j'y pense."** "A mendoni për pushimet?" "Po, mendoj për ato." ☞ **je n'y suis pour rien** nuk kam asgjë në dorë.
yaourt [jauʀt] *m.* kos.
yeux [jø] *sh.* sy
📖 shih **œil**.

zèbre [zɛbʀ(ə)] *m.* zebër.
zèle [zɛl] *m.* zell ☞ **Martine travaille avec zèle** Martina punon me zell.
zéro [zeʀo] *m.* zero ☞ **le thermomètre est descendu au-dessous de zéro** termometri ra nën zero (*termometri tregon që temperatura ra nën zero*) ☞ **il faut tout reprendre à zéro** duhet të fillojmë nga hiçi 🔔 zero, hiç ☞ **c'est un zéro en maths** është zero në matematikë.

Fjalë e urtë

C'est un zéro en chiffre. Eshtë një zero me bisht.

zigzag [zigzag] *m.* zigzag.
zone [zɔn] *f.* zonë.
zoo [zoo] *m.* kopsht zoologjik.
zut [zyt] *pasth.* ta marrë dreqi!

LËNDA

Le corps

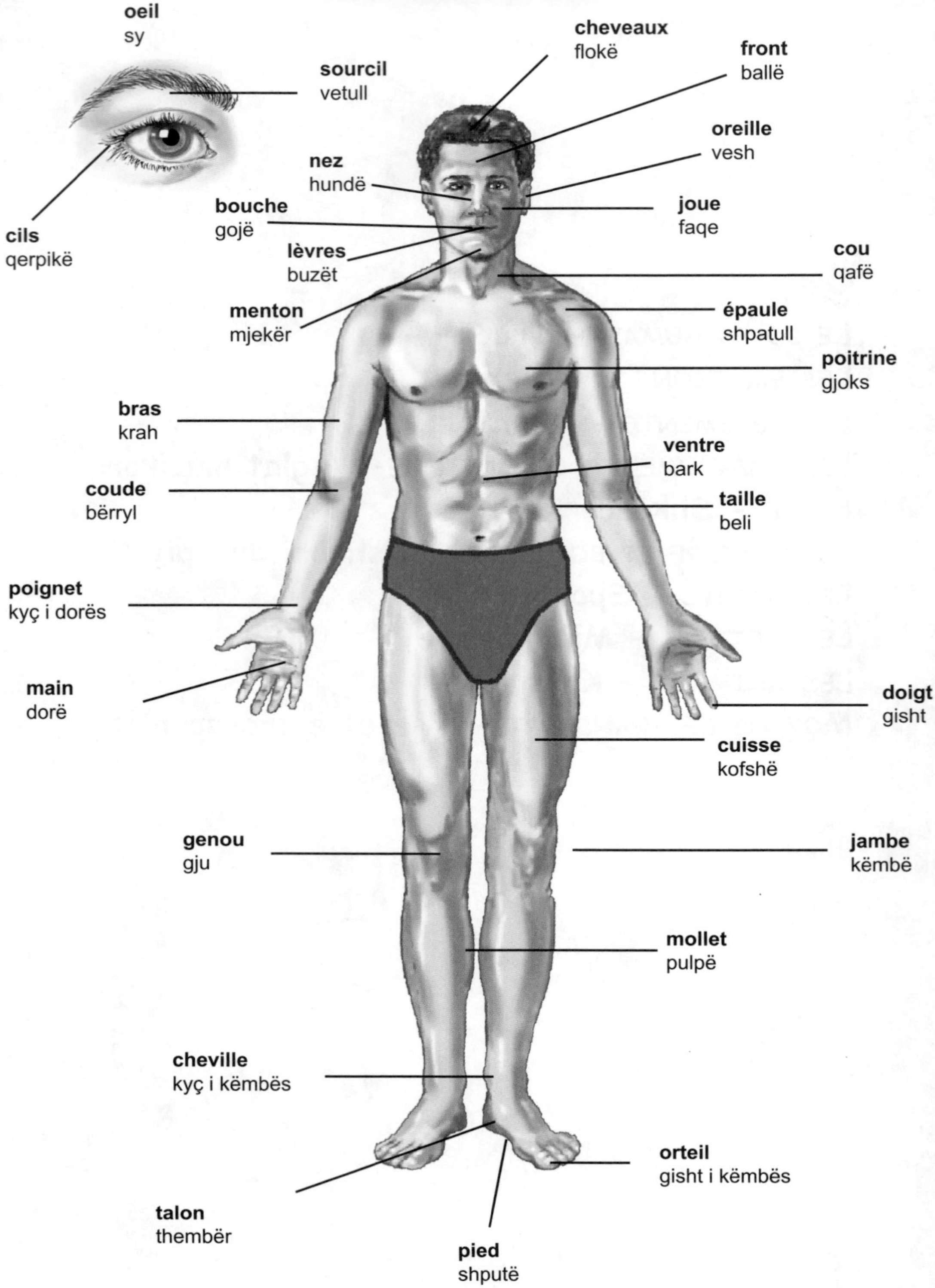

oeil
sy

cheveaux
flokë

front
ballë

sourcil
vetull

oreille
vesh

nez
hundë

bouche
gojë

joue
faqe

cils
qerpikë

lèvres
buzët

cou
qafë

menton
mjekër

épaule
shpatull

poitrine
gjoks

bras
krah

ventre
bark

coude
bërryl

taille
beli

poignet
kyç i dorës

main
dorë

doigt
gisht

cuisse
kofshë

genou
gju

jambe
këmbë

mollet
pulpë

cheville
kyç i këmbës

orteil
gisht i këmbës

talon
thembër

pied
shputë

Emotions

fier
krenar

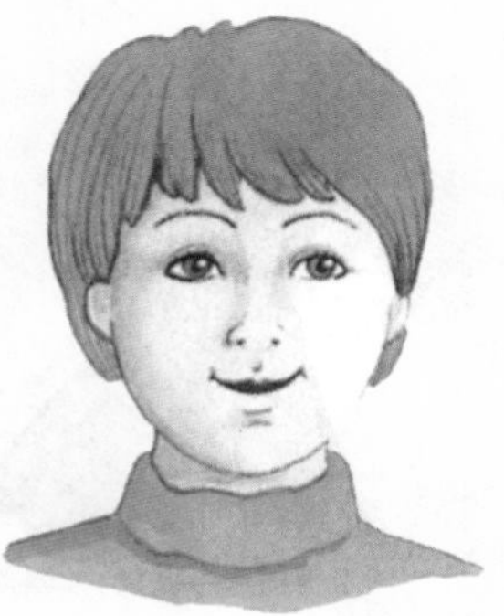

hereux
i gëzuar

triste
e trishtuar

goulu
grykës

méchant
i keq

timide
e ndrojtur

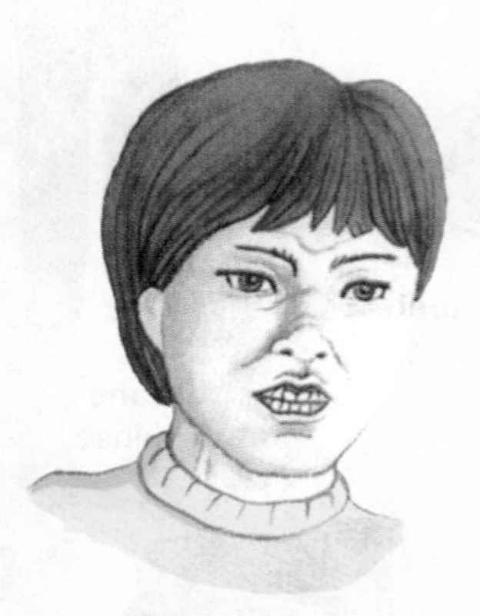

agressif
agresiv

en colère
i inatosur

nerveux
nervoz

Habits

pull-over
triko

robe
fustan

chemise
këmishë

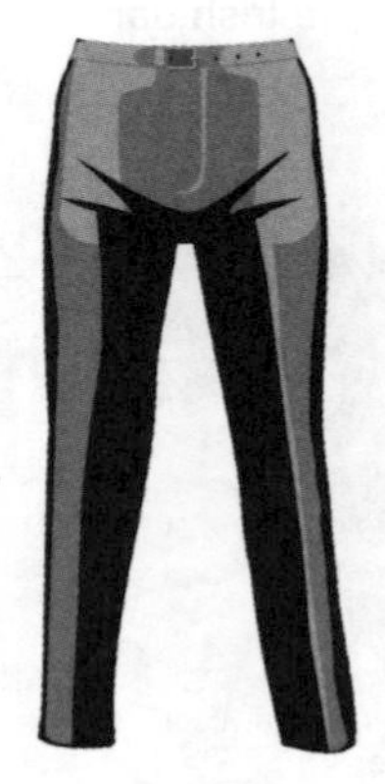

pantalon
pantallona

sac
çantë

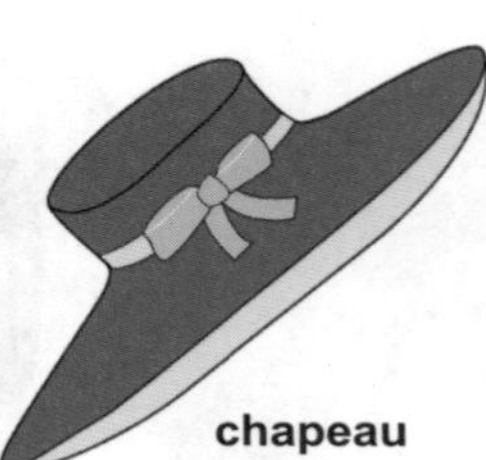

chapeau
kapele

cravate
kollare

lunettes
syze

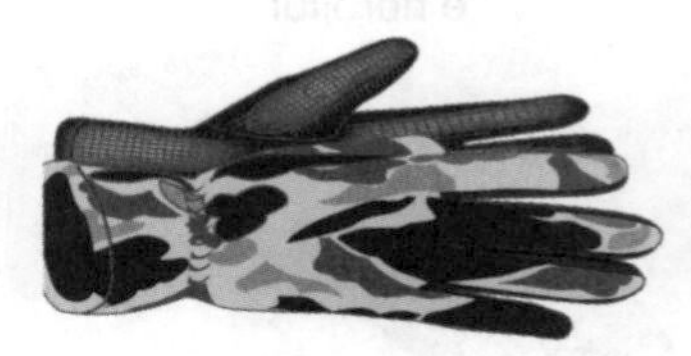

gants
doreza

basket
atlete

casquete
kasketë

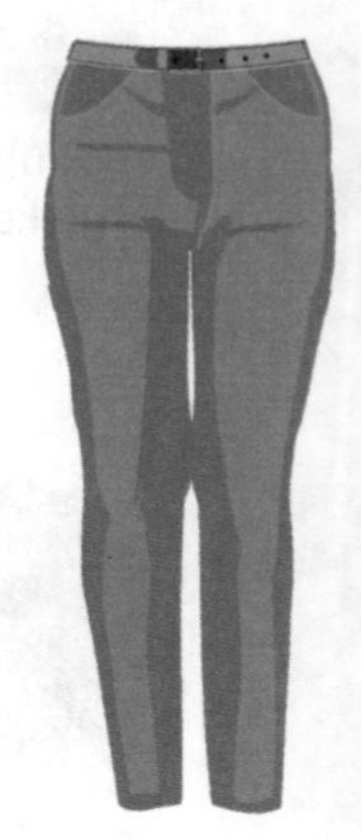

jeans
xhinse

chaussure
këpucë

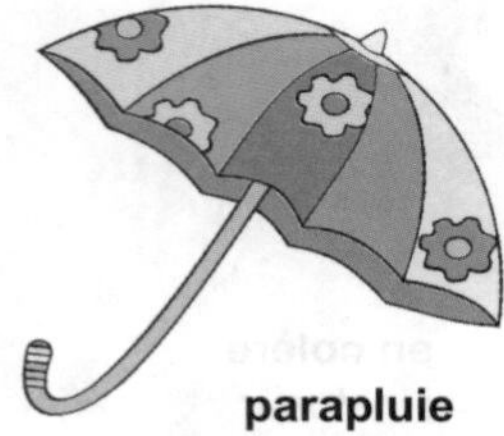

parapluie
çadër

ceinture
rrip

ISNTRUMENTS DE MUSIQUE

batterie
bateri

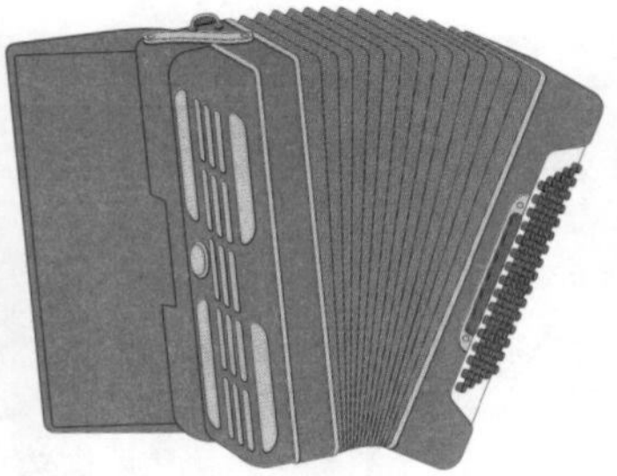

accordéon
fizarmonikë

harpe
harpë

piano
piano

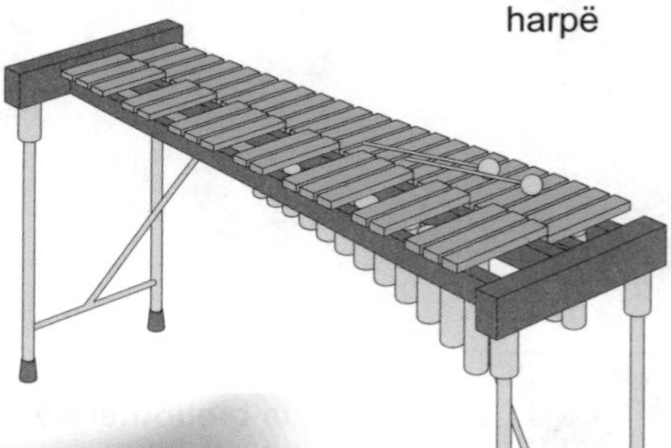

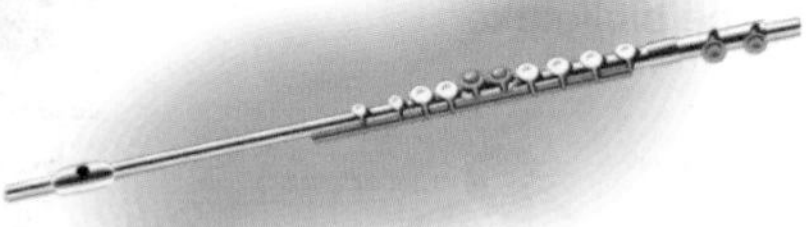

flûte
flaut

xylophone
ksilofon

guitare
kitarë

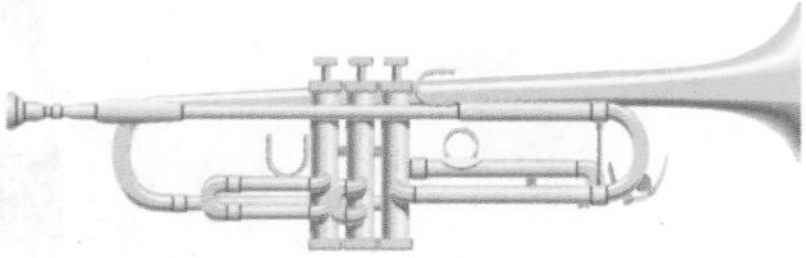

trompette
trombë

violon
violinë

saxophone
saksofon

ÉCOLE

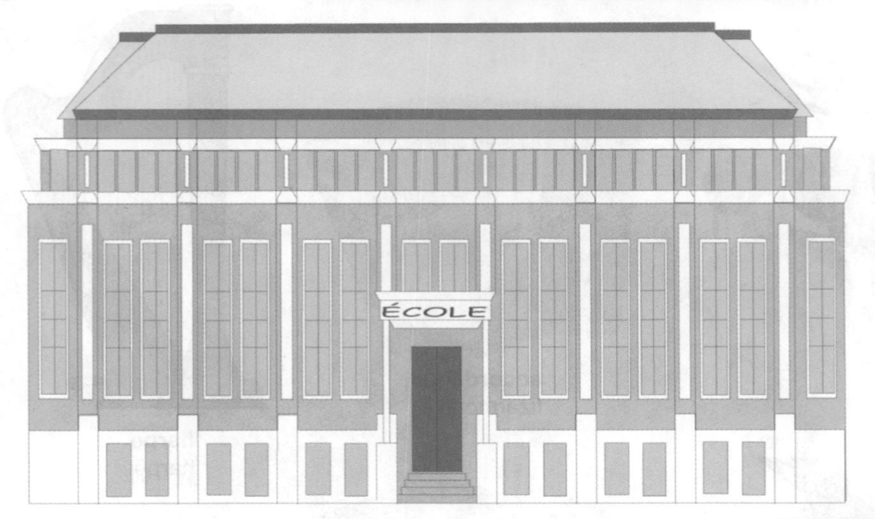

diplôme
dëftesë

tableau noir
dërrasë e zezë

à la bibliothèque
në bibliotekë

dans la classe
në klasë

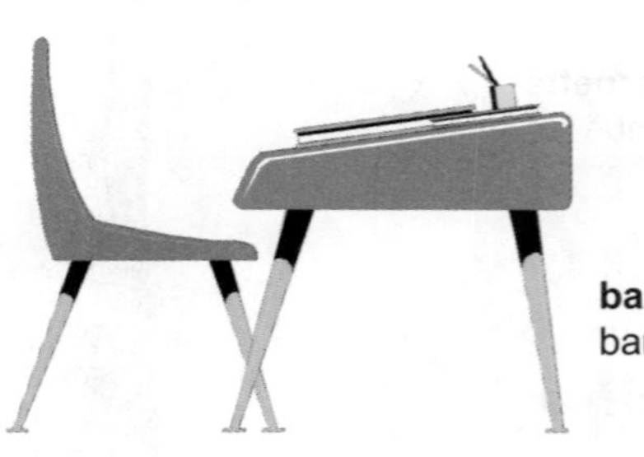

banc
bangë

ordinateur
kompjuter

sac à dos
çantë

livre
libër

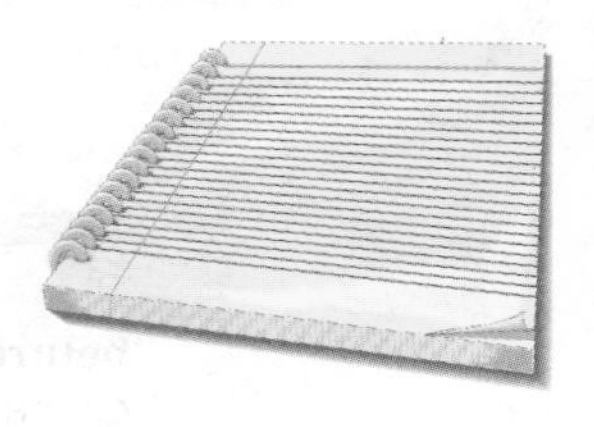

cahier
fletore

stylo
stilolaps

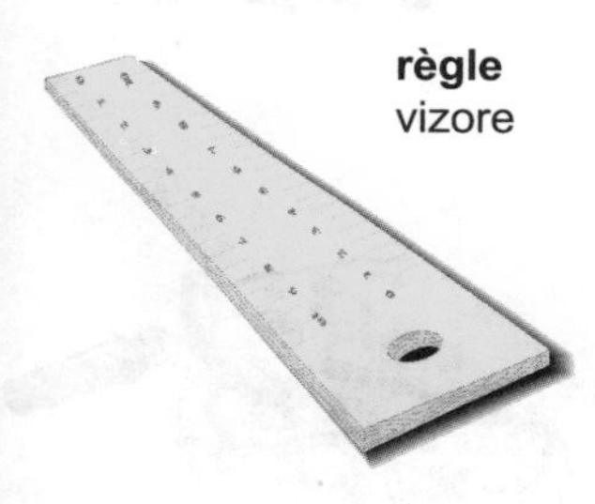

règle
vizore

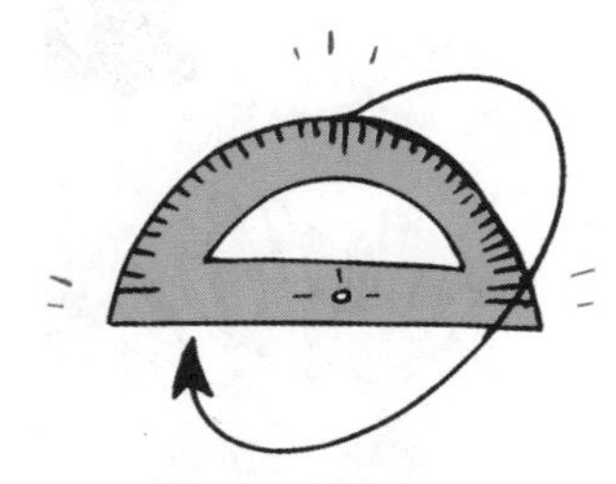

raportteur
raportor

compas
kompast

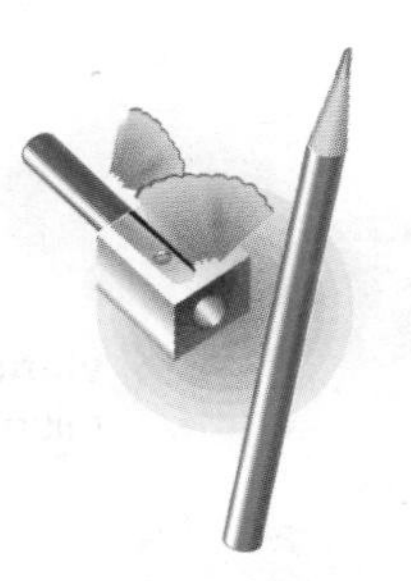

taille-crayon
prefse

crayons de couleur
bojra

crayon
lapsa

gomme
gomë

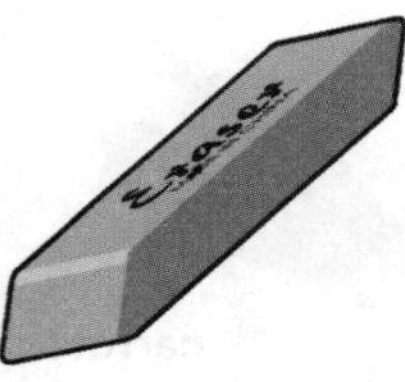

boulier
numrator

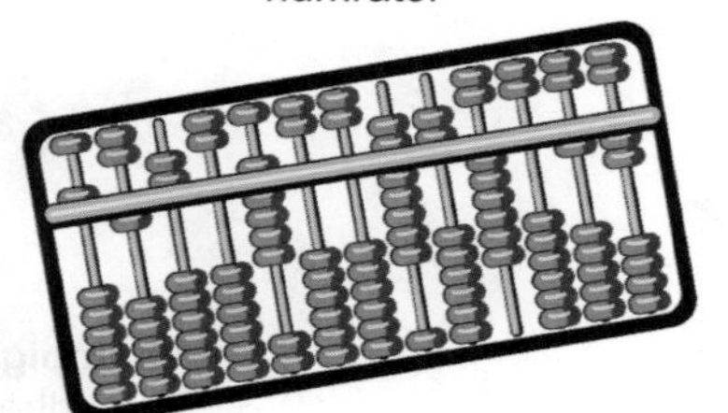

colle
ngjitës

NOURRITURE ET BOISSONS

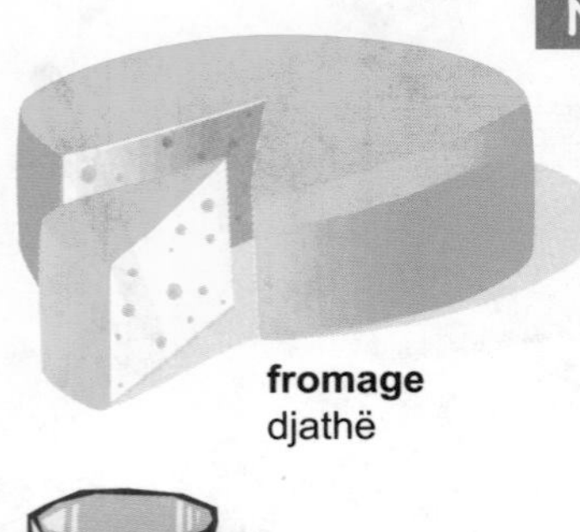

fromage
djathë

beurre
gjalpë

pain
bukë

jus de fruit
lëng frutash

vin
verë

café
kafe

gâteau
ëmbëlsira

frites
patate të skuqura

pizza
picë

poulet rôti
pulë e pjekur

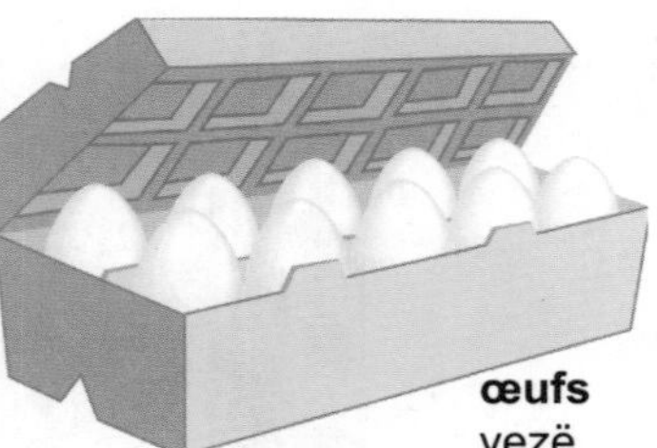

œufs
vezë

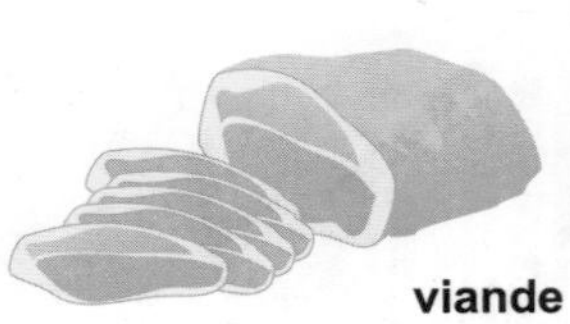

viande
mish

courge
kungull

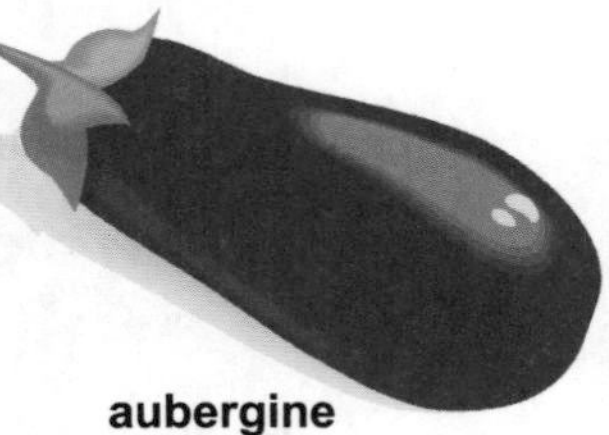

aubergine
patëllxhan

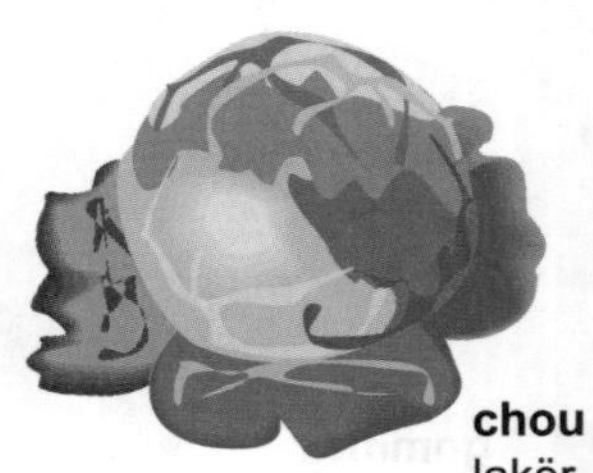

chou
lakër

poivrons
speca

champignon
kërpudhë

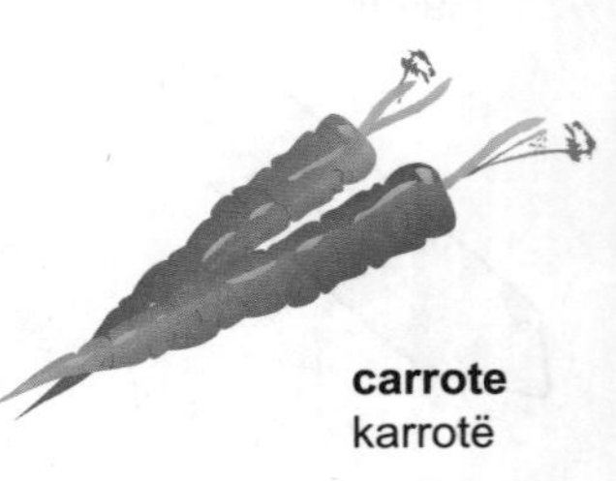

carrote
karrotë

maïs
misër
olive
ulli
oignon
qepë
concombre
kastravec
tomate
domate
kiwi
kivi
orange
portokall
cerise
qershi
citron
limon
pomme
mollë
poire
dardhë
fraise
luleshtrydhe
raisin
rrush
pêche
pjeshkë
banane
banane
pastèque
shalqi

SPORTS

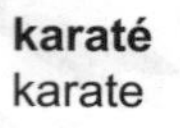

escrime
skermë

karaté
karate

basket-ball
basketboll

foot-ball
futboll

voley-ball
volejboll

tennis
tenis

raquette
raketë tenisi

chaussures de tennis
këpucë tenisi

boxe
boks

golf
golf

base-ball
bejsboll

course d'automobiles
garë me makina
moto de course
motor gare
gymnastique
gjimnastikë
cyclisme
çiklizëm
athlétique
atletikë
canotage
kanotazh
nage
not
hockey
hokej
ski
ski
patinage
patinazh
equitation
hipizëm

MÉTIERS

peintre
piktor

cameraman
kameraman

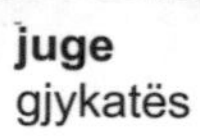

juge
gjykatës

docteur
mjek

chimiste
kimist

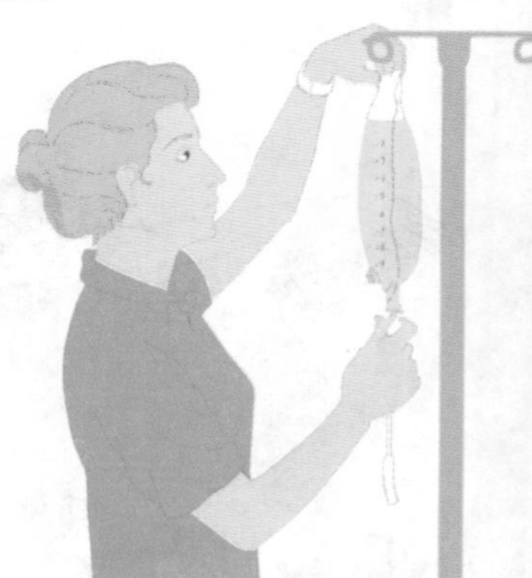

infirmière
infermiere

maîtresse
mësuese

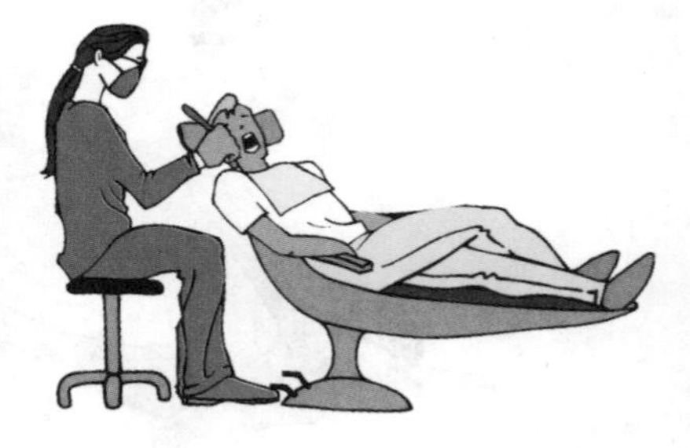

dentiste
dentist

garçon
kamerier

cuisinier
guzhinier

fleuriste
shitëse lulesh

aviateur
pilot

policier
polic

astronaute
astronaut

barbier
berber

menuisier
marangoz

Animaux

ours
ari
éléphant
elefant
panda
panda
chameau
deve
lion
luan
zèbre
zebër
tigre
tigër
kangourou
kangur
autruche
struc
cerf
dre
renard
dhelpër
chat
mace
cheval
kalë
vache
lopë
chien
qen

baleine
balenë
dauphin
delfin
requin
peshkaqen
pingouin
pinguin
flaiman
flamingo
perroquet
papagall
aigle
shqiponjë
lapin
lepur
oie
rosë
tortue
breshkë
serpent
gjarpër
souris
mi
grenouille
bretkosë
fourmi
milingonë
coccinelle
nusepashkë
papillon
flutur

MEANS OF TRANSPORT

pétrolier
anije naftë-mbajtëse

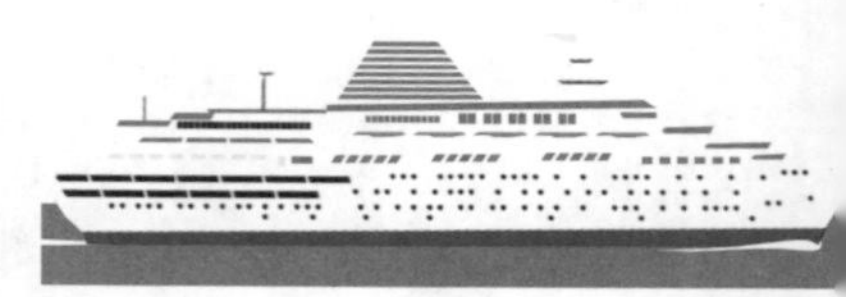

paquebot
traget

voilier
anije me vela

bateau à voile
barkë me vela

avion
aeroplan

hélicpotère
helikopter

motocyclette
motorr

autobus
autobus

locomotive
lokomotivë

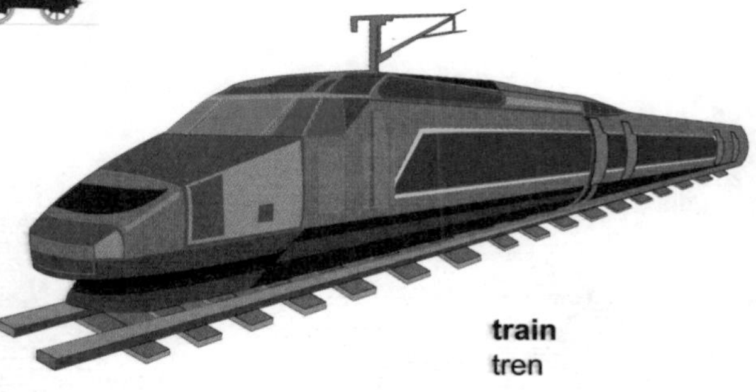

train
tren

autobus
autobus

vuiture
veturë

minibus
mikrobus

fourgon
furgon

camion
kamion

caravane
shtëpi-makinë

shqip
frëngjisht

abetár/e,- ja *f.* abécédaire *m.*
acar,- i *m.* froid glacial.
acíd,- i *m.* acide *m.*
adoleshént,- i *m.* adolescent *m.*
adrés/ë,- a, *f.* adresse *f.*
aeroplán,- i, *m.* avion *m.*
aeropórt,- i, *m.* aéroport *m.*
afát,- i *m.* délai *m.*, terme *m.* ☞ **para afatit** avant délai ☞ **afati i skadimit: tetor 2005** à utiliser avant octobre 2005.
áfër *ndajf.* près, à côté, auprès ☞ **stacioni është shumë afër** la gare est tout près 🔔 *parafj.* **shtëpia e tyre është afër kishës** leur maison est près de l'église.
i, e **áfërm,- e** *mb.* proche ☞ **kushërinjtë e mi më të afërm** mes plus proches cousins.
i, e **áfërt** *mb.* proche ☞ **dyqani më i afërt** le magasin le plus proche.
afrój *fol.* approcher ☞ **po vjen treni** le train approche 🔔 **afróhem** s'approcher ☞ **mos m'u afroni**! ne vous approchez pas de moi!
i, e **áftë** *mb.* capable ☞ **Angjela është e aftë** (*e zonja*) **ta rregullojë vetë krevatin** Angèle est capable de faire son lit ☞ **Misheli është i aftë të bëjë shërbimin ushtarak** Michel est apte à faire le service militaire.
agím,- i *m.* aube *f.*, aurore *f.* ☞ **do të nisemi në agim** nous partons à l'aube.
agón *fol.* **po agon** le jour se lève.
agjencí,- a *f.* agence *f.* ☞ **agjenci udhëtimesh** agence de voyages.
agjént,- i *m.* agent *m.*
ai *vetor.* il ☞ **ai është mësues** il est instituteur 🔔 (*në kallëzore, atë*) ☞ **isha në kinema me atë** j'étais au cinéma avec lui 🔔 *dëft.* (*për larg*) **ai atje** celui-là ☞ **ai djalë** ce garçon-là.
áj/ër,- ri *m.* air *m.* ☞ **Julisë i pëlqen të luajë në ajër të pastër** Julie préfère jouer en plein air.
ájk/ë,- a *f.* crème *f.* ☞ **qumësht me ajkë** lait crémeux.
ajó *vetor.* elle ☞ **ajo është infermiere** elle est infirmière 🔔 **e pashë atë** (*djalin*) je l'ai vu ☞ **nuk e pashë atë** (*vajzën*) je ne l'ai pas vue 🔔 *dëftor.* (*për larg*) **ajo atje** celle-là ☞ **ajo vajzë** cette fille-là.
akóma *ndajf.* encore ☞ **Denisi fle akoma** Denis dort encore.
akrép¹,- i *m.* (*i orës*) aiguille *f.* ☞ **akrepi i vogël tregon minutat** la petite aiguille indique les minutes.
akrép²,- i *m.* scorpion *m.*

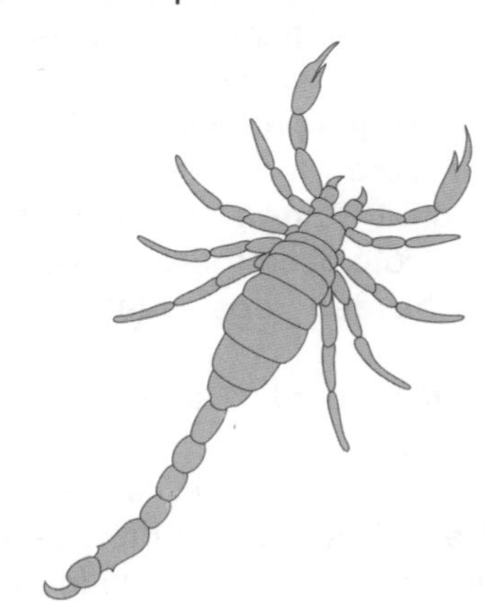

akrobát,- i *m.* acrobate *m., f.*
aksidént,- i *m.* accident m.
akt,- i *m.* acte *m.* ☞ **një akt trimërie** un acte courageux ❖ **një komedi me dy akte** une comédie à deux actes.
aktór,- i *m.* acteur *m.*
akuariúm,- i *m.* aquarium *m.*
áku/ll,- lli *m.* glace *f.* ☞ **fëmijët bëjnë patinazh në akull** les enfants patinent sur la glace.
akullór/e,- ja *f.* glace *f.* ☞ **Jasminës i pëlqejnë shumë akulloret me luleshtrydhe** Yasmine aime beaucoup les glaces à la fraise.
akúzoj *fol.* accuser.
alárm,- i *m.* alarme *f.*, alerte *f.* ☞ **jap alarmin** donner l'alarme.
albúm,- i *m.* album *m.* ☞ **album me**

fotografi album de photos.

aligatór,- i *m.* alligator *m.*

alfabét,- i *m.* alphabet *m.*

alkoól,- i *m.* alcool *m.*

álpe,- t *f. sh.* les Alpes.*f.sh.*

altoparlánt,- i *m.* haut-parleur *m.*

allçí,- a *f.* plâtre *m.* ☞ **Maria e mbajti këmbën në allçi dy javë** Marie a gardé son plâtre au pied pendant deux semaines.

ambulánc/ë,- a *f.* clinique *f.* ❖ ambulance *f.* ☞ **të plagosurin e çuan në spital me ambulancë** on a transporté le blessé à l'hôpital en ambulance.

ananás,- i *m.* ananas *m.*

anasjélltas *ndajf.* vice-versa, inversement.

andéj *ndajf.* de là, par delà ☞ **andej-këndej** çà et là, par-ci par-là 🔔 *parafj.* **andej** (*matanë*) **rrugës** par-delà la route.

án/ë,- a *f.* côté *m.* ☞ **në anën e djathtë** au côté droit ☞ **nga ana tjetër e rrugës** de l'autre côté de la route ☞ **nga të katër anët e botës** des quatre coins du monde.

ánës *parafj.* au bord ☞ **anës lumit** au bord de la rivière.

anëtár,- i *m.* membre *m.*, adhérent *m.* ☞ **Davidi është anëtar i klubit të futbollit** David est membre du club de football.

aníj/e,- a *f.* bateau *m.*, navire *m.*, vaisseau *m.*☞ **anije lufte** un bâtiment de guerre ☞ **anije mallrash** cargo *m.* ☞ **anije me vela** voilier *m.*

ankés/ë,- a *f.* plainte *f.* ☞ **bëj një ankesë** porter une plainte.

ankóhem *fol.* (*qahem*) se plaindre, porter plainte.

ankth,- i *m.* angoisse *f.*, anxiété *f.*

antén/ë,- a *f.* antenne *f.*

antikúar,- i *m.* antiquaire *m.*

antipatík,- e *mb.* antipathique.

apartamént,- i *m.* appartement *m.*☞ **një apartament i mobiluar** un appartement meublé.

apó *lidh.* ou ☞ **sot apo nesër?** aujourd'hui ou demain?

aq *ndajf.* tellement, si, tant ☞**aq mirë** tellement bien ☞ **aq afër** si près.

ar,- i *m.* or *m.* ☞ **një unazë e larë me ar** une bague plaquée or.

aráb,- e *mb., m.* arabe ☞ **bota arabe** le monde arabe.

Në Francë banojnë shumë njerëz të ardhur nga vende të Afrikës Veriore, si Algjeria, Maroku, Tunizia. Ata flasin në të dyja gjuhët, gjë që ka bërë që shumë nga fjalët apo shprehjet e gjuhës arabe të hyjnë në fjalorin e frëngjishtes. Për shembull, për emrin **doktor** në ligjërimin bisedor përdoret fjala arabe *toubib; ramadan* do të thotë **rrëmujë, konfuzion,** mbasi festa e **ramazanit** *ramadan* është gjithmonë e zhurmshme dhe e gjallë.

arbít/ër,- ri *m.* arbitre *m.* ☞ **arbitri lajmëroi fundin e lojës** l'arbitre a sifflé la fin du match.

e **árdhm/e,- ja** *f.* futur *m.* ☞ **koha e ardhme** le temps du futur ❖ avenir *m.* ☞ **e ardhmja do të tregojë nëse Roberti ka të drejtë** l'avenir dira si Robert a eu raison.

i, e **árdhsh/ëm- me** *mb.* prochain, futur.

argëtím,- i *m.* amusement *m.*, divertissement *m.*

argëtóhem *fol.* s'amuser, se divertir ☞ **fëmijët po argëtohen duke luajtur me qenin** les enfants s'amusent avec le chien.

argjénd,- i *m.* argent *m.*

arí,- u *m.* ours *m.* ☞ **ari i murrmë** ours brun.

arixhí,- u *m.* tzigane *m.*

árk/ë,- a *f.* caisse *f.* ☞ **paguaj në arkë!** payez à la caisse! ☞ **arkë kursimi** caisse d'épargne.

arkitékt,- i *m.* architecte *m.*

armatúr/ë,- a *f.* échafaudage *m.*

árm/ë- a *f.* arme *f.* ☞ **hidhe poshtë armën!** jette ton arme!

armík,- u *m.* ennemi *m.* ☞ **armiku sulmoi në befasi** l'ennemi a attaqué par surprise.
arsím,- i *m* éducation *f.*, enseignement *m.*
arsýe,- ja *f.* raison *f.*, jugement *m.* ☞ **mosha e arsyes** l'âge de raison ❖ motif. *m.*, sujet *m.*, raison *f.* ☞ **Martini ka arsye të forta për të mos ardhur në kinema** Martin a de fortes raisons pour ne pas venir au cinéma.
art,- i *m.* art *m.* ☞ **vepër arti** oeuvre d'art ☞ **artet e bukura** les beaux arts.
artíkull,- i *m.* article *m.*☞ **artikull gazete** article de journal ❖ article ☞ **artikuj të ndryshëm** articles variés.
artíst,- i *m.* artist *m.* ☞ **shkrimtarë dhe artistë** des écrivains et des artistes.
arratísem *fol.* s'évader, prendre la fuite.
i, e **arratísur** *mb.* évadé, fugitif.
arrestój *fol.* arrêter.
árr/ë,- a *f.* (*pema*) noyer *m.* ❖ (*fruti*) noix *m.* ☞ **lëvozhgë e arrës** l'écorce du noix ☞ **arrë kokosi** noix de coco.
arrëthýes,- e *m., f.* casse-noix *m.*
arríj *fol.* arriver ☞ **ata sapo arritën nga Fieri** ils viennent d'arriver de Fier ❖ **uji i arrin deri te gjunjët** l'eau lui arrive aux genoux ❖ parvenir à ☞ **nuk arrij ta zgjidh problemin** je ne parviens pas à résoudre ce problème ❖ **kjo nuk më ka ndodhur asnjëherë** cela ne m'est jamais arrivé ❖ **mirë se erdhe** sois le bienvenu.
arrítj/e,- a *f.* résultat *m.*
as,- i *m.* (*në lojën me letra*) as *m.* ❖ (*në sport, në gara*) champion *m.* ❖ **ai është as i futbollit** il est un as du football.
as *lidh.* ni ☞ **nuk flas as anglisht, as italisht** je ne parle ni anglais ni italien ☞ **as njëri as tjetri nuk duan të hanë** ni l'un ni l'autre ne veut manger ☞ **"nuk shkova në kinema" "as unë "** "je ne suis pas allé au cinéma" "moi non plus " 🔔 *pj.* **as që më përshëndeti** il ne m'a même pas salué.
asáj *vetor.* (*në dhanore*) elle, lui ☞ **jepja librin asaj!** donne le livre à elle!
asgjë *pakuf.* rien ☞ **Filipi nuk ka frikë nga asgjë** Philippe n'a peur de rien ☞ **Monika nuk tha asgjë** Monique n'a rien dit du tout ☞ **televizori nuk ka asgjë interesante sonte** il n'y a rien d'intéressant à la télévision, ce soir.
asgjëkúnd *ndajf.* nulle part.
asnjerí *pakuf.* personne, aucun.
asnjë *pakuf.* aucun ☞ **nuk ka asnjë shkak për t'u zemëruar** il n'y a aucune raison pour être fâché ☞ (*për njerëz*) **asnjë nuk e di** personne ne le sait.

> Vini re se si **rien, personne** dhe **aucun** kërkojnë përdorimin e vetëm njërës pjesëz të mohimit *ne* ☞ **nuk dua asgjë** *je ne veux rien* ☞ **asnjë nuk erdhi** *personne n'est venu.*

aspák *ndajf.* du tout, pas du tout, absolument pas.
astronáut,- i *m.* astronaute *m.*

astronomí,- a *f.* astronomie *f.*
ashensór,- i *m.* ascenseur *m.*
i, e **áshpër** *mb.* (*për një sipërfaqe*) rude, rugueux ❖ (*për njerëz*) sévère, dur.
ashtú *ndajf.* ainsi, de cette manière ☞ **po, ashtu!** oui, c'est ça! ☞ **këndoni po ashtu!** chantez de même!
atá (ató) *vetor.* ils, elles ☞ **ata u nisën për në shkollë** ils sont partis pour l'école 🔔 (*në kallëzore, ata ; në dhanore, atyre*) ☞ **tregoju atyre fotografitë e pushimeve** montre à eux les photos des vacances ☞ **i pashë ata dhe iu fola** je les ai vus et je leur ai parlé 🔔 **ato vajza** ces filles-là.
atdhé,- u *m.* patrie *f.*, pays *m.*

atdhetár,- i *m.* patriote *m.*
atdhetár,- e *mb.* patriotique.
atdhetarí,- a *f.* patriotisme *m.*
atëhérë *ndajf.* alors, en ce temps-là ☞ **atëherë ishim të vegjël** en ce temps-là on était petits ☞ **që atëherë e deri tani** de ce temps-là jusqu'à maintenant.
atíj (i) *vetor.* (*në dhanore)* **i thashë atij që të mos nisej** je lui ai dit de ne pas partir.
atjé *ndajf.* là-bas ☞ **atje lart** là-haut ☞ **deri atje** jusque-là.
atlás,- i *m.* atlas *m.*
atlét,- i *m.* athlète *m.*
atletík/ë,- e *mb.* athlétique.
i, e **áthët** *mb.* aigre, acide.
atý *ndajf.* là.
autobús,- i *m.* bus *m.*, autobus *m.*, autocar *m.*

Autobus përdoret për transportin e udhëtarëve brenda qytetit, ndërsa **autocar** për transportin e udhëtarëve ndërmjet qyteteve.

autográf,- i *m.* autographe *m.*
automatík ,- e *mb.* automatique.
automjét,- i *m.* véhicule *m.*
autór,- i *m.* auteur *m.*
autostrád/ë,- a *f.* autoroute *f.*
autostóp,- i *m.* auto-stop *m.*
aventúr/ë,- a *f.* aventure *f.*
avokát,- i *m.* avocat *m.*
ávull,- i *m.* vapeur *f.* ☞ **një anije me avull** un bateau à vapeur.
avullím,- i *m.* évaporation *f.*, vaporisation *f.*

babá,- i *m.* père *m.* ☞ (*me* përkëdheli) papa *m.*
bagázh,- i *m.* bagage *m.*
bajám/e,- ja *f.* (*pema*) amandier *m.* ❖ (*fruti*) amende *f.* ❖ *f.sh.* amygdales *f.sh.*
bák/ër,- ri *m.* cuivre *m.* ☞ **prej bakri** en cuivre.
bakshísh,- i *m.* pourboire *m.*
balén/ë,- a *f.* baleine *f.*
balerín/ë,- a *f.* ballerine *f.*, danseuse *f.*
balét,- i *m.* ballet *m.* ☞ **ne shkuam pamë një balet në opera** nous sommes allés voir un ballet à l'opéra.
balón/ë,- a *f.* cerf-volant *m.* ☞ **lëshoj një balonë** lancer un cerf-volant.
bált/ë,- a *f.* boue *f.* ☞ **fëmijët llapashiteshin në baltë si rosat** les enfants pataugeaient dans la boue comme des canards.

báll/ë,- i *m.* front *m.* ☞ **nëna** (*gjyshja*) **e ka ballin gjithë rrudha** mamie a le front tout ridé ❖ tête *f.* ☞ **ballët e krevatit** tête du lit ❖ **ballë për ballë** face à face ☞ **i bëj ballë** faire face à ☞ **jam në ballë** je suis à l'avant-garde.
ballkón,- i *m.* balcon *m.*
ballúk/e,- ja *f.* frange *f.*, mèche *f.* de cheveux.
banák,- u *m.* comptoir *m.*
banán/e,- ia *f.* banane *f.*
bánd/ë,- a *f.* (*muzikantësh*) fanfare *f.* ❖ (*keqbërësish*) bande *f.*, clique *f.* ☞ **banda e hajdutëve** la bande des voleurs.
bandít,- i *m.* bandit *m.*, gangster *m.*
bánk/ë,- a *f.* banc *m.* ☞ **bankë shkolle** banc d'école.
bánk/ë,- a *f.* banque *f.* ☞ **babai ka një llogari në bankë** papa a un compte en banque.
bankënót/ë,- a *f.* billet *m.* de banque.
banój *fol.* habiter, demeurer ☞ **ku banon?** tu habites où?
banór,- i *m.* habitant *m.* ☞ **Maria i njeh të gjithë banorët e pallatit të saj** Marie connaît tous les habitants de son immeuble.
bánj/ë,- a *f.* bain *m.* ☞ **bëj banjë** prendre un bain ❖ **banja dielli** bains de soleil ❖ salle *f.* de bains ☞ **vaska e banjës** la baignoire.
bar¹,- i *m.* herbe *f.* ☞ **bar i thatë** herbe sèche ☞ **barërat e këqija** mauvaises herbes ☞ **mos shkelni barin!** défense de marcher sur la pelouse!
bar²,- i *m.* remède *m.*, médicament *m.*
bar³,- i *m.* bar *m.* ☞ **vëllai i Monikës punon në barin e hotelit** le frère de Monique travaille au bar de l'hôtel.
barák/ë,- a *f.* baraque *f.* ☞ **kopshtari i vendos veglat e punës në një barakë në fund të kopshtit** le jardinier range ses outils dans une baraque au fond du jardin ❖ (*karakatinë*) baraque.
báras (bárazi) *ndajf.* **dy dhe dy baras katër** deux plus deux égalent quatre.
barcalét/ë,- a *f.* blague *f.* ☞ **Anës i pëlqen të tregojë barcaleta** Anne aime bien raconter des blagues.
i, e **bárdhë** *mb.* blanc ☞ **flokë të bardhë** des cheveux blancs.
barí,- u *m.* berger *m.*
bark,- u *m.* ventre *m.* ☞ **Marku lexon shtrirë barkas** Marc lit à plat ventre ❖ diarrhée *f.* ☞ **më zuri barku** j'ai la diarrhée.
bárk/ë,- a *f.* barque *f.*, canot *m.* ☞ **lundroj me barkë** je fais de la barque ☞ **barkë gome** canot pneumatique ☞ **barkë shpëtimi** canot de sauvetage.
barrikád/ë,- a *f.* barricade *f.* ☞ **Gavroshi u vra në një barrikadë** Gavroche est tué sur une barricade.
báshkë *ndajf.* ensemble.
bashkëpunój *fol.* collaborer, coopérer ☞ **të**

gjithë nxënësit bashkëpunuan për përgatitjen e festës tous les élèves ont collaboré pour préparer la fête.

bashkëshórt,- i *m.* conjoint *m.*, époux *m.*, mari *m.*

bashkëshórt/e,- ja *f.* conjointe *f.*, épouse *f.*, femme *f.*

bashkí,- a *f.* mairie *f.*, Hôtel *m.* de ville.

bashkím,- i *m.* union *f.*

Fjalë e urtë

Bashkimi bën fuqinë. L'union fait la force.

bashkój *fol.* unir, réunir ❖ lier, joindre.

bataníj/e,- a *f.* couverture *f.*

baterí,- a *f.* batterie *f.*, pile *f.* ☞ **radio me bateri** poste de radio à pile.

báz/ë,- a *f.* base *f.*, fond *m.*, ☞ **bazë e trekëndëshit** base d'un triangle.

béb/e,- ja *f.* bébé *m.*

béfas *ndajf.* à l'improviste, soudain.

befasí,- a *f.* surprise *f.* ☞ **e zuri në befasi Polin duke folur** il a surpris Paul en train de parler.

i, e **befasísh/ëm- me** *mb.* brusque, soudain, subit.

bekój *fol.* bénir.

bel,- i *m.* bêche *f.* ☞ **punoj tokën me bel** je laboure la terre à la bêche.

belbëzój *fol.* balbutier, bredouiller.

benzín/ë,- a *f.* essence *f.*, benzine *f.* ☞ **furnizoj makinën me benzinë** faire l'essence ☞ **distributor benzine** station-service *f.*

berbér,- i *m.* barbier *m.*, coiffeur *m.*

beret/ë,- a *f.* béret *m.*

Marinarët francezë mbajnë bereta blu me një xhufkë të kuqe.

bés/ë,- a *f.* foi *f.* ❖ parole *f.* d'honneur.

besím,- i *m.* confiance *f.*, foi *f.* ☞ **kam shumë besim te ty** j'ai confiance en toi ❖ (*te Zoti*) croyance *f.*

besník,- e *mb.* fidèle ☞ **një mik besnik** un ami fidèle.

besój *fol.* croire ☞ **Myrieli i beson të gjitha ato që i tregon Antuani** Muriel croit tout ce que lui raconte Antoine ❖ avoir confiance ☞ **mos i beso Brizhitës** il ne faut pas croire Brigitte ❖ penser ☞ **Maria mendonte se ishte vetëm** Maria croyait être seule ❖ **gjyshja ime beson te Zoti** mamie croit en Dieu.

betéj/ë,- a *f.* bataille *f.*, combat *m.*

betóhem *fol.* jurer ☞ **betohem se do të them të vërtetën** je jure de dire la vérité.

bezdí,- a *f.* gêne *f.*, embarras *m.*

bezdís *fol.* ennuyer, agacer, contrarier ☞ **zhurma më bezdis** le bruit me contrarie 🔔 **bezdisem** je suis contrarié.

i, e **bezdíssh/ëm,- me** *mb.* agaçant, embêtant.

bëj *fol.* faire ☞ **çfarë do të bësh sot?** qu'est-ce que tu fais aujourd'hui? ❖ (*bëj një gjë konkrete*) **Juli bën detyrat** Julie fait ses devoirs ❖ **bëj një gabim** commettre une faute ❖ **bën ftohtë** il fait froid ❖ **bëj dush** je prends une douche 🔔 **bëhem** ☞ **Iliri do që të bëhet doktor** Ilir veut devenir médecin ❖ **kam të bëj me dikë** avoir affaire avec quelqu'un ☞ **kjo klimë s'më bën për shëndetin** ce climat ne me convient pas ☞ **bëj durim** je patiente ☞ **s'më bën zemra** je n'ai pas envie.

i, e **bërë** *mb.* fait ☞ **një ëmbëlsirë e bërë në shtëpi** un gâteau fait à la maison.

bërtás *fol.* crier, hurler ☞ **mos bërtit!** ne crie pas! ❖ gronder ☞ **mamaja i bërtiti Sofisë kur e theu gotën** quand Sophie a cassé le verre maman l'a grondée.

bërrýl,- i *m.* coude *m.* ☞ **kur hamë nuk**

duhet të mbështetim bërrylat mbi tryezë quand on mange, il ne faut pas poser les coudes sur la table.

bibéron,- i *m.* biberon *m.*

Bíb/ël,- la *f.* Bible *f.*

bibioték/ë,- a *f.* bibliothèque *f.* ☞ **mësuesi im ka një bibliotekë me xhama në zyrë** mon instituteur a une bibliothèque vitrée dans son bureau ❖ **ne huazojmë** (*marrim*) **libra në bibliotekën e shkollës** nous empruntons des livres à la bibliothèque de l'école.

biçák,- u *m.* canif *m.*

biçiklét/ë,- a *f.* bicyclette *f.*, vélo *m.* ☞ **biçikletë garash** bicyclette de course ☞ **Maria shkon në shkollë me biçikletë** Marie va à l'école à vélo ☞ **a di t'i japësh biçikletës?** sais-tu faire du vélo?

bíe[1] *fol.* (*rrëzohem, rrokullisem*) tomber ☞ **Davidi ra nga shkalla** David est tombé de l'escalier ☞ **bie borë që prej dy orësh** la neige tombe depuis deux heures ❖ **Natalia ka rënë në dashuri me Mishelin** Nathalie est tombée amoureuse de Michel ☞ **Roberti u sëmur** Robert est tombé malade ❖ **këtë vit 1 janari bie e hënë** cette année le premier janvier tombe un lundi.

bíe[2] *fol.* (*sjell*) amener, apporter ☞ **më në fund, Natalia e pruri librin tim** enfin, Nathalie a apporté mon livre.

bifték,- u *m.* bifteck *m.* ☞ **biftek i pjekur mirë** un bifteck à point.

bíj/ë- a *f.* fille *f.* ☞ **bijë e vetme** fille unique.

bilárdo,- ja *f.* billard *m.*

bilbíl,- i *m.* rossignol *m.* ❖ sifflet *m.* ☞ **arbitri i ra bilbilit** l'arbitre a donné un coup de sifflet.

biletarí,- a *f.* guichet *m.*

bilét/ë,- a *f.* billet *m.* ticket *m.*

Në frëngjisht **billet** përdoret për biletat që priten për një afat të gjatë udhëtimi ☞ **një biletë vajtje-ardhje për në Paris** un billet aller-retour pour Paris. Ndërsa **ticket** quhen biletat e metrosë, apo autobusit urban ☞ **një bllok me bileta autobusi** un carnet de tickets de bus.

bíl/ë,- a *f.* bille *f.*

bím/ë,- a *f.* plante *f.*

bimór,- e *mb.* végétal.

binár,- i *m.* rail *m.* ☞ **treni doli nga binarët** le train est sorti des rails.

bind *fol.* convaincre, persuader ☞ **Misheli nuk na bindi për pafajësinë e tij** Michel ne nous a pas convaincu de son innocence 🔔 **bindem** obéir ☞ **Monika nuk i bindet gjithmonë nënës** Monique n'obéit pas toujours à sa mère.

i, e **bíndur** *mb.* convaincu, persuadé ☞ **nuk jam e bindur për këtë** je n'en suis pas convaincu ❖ obéissant ☞ **Lordi është një qen i bindur** Lord est un chien obéissant.

bíngo,- ja *f.* (*lojë*) bingo *m.*

binják,- e *mb.* jumeau ☞ **motra binjake** sœurs jumelles.

biologjí,- a *f.* biologie *f.*

bi/r,- ri *m.* fils *m.* ☞ **bir i vetëm** fils unique ☞ **bijtë e mi** mes fils.

birësój *fol.* (*një fëmijë*) adopter (*un enfant*).

biríl,- i *m.* quille *f.*

bírr/ë,- a *f.* bière *f.*

biséd/ë,- a *f.* conversation *f.*, causerie f. ☞ **gjatë bisedës** au cours de la conversation.

bisedój *fol.* causer, discuter, bavarder.

biskót/ë,- a *f.* biscuit *m.*

bisták,- u *m.* grappe *f.* de raisins.

bísh/ë,- a *f.* fauve *m.*, bête *f.* sauvage ☞ **e Bukura dhe Bisha** la Belle et la Bête.

bisht,- i *m.* queue *f.* ☞ **bishti i qenit** la queue du chien ❖ manche *f.* ☞ **bishti i lopatës** la queue de la pelle ❖ (*model flokësh*) **bisht kali** queue de cheval ❖ **bisht cigareje** mégot *m.* (*d'une cigarette*).

bishtáj/ë,- a *f.* haricot *m.* vert.
bitúm,- i *m.* bitume *m.*
bizél/e,- ja *f.* petits *m.* pois.

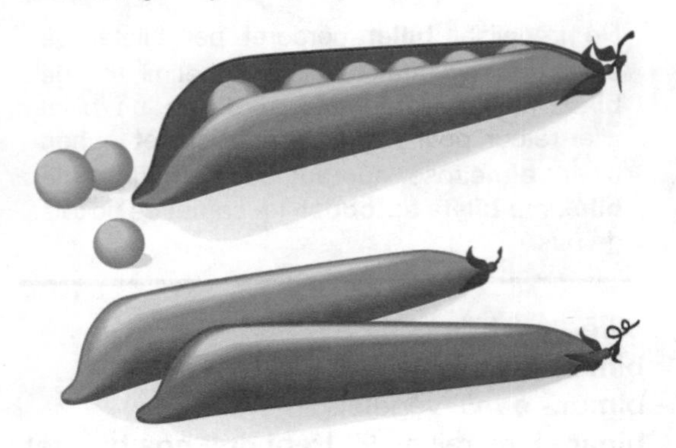

biznés,- i *m.* business *m.*
bjéshk/ë,- a *f.* alpage *m.*
blegëríj *fol.* bêler.
blej *fol.* acheter ☞ **Alina e bleu shumë lirë biçikletën e saj** Aline a acheté très bon marché son vélo.
i, e **blértë** *mb.* vert.
blét/ë,- a *f.* abeille *f.* ☞ **bleta mbretëreshë** la reine ☞ **bleta punëtore** l'ouvrière.
blu *mb.* bleu ☞ **blu e errët** bleu foncé.
blúaj *fol.* (*kafe, piper*) moudre ☞ **kafe e bluar** café moulu.
bllo/k,- ku *m.* bloc *m.* (*shënimesh*) ❖ **bllok mermeri** bloc de marbre ❖ (*ndërtesash*) bloc, pâté *m.* (*de maisons*).
bllokím,- i *m.* (*trafiku*) embouteillage *m.*
bodrúm,- i *m.* cave *m.*, sous-sol *m.*
bojaxhí,- u *m.* peintre *m.* en bâtiments.
bój/ë,- a *f.* (*shkrimi*) encre *f.* ❖ (*vaji*) peinture *f.* ☞ **Kujdes, ruajuni nga boja!** Attention, peinture fraîche! ❖ **bojë këpucësh** cirage *m.*
i, e **bóllsh/ëm,- me** *mb.* abondant, copieux ☞ **ushqim i bollshëm** nourriture abondante.
bómb/ë,- a *f.* bombe *f.*
bonbón/e,- ia *f.* bonbon *m.*
bord,- i *m.* bord *m.* ☞ **udhëtarët hipën në bordin e anijes** les voyageurs sont montés à bord du bateau.
bór/ë,- a *f.* neige *f.* ☞ **flokë bore** flocons de neige.
Borëbárdh/ë,- a *f.* Blanche-neige *f.*
borí,- a *f.* trompette *f.* ❖ (*automobili*) klaxon *m.*
bosh,- e *mb.* vide ☞ **një shishe bosh** une bouteille vide.
bót/ë,- a *f.* monde *m.*, univers *m.* ☞ **harta e botës** la carte du monde.
botërór,- e *mb.* mondial ☞ **kampionati botëror i futbollit** le championnat mondial du football ☞ **luftë botërore** une guerre mondiale.
braktís *fol.* abandonner, quitter ☞ **marinarët e braktisën anijen që po mbytej** les marins ont abandonné le navire en détresse.
bráv/ë,- a *f.* serrure *f.*
bredh,- i *m.* sapin *m.*
bredh *fol.* errer, flâner, vagabonder.
breg,- u *m.* (*lumi, liqeni*) bord *m.*, côte *f.*
bregdét,- i *m.* littoral *m.*, bord *m.* de la mer, côte *f.*
brékë,- t *f.vet.sh.* caleçon *m.*
brénda *ndajf.* dedans, à l'intérieur ☞ **eja brenda!** viens dedans! 🕭 *parafj.* dans ☞ **brenda javës** dans la semaine.
i, e **bréndsh/ëm- me** *mb.* intérieur, interne ☞ **oborr i brendshëm** cour intérieure.
brésh/ër,- ri *m.* grêle *f.*
bréshk/ë,- a *f.* tortue *f.*

bretkós/ë,- a *f.* grenouille *f.*
brez,- i *m.* ceinture *f.* ☞ **brez i shpëtimit** ceinture de sécurité ❖ génération *f.* ☞ **brezi i ri** la jeune génération.
bri,- ri *m.* corne *f.* ☞ **brirët e drerit** les cornes du cerf.
bri *parafj.* à côté ☞ **bri meje** à mes côtés.
brínj/ë,- a *f.* côte *f.* ☞ **24 brinjët e njeriut** les vingt-quatre côtes de l'homme ❖ côté *m.* ☞ **një trekëndësh ka tri brinjë** un triangle a trois côtés.
i, e **bríshtë** *mb.* (*i thyeshëm*) fragile, délicat

☞ një gotë prej kristali është e thyeshme un verre de cristal est fragile.

brítm/ë,- a *f.* cri *m.*, clameur *f.*☞ **lëshoj një britmë gëzimi** pousser un cri de joie.

brohorít (brohorís) *fol.* acclamer, applaudir.

brúm/ë,- i *m.* pâte *f.*

búa/ll,- lli *m.* buffle *m.*

bubullím/ë,- a *f.* tonnerre *m.*

buburréc,- i *m.* blatte *f., cafard m.*

buçét *fol.* gronder, tonner.

budall/á,- ái *m.* idiot, sot, imbécile, bête, niais, nigaud.

budallá,- qe *mb.* idiot, imbécile, bête.

budallallëk,- u *m.* sottise *f.* ☞ **mos thuaj budallallëqe!** ne dis pas de bêtises!

buf,- i *m.* hibou *m.*

bufé,- ja *f.* buffet *m.*

bujár,- e *mb.* généreux.

buj/k,- ku *m.* agriculteur *m.*

búk/ë,- a *f.* pain *m.* ☞ **bukë e zezë** pain noir ☞ **fetë buke** tartine *f.* ☞ **bukë e ndenjur** pain rassis ☞ **thërrime buke** miettes *f.sh.*

bukëpjékës,- i *m.* dhe **bukëshítës,- i** *m.* boulanger *m.*

i, e **búkur** *mb.* beau ☞ **pikturë e bukur** un beau tableau ☞ **shtëpi e bukur** une belle maison ❖ (*për një grua*) joli, charmant ❖ **ç'kohë e bukur!** quel beau temps!

búkur *ndajf.* joliment ❖ bien ☞ **ajo vishet bukur** elle s'habille bien.

bukurí,- a *f.* beauté *f.*, grâce *f.* ☞ **për bukuri** à merveille.

bukurshkrím,- i *m.* calligraphie *f.*

bulevárd,- i *m.* boulevard *m.*, avenue *f.*

bulkth,- i *m.* grillon *m.*, cri-cri *m.*

bulmetór/e,- ja *f.* laiterie *f., crémerie f.*

buqét/ë,- a *f.* bouquet *m.* ☞ **një buqetë lulesh** un bouquet de fleurs.

bur/g,- gu *m.* prison *f.*

burím,- i *m.* source *f.*, fontaine *f.* ☞ **nxënësit iu ngjitën lumit deri te burimi** les élèves ont remonté le fleuve jusqu'à sa source.

búrr/ë,- i *m.* homme *m.* ❖ mari *m.*, époux *m.*

búsull,- a *f.* boussole *f.*

i, e **bútë** *mb.* doux ☞ **macja e ka gëzofin shumë të butë** le chat a une fourrure très douce ❖ mou ☞ **bora është e butë** la neige est molle ❖ (*i ndjeshëm*) doux ☞ **ajo ka një zemër të butë** elle est gentille ❖ **kohë e butë** temps doux ❖ **kafshë e butë** animal domestique.

butón,- i *m.* buton *m.*

búz/ë,- a *f.* lèvre *f.* ☞ **vë buzën në gaz** sourire ☞ **var buzët** bouder ❖ **buzë lumit** au bord de la rivière.

buzëkúq,- i *m.* rouge *m.* à lèvres.

buzëqésh *fol.* sourire.

bouzëqéshj/e,- a *f.* sourire *m.*

byzylýk,- u *m.* bracelet *m.*

caktój *fol.* fixer ; désigner, définir ☞ **ata nuk e kanë caktuar ende datën e nisjes** ils n'ont pas encore fixé la date du départ.

i, e **cékët** *mb.* peu profond ☞ **pellgu është i cekët** l'étang est peu profond.

centimét/ër,- ri *m.* centimètre *m.*

cep,- i *m.* bout *m.*, coin *m.* ☞ **cepi i rrugës** le coin de la rue ☞ **ylli me pesë cepa** étoiles à cinq branches.

ceremoní,- a *f.* cérémonie *f.* ☞ **ceremoni martese** cérémonie de mariage.

certifikát/ë,- a f. certificat m. ☞ **certifikatë lindjeje** certificat de naissance.

cicërím/ë,- a *f.* gazouillement *m.*, gazouillis *m.*

cicërój *fol.* gazouiller.

cigán,- i *m.* bohémien *m.*, gitan *m.*, tsigane *m.*

cigán/e,- ia *f.* bohémienne *f.*, gitane *f.*, tsigane *f.*

cigár/e,- ja *f.* cigarette *f.* ☞ **mos pi cigare!** ne fume pas!

cilësí,- a *f.* qualité *f.*☞ **mamaja ime blen vetëm mallra me cilësi të mirë** maman n'achète que des produits *m.* de bonne qualité ❖ (*morale*) qualité, don *m.* ☞ **trimëria dhe bujaria janë cilësi** le courage et la générosité sont des qualités.

cíl/i,- a *pyet.* (*kur zgjedh mes disa sendeve apo njerëzve*) qui, qui est-ce qui, lequel, laquelle, lesquels, lesquelles ☞ **cili ishte ai?** qui était-ce? ☞ **cili nga të dy?** lequel des deux? ☞ **cili djalë nuk e ka zgjidhur problemin?** quel garçon n'a pas résolu le problème?

i, e **cíli- a** *lidh.* (*rasa emërore*) qui, lequel, laquelle 🔔 (*rasa gjinore*) dont, duquel, desquels, de laquelle, desquelles 🔔 (*rasa dhanore*) auquel, à la quelle, auxquels, auxquelles 🔔 (*rasa kallëzore*) lequel, laquelle, lesquels, lesquelles, que.

cilidó, ciladó *pakuf.* n'importe qui.

cilínd/ër,- ri *m.* cylindre *m.* ❖ (*kapelë*) haut de forme *m.*

cíp/ë,- a *f.* membrane *f.*, peau *f.* fine.

cirk,- ku *m.* cirque *m.*

citát,- i *m.* citation *f.*

citój *fol.* citer.

cjap,- i *m.* bouc *m.*

cóp/ë,- a *f.* morceau *m.* ☞ **një copë bukë** un morceau de pain ☞ **një copë rrugë** un bout de chemin ☞ **një copë e zgjedhur leximi** un morceau choisi de lecture 🔔 *ndajf.* **bëhem copë** se mettre en quatre.

copëtój *fol.* morceler, dépecer.

çád/ër,- ra *f.* parapluie *m.* ☞ **hap dhe mbyll çadrën** j'ouvre et je ferme le parapluie ❖ **çadër plazhi** parasol *m.* ❖ **çadër kampingu** tente *f.*

çaj,- i *m.* thé *m.* ☞ **Tereza pi vetëm çaj** Thérèse ne boit que du thé.

çaj *fol.* fendre ☞ **çaj dru** je fends du bois ❖ **çaj një plagë** crever un abcès ❖ crevasser ☞ **të ftohtit çan duart** le froid crevasse les mains ❖ **çaj kokën, veshët dikujt** casser la tête, les oreilles à quelqu'un.

çajník,- u *m.* théière *f.*

çakmák,- u *m.* briquet *m.*

i, e **çakordúar** *mb.* désaccordé ☞ **pianoja e Mirejit është çakorduar** le piano de Mireille est désaccordé.

çalamán,- e *mb.* boiteux.

i, e **çálë** *mb.* boiteux.

çalój *fol.* boiter.

çamarrók,- e *mb.* polisson, coquin.

çamçakëz,- i *m.* chewing-gum *m.*

çánt/ë,- a *f.* sac *m.* ☞ **ajo ka një çantë dore lëkure** elle a un sac à main en cuir ❖ **çantë shkolle** serviette *f.*, sacoche *m.* ❖ **çantë shpine** sac à dos , sac de montagne.

çarçáf,- i *m.* drap *m.* ☞ **zonja Dypon i ndërron çarçafët një herë në dy javë** madame Dupont change ses draps tous les deux semaines.

çark,- ku *m.* piège *m.* ☞ **ngre çarkun** tendre le piège ☞ **çark për minj** souricière *f.*

çast,- i *m.* moment *m.*, instant *m.* ☞ **një çast, të lutem!** un moment, s'il te plaît!

çatí,- a *f.* toit *m.*

çdo *pakuf.* chaque, tout ☞ **çdo ditë** chaque jour ☞ **çdo gjë** chaque chose, toute chose ☞ **me çdo çmim** à tout prix ☞ **në çdo rast** dans tous les cas.

çdokúsh *pakuf.* chacun, n'importe qui.

çdonjëri *pakuf.* chacun.

çek,- ku *m.* chèque *m.*

çekíç,- i *m.* marteau *m.*

çel *fol.* ouvrir ☞ **çel një gropë** j'ouvre un fossé ❖ éclore ☞ **çel veza** l'œuf éclôt ❖ éclore, fleurir ☞ **çeli trëndafili** la rose a éclos.

çélës,- i *m.* clé *f.*, clef *f.* ☞ **Maria ka humbur çelësin e shtëpisë** Marie a perdu la clé de la maison ☞ **mamaja i mban me çelës ilaçet** maman garde les médicaments sous clé ❖ **çelës anglez** une clé anglaise.

i, e **çélët** *mb.* clair ☞ **ngjyrë e çelët** une couleur claire.

çelík,- ku *m.* acier *m.*

i, e **çélur** *mb.* ouvert ☞ **dritare e çelur** une fenêtre ouverte ☞ **lule e çelur** une fleur éclose ☞ **ngjyrë e çelur** une couleur claire.

çérdh/e,- ja *f.* (*zogjsh*) nid *m.* ❖ (*për fëmijë*) crèche *f.*

çerék,- u *m.* quart *m.* ☞ **një çerek ore** un quart d'heure.

çét/ë,- a *f.* guerilla *f.*, maquis *m.*

çézm/ë,- a *f.* fontaine *f.* ❖ robinet *m.* ☞ **e hap deri në fund çezmën** j'ouvre le robinet à fond.

çfárë *pyetës* que, qu'est-ce que ☞ **çfarë është kjo?** qu'est-ce que c'est? ☞ **më trego se çfarë të tha** raconte-moi ce qu'il t'a dit 🔔 *pasth.* quoi, que, quel ☞ **çfarë ditë e bukur!** quel beau jour!

çfarëdó *pakuf.* quoi que ☞ **me çfarëdo çmimi** à n'importe quel prix ☞ **në çfarëdo mënyre** en quoi que ce soit 🔔 *mb.* **një libër çfarëdo** un livre quelconque.

çíç/ë,- a *f.* pipi *m.* ☞ **më shpëton çiça** je veux faire pipi.

çift,- i *m.* couple *m.* ❖ ménage *m.*, couple *m.* ☞ **një çift i ri** un jeune ménage.
çiklíst,- i *m.* cycliste *m.*
i, e **çíltër** *mb.* franc, sincère.
çiménto,- ja *m.* ciment *m.* ☞ **fabrikë çimentoje** cimenterie *f.*
çírrem *fol.* (*bërtas*) crier, hurler, pousser des cris.
çízm/e,- ja *kryes.sh.* botte *f.*
çjerr *fol.* déchirer ☞ **Natalia i çorri (i grisi) dy faqet e fletores** Nathalie a déchiré deux pages de son cahier 🔔 **çirrem** se déchirer ☞ **m'u çorën pantallonat** mon pantalon s'est déchiré. ❖ égratigner, écorcher ☞ **macja më çori dorën** mon chat m'a égratigné la main.
çka *ndajf.* comme si, comme ça.
çliroj *fol.* (*atdheun*) libérer, affranchir.
çlodh *fol.* reposer, détendre ☞ **gjumi më çlodh** le sommeil me repose 🔔 **çlódhem** se reposer, se détendre ☞ **mbas dy orë ecjeje, duhet të çlodhemi** après deux heures de marche il faut nous reposer.
çlódhës,- e *mb.* reposant.
çlódhj/e,- a *f.* repos *m.* ☞ **kam nevojë për çlodhje** (*pushim*) j'ai besoin de repos ☞ **mora dy ditë pushim (për çlodhje)** j'ai pris deux jours de repos.
çmend *fol.* affoler ☞ **ai na çmendi me fjalët që na tha** il nous a affolé avec ses mots 🔔 **çmendem** perdre la raison, devenir fou, raffoler ☞ **Ana çmendet pas ëmbëlsirave** Anne raffole des gâteaux ☞ **u çmende?** tu es fou?
i, e **çméndur** *mb.* fou ☞ **jam i çmendur nga gëzimi** je suis fou de joie.
çmim,- i *m.* prix *m.* ☞ **çmimi i naftës u ngrit** le prix de l'essence a augmenté ❖ prix ☞ **Antuani mori çimin e parë në konkurs** Antoine a remporté le premier prix du concours.
çmoj *fol.* estimer, apprécier, évaluer.
çmontój *fol.* démonter.
i, e **çmúar** *mb.* précieux ☞ **gur i çmuar** une pierre précieuse.

çoj[1] *fol.* mener, emmener, conduire ☞ **zonja Dypon nuk e çon më të birin në shkollë, ai shkon vetë** Madame Dupont ne mène plus son fils à l'école, il y va tout seul ❖ envoyer ☞ **çoj një letër me postë** j'envoie une lettre par la poste ❖ emporter, transporter ☞ **era e çoi anijen drejt perëndimit** le vent a emporté le bateau vers l'ouest ❖ (*prij, udhëheq*) conduire, mener ☞ **rruga e parë majtas ju çon në stacionin e trenit** la première rue à gauche vous mènera à la gare.
çoj[2] *fol.* (*ngre*) lever, soulever ☞ **çoje dorën, po qe se e di përgjigjen** lève le doigt si tu connais la réponse ☞ **nuk mund ta çoj** *(nga toka)* **thesin, është shumë i rëndë** je ne peux pas soulever ce sac, il est très lourd 🔔 **çóhem** se lever, se réveiller ☞ **Davidi çohet nga kolltuku** David se lève de son fauteuil.
çokollát/ë,- a *f.* chocolat *m.*
çoráp,- i *m.kryes.sh.* **çorape grash** bas *m.* ☞ **çorape burrash** chaussette *f.*

çudí,- a *f.* étonnement *m.*, surprise *f.* ❖ (*mrekulli*) miracle *m.*, merveille *f.*
çudibërës,- e *mb.* miraculeux, prodigieux, merveilleux.
çudít (çudís) *fol.* étonner, stupéfier, surprendre 🔔 **çudítem** s' étonner, se stupéfier, se surprendre ☞ **mos u çudit!** ne t'étonne pas!
i, e **çudítshëm-me** *mb.* étonnant, bizarre ☞ **Myrieli pa një ëndërr të çuditshme sonte** Muriel a fait un rêve bizarre cette nuit.
i, e **çudítur** *mb.* surpris, étonné, stupéfait.
çukít (çukís) *fol.* (*zogu*) picoter, picorer.

dac,- i *m.* chat *m.*, matou *m.*

dáck/ë,- a *f.* (*në* faqe) gifle *f.* ☞ (*në prapanicë*) fessée *f.*

dádo,- ja *f.* nourrice *f.*

dáj/ë,- a *m.* oncle *m.*

dal *fol.* sortir ☞ **Sofia doli nga dhoma duke përplasur derën** Sophie est sortie de la pièce en claquant la porte ❖ aller, sortir- **do të dalësh me ne sonte?** viendras-tu avec nous ce soir? ❖ **dal në shesh** apparaître ❖ **të dalë ku të dalë** advienne que pourra.

dalëngadálë *ndajf.* lentement, doucement.

dálj/e,- a *f.* sortie *f.*

dallëndýsh/e,- ja *f.* hirondelle *f.*

Fjalë e urtë

Me një dallëndyshe nuk vjen pranvera. Une hirondelle ne fait pas le printemps.

dállg/ë,- a *f.* vague *f.*☞ **një dallgë e madhe** une lame de fond.

dallím,- i *m.* différence *f.* ☞ **zonja Lëpik nuk bën dallim midis fëmijëve të saj** madame Lepic ne fait pas de différence entre ses enfants.

i, e **dallúar** *mb.* distingué ☞ **një nxënës i dalluar** un élève distingué.

dám/ë,- a *f.* (*lojë*) jeu *m.* de dames *f.sh.*

dárdh/ë,- a *f.* (*fruti*) poire *f.* ❖ (*pema*) poirier *m.*

dárk/ë,- a *f.* dîner *m.*, souper *m.*

darkój *fol.* dîner, souper.

dásm/ë,- a *f.* noce *f.*

dash,- i *m.* bélier m. ❖ **mish dashi** viande de mouton.

i, e **dáshur** *mb.* cher, chéri ☞ **i dashur mik** (*mon*) cher ami ❖ **mësuesi është i dashur me nxënësit** l'instituteur est aimable avec ses élèves.

dashurí,- a *f.* amour *m.* ☞ **dashuria e nënës për fëmijët** l'amour de la mère pour ses enfants ☞ **Roberti ka rënë në dashuri me Natalinë** Robert est tombé amoureux de Nathalie.

dashurój *fol.* aimer 🔔 **dashurohem** tomber amoureux.

dát/ë,- a *f.* date *f.* ☞ **sa është data sot?** quelle est la date aujourd'hui? *ose* quelle date sommes-nous?

datëlíndj/e,- a *f.* date *f.* de naissance, anniversaire *m.*

daúll/e,- ja *f.* tambour *m.* ☞ **i bie daulles** je joue du tambour.

dég/ë,- a *f.* branche *f.* ☞ **një zog këndon mbi degë** un oiseau chante sur la branche.

i, e **déhur** *mb.* ivre.

dekorát/ë,- a *f.* décoration *f.*

dél/e,- ja *f.* brébis *m.*

délfin,- i *m.* dauphin *m.*

delikát,- e *mb.* délicat, fragile ☞ **një fëmijë delikat** un enfant fragile (*qui tombe souvent malade*).

dem,- i *m.* taureau *m* ☞ **Marku ka parë një garë demash në Spanjë** Marc a vu une course de taureaux en Espagne (*une corrida*).

dembél,- e *mb.* paresseux.

demokrací,- a *f.* démocratie *f.*

demonstrát/ë,- a *f.* manifestation *f.* ☞ **bëj demonstratë** manifester.

i, e **déndur** *mb.* dense, épais ☞ **mjegulla**

është e dendur le brouillard est épais ❖ fréquent.

dentist,- i *m.* dentiste *m.*

i, e **dénjë** *mb.* digne.

departamént,- i *m.* département *m.*

deodoránt,- i *m.* déodorant *m.*

dépo,- ja *f.* dépôt *m.*, entrepôt *m.*

derdh *fol.* verser ☞ **derdh gjak** verser le sang ❖ renverser ☞ **Maria e derdhi qumështin mbi tavolinë** Marie a renversé le lait sur la table.

dér/ë,- a *f.* porte *f.* ☞ **hap derën** j'ouvre la porte ☞ **trokasin në derë** on frappe à la porte.

déri *parafj.* (*për kohën*) jusque ☞ **deri nesër** jusqu'à demain ❖ (*për vendin*) jusque ☞ **"Deri ku do të shkoni?" "Do të shkoj deri në shkollë."** "Jusqu'où allez-vous?" "Je vais jusqu'à l'école." ☞ **nga e hëna deri të shtunën** de lundi jusqu'à samedi.

derisá *lidh.* jusqu'à ce que ☞ **do të pres derisa të vish** je t'attends jusqu'à ce que tu viennes ❖ puisque ☞ **derisa s'ka ardhur** puisqu'il n'est pas venu.

derr,- i *m.* porc *m.*, cochon *m.* ☞ **derr i egër** sanglier *m.* ❖ **mish derri** du cochon

derrkuc,- i *m.* porcelet *m.* ☞ **derrkuc Indie** (*kavie*) cochon *m.* d'Inde.

det,- i *m.* mer *f.* ☞ **Deti Mesdhe** la mer Méditerranéenne ☞ **det i trazuar** mer forte ☞ **i kaluam pushimet e verës në det** nous avons passé nos vacances à la mer ☞ **në breg të detit** au bord de la mer.

detektív,- i *m.* détective *m.*

detýr/ë,- a *f.* (*punë*) tâche *f.*, travail *m.* ☞ **një detyrë e rëndë** une lourde tâche ☞ **është detyra e Markut të lajë enët** c'est la tâche de Marc de faire la vaisselle ❖ (*në shkollë*) devoir *m.* ☞ **detyrë shtëpie** un devoir à la maison ☞ **detyrë në klasë** une épreuve *f.* ☞ **detyrë me shkrim** une épreuve écrite ☞ **detyrë me gojë** une épreuve orale.

detyrój *fol.* obliger, forcer ☞ **mësuesja e detyroi Polin ta bëjë edhe një herë problemin** l'institutrice a obligé Paul à refaire son problème.

devé,- ja *f.* chameau *m.*

dëbój *fol.* mettre à la porte, renvoyer ☞ **Erikun e dëbuan nga shkolla** Eric a été renvoyé de l'école.

dëftés/ë,- a *f.* (*që japin në* arkë) reçu *m.* ❖ **dëftesë shkolle** bulletin *m.* scolaire, certificat *m.* d'études.

dëgjój *fol.* entendre, écouter ☞ **dëgjoj zhurmë në shkallë** j'entends du bruit dans l'escalier ☞ **fëmijët e dëgjojnë me vëmendje mësuesen** les enfants écoutent attentivement leur maîtresse ☞ **dëgjo këtë që po të them!** écoute ce que je te dis! ❖ (*dëgjoj, bindem*) obéir ☞ **zonja Lëblan e dëgjoi doktorin** madame Leblanc a écouté le docteur (*a obéit aux conseils du docteur*).

i, e **dëgjúar** *mb.* réputé, renommé ☞ **kuzhina franceze është e dëgjuar në botë** la cuisine française est renommée dans le monde.

i, e **dëgjúesh/ëm, - me** *mb.* obéissant, docile ☞ **Diana është një vajzë e dëgjueshme** Diane est une fille obéissante

dëm,- i *m.* dégât *m.*, dommage *m.*

i, e **dë́msh/ëm,- me** *mb.* nuisible ☞ **dhelpra është një kafshë e dëmshme** le renard est un animal nuisible.

dëmtój *fol.* endommager, nuire (à) ☞ **duhani dëmton shëndetin** le tabac nuit à la santé.

dëním,- i *m.* punition *f.*

dënój *fol.* condamner, punir ☞ **mësuesja e dënoi Mirejën** la maîtresse a puni Mireille.

dërgój *fol.* envoyer ☞ **zonja Lëblan e dërgoi të bijën për të bërë pazarin** madame Leblanc a envoyé sa fille faire les courses ☞ **të dërgova një letër me postë** je t'ai envoyé une lettre par la poste.

dërrás/ë,- a *f.* planche f. ❖ **dërrasë e zezë** tableau *m.* noir.

dëshír/ë,- a *f.* désir *m.* ☞ **Sofia është shumë e përkëdhelur, gjyshja ia plotëson të gjitha dëshirat** Sophie est très gâtée, sa mamie satisfait tous ses désirs ❖ envie *f.* ☞ **kam dëshirë të vizitoj Parisin** j'ai envie de visiter Paris.

dëshirój *fol.* désirer, souhaiter ☞ **dëshiroj të shkoj në kinema** je désire aller au cinéma .

dëshmitár,- i *m.* témoin *m.*

dëshmór,- i *m.* martyr *m.*

dëshpërój *fol.* (*ligështoj*) désespérer ☞ **sjellja e Markut e dëshpëron mësuesen** le comportement de Marc désespère sa maîtresse 🔔 **dëshpërohem** ☞ **mos u dëshpëro!** ne te désespère pas!

i, e **dëshpërúar** *mb.* désolé, désespéré.

di *fol.* savoir, connaître ☞ **e di përmendësh vjershën** je sais par cœur la poésie ☞ **ai nuk e di se çfarë do** il ne sait pas ce qu'il veut.

diçká *pakuf.* quelque chose ☞ **desha diçka për të pirë** je voudrais quelque chose à boire.

e díel,- a *f.* dimanche *m.* ☞ **të dielën e ardhshme** dimache prochain.

dié/ll,- lli *m.* soleil *m.* ☞ **lindja e diellit** le lever du soleil ☞ **perëndimi i diellit** le coucher du soleil.

diét/ë,- a *f.* diète *f.* ☞ **mbaj dietë** faire diète.

díg/ë,- a *f.* digue *f.*, barrage *m.*

diktím,- i *m.* dictée f.

dikú *ndajf.* quelque part.

dikúr *ndajf.* autrefois, un jour.

dikúsh *pakuf.* quelqu'un, on ☞ **dikush po i bie pianos** quelqu'un joue du piano.

dím/ër,- ri *m.* hiver *m.*

dinák,- e *mb.* rusé ☞ **Antuani është dinak si një dhelpër** Antoine est rusé comme un renard.

dinozáur,- i *m.* dinosaure *m.*

diplóm/ë,- a *f.* diplôme *m.* ☞ **diplomë mjeku** diplôme de médecin.

disá *pakuf.* quelques-uns, certains ☞ **disa nga nxënësit** quelques-uns des élèves ☞ **disa nga vajzat** quelques-unes des filles.

dis/k,- ku *m.* disque *m.* ☞ **hedhja e diskut** le lancer du disque ❖ **hard-disk** disque dure.

diskoték/ë,- a *f.* discothèque *f.*

diskutój *fol.* discuter ☞ **nxënësit diskutuan mbi programin e festës** les élèves ont discuté du programme de la fête.

distinktív,- i *m.* badge *m.*, insigne *m.*

ditár,- i *m.* journal *m.* (*intime*) ☞ **Sofia mban një ditar që prej dy vjetësh** Sophie tient un journal depuis deux ans ☞ **e mbajta shënim në ditarin tim** je l'ai noté sur mon agenda *m.*

dít/ë,- a *f.* jour *m.* ☞ **çfarë dite jemi sot?** quel jour sommes-nous? ☞ **gjatë gjithë ditës** pendant toute la journée *f.* ☞ **tri herë në ditë** trois fois par jour.

ditëlíndj/e,- a *f.* anniversaire *m.* ☞ **gëzuar ditëlindjen!** joyeux anniversaire!

i, e **dítur** *mb.* érudit, savant.

diván,- i *m.* divan *m.*☞ **babain e zuri**

gjumi mbi divan papa s'est endormi sur le divan.

djál/ë,- i *m.* garçon *m.* ☞ **Sara është si djalë** Sarah est un garçon manqué ❖ fils *m.*

djalósh,- i *m.* jeune homme *m.*, adolescent *m.*

djall,- i *m.* diable *m.* ☞ **në djall të vejë!** au diable!

djáth/ë,- i *m.* fromage *m.*

i, e **djáthtë** *mb.* droit ☞ **mëlçia është nga ana e djathtë e trupit** le foie est du côté droit du corps ☞ **kthehu nga e djathta** tournez à droite.

dje *ndajf.* hier ☞ **dje ra shi** hier, il a plu.

djeg *fol.* brûler, incendier 🔔 **dígjem** se brûler ☞ **ajo dogji gjuhën** elle s'est brûlée la langue ❖ brûler ☞ **digjem për ujë** je meurs de soif.

djégi/e,- a *f.* brûlure *f.*

djep,- i *m.* berceau *m.*

djérs/ë,- a *f.* sueur *f.*, transpiration *f.* ☞ **me djersën e ballit** à la sueur de son front.

djersít *fol.* transpirer, suer.

d.m.th. *lidh.* (*shkurtim. i* **dométhënë**) c'est-à-dire, autrement dit.

dobësóhem *fol.* maigrir.

i, e **dóbët** *mb.* faible ☞ **Alba është e dobët në frëngjisht** Alba est faible en français ❖ (*jo i shëndoshë*) maigre, chétif.

i, e **dobísh/ëm,- me** *mb.* utile, fructueux.

dogán/ë,- a *f.* douane *f.*

doktór,- i *m.* docteur *m.*, médecin *m.*

dolláp,- i *m.* (*kuzhineje,* banje) placard *m.* ❖ (*rrobash*) armoire *f.*, garde-robe *f.*

domát/e,- ja *f.* tomate *f.* ☞ **makarona me salcë domatesh** spaghéti à la sauce tomate.

i, e **domosdósh/ëm,- me** *mb.* indispensable, nécessaire.

doréz/ë,- a *f.* gant *m.* ☞ **një palë doreza** une paire de gants ❖ (*e derës, e valixhes*) poignée *f.* ❖ (*e tenxheres*) anse *m.*, queue *f.*

dór/ë,- a *f.* main *f.* ☞ **duart lart!** haut les mains! ☞ **duart poshtë!** bas les mains! ☞ **toke këtu** (*dorën*)! serrons nous la main! ❖ poignée *f.* ☞ **një dorë miell** une poignée de farine.

dorëzój *fol.* remettre, livrer ❖ **dorëzoj qytetin, armët** rendre une ville, les armes 🔔 **dorëzóhem** se rendre, céder ☞ **mos u dorëzo!** ne te rends pas! ☞ **Napoleoni u dorëzua në betejën e Vaterlosë** Napoléon a capitulé à la bataille de Waterloo.

drag/úa,- oi *m.* dragon *m.*

dre,- ri *m.* cerf *m.*

dredh *fol.* (*pambukun*) filer ❖ (*cigaren*) rouler ❖ (*flokët*) friser.

dredhí,- a *f.* ruse *f.*

drejt *ndajf., parafj.* droit, directement ☞ **Iliri e dërgoi topin drejt e në portë** Ilir a envoyé le ballon droit dans le but ☞ **stadiumi është drejt përpara nesh** le stade est tout droit devant nous ☞ **mbaje trupin drejt!** tiens-toi droit!

i, e **dréjtë** *mb.* droit, rectiligne ☞ **vijë e drejtë** ligne droite ☞ **kënd i drejtë** angle droit ❖ (*i ndershëm*) honnête, correct ☞ **mësuesi ynë është i rreptë por i drejtë** notre instituteur est sévère mais juste ☞ **nuk është e drejtë!** ce n'est pas juste!

e **dréjt/ë,- a** *f.* droit *m.* ☞ **të drejtat e njeriut** les droits de l'homme ☞ **të drejtat e fëmijëve** les droits des enfants ❖ raison *f.* ☞ **kam të drejtë** j'ai raison.

dréjtësí,- a *f.* justice *f.* ❖ droit *m.* ☞ **Fakulteti i Drejtësisë** la Faculté de Droit.

dréjtëz,- a *f.* droite *f.*

drejtím,- i *m.* direction *f.* ☞ **shigjeta tregon drejtimin e erës** la flèche indique la direction du vent ☞ **në drejtim të jugut** vers le sud.

drejtkëndësh,- i *m.* rectangle *m.*

drejtój *fol.* redresser ☞ **drejtoj një shufër hekuri** je redresse une barre de fer ❖ orienter, diriger ☞ **kapiteni e drejtoi anijen drejt bregut** le capitaine a dirigé son bateau vers le bord.

drejtór,- i *m.* directeur *m.* ☞ **drejtor i shkollës së mesme** (*në Francë*) proviseur *m.*

drejtorí,- a *f.* direction *f.*
drejtpërdréjt *ndajf.* directement, immédiatement.
i, e **drejtpërdréjtë** *mb.* direct ☞ **transmetim i drejtpërdrejtë** une transmission en direct.
drejtshkrím,- i *m.* orthographe *f.* ☞ **gabim drejtshkrimi** faute d'orthographe.
drejtúes,- i *m.* dirigeant *m.* ☞ **drejtues i orkestrës** le chef d'orchestre.
drék/ë,- a *f.* déjeuner *m.* ☞ **ha drekë** déjeuner.
drekój *fol.* déjeuner.
drídhem *fol.* (*nga frika*) trembler, frémir ❖ (*nga të ftohtit*), frissonner, greloter ❖ **më dridhet dora** ma main tremble ❖ (*motori*) vibrer.
dritár/e,- ja *f.* fenêtre *f.* ☞ **dal në dritare** je me mets à la fenêtre ☞ **e pashë nga dritarja** je l'ai vu par la fenêtre.

drít/ë,- a *f.* lumière *f.* ☞ **shuaje dritën!** éteins la lumière! ☞ **drita e diellit** la lumière du soleil ☞ **drita e qiriut, e yjeve** la lueur de la bougie, des étoiles.
dritëshkúrtër *mb.* myope.
dríth/ë,- i *m.* céréale *m.*
drithërím/ë,- a *f.* frisson *m.*, tremblote *f.*
dróg/ë,- a *f.* drogue *f.*, narcotique *m.*
dru,- ri *m.* bois *m.* ☞ **dru zjarri** bois de chauffage ❖ **ai është dru** il est ignorant.
dry,- ni *m.* cadenas *m.*
dúa *fol.* (*dëshiroj*) vouloir ☞ **do një akullore?** veux-tu une glace? ❖ (*ma ka ënda, më pëlqen*) **do të doja të rrija me ty** j'aimerais bien rester avec toi ❖ (*do të thotë*) **ç'do të thuash?** qu'est-ce que tu veux dire? ❖ (*dashuroj*) aimer ☞ **Ivi e dashuron Elizën, ata do të martohen më vonë** Yves aime Élise, ils se marient plus tard ☞ **ata duhen shumë** ils s'aiment beaucoup ❖ (*më duhet*) **më duhet një laps** il me faut un crayon.
duartrokás *fol.* applaudir.
duartrokítj/e,- a *f.* applaudissement *m.*
duhán,- i *m.* tabac *m.* ☞ **pi duhan** fumer ☞ **ndalohet duhani!** défense de fumer!
dúkem *fol.* apparaître, paraître, se montrer, se voir, se distinguer ☞ **befas, u duk një kështjellë** soudain, un château est apparu ❖ (*kam përshtypjen, më duket*) sembler, paraître, avoir l'air ☞ **më duket djalë i mirë** il a l'air d'être un bon garçon ☞ **Sofia duket e lodhur** Sophie semble fatiguée ❖ **më duket se po dëgjoj një zë** il me semble entendre une voix.
i, e **dúksh/ëm- me** *mb.* évident, manifeste, visible.
durím,- i *m.* patience *f.* ☞ **e humba durimin** j'ai perdu la patience.
durój *fol.* patienter ☞ **duroni një minutë!** patientez une minute! ❖ **nuk të duroj dot!** je ne te supporte pas!
dush,- i *m.* douche *f.* ☞ **bëj një dush** prendre une douche.
dy *num. them.* deux ☞ **më dy prill** le deux avril ☞ **të dy** les deux ☞ **ndaj në dysh** couper en deux.
i, e **dyfíshtë** *mb.* double.
dylbí,- a *f.* jumelle *f.*
dýll/ë,- i m. cire *f.*
dýmbëdhjétë *num. them.* douze.
dyqán,- i *m.* magasin *m.* ☞ **dyqan buke** la boulangerie ☞ **dyqan veshjesh** boutique *f.* ☞ **dyqan sallami** la charcuterie ☞ **dyqan ushqimesh** l'épicerie.
dýsh, -e *mb.* double ☞ **dhomë dyshe** une chambre à deux lits ☞ **një krevat dysh** un grand lit, un lit de deux personnes.
dyshék,- u *m.* matelas *m.*
dyshemé,- ja *f.* plancher *m.*
dyshím,- i *m.* doute *f.*, soupçon *m.* ☞ **pa dyshim** sans doute.
dyshój *fol.* douter, avoir des doutes, soupçonner ☞ **Misheli po tregon që ka parë një ujk në pyll, por unë dyshoj në fjalët e tij** Michel raconte qu'il a vu un loup dans la forêt, mais j'en doute.
i, e **dýtë** *mb.* deuxième, second.
dyzét *num. them.* quarante.
dyzój *fol.* hésiter.

dhe *lidh.* et ☞ **mbyll sytë dhe hap gojën!** ferme les yeux et ouvre la bouche!

dhe,- u *m.* terre *f.*, sol *m.* ☞ **mbuloji rrënjët e bimës me dhe** recouvre de terre les racines de la plante.

dhélp/ër,- ra *f.* renard *m.*

dhemb *fol.* avoir mal ☞ **më dhemb koka** la tête me fait mal, j'ai mal à la tête.

dhémbj/e- a *f.* douleur *f.*, mal *m.*, souffrance *f.* ☞ **dhembje koke** mal de tête.

i, e **dhémbshur** *mb.* affectueux, tendre.

dhembshurí,- a *f.* tendresse *f.*

dhëmb,- i *m.* dent f. ☞ **pastë dhëmbësh** pâte dentifrice ☞ **furçë dhëmbësh** brosse *f.* à dents ☞ **heq një dhëmb** arracher une dent ☞ **mbush një dhëmb** plomber une dent.

Fjalë e urtë

Kalit të dhuruar nuk i shihen dhëmbët. On ne critique pas le cadeau qu'on reçoit.

dhëmbëkrúes/e,- ja *f.* cure-dent *m.*

dhëmbáll/ë,- a *f.* molaire *f.*

dhënd/ër,- ri *m.* nouveau marié *m.* ❖ beau fils *m.*, gendre *m.*

dhi,- a *f.* chèvre *f.* ☞ **dhi e egër** chamois m.

dhjétë *num. them.* dix.

dhjetór,- i *m.* décembre *m.*

dhóm/ë,- a *f.* chambre *f.*, pièce *f.* ☞ **dhomë gjumi** chambre à coucher ☞ **dhomë buke** salle à manger ☞ **dhomë ndenjeje** salle de séjour.

dhún/ë,- a *f.* violence *f.*, force *f.*

dhurát/ë,- a *f.* cadeau *m.*, présent *m.*, étrennes *f.sh.*

dhurój *fol.* offrir, faire cadeau ☞ **nxënësit i dhuruan një vazo mësueses së tyre** les élèves ont offert un vase à leur maîtresse.

-e *tr. e shkurt.* (*në kallëzore*) le, la.

📖 **Nuk e njoh** (*motrën tënde*) je ne la connais pas. (**e** i referohet **motrës,** gjinia femnore, prandaj përdoret **la**).
Nuk e njoh (*vëllanë tënd*) je ne le connais pas. (**e** i referohet **vëllait**, gjinia mashkullore, prandaj përdoret **le**).

e *lidh.* et.
éci *fol.* marcher ☞ **eci në majë të gishtave** je marche sur la pointe des pieds ❖ **kjo makinë ecën shumë shpejt** cette voiture roule très vite.
edukím,- i *m.* éducation *f.*
i, e **edukúar** *mb.* bien élevé, poli.
edhé *lidh.* et, même ☞ **edhe pse** bien que.
i, e **égër** *mb.* sauvage ☞ **mace e egër** chat *m.* sauvage.
egërsír/ë,- a *f.* fauve *m.* ☞ **një egërsirë në kafaz** un fauve en cage.
egoíst,- e *mb.* égoïste.
eklíps,- i *m.* éclipse *m.*
ekonomí,- a *f.* économie *f.*
ekrán,- i *m.* écran *m.*
ekskursión,- i *m.* excursion *f.*
eksperiénc/ë,- a *f.* expérience *f.*
eksperimént,- i *m.* expérience *f.*, expérimentation *f.*
ekspozít/ë,- a *f.* exposition *f.*, exhibition *f.*
eksprés *mb.* express ☞ **tren ekspres** train *m.* express ❖ **kafe ekspres** café *m.* express.
ekuipázh,- i *m.* équipage *m.*
ekzistój *fol.* exister ☞ **Eriku është i bindur që jashtëtokësorët ekzistojnë** Éric est convaincu que les ovnis (*UFO*) existent.
elastík,- e *mb.* élastique.
elefánt,- i *m.* éléphant *m.*
elegánt,- e *mb.* élégant ☞ **një fustan elegant** une robe élégante.
elektricíst,- i *m.* électricien *m.*
elektrík,- u *m.* (*dore*) lampe *f.* *ose* torche *f.* électrique.
elemént,- i *m.* élément *m.* ☞ **uji përbëhet nga dy elemente : oksigjeni dhe hidrogjeni** l'eau est composée de deux éléments : l'oxygène et l'hydrogène.
ém/ër,- ri *m.* nom *m.* ☞ **emër i gjinisë mashkullore** nom du genre masculin ❖ prénom *m.* ☞ **emri i nënës time është Maria** le prénom de ma mère est Marie.
emigrój *fol.* émigrer ☞ **prindërit e Ilirit kanë emigruar në Francë** les parents d'Ilir ont émigré en France.
emisión- i *m.* émission *f.*
enciklopedí,- a *f.* encyclopédie *f.*
endacák,- u *m.* vagabond *m.*

endé *ndajf.* encore, toujours ☞ **ai nuk ka ardhur ende** il n'est pas encore arrivé, il n'est toujours pas arrivé ❖ (*edhe më*) ☞ **dua ende akullore** je veux encore de la glace.
éndem *fol.* flâner, errer.
energjí,- a *f.* énergie *f.*
én/ë,- a *f.* récipient *m.*, ustensile *m.*
enëlárës,- i *m.* lave-vaisselle *f.*

éngjë/ll,- lli *m.* ange *m.*

entuziáz/ëm,- mi *m.* enthousiasme *m.*
e **énjte** *m.* jeudi *m.*
epërsí,- a *f.* primauté *f.*, avantage *m.*
epidemí,- a *f.* épidémie *f.*
epók/ë,- a *f.* époque *f.*
ér/ë[1],- a *f.* vent m. ☞ **fryn erë** le vent souffle, il fait du vent.
ér/ë[2],- a *f.* (*kundërmim*) odeur *f.* ☞ **këtu ka një erë gazi** ici on sent une odeur de gaz ☞ **kjo ëmbëlsirë lëshon erë të mirë** ce gâteau dégage une bonne odeur.
errësír/ë,- a *f.* obscurité *f.* ☞ **motra ime e vogël nuk do të flejë në errësirë** ma petite sœur ne veut pas s'endormir dans l'obscurité.
i, e **érrët** *mb.* obscur, sombre.
etikét/ë,- a *f.* étiquette *f.*
etj. (*shkurtim i e të tjera*) etc., et ainsi de suite; etcetera
étj/e,- a *f.* soif *f.* ☞ **kam etje** j'ai soif ☞ **shuaj etjen** se désaltérer.
éth/e,- ja *f. kryes. sh.* fièvre *f.*, température *f.*
ekualipt,- i *m.* eukaliptus *m.*

Ë

i, e **ëmbël** *mb.* doux, sucré ☞ **i ëmbël si mjalti** doux comme le miel.
ëmbëlsír/ë,- a *f.* gâteau *m.*, friandise *f.*, dessert *m.*
ënd/ërr,- rra *f.* rêve *m.*, songe *m.* ☞ **shoh në ëndërr** voir en rêve ☞ **shoh një ëndërr** faire un rêve.
ëndërrój *fol.* rêver ☞ **ëndërroj me sy hapur** il est dans la lune, rêvasser.
ënjtem *fol.* enfler, gonfler ☞ **iu ënjt këmba** sa jambe a enflé.
i, e **ënjtur** *mb.* enflé, gonflé.

fabrík/ë,- a *f.* fabrique *f.* ☞ **fabrikë sheqeri** sucrerie *f.*☞ **fabrikë çimentoje** cimenterie *f.*
faj,- i *m.* faute *f.* ☞ **bëj një faj** commettre une faute ☞ **ti e ke fajin** c'est ta faute.
fajësój *fol.* accuser, blâmer.
fajtór,- e *mb.* coupable.
fakt,- i *m.* fait *m.* ☞ **në fakt** en fait, effectivement.
fal *fol.* offrir, donner ❖ pardonner, excuser ☞ **më fal!** excuse-moi!
fálem *fol.* prier.
fálas *ndajf.* gratis, gratuitement ☞ **të dielën, hyrja në kopshtin zoologjik është falas** dimanche, l'entrée du zoo est gratuite.
falemindérit *pasth.* merci ☞ **shumë faleminderit** merci beaucoup, merci bien ☞ **po, faleminderit** oui, merci ☞ **jo, faleminderit** non, merci ☞ **faleminderit për gjithçka** merci pour tout.
falënderój *fol.* remercier.
fálj/e,- a *f.* pardon *m.,* amnistie *f.*
fám/ë,- a *f.* renom *m.*, renommée *f.* gloire *f.*☞ **ai kërkonte famë** il était avide de gloire.
familjár,- e *mb.* familial ☞ **jeta familjare** la vie de famille ❖ **ky zë më duket shumë familjar** il me semble connaître cette voix.
famílj/e,- a *f.* famille *f.*
i, e **fámsh/ëm,- me** *mb.* célèbre, fameux, illustre.
fantastík,- e *mb.* fantastique.
fantazí,- a *f.* imagination *f.*
fantázm/ë,- a *f.* fantôme *m.*
fáq/e,- ja *f.sh.* joue *f.* ☞ **gjyshja e puthi Davidin në të dy faqet** mamie a embrassé David sur les deux joues ❖ (*libri, reviste, etj.*) page *f.* ☞ **dy faqet e para të librit** les deux premières pages du livre.
fáre *ndajf.* pas du tout ☞ **nuk kam fare qejf të shkoj** je n'aime pas du tout y aller.
farefís,- i *m.* parent *m.*, proches *m.sh.*☞ **i gjithë farefisi erdhi në ditëlindjen time** toute ma famille est venue pour mon anniversaire.
far/ë,- a *f.* graine *f.*, semence *f.* ☞ **fara mbiu** la graine a germé.
farkëtár,- i *m.* forgeron *m.*
farmací,- a *f.* pharmacie *f.*
fasúl/e,- ja *f.* haricot *m.*
fásh/ë,- a *f.* bandage *m.* ☞ **Marku ka një fashë rreth krahut** Marc a un bandage autour du bras.
fat,- i *m.* chance *f.*, fortune *f.* ☞ **për fat të mirë** heureusement ☞ **paç fat!** bonne chance! ☞ **fati i kombit** le destin de la nation.
fatbárdhë *mb.* heureux, chanceux.
fatkéq *mb.* malheureux.
fatkeqësí,- a *f.* malheur *m.* ❖ désastre *m.*
fatkeqësísht *ndajf.* malheureusement.
fatlúm,- e *mb.* heureux, chanceux.
fatmirësísht *ndajf.* heureusement, par bonheur.
fátur/ë,- a *f.* facture *f.*, addition *f.*, note *m.*
fávor,- i *m.* faveur *f.*☞ **në favor të** en faveur de.
fazán,- i *m.* faisan *m.*
fe,- ja *f.* religion *f.*
féçk/ë,- a *f.* (*e elefantit, e derrit, etj*) trombe *f.*
i **fejúar,- i** *m.* fiancé *m.*
fém/ër,- ra *f.* (*për kafshët*) femelle *f.* ☞ (*për njerëzit*) femme f.
fenér,- i *m.* lanterne *f.*, (*në det*) phare *m.*, (*në rrugë*) réverbère m.

férm/ë,- a *f.* ferme *f.*, exploitation *f.* agricole.
ferr,- i *m.* enfer *m.*

férr/ë,- a *f.* ronce *f., broussailles f.sh.* ☞ **ky njeri m'u bë ferrë** il est crampon.

fést/ë,- a *f.* fête f.☞ **ditë feste** jour *m.* de fête *ose* jour férié.

festój *fol.* fêter, célébrer.

fét/ë,- a *f.* tranche *f.* ☞ **feta-feta** en tranches.

fëllíq *fol.* salir, souiller, (*me baltë*) barbouiller ☞ **mos u fëlliq!** ne te salis pas!

fëmíj/ë,- a *f.* enfant *m.*, gosse *m.*

fëmijërí,- a *f.* enfance *m.*

fërgój *fol.* frire, sauter ☞ **fërgoj mishin** je fais sauter la viande.

i, e **fërgúar** *mb.* frit, sauté.

fërkój *fol.* frotter, frictionner ☞ **Elena fërkon sytë** Hélène se frotte les yeux.

fidán,- i *m.* plant *m.*

fidanísht/e,- ja *f.* pépinière *f.*

figúr/ë,- a *f.* figure *f.*, image *f.*, illustration *f.* ☞ **bëj figurë të keqe** faire triste figure.

fíj/e,- a *f.* fil *m.* ☞ **fije leshi** fil de laine ❖ **fije shkrepëseje** allumette *f.* ❖ **fije bari** brin *m.* d'herbe ❖ **fije letre** feuille *f.* de papier.

fik *fol.* (*gazin, një aparat elektrik*) éteindre, fermer ☞ (*dritën*) éteindre ☞ (*radion, televizionin*) éteindre, arrêter 🔔 **u fik zjarri** le feu s'est éteint.

fi/k,- ku *m.* (*fruti*) figue *f.* ❖ (*pema*) figuier *m.*

film,- i *m.* (*fotografie*) pellicule *f.*, film *m.* ❖ (*në kinema*) film *m.* ☞ **film pa zë** film muet.

filxhán,- i *m.* tasse *f.* ☞ **filxhan çaji, kafeje** tasse à thé, à café.

fillestár,- e *mb.* débutant ☞ **nivel fillestar** niveau débutant.

fillím,- i *m.* commencement *m.*, début *m.* ☞ **në fillim** au début ☞ **nga fillimi deri në fund** du début à la fin.

Fjalë e urtë

Fillimi i mbarë gjysma e punës. Ce sont les premiers pas qui coûtent.

fillój *fol.* commencer ☞ **filloj nga puna** commencer à travailler, se mettre à travailler, au travail ☞ **duke filluar që sot** à partir d'aujourd'hui.

fillór,- e *mb.* primaire, élémentaire ☞ **shkollë fillore** école primaire.

fírm/ë,- a *f.* signature *f.* ☞ **vë firmën** signer ❖ firme *f.*

fishék,- u *m.* cartouche *f.*, balle *f.*

fishekzjárr,- i *m.* feu *m.* d'artifice.

fishkem *fol.* se flétrir, se faner.

fishkëlléj *fol.* siffler.

fishkëllím/ë,- a *f.* sifflement *m.*

fitój *fol.* gagner ☞ **fitoj para** gagner de l'argent ❖ **mamaja ime do të donte shumë të fitonte llotarinë** maman aimerait bien gagner à la loterie ❖ **francezët e fituan ndeshjen** les Français ont gagné le match ❖ **Mari-Tereza fitoi çmimin e parë në konkursin e vizatimit** Marie-Thérèse a remporté le premier prix du concours du dessin ❖ **fitoj mbi armikun** vaincre l'ennemi.

fitór/e,- ja *f.* victoire *f.*, triomphe *m.* ☞ **korr fitore** remporter la victoire.

fizarmoník/ë,- a *f.* accordéon *m.* ☞ **Ériku i bie fizarmonikës** Éric joue de l'accordéon.

fizík,- e *mb.* physique ☞ **forcë fizike** force *f.* physique ☞ **edukim fizik** éducation physique.

fjál/ë,- a *f.* mot *m.*, parole *f.* ☞ **fjalë për fjalë** mot à mot ☞ **fjalëkalim** mot de passe ☞ **fjalë me dy kuptime** mot à deux sens ❖ discours *m.* ☞ **mbaj një fjalë** prononcer un discours ❖ parole *f.*, promesse *f.* ☞ **të jap fjalën se do të vij në orën e caktuar** je te donne ma parole que je serai à l'heure ❖ **fjalë e ndyrë** gros mot ❖ **e mbaj fjalën** tenir parole ☞ **e ha fjalën** manquer à sa parole ☞ **bëhet fjalë** il s'agit ☞ **meqë ra fjala** à propos.

fjalëkrýq,- i *m.* mots croisés *m.sh.*

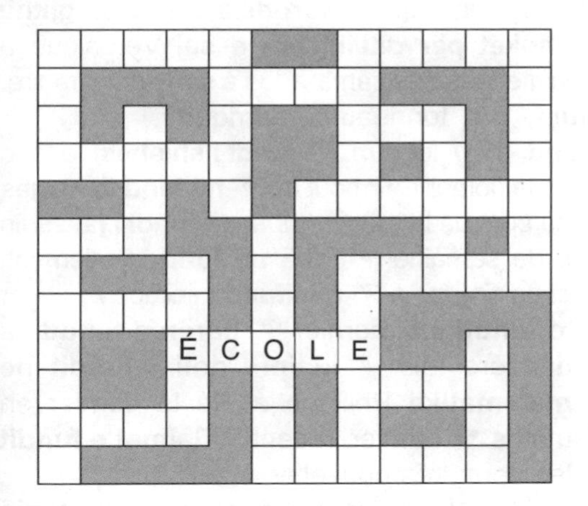

fjalí,- a *f.* proposition *f.*

fjalór,- i *m.* dictionnaire *m.*

fjóngo,- ja *f.* ruban *m.* ☞ **Benedikta i ka lidhur gërshetat me dy fjongo të kuqe** Bénédicte a attaché ses nattes avec deux rubans rouges.

flák/ë,- a *f.* flamme *f.*

flamúr,- i *m.* drapeau *m.*

📖 *sh.* drapeaux.

> Flamuri francez është tringjyrësh. Duke filluar nga e djathta në të majtë ngjyrat janë : blu, i bardhë dhe i kuq. Edhe flamuri belg është tringjyrësh, i zi, i verdhë dhe i kuq. Vendet e tjera të Europës që kanë frëngjishten si gjuhë zyrtare janë : Zvicra me flamurin e kuq me një kryq të bardhë në mes, Principata e Monakos me flamurin me dy vija horizontale, e poshtmja e kuqe dhe e sipërmja e bardhë.

flas *fol.* parler, bavarder ☞ **flas në telefon** téléphoner ❖ **flas mirë për shoqen time** je parle bien de ma copine ☞ **mos fol keq për shokun!** ne parle pas du mal de ton copain!

fláut,- i *m.* flûte *f.*

fle *fol.* dormir ☞ **në verë, fëmijëve iu pëlqen të flenë jashtë** en été, les enfant aime bien dormir à la belle étoile.

flét/ë,- a *f.* (*letre*) feuille *f.* ❖ (*libri*) page *f.*

fletór/e,- ja *f.* cahier *m.* ☞ **fletore me vija** cahier rayé ☞ **fletore me kuti** cahier quadrillé ☞ **fletore vizatimi** cahier à dessin.

flok,- u *m.* cheveu *m.* ☞ **kreh flokët** je me peigne ☞ **qeth flokët kare** je me fais couper les cheveux en brosse ❖ **flok bore** flocon *m.* de neige.

flokëvérdhë *mb.* blond.

florí,- ri *m.* or *m.* ☞ **zinxhir floriri** une chaîne d'or ❖ **Sofia është zemërflori** Sophie a un cœur d'or.

flútur,- a *f.* papillon *m.*

fluturím,- i *m.* vol *m.* ☞ **fluturim i zogjve** le vol des oiseaux.

fluturój *fol.* voler, s'envoler ❖ **fluturoj nga gazi** déborder de joie, être ivre de joie.

fluturúes,- e *mb.* volant ☞ **disk fluturues** disque volant.

fllúsk/ë,- a *f.* bulle *f.* ☞ **Davidi bën flluska sapuni** David fait des bulles de savon ❖ (*në lëkurë*) ampoule *f.*

fók/ë,- a *f.* phoque *f.*

folé,- ja *f.* nid *m.*

fólj/e,- a *f.* verbe *m.* ☞ **folje e rregullt** verbe régulier.

fórc/ë,- a *f.* force *f.* ☞ **me forcën e krahëve** à la force des bras ☞ **forca e erës e shtyn anijen me vela** la force du vent pousse le voilier.

forcój *fol.* (*muskujt*) fortifier ❖ renforcer.

fórm/ë,- a *f.* forme *f.* ☞ **pa formë** sans forme ❖ **jam në formë** je suis en pleine forme ❖ moule *f.*

formój *fol.* former ☞ **fëmijët formuan një orkestër** les enfants ont formé un orchestre ❖ **formoj një numër telefoni** je compose un numéro de téléphone.

formúl/ë,- a *f.* formule *f.* ☞ **formula kimike e ujit është H2O** H2O est la formule chimique de l'eau.

i, e **fórtë** *mb.* fort ☞ **një erë e fortë** un vent fort ☞ **një zhurmë e fortë** un grand bruit ❖ dur ☞ **ky djathë është shumë i fortë** ce fromage est très dur ❖ **dimër i fortë** un hiver rigoureux.

fóshnj/ë,- a *f.* bébé *m.*

fotografí,- a *f.* photo *f.*

fqinj,- i *m.* voisin *m.* ☞ **fqinji im** mon voisin.

fragmént,- i *m.* passage *m.*

fre,- ri *m.* rêne *f.*, guides *f.sh.*

i, e **fréskët** *mb.* frais ☞ **ajër i freskët** l'air

frais ❖ **bukë e freskët** du pain frais.
freskór/e,- ja *f.* éventail *m.*
freskúes,- e *mb.* rafraîchissant.
frigorifér,- i *m.* réfrigérateur *f.*, frigo *m.*
frík/ë,- a *f.* peur *f.* ☞ **kam frikë** j'ai peur.
frikësój *fol.* effrayer, faire peur 🔔 **frikësohem** j'ai peur.
i, e **fríksh/ëm,- me** *mb.* (*që shkakton frikë*) effrayant ❖ (*që ka frikë*) peureux.
frút/ë,- a *f.* fruit *m.* ☞ **Marku pi një lëng frutash** Marc boit un jus de fruit.
fruth,- i *m.* rougeole *f.*
fryj *fol.* gonfler ☞ **babai i fryu gomat e biçkletës** papa a gonflé les pneus de sa bicyclette ❖ **i fryj zjarrit** je souffle le feu 🔔 **fryn erë** le vent souffle.
frým/ë,- a *f.* haleine *f.*, souffle *m.*, respiration *f.* ☞ **marr frymë** je respire ☞ **me një frymë** d'une seule haleine.
fshat,- i *m.* village *m.* ❖ campagne *f.*
fshatár,- i *m.* paysan *m.* villageois *m.*

fsheh *fol.* cacher ☞ **ku je fshehur?** où t'es-tu caché?.
i, e **fshéhtë** *mb.* secret ☞ **Antuani nuk di të mbajë të fshehta** Antoine ne sait pas garder les secrets.
i, e **fshéhur** *mb.* caché.
fshés/ë,- a *f.* balai *m.*
fshij *fol.* (*me fshesë*) nettoyer, balayer ❖ (*me furçë*) brosser ❖ (*me gomë*) effacer ❖ (*dërrasën e zezë*) essuyer.
fshírës/e,- ja *f.* essuie-pieds *m.*
ftés/ë,- a *f.* invitation *f.*, carte *f.* d'invitation, faire-part *m.*
i, e **ftóhtë** *mb.* froid m. ☞ **erë e ftohtë** un vent froid ❖ **një pritje e ftohtë** un accueil froid, glacial 🔔 *m.* **kam ftohtë** j'ai froid ☞ **mora të ftohtë** j'ai pris froid.
ftoj *fol.* inviter ☞ **Veronika i ftoi të gjithë shokët për ditëlindjen e saj** Véronique a invité tous ses camarades à son anniversaire.
fuçí,- a *f.* tonneau *m,* barrique *f.*
fund,- i *m.* fond *m.* ☞ **fundi i shishes** le fond de la bouteille ❖ bout *m.* ☞ **në fund të rrugës** au bout de la rue ❖ (*mbarim*) **fundi i javës** fin *f.* de semaine ☞ **më në fund** finalement, enfin ❖ jupe *f.* ☞ **minifund** minijupe *f.*
i, e **fúndit** *mb.* dernier ☞ **herën e fundit** la dernière fois ☞ **Filipi doli i fundit në matematikë** Philippe a été le dernier en maths ❖ dernier, récent ☞ **lajmet e fundit** les dernières nouvelles.
fundós *fol.* couler ☞ **u fundos (u mbyt) një anije** un bateau a coulé.
fuqí,-a *f.* force *f.*, vigueur *f.* ☞ **nuk kam më fuqi** je n'ai plus de force.
i, e **fuqísh/ëm,- me** *mb.* puissant, fort, vigoureux.
fúrç/ë,- a *f.* brosse *f.* ☞ **furçë rrobash** brosse à habits ☞ **furçë dhëmbësh** brosse à dents ☞ **furçë këpucësh** brosse à chaussures.
furtún/ë,- a *f.* tempête *f.*, ouragan *m.*
fúrr/ë,- a *f.* four *m.* ☞ **mamaja e poqi mishin në furrë** maman a cuit la viande au four.
fustán,- i *m.* robe *f.* ☞ **një fustan i shkurtër vere** une courte robe d'été.
fúsh/ë,- a *f.* plaine *f.*, campagne *f.*, champ *m.* ☞ **fusha e Myzeqesë** la plaine de Myzeqe ❖ terrain *m.* ☞ **fushë sporti** terrain de sport ❖ (*e orës*) cadran *m.*
fut (fus) *fol.* introduire ☞ **fut çelësin në bravë** j'introduis la clé dans la serrure ☞ (*një gozhdë*) enfoncer 🔔 **futem në klasë** j'entre dans la classe.
futbóll,- i *m.* football *m.*
futbollist,- i *m.* footballeur *m.*
fýej *fol.* offenser, blesser, vexer ☞ **Marku e fyeu Sofinë pa dashje** Marc a offensé Sophie sans le vouloir.
fýe/ll,- lli *m.* flûte *f.*
fyt,- i *m.* gorge *f.*
fytýr/ë,- a *f.* visage *m.*, figure *f.* ☞ **motra ime ka një fytyrë të rrumbullakët** ma sœur a un visage rond.

gabím,- i *m.* faute *f.*, erreur *f.* ☞ **Besa bën shumë gabime në gramatikë** Besa fait beaucoup de fautes de grammaire ☞ **ai e pranoi gabimin** il a reconnu sa faute ☞ **bëre gabim që e godite** tu as eu tort de le frapper ☞ **Sara i shkroi dy fjalë gabim** Sarah a mal écrit deux mots.

gabój *fol.* faire une erreur, commettre une faute, se tromper ☞ **gabova rrugë** je me suis trompé de chemin.

i, e **gabúar** *mb.* erroné, faux ☞ **zgjidhje e gabuar** une fausse solution.

gadíshu/ll,- lli *m.* presqu'île *m.*, péninsule *f.* ☞ **Gadishulli i Ballkanit** la péninsule des Balcans.

gafórr/e,- ja *f.* écrevisse *f.*, crabe m.

garázh,- i *m.* garage *m.*

gardh,- i *m.* haie *f.*, clôture f.

gár/ë,- a *f.* compétition *f.* ☞ **gara e kuajve** course des chevaux.

gáti *ndajf.* prêt ☞ **jam gati** je suis prêt ☞ *(në sport)* **gati? 1-2-3 nisu!** prêts? 1-2-3 partez! ❖ **gati sa nuk rashë** j'ai failli tomber.

gatím,- i *m.* cuisine *f.*

i, e **gátsh/ëm- me** *mb.* disposé à, décidé à ❖ prêt ☞ **rroba të gatshme** vêtements prêts à porter.

gatúaj *fol.* cuisiner, faire la cuisine.

gaz¹,- i *m.* gaz *m.* ☞ **sobë me gaz** cuisinière *f.* à gaz ☞ **ndez gazin** j'allume le gaz.

gaz²,- i *m.* joie *f.*, gaieté *f.* ☞ **ia plasi gazit** éclater de rire.

gazetár,- i *m.* journaliste *m.*

gazetashítës,- i *m.* marchand *m.* de journaux.

gazét/ë,- a *f.* journal *m.* ☞ **gazetë e përditshme** quotidien *m.* ☞ **gazetë e përjavshme** hebdomadaire *m.*

gdhend *fol.* sculpter, (*gurin*) graver ☞ **grekët dhe romakët i gdhendnin statujat në mermer** les Grecs et les Romains sculptaient des statues dans le marbre.

gëlqér/e,- ja *f.* chaux *f.* ☞ **lyej murin me gëlqere** je peinds le mur à la chaux.

gëlltít (gëlltís) *fol.* avaler ☞ **gëlltit kafenë** j'avale le café.

gënjéj *fol.* mentir, dire, faire des mensonges.

gënjeshtár,- i *m.* menteur *m.*

gënjésht/ër,- ra *f.* mensonge *m.* ☞ **janë vetëm gënjeshtra** ce ne sont que des mensonges.

Fjalë e urtë

Gënjeshtra i ka këmbët e shkurtra. Les mensonges ont la vie courte.

gërhás *fol.* ronfler.

gërmádh/ë,- a *f.* décombres *m.sh.*, ruines *f.sh.* ☞ **pas tërmetit, u gjetën shumë të plagosur nën gërmadha** après le séisme, on a retrouvé plusieurs blessés enfouis sous les décombres.

gërmój *fol.* creuser, excaver, fouiller.

gërshét,- i *m.* tresse *f.*, natte *f.*

gërshër/ë,- a *f.* ciseaux *f.sh.*

gërvísht *fol.* égratigner, écorcher ☞ **më gërvishti macja dorën** mon chat m'a égratigné la main.

gërvishtj/e,- a *f.* égratignure *f.* ☞ **mos qaj, vetëm një gërvishtje e vogël është!** ne pleure pas, ce n'est qu'une petite égratignure!

gështénj/ë,- a *f.* (*pema*) châtaignier *m.*, marronnier *m.* ❖ (*fruti*) châtaigne *f.*, marron *m.* ❖ **ngjyrë gështenjë** marron ; châtain.

gëzím,- i *m.* joie *f.* ☞ **kërcej** *(hidhem përpjetë)* **nga gëzimi** je saute de joie.
gëzóf,- i *m.* fourrure *f.* ☞ **macja angora ka një gëzof të butë me qime të gjatë** le chat angora a une fourrure douce à long poil ❖ **pallto me jakë gëzofi** mateau à col de fourrure.
gëzój *fol.* jouir ☞ **gëzoj shëndet të mirë** jouir d'une bonne santé 🔔 **gëzóhem** se réjouir, être enchanté, ravi.
i, e **gëzúar** *mb.* joyeux, ravi, gai ☞ **thirrje të gëzuara** des cris joyeux ❖ **fëmijë të gëzuar** des enfants gais, heureux.
gëzúar *pasth.* (*kur përplas gotat*) à la vôtre, à la tienne ☞ **Gëzuar Vitin e Ri**! bonne année, heureuse année!
gisht,- i *m.* doigt *m.* ☞ **gisht i madh** pouce *m.* ☞ **gishti tregues** index *m.* ☞ **gishti i mesëm** majeur *m.* ☞ **gishti i unazës** annulaire *m.* ☞ **gishti i vogël** auriculaire *m.* ☞ **gishti i vogël i këmbës** le petit orteil.
glob,- i *m.* globe *m.* ☞ **globi tokësor** le globe terrestre.
godít *fol.* frapper, battre.
godítj/e,- a *f.* coup *m.* ☞ **goditje me pistoletë** un coup de pistolet ☞ **goditje me grusht** un coup de poing ☞ **goditje e lehtë me dorë** petite tape ☞ **goditje e bukur!** joli coup! ☞ **me goditjen e parë** du premier coup.
gogësíj *fol.* bâiller.
gogól,- i *m.* ogre *m.*
gój/ë,- a *f.* bouche *f.* ☞ **Marjonës i mbahet goja** Marion bégaye ☞ **ngelem me gojë hapur** je reste bouche bée ☞ **marr nëpër gojë** médire de, jaser.
gol,- i *m.* but *m.* ☞ **ekipi ynë shënoi një gol** notre équipe a marqué un but.
gomár,- i *m.* âne *m.*

Fjalë e urtë

Prit gomar të mbijë bar. Cela arrivera quand les poules auront des dents.

góm/ë,- a *f.* gomme *f.* ☞ **ka goma për të fshirë lapsin dhe goma për bojën** il y a des gomme à crayon et des gommes à encre.
gomón/e,- ia *f.* canot *m.* pneumatique.
goríll/ë,- a *f.* gorille *m.*
gót/ë,- a *f.* verre *m.*, coupe *f.* ☞ **gotë letre** un verre en papier.
gózhd/ë,- a *f.* clou *m.* ☞ **ngul një gozhdë në mur** je plante un clou dans le mur.

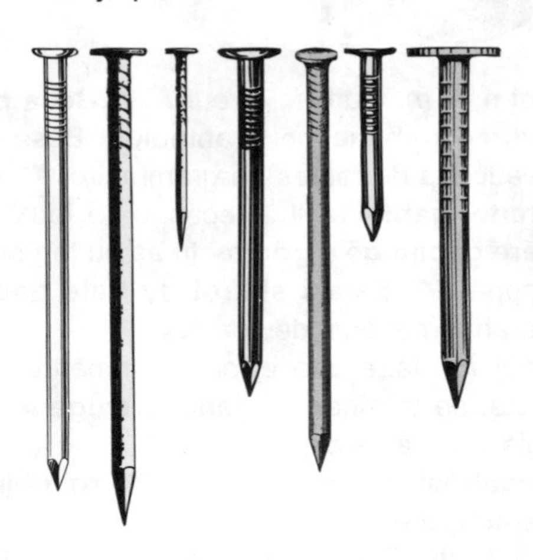

grabítj/e,- a *f.* pillage *m.*
grabitqár,- e *mb.* rapace.
gráck/ë,- a *f.* piège *m.*
grád/ë,- a *f.* degré *m.* ☞ **pesë gradë nën zero** cinq degrées au-dessous de zéro ❖ grade *m.* ☞ **grada e kolonelit** le grade de colonel.
gradím,- i *m.* promotion *f.*
gram,- i *m.* gramme *m.* ☞ **Ivi bleu 200 gram gjalpë** Yves a acheté deux cents grammes de beurre.
gramatík/ë,- a *f.* grammaire *f.*
granát/ë,- a *f.* grenade *f.*
grazhd,- i *m.* mangeoire *m.*, râtelier *m.*
gremín/ë,- a *f.* précipice *m.*, abîme *m.*
grep,- i *m.* crochet *m.* ☞ **gjyshja ime punon me grep** mamie fait du crochet ❖ hameçon *m.* ☞ **grepi e kapi peshkun** le poisson a mordu à l'hameçon.
grérëz,- a *f.* guêpe *f.*
grév/ë,- a *f.* grève *f.* ☞ **punëtorët bënë grevë** les ouvriers ont fait grève.
gri *mb.* gris.
grij *fol.* hacher ☞ **grij mish** hacher de la viande ☞ **grij karrota** râper des carottes.
grímc/ë,- a *f.* particule *f.*, corpuscule *f.* ☞

grimcat e pluhurit les corpuscules de la poussière.

grindavéc,- e *mb.* querelleur *m.*, grincheux *m.*

gríndem *fol.* se disputer, se quereller ☞ **Misheli grindet me të gjithë shokët** Michel se dispute avec tous ses camarades.

grip,- i *m.* grippe *f* . ☞ **më zuri gripi** j'ai eu (*attrapé*) la grippe.

i, e **grírë** *mb.* haché ☞ **mish i grirë** de la viande hachée ☞ **djathë i grirë për makarona** fromage râpé pour des spaghettis.

gris *fol.* déchirer.

gróp/ë,- a *f.* fosse *f.* ☞ **hap një gropë për të mbjellë një pemë** je creuse une fosse pour y planter un arbre.

grósh/ë,- a *f.* haricot blanc.

grúa,- ja *f.* femme *f.* ❖ épouse *f.*, femme *f.*

grumbú/ll,- lli *m.* tas *m.*, amas *m.*, monceau *m.* ☞ **një grumbull me para** un amas d'argent.

grumbullój *fol.* accumuler, amasser, rassembler.

grup,- i *m.* groupe *m.*

grúr/ë,- i *m.* blé *m.* ☞ **kalli gruri** épi *m.* de blé.

grusht,- i *m.* poing *m.* ☞ **i bie me grusht** donner un coup de poing ❖ (*një sasi sa nxë dora*) poignée *f.* ☞ **një grusht kripë** une poignée de sel ❖ **një grusht shteti** un coup d'État.

grýk/ë,- a *f.* gorge *f.* ☞ **më dhëmb gryka** j'ai mal à la gorge ❖ **gryka e shishes** goulot *m.* ❖ **grykë mali** col *m.* (*de la montagne*).

guásk/ë,- a *f.* coque *f.*, coquille *f.*

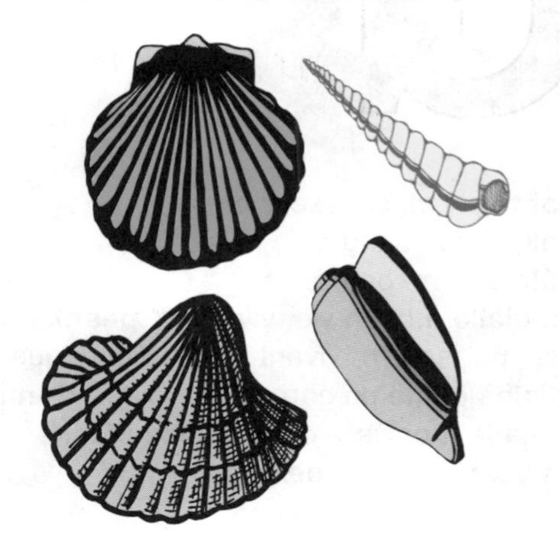

gudulís *fol.* chatouiller.

gur,- i *m.* pierre *f.*, caillou *m.* ❖ (*në lojën e shahut, damës*) pièce *f.* ❖ **gur në veshka** calcul *m.*

gusht,- i *m.* août *m.*

guxím,- i *m.* courage *m.*, bravoure *f.*, audace *f.* ☞ **guxim! jepi!** du courage!, courage!

i, e **guxímsh/ëm,- me** *mb.* courageux, brave.

guxój *fol.* oser, avoir le courage ☞ **si guxon të më flasësh me këtë ton!** comment oses-tu me parler sur ce ton!

gyp,- i *m.* tube *m.*, tuyau *m.*

gjahtár,- i *m*. chasseur *m*.

gjak,- u *m*. sang *m*.

gjálp/ë,- i *m*. beurre *m*.

i, e **gjállë** *mb*. en vie, vivant ☞ **peshk i gjallë** poisson *m*. vivant ❖ vif, énergique ☞ **djalë i gjallë** un garçon énergique ❖ **mish i gjallë** (*i pazier*) de la viande crue.

gjárp/ër,- ri *m*. serpent *m*.

gjáshtë *num. them*. six ☞ **më gjashtë tetor** le six octobre.

i, e **gjátë** *mb*. long ☞ **fustan me mëngë të gjata** une robe à manches longues ☞ **ky mur është i gjatë tre metra** ce mur est long de trois mètres.

gjátë *parafj*. le long de ☞ **gjatë bregut të lumit** le long de la rivière ❖ pendant ☞ **gjatë verës** pendant l'été 🔔 *ndajf*. longuement ☞ **ai u mendua gjatë para se të përgjigjej** avant de répondre il a longuement réfléchi.

gjatësí,- a *f*. longueur *f*., long *m*.

gjej *fol*. trouver ☞ **nuk i gjej dot çelësat** je ne trouve plus mes clés ❖ **do të vij të të gjej nesër** je viendrai te voir demain.

gjel,- i *m*. coq *m*. ☞ **gjeli çukit barin** le coq picore de l'herbe.

i, e **gjélbër** *mb*. vert.

gjeldét,- i *m*. dindon *m*.

gjéll/ë,- a *f*. mets *m*., plat *m*.☞ **gjellë me mish** un plat de viande.

gjemb,- i *m*. épine *f*. ☞ **trëndafili ka gjemba** la rose a des épines.

gjéndem *fol*. se trouver ☞ **shtëpia ime gjendet pranë kinemasë** ma maison se trouve près du cinéma.

gjéndj/e,- a *f*. état *m*. ☞ **gjendje shëndetësore** état de santé ❖ situation *f*., position *f*. ☞ **gjendje financiare** situation financière.

gjenerál,- i *m*. général *m*.

gjeografí,- a *f*. géographie *f*.

gjeometrí,- a *f*. géométrie *f*.

gjerdán,- i *m*. collier *m*.

i, e **gjérë** *mb*. large ☞ **Misisipi është më i gjerë se Sena** Mississipi est plus large que la Seine ☞ (*për veshjet*) **Monika pëlqen pantallonat e gjera** Monique aime le pantalon large.

gjerësí,- a *f*. largeur *f*., large *m*.

gjest,- i *m*. geste *m*.

gjéth/e,- ja *f*. feuille *f*.

gjë,- ja *f*. chose *f*., objet *m*. ☞ **vendosni çdo gjë në vendin e vet!** mettez chaque chose à sa place! ❖ truc *m*., machin *m*.☞ **çfarë është ajo gjë?** qu'est-ce que c'est que ce machin-là? ❖ **ajo nuk dinte gjë** elle ne savait rien ☞ **s'ka gjë më të bukur se** il n'y a rien de plus beau que ☞ **s'ka gjë** ce n'est rien.

gjëegjëz/ë,- a *f*. devinette *f*.

gjëkúndi *ndajf*. quelque part.

gjëmím,- i *m*. grondement *m*. ☞ **gjëmim i bubullimës** le grondement de tonnerre *m*. ☞ **gjëmim i motorit** le vrombissement *m*.

gji,- ri *m*. poitrine *f*. ❖ sein *m*. ☞ **mamaja e shtrëngon foshnjën në gji** maman serre son bébé contre son sein ❖ *(në gjeografi)* le golfe.

gjigánt,- i *m*. géant *m*.

gjílpër/ë,- a *f*. aiguille *f*. ☞ **gjilpërë me kokë** épingle *f*. ❖ (*shiringë*) injection *f*., piqûre *f*.

gjimnastík/ë,- a *f*. gymnastique *f*. ☞ **Ivi bën gjimnastikë çdo mëngjes** Yves fait de la gymnastique tous les matins.

🕮 Në frëngjishten e folur përdoret shpesh shkurtimi **la gym** ☞ **mësuesi i gjimnastikës** le prof de gym.

gjimnáz,- i *m.* collège *m.*, lycée *m.*
gjiní,- a *f.* genre *m.*
gjinkáll/ë,- a *f.* cigale *f.*
gjiráf/ë,- a *f.* girafe *f.*
gjithandéj *ndajf.* partout.
gjithashtú *ndajf.* aussi, de même ☞ **gjithashtu edhe unë** moi-aussi.
gjithçká *pakuf.* tout ; n'importe quoi.
gjíthë *pakuf.* tout ☞ **gjithë bota** tout le monde ☞ **me gjithë zemër** de tout mon cœur ☞ **nga të gjitha drejtimet** de toutes les directions.
gjithësí,- a *f.* univers *m.*
gjithfárë *pakuf.* de toute sorte, de toute espèce.
gjithkúnd *ndajf.* partout.
gjithkúsh *pakuf.* chacun, tout le monde.
gjithmónë *ndajf.* toujours ☞ **për gjithmonë** pour toujours ☞ **gjithmonë e më pak** de moins en mois ☞ **gjithmonë e më shumë** de plus en plus.
gjithséj *ndajf.* en tout, au total ☞ **sa ju detyrohem gjithsej?** je vous dois combien en tout?
gjób/ë,- a *f.* amende *f.* 🔔 **gjobitem** avoir une amende.
gjoks,- i *m.* poitrine *f.*, torse *m.* ☞ **Roberti ecën duke fryrë gjoksin** Robert marche en gonflant la poitrine ❖ (*i gruas*) sein *m.*.
gju,- ri *m.* genou *m.* ☞ **bie në gjunjë** se mettre à genoux.
gjúaj *fol.* chasser, aller à la chasse ❖ **gjuaj me gurë** je jette *ose* je lance des pierres ☞ **gjuaj me pushkë** je tire ❖ **gjuaj topin** je shoote, je tire.
gjuetár,- i *m.* chasseur *m.*
gjuetí,- a *f.* chasse *f.* ☞ **gjuetia e thesarit** la chasse aux trésors.
gjúh/ë,- a *f.* langue *f.* ❖ (*e një populli*) langue *f.* ; langage *m.* ☞ **gjuhë amtare** langue maternelle.

Fjalë e urtë

Gjuha shkon ku dhemb dhëmbi. On parle volontiers de ce qui tient au cœur.

gjúm/ë,- i *m.* sommeil *m.* ☞ **Kleri e ka gjumin të lehtë** Claire a le sommeil léger ☞ **marr një sy gjumë** je fais un petit somme ☞ **më merr gjumi** j'ai sommeil ☞ **bie në gjumë** je m'endors.
gjúrm/ë,- a *f.* trace f., marque f., empreinte f. ☞ **gjurmët e gishtërinjve** les empreintes digitales.
gjykátës,- i *m.* juge *m.*, magistrat *m.*

gjykój *fol.* juger.
gjymtýr/ë,- a *f.* membre *m.*
gjyq,- i *m.* tribunal *m.*
gjýsm/ë,- a *f.* moitié *f.* ☞ **mbush për gjysmë** je remplis à moitié ☞ **gjysma e së keqes** demi-mal *m.*
gjysh,- i *m.* grand-père *m.*, (*në gjuhën e fëmijëve*) pépé *m.*, papi *m.*
gjýsh/e,- ja *f.* grand-mère *f.*, (*në gjuhën e fëmijëve*) mémé *f.*, mamie *m.*
gjyzlýkë,- t *m.sh.* lunettes *f.sh.* ☞ **Zhorzhi mban gjyzlykë** Georges porte des lunettes ☞ **dy palë gjyzlykë dielli** deux paires de lunettes de soleil.

ha *fol.* manger, bouffer ☞ **ha drekë** déjeuner ☞ **ha darkë** dîner ❖ **më ha trupi** le corps me démange ☞ **më ha meraku** je me fais du souci ☞ **nuk ma ha mendja** je ne crois pas.
habí,- a *f.* surprise *f.*, étonnement m.
i, e **habítur** *mb.* surpris, étonné.
hajdé,- ni *pasth.* viens, venez.
hajdút,- i *m.* voleur *m.*
hakmárrj/e,- ja *f.* vengeance *f.*, vendetta *f.*
hál/ë,- a *f.* (*e peshkut*) arête *f.* ❖ **halë gruri** la barbe d'un épis de blé ❖ **halë pishe** aiguille *f.*
hall,- i *m.* souci *m.*, ennui *m.* ☞ **çfarë halli ke?** quel souci as-tu?☞ **jam në hall** je suis en difficulté.
háll/ë,- a *f.* tante f.
ham/áll,- álli *m.* porteur *m.*
hambúrger,- i *m.* hambourger *m.*
hap,- i *m.* pas *m.* ☞ **me hap të shpejtë** au pas accéléré ☞ **hap i gjatë** grand pas, enjambée ☞ **hap pas hapi** pas à pas.
hap *fol.* ouvrir ☞ **hape librin në faqen pesëmbëdhjetë!** ouvre le livre à la page quinze! ☞ **hap derën/gojën** j'ouvre la porte/la bouche ☞ **hap krahët** j'ouvre les bras 🔔 **hapem** s'ouvrir ☞ **dera hapet vetë** la porte s'ouvre automatiquement.
hapësír/ë,- a *f.* espace *m.*
i, e **hápur** *mb.* ouvert ☞ **dyqani qëndron i hapur deri në orën njëzet** le magasin restera ouvert jusqu'à vingt heures.
hápur *ndajf.* ouvertement, franchement.
harabél,- i *m.* moineau *m.*
hardhúc/ë,- a *f.* lézard *m.*
har/k,- u *m.* arc *m.* ☞ **shtie me hark** tirer à l'arc ❖ (*në arkitekturë*) voûte *f.*, arche *f.* ❖ **harku i violinës** archet *m.*
hárt/ë,- a *f.* carte *f.*, mappemonde *f.*
hartím,- i *m.* composition *f.*, rédaction *f.* ☞ **tema e hartimit** le sujet de la composition.
harxhój *fol.* dépenser ❖ **harxhoj kot** gaspiller.
harrój *fol.* oublier ☞ **e harrova çantën në klasë** j'ai oublié mon cartable en classe.
hedh *fol.* jeter, lancer ☞ **hedh një gur** je lance une pierre ☞ **hidhe topin!** jette le ballon! ☞ **mos i hidh letrat nga dritarja!** ne jette pas les papiers par la fenêtre! ☞ **mësuesja i hodhi një vështrim klasës** la maîtresse a jeté un coup d'œil à la classe ❖ **ma hodhi** il m'a trompé 🔔 **hidhem** se jeter ☞ **notari u hodh në ujë** le nageur s'est jeté à l'eau.
hékur,- i *m.* fer *m.* ☞ **shufër hekuri** un barre de fer ❖ **hekur për hekurosje** un fer à repasser.
hekurós *fol.* repasser.
hekurúdh/ë,- a *f.* voie ferrée, chemin *m.* de fer.
helík/ë,- a *f.* (*e aeroplanit*) hélice *f.* ❖ (*e helikopterit*) rotor *m.*
helm,- i *m.* poison *m.*
helmét/ë,- a *f.* casque *m.*
helmój *fol.* empoisonner, intoxiquer.
hendé/k,- ku *m.* fossé *m.*☞ **kështjellat janë të rrethuara nga një hendek i thellë** les châteaux sont entourés d'un profond fossé.
heq *fol.* tirer ☞ **heq një vijë** je tire une ligne ❖ enlever, ôter, retirer ☞ **hiqe pallton!** enlève ton manteau! ☞ **hiqi duart nga xhepat!** retire les mains de tes poches! ❖ **babai hoqi dorë nga duhani** papa a renoncé au tabac ❖ **dentisti ma hoqi dhëmbin** le dentiste a arraché ma dent 🔔 **hiqem** se retirer ☞ **hiqem mënjanë** je me retire ❖ **ai hiqet sikur është i zgjuar** il se tient pour intelligent.
hér/ë,- a *f.* fois *f.* ☞ **një herë** une fois ☞ **sa herë që bie shi** chaque fois qu'il pleut ☞ **rrallë herë** rarement ☞ **herë pas here** de temps en temps ❖ **na ishte një herë** il était une fois.
hérët *ndajf.* tôt, de bonne heure ☞ **ngrihem herët në mëngjes** je me lève tôt le matin.
heró,- i *m.* héros *m.* ☞ **hero kombëtar** héros national.
heroín/ë,- a *f.* héroïne *f.*
hesht *fol.* se taire, ne dire mot ☞ **heshtni!** taisez-vous! Faites silence!
héshtj/e,- a *f.* silence *m.* ☞ **në heshtje** en silence ☞ **kaloj në heshtje** passer sous silence ☞ **heshtje e plotë** un silence profond.
i, e **héshtur** *mb.* silencieux, tacite.

e **hën/ë,- a** *f.* lundi *m.*
hën/ë,- a *f.* lune *f.* ☞ **hënë e plotë** pleine lune ☞ **dritë hëne** clair *m.* de lune.
hi,- ri *m.* cendre *f.*
hidraulík,- u *m.* plombier *m.*
hidrocentrál,- i *m.* centrale *f.* hydro-électrique.
hídhem *fol.* sauter, se jeter ☞ **hidhem nga gëzimi** je saute de joie.
hídhërim,- i *m.* chagrin *m.,* peine *f.* ☞ **me hidhërim** avec chagrin.
i, e **hídhur** *mb.* amer ☞ **lëkura e limonit është e hidhur** l'écorce de citron est amer ❖ **një lajm i hidhur** une triste nouvelle.
higjién/ë- a *f.* hygiène *f.*
híj/e,- a *f.* ombre *f.* ☞ **nën hijen e pemës** sous l'ombre de l'arbre.
i, e **híjsh/ëm,- me** *mb.* gracieux, charmant.
himn,- i *m.* hymne *m.* ☞ **Marsejeza është himni kombëtar i Francës** la Marseillaise est l'hymne national de France.
hínk/ë,- a *f.* entonnoir *m.*
hípi *fol.* (*në shkallë*) monter ☞ (*në pemë*) grimper ☞ (*në vapor*) s'embarquer.
hipopotam,- i *m.* hippopotame *m.*
hir,- i *m.* grâce *f.*, charme *m.* ❖ **me hir a me pahir** bon gré, mal gré ❖ **për hir të së vërtetës** pour l'amour de la vérité.
i, e **hírsh/ëm,- me** *mb.* charmant, grâcieux.
Hirúsh/e,- ja *f.* Cendrillon *f.*
historí,- a *f.* histoire *f.* ☞ **historia e lashtë** histoire ancienne ❖ (*tregim*) récit *m.*, conte *m.,* anecdote *f.*
i, e **hóllë** *mb.* mince, fin ☞ **një shtresë e hollë** une couche mince ❖ **Sofia është shumë e hollë** Sophie est très mince ❖ fin, menu ☞ **shi i hollë** pluie fine ❖ aigu ☞ **zë i hollë** voix aiguë.

hollësír/ë,- a *f.krys.sh.* détail *m.* ☞ **mësuesi dha hollësira për temën e hartimit** le maître a donné des détails sur le sujet de la composition ☞ **me hollësi** en détail.
i, e **hollësísh/ëm,- me** *mb.* détaillé.
horizónt,- i *m.* horizon *m.*
horoskóp,- i *m.* horoscope *m.*
hotél,- i *m.* hôtel *m.*
húa,- ja *f.* emprunt *m.* ☞ **marr hua dhjetë franga** j'emprunte dix francs ❖ prêt *m.* ☞ **jap hua dhjetë franga** je prête dix francs.
i, e **húaj** *mb.* étranger ☞ **mësoj një gjuhë të huaj** j'apprends une langue étrangère.
húdh/ër,- ra *f.* ail *m.*
humb *fol.* perdre ☞ **e humba çantën** j'ai perdu ma serviette ☞ **ekipi i shkollës e humbi ndeshjen** l'équipe de l'école a perdu le match ❖ manquer ☞ **e humba trenin** j'ai manqué le train ☞ **humb mendjen** perdre la tête.

Shenjat e horoskopit janë: **Dashi** le Bélier, **Demi** le Taureau, **Binjakët** les Gémeaux, **Gaforrja** le Cancer, **Luani** le Lion, **Virgjëresha** la Vierge, **Peshorja** la Balance, **Akrepi** le Scorpion, **Shigjetari** le Sagittaire, **Bricjapi** le Capricorne, **Ujori** le Verseau dhe **Peshqit** les Poissons.

i, e **húmbur** *mb.* perdu ☞ **sende të humbura** objets perdus.
humór,- i *m.* humour *m.* ☞ **ai ka humor** il a de l'humour ❖ humeur *f.* ☞ **me humor të mirë** de bonne humeur.
húnd/ë,- a *f.* nez *m.* ☞ **ai i shfryu hundët me zhurmë** il s'est mouché bruyamment.
hutój *fol.* étourdir.
i, e **hutúar** *mb.* étourdi, confus, distrait.
hyj *fol.* entrer ☞ **hyni, ju lutem!** entrez, s'il vous plaît! ❖ servir ☞ **kjo vegël nuk më hyn në punë** cet outil ne me sert à rien ❖ **ky mësim s'më hyn në kokë** cette leçon ne m'entre pas dans la tête.
hýrj/e,- a *f.* entrée *f.* ☞ **ndalohet hyrja e kafshëve** l'entrée est interdite aux animaux ☞ **hyrje e lirë** entrée libre ❖ introduction *f.*

i *nyjë (formon rasën gjinore)* de ☞ **libri i shokut tim** le livre de mon camarade

ibrík,- u *m.* bouilloire *f.*

idé,- ja *f.* idée *f.* ☞ **nuk e kam idenë** je n'ai aucune idée.

íki *fol.* s'en aller ☞ **ik se më mërzite** va-t'en, tu m'ennuies ☞ **këto njolla nuk ikin shpejt** ces taches ne s'en vont pas facilement ❖ s'échapper, s'enfuir ☞ **ata ikën nga burgu** ils se sont échappés du prison ❖ **kësaj mode i ka ikur koha** cette mode a fait son temps.

iláç,- i *m.* médicament *m.,* remède *m.*

im,- e *përem.* mon ☞ **babai im** mon père ☞ **nëna ime** ma mère.

imagjinár,- e *mb.* imaginaire ☞ **dragoi është një kafshë imagjinare** le dragon est un animal imaginaire.

imagjinát/ë,- a *f.* imagination *f.*

imitój *fol.* imiter, prendre pour modèle ☞ **Antuani di të imitojë zërat e kafshëve** Antoine sait bien imiter les cris des animaux.

inát,- i *m.* colère *f.* ☞ **Ivi merr inat shpejt** Yves se met facilement en colère.

industrí,- a *f.* industrie *f.*

industriál,- e *mb.* industriel.

infermiér,- i *m.* infirmier *m.*

infermiér/e,- ja *f.* infirmière *f.*

insékt,- i *m..* insecte *m.*

interés,- i *m.* intérêt *m.* ☞ **fëmijët dëgjojnë me interes mësuesen** les enfants écoutent avec intérêt leur maîtresse ☞ **fjalët e oratorit zgjojnë interes te fëmijët** les paroles de l'orateur éveillent l'intérêt des enfants.

interesánt,- e *mb.* intéressant ☞ **bisedë interesante** conversation intéressante ☞ **njeri interesant** individu étrange, bizarre.

interesón *fol.* intéresser ☞ **përrallat e Perrosë iu interesojnë shumë fëmijëve** les contes de Perrault ont beaucoup intéressé les enfants 🔔 **interesóhem** s'intéresser à ☞ **Ani interesohet për kiminë** Annie s'intéresse à la chimie.

interpretój *fol.* interpréter.

intervíst/ë,- a *f.* interview *f.* ☞ **shkrimtari i dha një intervistë televizionit** l'écrivain a accordé une interview à la télévision.

inxhiniér,- i *m.* ingénieur *m.*

iríq,- i *m.* hérisson *m.*

íshu/ll,- lli *m.* île *f.*

ja *pj*. voici, voilà ☞ **ja autobusi!** voici l'autobus! ☞ **ja ku më ke!** me voilà! ☞ **ja se ç' ndodhi!** voilà ce qui est arrivé! ☞ **ja ku u bë!** ça y et! c'est fait!

ják/ë,- a *f*. col *m*., collet *m*.

jam *fol*. être ☞ **sa është ora?** quelle heure est-il? ☞ **jam mirë** je vais bien ☞ **jam 10 vjeç** j'ai dix ans ☞ **Mariona është duke punuar** Marion est en train de travailler ☞ **ç'është?** qu'est-qu'il y-a?

janár,- i *m*. janvier *m*. ☞ **në janar** en janvier.

jap *fol*. donner ☞ **Maria i dha librin e saj Polit** Marie a donné son livre à Paul ☞ **Juliani i jep për të pirë qenit** Julien donne à boire au chien ❖ **motra ime e dha provimin e matematikës** ma sœur a passé son examen de maths ❖ **i jap fund pushimeve** j'achève mes vacances ❖ **jepi!** vas-y!

jastẽk,- u *m*. oreiller *m*., coussin *m*.

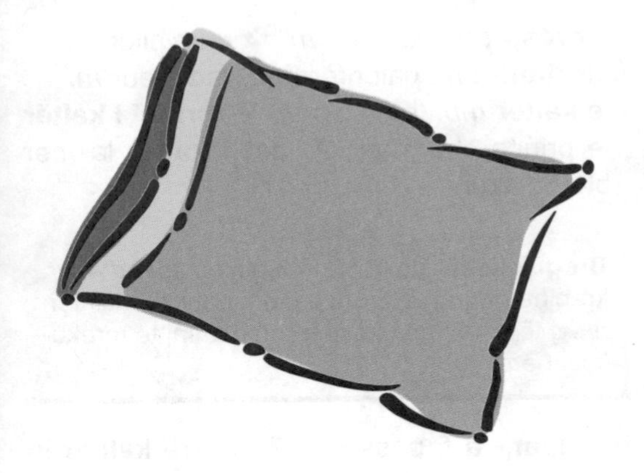

jáshtë *ndajf*. dehors, au-dehors, en dehors 🔔 *parafj*. en dehors de, hors de, au-dehors de, à l'extérieur de ☞ **jashtë përdorimit** hors d'usage ☞ **banoj jashtë qytetit** j'habite en dehors de la ville ☞ **jashtë rrezikut** hors de danger ☞ **jashtë shtetit** à l'étranger.

i, e **jásht/ëm,- me** *mb*. extérieur; externe ☞ **shkallë e jashtme** un escalier extérieur.

jashtëtokësór,- i *m*. extra-terrestre *m*.

i, e **jashtëzakónsh/ëm,- me** *mb*. extraordinaire, exceptionnel, formidable.

jáv/ë,- a *f*. semaine *f*. ☞ **ditët e javës** les jours de la semaine ☞ **javë për javë** chaque semaine ☞ **si sot një javë** d'aujourd'hui en huit ☞ **brenda javës** dans la semaine.

jehón/ë,- a *f*. retentissement *m*., écho *m*.

jelék,- u *m*. gilet *m*.

jépem *fol*. se donner, s'adonner à, se consacrer à ☞ **ajo është shumë e dhënë mbas leximit** elle est très adonnée à la lecture.

jét/ë,- a *f*. vie *f*., existence *f*. ☞ **rrezikoj jetën** je risque la vie ❖ **një djalë gjithë jetë** un garçon énergique ❖ **vë në jetë** je réalise ❖ **për jetë** pour toujours.

jetím,- i *m*. orphelin *m*.

jetimór/e,- ja *f*. orphelinat *m*.

jetój *fol*. vivre ☞ **pemët mund të jetojnë qindra vjet** les arbres peuvent vivre des centaines d'années ❖ habiter ☞ **Mirej jeton në një shtëpi të vjetër** Mireille vit dans une vieille maison.

jo *pj*. non ☞ **pse jo?** pourquoi pas?

jónë *pron*. notre ☞ **shkolla jonë** notre école.

jorgán,- i *m*. édredon *m*.

jóshës *mb*. attirant, attrayant, séduisant.

jóte *pron*. ta ☞ **dhoma jote** ta chambre.

ju *përem*. vous ☞ **ju jeni i gjatë** vous êtes grand ☞ **ju jeni shumë e sjellshme, zonjë** vous êtes très gentille, madame ❖ **ju kam dërguar një letër** je vous ai envoyé une lettre ☞ **unë do t'ju ndihmoj** je vous aiderai.

júaj *pron*. votre ☞ **ja hartimi juaj** voici votre composition ☞ **macja juaj** votre chatte ☞ **Madhëria Juaj** Votre Majesté 🔔 **juaji** vôtre ☞ **është juaji** c'est le vôtre.

jug,- u *m*. sud *m*., midi *m*.

jugór,- e *mb*. méridional ☞ **Ana është nga jugu i Francës** Anne est méridionale.

ka,- u *m.* bœuf *m.*
kabín/ë,- a *f.* cabine *f.*
kábllo,- ja f. câble *m.*
kacavírem *fol.* grimper ☞ **Jani kacaviret pemëve si një majmun** Jean grimpe aux arbres comme un singe.
kaçavíd/ë,- a *f.* tournevis *m.*
kaçúb/ë,- a *f.* arbrisseau *m.*, arbuste *m.*, buisson *m.*
kaçurrél,- e *mb.* bouclé, frisé.
kadifé,- ja *f.* velours *m.*
kafáz,- i *m.* cage *f.*

káf/e,- ja *f.* café *m.* ☞ **kafe e papjekur** café vert ☞ **filxhan kafeje** une tasse à café ☞ **një filxhan kafe** une tasse de café.
kafené,- ja *f.* café *m.*, cafétéria *f.*
kafshát/ë,- a *f.* bouchée *f.*
káfsh/ë,- a *f.* animal *m.*, bête *f.* ☞ **kafshë e egër** un animal sauvage ☞ **kafshë shtëpiake** un animal domestique.
kafshój *fol.* mordre ☞ **Andrea e kafshon sanduiçin me uri** André mord dans son sandwich avec appétit ☞ **qeni i Markut nuk ka kafshuar asnjeri** le chien de Marc n'a jamais mordu personne.

kajsí,- a *f.* (*pema*) abricotier *m.* ❖ (*fruti*) abricot *m.*
kakáo,- ja *f.* cacao *m.* ❖ **do të pish një kakao?** veux-tu boire un chocolat?
kalá,- ja *f.* forteresse *f.*, citadelle *f.* ☞ **kalaja e Krujës** la forteresse de Kruja.
kalamá,- ni *m.* enfant *m.*, gamin *m.*, gosse *m.*
kalem,- i *m.* crayon *m.* ☞ **kuti me kalema me ngjyra** une boîte de crayons de couleur.
kalendár,- i *m.* calendrier *m.*
kál/ë,- i *m.* cheval *m.* ☞ **kalë garash** le coursier ☞ **kalë druri që lëkundet** un cheval à bascule ☞ **hipi në kalë** je monte à cheval ☞ **punoj si kalë** je travaille comme un bœuf ☞ **bisht kali** queue de cheval ☞ **Kali i Trojës** le cheval de Troie.
kalím,- i *m.* passage *m.*
kalój *fol.* passer ☞ **i kalova pushimet në breg të detit** j'ai passé mes vacances au bord de la mer ☞ **kalova nga klasa e parë në të dytën** j'ai passé de la première à la deuxième classe ❖ **Misheli e kaloi provimin e gramatikës** Michel a été reçu à l'examen de la grammaire ❖ traverser ☞ **mos e kaloni rrugën kur është e ndezur drita e kuqe** ne traversez pas la route quand le feu rouge est allumé ❖ **kaloi afati** le délai a expiré.
kalórës,- i *m.* cavalier *m.* ❖ chevalier *m.*
kaloriféर,- i *m.* calorifère *m.*, radiateur *m.*
i, e **káltër** *mb.* bleu d'azur ☞ **princi i kaltër** le prince charmant ☞ **det i kaltër** la mer bleu d'azur.

Bregu i kaltër do të përkthehej *La côte d'Azur*, krahinë në jug të Francës, e njohur për klimën e saj të butë dhe për pejzazhin e saj të mrekullueshëm.

e **kalúar,- a** *f.* passé *m.* ☞ **në të kaluarën** dans le passé.
kallám,- i *m.* roseau *m.* ☞ **kallam sheqeri** la canne à sucre.
kallëzój *fol.* dénoncer ☞ **Misheli e ka kallëzuar Polin në drejtori** Michel a dénoncé Paul à la direction.
kallí,- ri *m.* épi *m.*

kam *fol.* avoir, posséder ☞ **kam dy motra** j'ai deux sœurs ❖ **e kam mirë me Markun** (*nuk zihemi kurrë*) je suis en bons termes avec Marc ❖ **kam shumë ushtrime për të bërë** j'ai beaucoup d'exercices à faire ❖ il y a ☞ **ka mjegull** il y a du brouillard ❖ **kini mendjen!** faites attention!

📖 Në frëngjishte jo gjithmonë duhet përdorur e njëjta folje ndihmëse si në shqipe. Kështu folja **kam** shpesh përkthehet me foljen ndihmëse **jam** ☞ **kam shkuar** je suis allé ☞ **kam lindur** je suis né ☞ **kam rënë** je suis tombé ☞ **ka qëndruar** il est resté.

kambán/ë,- a *f.* cloche *f.*

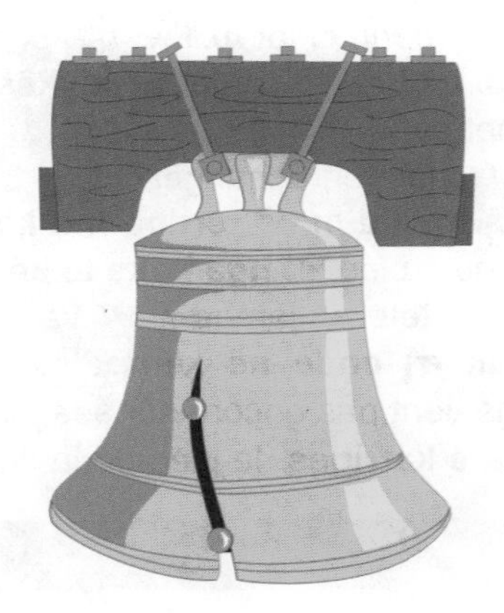

kameriér,- i *m.* garçon *m.*
kamión,- i *m.* camion *m.*
kamp,- i *m.* camp *m.* ☞ **kamp përqendrimi** un camp de concentration ☞ **kamp pushimi për fëmijë** une colonie de vacances.
kampión,- i *m.* champion *m.* ☞ **kampion bote** le champion du monde.
kampionát,- i *m.* championnat *m.* ☞ **shkolla jonë fitoi kampionatin e notit** notre école a remporté le championnat de natation.
kamxhík,- u *m.* fouet *m.*
kanál,- i *m.* canal *m.* ☞ **kanal vaditës** un canal d'irrigation ❖ **kanal televiziv** chaîne *f.* (*de la télévision*).
kanarín/ë,- a *f.* canari *m.*
kandil,- i *m.* chandelle *f.* ❖ **kandil deti** méduse *f.*
kán/ë,- a *f.* caraf *m.* ☞ **një kanë me lëng portokalli** un caraf de jus d'orange.
kangúr,- i *m.* kangourou *m.*
kanotiér/ë,- a *f.* maillot *m.* de corps.
kap *fol.* attraper, prendre, saisir ☞ **e kap shokun nga krahu** je prends *ose* saisis mon camarade par le bras ☞ **Roberti kapi dy peshq** Robert a attrapé deux poissons ☞ **i kapëm me presh në duar** nous les avons pris sur le fait.
kapák, - u *m.* couvercle *m.* ☞ **kapaku i tenxheres** le couvercle de la casserole ❖ **kapaku i syrit** la paupière.

Fjalë e urtë

Gjeti tenxherja kapakun. Couvercle digne du chaudron *ose* qui se ressemble s'assemble.

kapél/ë,- a *f.* chapeau *m.* ☞ **kapelë kashte** un chapeau de paille ☞ **kapelë ushtarake** un képi.
kapërcéj *fol.* (*rrugën*) franchir, traverser ❖ **kapërcej vështirësitë** je surmonte les difficultés.
kápës/e,- ja *f.* (*rrobash*) pince *f.* à linge ❖ (*për flokët*) épingle *f.* à cheveux.
kapitén,- i *m.* capitaine *m.*
kapróll,- i *m.* cerf *m.*, biche *f.*
kapúç,- i *m.* capuchon *m.*
kaq *ndajf.* tant, si ☞ **pse me kaq nxitim?** pourquoi êtes-vous si pressé? ❖ (*aq*) **jam aq i gjatë sa edhe ju** je suis aussi grand que toi ☞ **nuk është kaq e mirë sa e mendon** ce n'est pas si bon que cela.
karafíl,- i *m.* œillet *m.*
karaktér,- i *m.* caractère *m.* ☞ **njeri me karakter** un homme de caractère ☞ **ka karakter të keq** il a un mauvais caractère.
karakteristík/ë,- a *m.* caractéristique *f.*.
karamél/e,- ja *f.* caramel *m.*, bonbon *m.*
karkaléc,- i *m.* sauterelle *f.* ❖ **karkalec deti** crevette *f.*
kartëmonédh/ë,- a *f.* billet *m.* de banque.
kartolín/ë,- a *f.* carte *f.* postale.
kartón,- i *m.* carton *m.*
karríg/e,- ia *f.* chaise *f.*

karróc/ë,- a *f.* charrette *f.* ☞ **karrocë për bagazhe** chariot *m.* ☞ **karrocë dore** brouette *f.* ☞ **karrocë fëmijësh** voiture *f.* d'enfants, landau *m.*

karrot/ë,- a *f.* carotte *f.* ☞ **fëmijët hanë shpesh në mensë karrota të grira** à la cantine, les enfants mangent souvent des carottes râpées.

kasafórt/ë,- a *f.* coffre-fort *m.*

kasáp,- i *m.* boucher *m.* ❖ **dyqani i kasapit** (*i mishit*) boucherie *f.*

kasóll/e,- ja *f.* (*prej kashte*) chaumière *f.* ☞ (*prej balte*) hutte *f.* ☞ (*prej druri*) cabane *f.*

kastor,- i *m.* castor *m.*

kastravéc,- i *m.* concombre *m.*, cornichon *m.*

kásht/ë,- a *f.* paille *f.* ☞ **kapelë kashte** chapeau *m.* de paille.

kat,- i *m.* étage *m.* ☞ **kati përdhes** rez-de-chaussée *m.*

kát/ër,- ra *f.* quatre *m.* ☞ **vrapoj me të katra** je cours à toutes jambes.

kátër *num. them.* quatre☞ **më katër dhjetor** le quatre décembre.

i, e **kátërt** *num. rresht.* quatrième ☞ **jam i katërti në klasifikim** je suis classifié le quatrième ☞ **një e katërta e bukës** le quart du pain.

katrór,- i *m.* carré *m.* ☞ **sipërfaqja e një katrori** la surface d'un carré ❖ carreau *m.* ☞ **një fund me kutia** une jupe à carreaux ☞ **fusha e shahut ka 64 katrorë** l'échiquier a soixante-quatre cases 🔔 *mb.* **metër katror** mètre carré.

kavanóz,- i *m.* pot *m.* ☞ **një kavanoz me reçel fiku** un pot de confiture de figues.

kazan,- i *m.* (*plehrash*) poubelle *f.* ❖ (*avulli*) chaudière *f.*

kázm/ë,- a *f.* pioche *f.*

i, e **keq- e** *mb.* mauvais ☞ **sa kohë e keqe!** quel mauvais temps! ☞ **plehrat vijnë erë të keqe** les ordures sentent mauvais ❖ méchant ☞ **ai është një djalë i keq** c'est un garçon méchant ☞ **më i keqi nga të gjithë** le plus mauvais de tous.

keq *ndajf.* mal ☞ **mos fol keq për shokun!** ne parle pas mal de ton camarade! ☞ **Sara e reciton keq vjershën** Sarah récite mal le poème ❖ **më vjen keq** je suis désolé *ose* désolé ❖ **keq e më keq** de mal en pis.

keqësóhem *fol.* empirer ☞ **gjendja e të sëmurit po keqësohet** l'état du malade a empiré ☞ **koha po keqësohet** le temps se gâte.

két/ër,- ri *m.* écureuil *m.*

këlýsh,- i *m.* (*qeni*) chiot *m.*

kë́llëf,- i *m.* etui *m.* ☞ **këllëf gjyzlykësh** un étui à lunettes.

këmbéj *fol.* changer, échanger.

kë́mb/ë,- a *f.* pied *m.* ☞ **erdha më këmbë** je suis venu à pied ☞ **nga koka te këmbët** du pied à la tête ❖ jambe *f.* ☞ **Vanesa e vogël nuk rri ende në këmbë** la petite Vanesa ne tient pas encore sur ses jambes ❖ **këmba e karriges** le pied de la chaise.

Fjalë e urtë

Gënjeshtra i ka këmbët e shkurtra. On attrape plus vite un menteur qu'un voleur.

këmbësór,- i *m.* piéton *m.* ☞ **këmbësorët duhet të ecin në trotuar** il faut que les piétons marchent sur les trottoirs.

këmish/ë,- a *f.* (*burrash*) chemise *f.* ☞ (*grash*) chemisier *m.* ☞ **këmishë nate** chemise de nuit.

kënáq *fol.* satisfaire, réjouir 🔔 **kënáqem** se contenter ☞ **u kënaqa shumë që të takova** je suis très satisfait de t'avoir rencontré.

kënaqësí,- a *f.* satisfaction *f.*, plaisir *m.*

i, e **kënáqur** *mb.* satisfait, content ☞ **mësuesja është e kënaqur nga puna e Mari-Terezës** la maîtresse est très satisfaite du travail de Marie-Thérèse.

kënd,- i *m.* angle *m.* ☞ **kënd i ngushtë** angle aigu ☞ **kënd i gjerë** angle obtus ☞ **kënd i drejtë** angle droit ❖ coin *m.* ☞ **shtëpia në kënd të rrugës** la maison du coin ❖ **anë e kënd** partout.

këndój *fol.* chanter ☞ **fëmijët këndojnë Marsejezën** (*himni kombëtar i Francës*) les enfants chantent la Marseillaise.

i, e **këndsh/ëm,- me** *mb.* agréable, charmant ☞ **një mbrëmje e këndshme** une soirée agréable.

kënét/ë,- a *f.* marais *m.*, marécage *m.*

këng/ë,- a *f.* chanson *f.*, chant *m.*

këngëtár,- i *m.* chanteur *m.*

këpucár,- i *m.* cordonnier *m.*

këpúc/ë,- a *f.* chaussure *f.*, soulier *m.* ☞ **vesh këpucët** je mets mes chaussures ☞ **heq këpucët** j'enlève mes chaussures.

këpút (këpús) *fol.* casser ☞ **m'u këput lidhësja e këpucës** mon lacet a cassé ❖ (*një lule*) cueillir (*une fleur*).

kërcás *fol.* craquer, croquer.

kërcéj *fol.* bondir, sauter ☞ **kërcej pupthi** je saute à pieds joints ❖ danser.

kërcéll,- lli *m.* tige *f.*

kërcënój *fol.* menacer.

kërcím,- i *m.* saut *m.*, bond *m.* ☞ **kërcim së gjati** saut en longueur ☞ **kërcim së larti** saut en hauteur ☞ **kërcim me shkop** saut à la perche ❖ danse *f.*

kërkés/ë,- a *f.* demande *f.*, exigence *f.*

kërkój *fol.* chercher ☞ **çfarë po kërkon?** qu'est-ce que tu cherches? ❖ exiger, demander ☞ **ju kërkoj të heshtni** je vous demande de vous taire.

kërkúes,- e *mb.* exigeant.

kërmí/ll,- lli *m.* escargot *m.*

kërpúdh/ë,- a *f.* champignon *m.*

kërthíz/ë,- a *f.* nombril *m.*

këshíll/ë,- a *f.* conseil *m.*

këshillój *fol.* conseiller.

kështjéll/ë,- a *f.* château *m.*, citadelle *f.* ☞ **mbretërit banonin në kështjella luksoze** les rois habitaient dans de luxueux châteaux.

kështú *ndajf.* ainsi.

këtá *dëft.* ces ☞ **këta muaj** ces mois.

këto *dëft.* ces ☞ **këto vajza** ces filles.

këtú *ndajf.* ici ☞ **deri këtu** jusqu'ici.

kiç,- i *m.* poupe *f.*

kikirík,- u *m.* (*bima*) arachide *m.* ❖ cacahuète *f.*

kilográm,- i *m.* kilogramme *m.*

kilomét/ër,- ri *m.* kilomètre *m.*

kinéma,- ja *f.* cinéma *m.*, ciné *m.*

kinkalerí,- a *f.* quincaillerie *f.*

kirúrg,- u *m.* chirurgien *m.*

kísh/ë,- a *f.* église *f.*

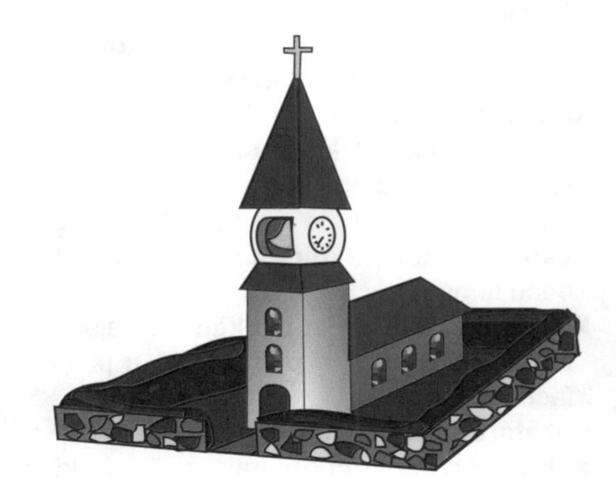

kitár/ë,- a *f.* guitare *f.* ☞ **i bie kitarës** je joue à la guitare.

kjó *dëft.* celle-ci.

klás/ë,- a *f.* classe *f.* ☞ **jam në klasën e tretë** je suis en troisième ❖ leçon *f.* ☞ **mësimi i gramatikës** la classe de grammaire.

klasifikím,- i *m.* classification *f.*, classement *m.*

kliént,- i *m.* client *m.*

klím/ë,- a *f.* climat *m.* ☞ **klimë e dëmshme** un climat nuisible.

kllóçk/ë,- a *f.* couveuse *f.*
kllóun,- i *m.* clown *m.*

kób/ër,- ra *m.* cobra *m.*
kóck/ë,- a *f.* os *m.*
kód/ër,- ra *f.* colline *f.* ☞ **maja dhe shpatet e kodrës** le sommet et les versants de la colline.
kófsh/ë,- a *f.* (*njeriu*) cuisse *f.* ☞ **kofshë e derrit** le jambon ☞ **kofshë e dashit** le gigot.
kóh/ë,- a *f.* temps *m.* ☞ **s'kam kohë** je n'ai pas le temps ☞ **ka shumë kohë** il y a longtemps ☞ **para kohe** avant terme ❖ **në këtë kohë** en ce moment ❖ **në pranverë, bën kohë e mirë** au printemps, il fait beau temps.
kók/ë,- a *f.* tête *f.* ☞ **ul kokën** je baisse la tête ❖ **luaj kokë a pilë** je joue à pile ou face.
kokëfórtë *mb.* têtu, obstiné.
kók/ërr,- rra *f.* (*gruri*) grain *m.*☞ **kokërr kafeje** un grain de café ☞ **kokërr rrushi** un grain de raisin.
kolégj,- i *m.* collège *m.*
koleksión,- i *m.* collection *f.*
kolón/ë,- a *f.* colonne *f.* ☞ **tempujt grek mbaheshin nga kolonat** les temples grecs étaient soutenus par des colonnes ❖ **nxënësit ecnin për dy në një kolonë** les élèves marchaient en colonne par deux.
kolоní,- a *f.* colonie *f.* ☞ **Algjeria ka qenë një koloni franceze** l'Algérie a été une colonie française.
kolovájz/ë,- a *f.* balançoire *m.* ☞ **Sara luan në kolovajzë** Sarah fait de la balançoire.
kóll/ë,- a *f.* toux *f.* ☞ **kollë e mirë** coqueluche *f.*
kollítem *fol.* tousser.
kolltúk,- u *m.* fauteuil *m.*
komandój *fol.* commander.
komb,- i *m.* nation *f.* ☞ **kombi shqiptar** nation albanaise.
kombësí,- a *f.* nationalité *f.* ☞ **kombësi franceze** nationalité française.
kombëtár,- e *mb.* national ☞ **himni kombëtar** hymne national.
komét/ë,- a *f.* comète *f.* ☞ **kometa Halley duket në qiell çdo 76 ose 77 vjet** la comète de Halley apparaît dans le ciel tous les soixante-six ou soixante-sept ans.
kominósh/e,- t *m.vet.sh.* salopette *f.*
komodín/ë,- a *f.* commode *f.*, table *f.* de nuit.
kompás,- i *m.* compas *m.*
kompjúter,- i *m.* ordinateur *m.* ☞ **kujtesa e kompjuterit** la mémoire de l'ordinateur.
komplót,- i *m.* complot *m.*
kompozój *fol.* composer.
komún/ë,- a *f.* commune *f.*☞ **banorët e një komune** les habitants de la commune.
koncért,- i *m.* concert *m.*
konkúrs,- i *m.* concours *m.* ☞ **Irena fitoi konkursin e bukurisë** Irène a gagné le concours de la beauté.
konkurój *fol.* concourir ☞ **çiklistët konkuruan për titullin e kampionit të botës** les cyclistes ont concouru pour le titre de champion du monde.
konservój *fol.* conserver, préserver.
kontinént,- i *m.* continent *m.* ☞ **pesë kontinentet janë: Europa, Azia, Afrika, Amerika dhe Oqeania** les cinq continents sont : l'Europe, l'Asie, l'Afrique, l'Amérique et l'Océanie.

Banorët e ishullit të Korsikës e quajnë Francën kontinent **"le Continent".**

kontróll,- i *m.* contrôle *m.*, vérification *f.* ☞ (*në klasë*) **kontrolli i dijeve** le contrôle des connaissances.

kontrollój *fol.* contrôler ☞ **kontrolloj biletat e trenit** contrôler les billets de train.

kontrollór,- i *m.* contrôleur *m.*, inspecteur *m.*

konvíkt,- i *m.* internat *m.*

kopé,- ja *f.* troupeau *m.* ☞ **kope dhensh** un troupeau de moutons.

kopertin/ë,- a *f.* couverture *f.*

kópj/e,- a *f.* copie *f.* ☞ **e kam ruajtur një kopje të hartimit** j'ai gardé une copie de ma composition ❖ épreuve *f.* ☞ **mësuesi korrigjon kopjet e detyrave** le maître corrige les copies ❖ brouillon *m.* ☞ **Ivi e zgjidh problemin në kopje** Yves fait son problème au brouillon.

kopjój *fol.* copier ☞ **mos kopjo nga shoku!** ne copie pas sur ton camarade!

koprác,- i *m.* avare *m.*

Harpagoni, heroi i komedisë "Kopraci" të komediografit të madh francez, Molier, është bërë sinonimi i kopracit.

kóps/ë,- a *f.* bouton *m.*

kopsít *fol.* boutonner.

kopsht,- i *m.* jardin *m.* ❖ **kopsht fëmijësh** la maternelle, le jardin d'enfant ❖ **kopsht perimesh** le potager ❖ **kopsht zoologjik** le zoo.

kopshtár,- i *m.* jardinier *m.*

kor,- i *m.* choeur *m.* ☞ **në kor** en chœur.

korb,- i *m.* corbeau *m.*

kordél/e,- ja *f.* ruban *m.*

kór/e,- ja *f.* (*e bukës*) croûte *f.*

kórniz/ë,- a *f.* cadre *m.* ☞ **vë në kornizë** encadrer.

korr *fol.* faucher, moissonner.

korridor,- i *m.* couloir *m.*

korrigjój *fol.* corriger ☞ **mësuesi korrigjon diktimet** le maître corrige les dictées.

kórrik,- u *m.* juillet *m.*

kos,- i *m.* yaourt *m.* *ose* yogourt *m.* ☞ **kos me fruta** yogourt aux fruits.

kostúm,- i *m.* costume *m.*

kosh,- i *m.* (*basketbolli*) panier *m.* ☞ (*për letra*) corbeille *f.* (*à papier*) ❖ (*për tesha*) corbeille à linge ❖ (*për plehra*) poubelle *f.*

kotéc,- i *m.* poulailler *m.*

kotél/e,- ja *f.* chaton *m.*

i, e **kótë** *mb.* inutile, vain.

kóv/ë,- a *f.* seau *m.*

krah,- u *m.* bras *m.* ☞ **Misheli e mban macen në krahë** Michel tient le chat dans ses bras ❖ **krahët e dallëndyshes** les ailes *f.* d'hirondelle.

kraharór,- i *m.* poitrine *f.*

krahasím,- i *m.* comparaison *f.* ☞ **në krahasim me** en comparaison avec.

krahasój *fol.* comparer.

krahín/ë,- a *f.* région *f.*, province *f.*

kravát/ë,- a *f.* cravate *f.*

kreh *fol.* peigner, coiffer 🔔 **krihem** se peigner ☞ **Sofia krihet para se të dalë** Sophie se peigne avant de sortir.

kréh/ër,- ri *m.* peigne *m.*

krejt *ndajf.* entièrement, tout à fait.

krem,- i *m.* crème *f.*

kremtój *fol.* célébrer.

krenár,- e *mb.* fier, hautain, orgueilleux.

krenóhem *fol.* être fier de ☞ **zoti Lëmor është krenar për të birin** monsieur Lemort est fier de son fils.

krevát,- i *m.* lit *m.* ☞ **rregulloj krevatin** je fais mon lit ☞ **kur ngrihem nga krevati, jam gjithmonë pa humor** au saut du lit, je suis toujours de mauvaise humeur.

krijój *fol.* créer, produire.

krim,- i *m.* crime *m.* ☞ **kryej një krim** commettre un crime.

krimb,- i *m.* ver *m.* ☞ **krimb mëndafshi** un ver à soie.

kríp/ë,- a *f.* sel *m.* ☞ **kripë e trashë** le gros sel ☞ **kripë e imët** le sel fin.

i, e **krípur** *mb.* salé.

kristal,- i *m.* cristal *m.*

i, e **krishtérë** *mb.* chrétien.

Krishtlíndj/e,- a *f. kryes. sh.* Noël *m.* ☞ **Gëzuar Krishtlindjen!** Joyeux Noël!

kritikój *fol.* critiquer.

krokodíl,- i *m.* crocodile *m.* ☞ **lotë krokodili** larmes de crocodile.

krúaj *fol.* grater, racler 🔔 **kruhem** se grater ☞ **mos e kruaj kokën!** ne te grate pas la tête!

krýej *fol.* accomplir, effectuer ☞ **Antuani e kreu detyrën** Antoine a accompli sa tâche ❖ **ky djalë kreu një vjedhje** ce garçon a commis un vol.

kryengrítj/e,- a *f.* révolte *f.*, insurrection *f.*

kryeqytét,- i *m.* capitale *f.* ☞ **Parisi është kryeqytet i Francës** Paris est la capitale de la France.

kryesór,- e *mb.* essentiel, principal.

kryetár,- i *m.* président *m.*, chef *m.* ☞ **kryetar i bashkisë** le maire.

kryq,- i *m.* croix *f.* ☞ **Kryqi i Kuq** Croix-Rouge.

kryqëzím,- i *m.* carrefour *m.*

kthej *fol.* tourner, retourner, détourner ☞ **ktheje faqen!** tourne la page! ☞ **kthej librin në bibliotekë** je rends le livre à la bibliothèque ☞ **kthej xhepat nga ana tjetër** je retourne mes poches ❖ **kthej fjalë** je réplique 🔔 **kthéhem** retourner, rentrer ☞ **kthehuni në vendet tuaja!** retournez à vos places!

kthés/ë,- a *f.* tournant *m.*, virage *m.*

kthét/ër,- ra *f.* griffe *f.*

kthim,- i *m.* retour *m.*

i, e **kthjéllët** *mb.* clair, pur, limpide.

ku *ndajf.* où ☞ **ku jeni?** où êtes-vous? ☞ **ku ta dija unë!** ah, si je savais! 🔔 *lidh.* **Poli shkoi atje ku e dërgoi i ati** Paul est allé là où son père l'a envoyé.

kub,- i *m.* cube *m.* ☞ **kubi ka gjashtë faqe** le cube a six faces ☞ **metër kub** mètre cube.

kudó *ndajf.* partout ☞ **kërkova kudo por nuk e gjeta asgjëkundi** j'ai cherché partout mais je ne l'ai trouvé nulle part.

kufí,- ri *m.* frontière *f.*, limite *f.* ☞ **lumi i Rinit formon kufirin midis Francës dhe Gjermanisë** le Rhin forme la fronière entre la France et l'Allemagne.

kufj/e,- a *f.* casque *f.*

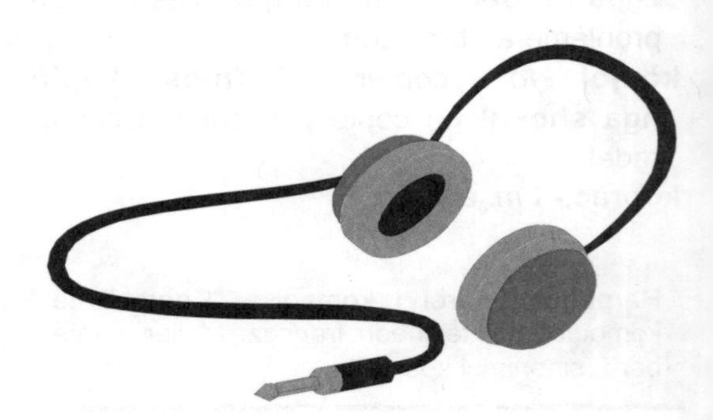

kuintal,- i *m.* quintal *m.* ☞ **pesë kuintal për hektar** cinq quintaux à l'hectare.

kujdés,- i *m.* soin *m.*, attention *f.* ☞ **kujdes nga makinat!** attention aux autos! ☞ **shkruaj me kujdes!** écris soigneusement! ☞ **dëgjo me kujdes!** écoute attentivement! ☞ **pa kujdes** négligemment.

kujdésem *fol.* prendre soin ☞ **ajo kujdeset për lulet** elle prend soin des fleurs ☞ **ai nuk kujdeset për shëndetin** il ne fait pas attention à sa santé ☞ **mamaja u kujdes t'i mbyllte dritaret** maman a pris soin de fermer les fenêtres.

i, e **kujdéssh/ëm,- me** *mb.* soigneux, attentif, prudent ☞ **ji i kujdesshëm!** sois prudent!

kujtés/ë,- a *f.* mémoire *f.* ☞ **kam kujtesë të dobët** j'ai la mémoire courte.

kujtím,- i *m.* souvenir *m.*
kujtój *fol.* rappeler, se souvenir (de), se rappeler ☞ **nuk më kujtohet data e mbërritjes nga Vlora** je ne me souviens pas de la date d'arrivée de Vlora ☞ **më kujto, të lutem, titullin e filmit** rappelle-moi, s'il te plaît, le titre du film 🔔 **kujtohem** se souvenir de.
kúkull,- a *f.* poupée *f.*, marionette *f.* ☞ **teatri i kukullave** le théâtre des marionettes.
kulét/ë,- a *f.* porte-monnaie *m.*
kulm,- i *m.* sommet *m.* ❖ comble *m.*
kultivój *fol.* cultiver.
kultúr/ë,- a *f.* culture *f.* ☞ **ai është njeri me shumë kulturë** c'est un homme très cultivé.
kull/ë,- a *f.* tour *f.* ☞ **kulla Eifel është prej hekuri** la tour Eiffel est en fer.
kullój *fol.* passer, filtrer ❖ couler ☞ **po më kullojnë hundët** mon nez coule.
kúmbull,- a *f.* (*pema*) prunier *m.* ❖ (*fruti*) prune *f.*
kunát,- i *m.* beau-frère *m.*
kunát/ë,- a *f.* belle-sœur *f.*
kúndër *parafj.* contre ☞ **shumë njerëz janë kundër dënimit me vdekje** beaucoup de personnes sont contre la peine de mort.
kundërshtár,- i *m.* adversaire *m.*, rival *m.*
kundërshtój *fol.* s'opposer (à), résister (à
i, e **kúndërt** *mb.* contraire, inverse, opposé ☞ **në drejtim të kundërt** en direction opposée.
kúngu/ll,- lli *m.* courge *f.*, citrouille *f.*, courgette *f.*

kúp/ë,- a *f.* coupe *f.*, verre *m.* ❖ **kupa e botës** la coupe du monde.
kuptím,- i *m.* sens *m.*, signification *f.*
kuptój *fol.* comprendre ☞ **a kuptoni frëngjisht?** comprenez-vous le français? ❖ **e kuptova gabimin** je me suis rendu compte de ma faute.
i, e **kuq,- e** *mb.* rouge ☞ **një xhup i kuq** un anorak rouge.
kur *ndajf.* quand ☞ **kur do të shkosh me pushime?** quand partiras-tu en vacances? 🔔 *lidh.* quand ☞ **do të drekojmë kur të kthehesh ti** nous déjeunerons quand tu seras de retour.
kurdís *fol.* (*orën*) remonter (*la montre*).
kurdohérë *ndajf.* toujours.
kureshtár,- e *mb.* curieux.
kurój *fol.* soigner, traiter ☞ **doktor Dybua e kuroi Robertin nga gripi** docteur Dubois a soigné Robert de sa grippe.
kurór/ë,- a *f.* couronne *f.*
kurs,- i *m.* cours *m.*, classe *f.* ☞ **kursi i frëngjishtes** le cours de français.
kursé *lidh.* tandis que, alors que, mais ☞ **Sofia po luan me kukullën, kurse Elena po lan enët** Sophie joue à la poupée tandis que Hélène fait la vaiselle.
kurséj *fol.* économiser, épargner.
kursím,- i *m.* épargne *f.* ☞ **arka e kursimit** la caisse d'épargne.
kurth,- i *m.* piège *m.*, embuscade m.
kúrrë *ndajf.* jamais ☞ **nuk kam qenë kurrë në Alpe** je ne suis jamais allé dans les Alpes ☞ **kurrë më** plus jamais.

Fjalë e urtë

Më mirë vonë se kurrë. Mieux vaut tard que jamais.

kurríz,- i *m.* dos *m.* ☞ **derrière le dos** prapa kurrizit.
kusúr,- i *m.* reste *m.* ☞ **mbajeni kusurin!** gardez la monnaie!
kush *përem.* qui ☞ **kush je ti?** qui es-tu? ☞ (*në kallëzore*) **kë more në telefon?** à qui as-tu téléphoné? ☞ (*në gjinore*) **i kujt është ky libër?** à qui est ce livre?
kushdó *pakuf.* quiconque, n'importe qui ☞

kushdo mund të marrë pjesë në konkurs quiconque peut participer au concours ☞ **kushdo qoftë** n'importe qui, qui que ce soit.

kushërí,- ri *m.* cousin *m.* ☞ **kushëri i parë** cousin germain.

kusht,- i *m.* condition *f.* ☞ **Denisi do të shkojë në Francë, me kusht që të fitojë çmimin e parë** Denis ira en France à condition de gagner le premier prix.

kushtetút/ë,- a *f.* constitution *f.*

kushtój *fol.* consacrer, dédier ☞ **autori ia kushtoi librin nënës së tij** l'auteur a dédié son livre à sa mère 🔔 **kushton** coûter ☞ **sa kushton kjo kukull?** combien coûte cette poupée?

i, e **kushtúesh/ëm,- me** *mb.* coûteux, cher.

kutí,- a *f.* boîte *f.* ☞ **kuti teneqeje** une boîte (*en fer blanc*) ☞ **sardele në kuti** des sardines en boîte.

kuzhín/ë,- a *f.* cuisine *f.*

kuzhiniér,- i *m.* cuisinier *m.*

laboratór,- i *m.* laboratoire *m.*
lag *fol.* mouiller, tremper ❖ (*ujit*) arroser 🔔 **lágem** se mouiller.
i, e **lágur** *mb.* trempé, mouillé.
lágj/e,- ja *f.* quartier *m.*
laj *fol.* laver ☞ **laj duart** je me lave les mains ☞ **laj teshat** je lave le linge ☞ **laj dhëmbët** je me brosse les dents 🔔 **láhem** se laver ☞ **lahem çdo mëngjes** je me lave tous les matins *ose* je prends mon bain.
lajm,- i *m.* nouvelle *f.* ☞ **kemi lajme të mira** nous avons de bonnes nouvelles ☞ **lajmet në televizor** l'information *f.* télévisée ☞ **lajm i rremë** une fausse nouvelle.
lajmërím,- i *m.* annonce *f.*; avis *m.*, avertissement *m.*
lajmërój *fol.* annoncer, avertir, prévenir.
lajthí,- a *f.* (*pema*) noisetier *m.* ❖ (*fruti*) noix *m.*
lák/ër,- ra *f.* chou *m.*

lakór/e,- ja *f.* courbe *f.*
lakuríq,- i *m.* chauve-souris *m.*
lakuríq,- e *mb.* nu.
lamtumír/ë,- a *f.* adieu *m.* ☞ **i lë lamtumirën familjes** je fais mes adieux à ma famille.
lamtumírë! *pasth.* adieu!
laps,- i *m.* crayon *m.* ☞ **shkruaj me laps** j'écris avec un crayon.
i, e **lárë** *mb.* lavé, propre.
larg *ndajf.* loin ☞ **më larg** plus loin 🔔 *parafj.* loin de.
largësí,- a *f.* distance *f.*
i, e **lárgët** *mb.* lointain.
largój *fol.* éloigner, écarter ☞ **largoj nje pengesë** je lève un obstacle 🔔 **largóhem** s'éloigner, s'écarter, se retirer.
lárj/e,- a *f.* lavage *m.*
lart *ndajf.* haut, en haut, dessus.
i, e **lártë** *mb.* haut ☞ **ky mur është i lartë** ce mur est haut ❖ **zë i lartë** une haute voix ❖ **çmime shumë të larta** des prix très élevés.
lartësí,- a *f.* hauteur *f.* ☞ **lartësia e malit** la hauteur de la montagne ❖ (*në gjeografi*) altitude *f.*
i, e **láshtë** *mb.* vieux, ancien, antique ☞ **grekët e lashtë** les Grecs anciens.
lavamán,- i *m.* (*i banjës*) lavabo *m.* ❖ (*i kuzhinës*) évier *m.*
lavatríç/e, ja *f.* machine *f.* à laver.
lavdërím,- i *m.* éloge *m.*
lavdërój *fol.* louer, faire l'éloge de ☞ **drejtori i lavdëroi nxënësit për punën që bënë** le directeur a loué les élèves pour le travail qu'ils ont fait.
léck/ë,- a *f.* (*për enët*) torchon *m.* ❖ (*për pluhurat*) chiffon *m.* ❖ (*për dyshemenë*) serpillière *f.*
ledhatój *fol.* caresser, câliner, cajoler.
legén,- i *m.* cuvette *f.*, bassine *f.*
legjénd/ë,- a *f.* légende *f.*
leh *fol.* aboyer.

Fjalë e urtë

Qeni që leh nuk kafshon. Les chiens qui aboient ne mordent pas.

i, e **léhtë** *mb.* léger ☞ **kjo valixhe është e lehtë si një pupël** cette valise est légère comme une plume ❖ facile ☞ **problem i lehtë** un problème facile.
léhtë *ndajf.* légèrement ❖ facilement, aisément.
lejlék,- u *m.* cigogne *f.* ☞ **lejlekët nuk këndojnë, por kërcasin sqepin** les cigognes ne chantent pas mais claquent du bec.
lejój *fol.* laisser, permettre ☞ **më lër ta shoh** laisse-moi le voir ☞ (*formulë mirësjelljeje*) **më lejoni t'ju përshëndes** permettez-moi de

vous saluer 🔔 **lejohet** ☞ **nuk lejohet kalimi i kamionave** passage des camions interdit.

lek,- u *m.* argent *m.* ☞ **a ke lekë me vete?** as-tu de l'argent sur toi?

lémz/ë,- a *f.* hoquet *m.* ☞ **më zuri lemza** j'ai le hoquet.

lénd/e,- ja *f.* gland *m.* du chêne.

lént/e,- ja *f.* lentille *f.*, verre *f.* ☞ **lente kontakti** des verres de contact.

leopárd,- i *m.* léopard *m.*

lépu/r,- ri *m.* lièvre *m.*, lapin *m.*

i, e **lerosúr** *mb.* sale, crasseux ☞ **i ke duart të lerosura** tu as des mains graisseuses (*sales*).

lesh,- i *m.* laine *f.* ☞ **çorape leshi** des chaussettes de laine.

lét/ër,- ra *f.* papier *m.* ☞ **letër thithëse** papier buvard ☞ **letër higjienike** papier hygiénique ❖ lettre *f.* ☞ **mora një letër nga Sharli** j'ai reçu une lettre de Charles ❖ carte *f.* ☞ **luaj me letra** je joue aux cartes.

letërkëmbím,- i *m.* correspondance *f.*

lexím,- i *m.* lecture *f.*

lexój *fol.* lire ☞ **mësoj të lexoj** j'apprends à lire.

lexúes,- i *m.* lecteur *m.*

lë *fol.* laisser ☞ **më lër të kaloj** laisse-moi passer ☞ **më lër rehat!** laisse-moi tranquille! ❖ **lëri pak edhe vëllait** laisse-en un peu à ton frère ❖ abandonner, quitter ☞ **Roberti e la sportin** Robert a abandonné le sport.

lëkúnd *fol.* balancer, agiter, secouer, vaciller 🔔 **lëkundem** se balancer.

lëkúr/ë,- a *f.* (*e njeriut, kafshëve*) peau *m.* ❖ cuir *m.* ☞ **këpucë lëkure** des chaussures an cuir.

Lëkura e kafshëve është e mbuluar me qime, ajo e zogjve me pupla dhe ajo e peshqve me luspa. La peau des animaux porte des poils, celle des oiseaux des plumes et celles des poissons des écailles.

lëmósh/ë,- a *f.* aumône *f.* ☞ **kërkoj lëmoshë** mendier.

lëmsh,- i *m.* pelote *f.*

i, e **lëmúar** *mb.* poli, lisse ☞ **gurë të bardhë e të lëmuar** cailloux blancs et polis.

lënd/ë,- a *f.* matière *f.* ☞ **lënda ndodhet në gjendje të ngurtë, të lëngët ose të gaztë** on trouve la matière à l'état solide, liquide ou gazeuse ❖ (*në shkollë*) matière *f.*, discipline *f.*

lëndín/ë,- a *f.* prairie *f.*, gazon *m.*

lën/g,- u *m.* liquide *m.* ❖ jus *m.*, suc *m.* ☞ **lëng limoni** jus de citron ☞ **më lëshon goja lëng** j'en ai l'eau à la bouche.

i, e **lëngsh/ëm,- me** *mb.* fluide, liquide ☞ **nga nxehtësia gjalpi bëhet i lëngshëm** de la chaleur le beurre devient liquide.

lëpíj *fol.* lécher.

lëshój *fol.* lâcher, laisser tomber ☞ **mos ma lësho dorën kur të kalojmë rrugën** ne me lâche pas la main en transversant la rue.

lëvdát/ë,- a *f.* éloge *m.*, louange *m.*

lëvdój *fol.* louer, vanter, faire l'éloge de.

lëvíz *fol.* bouger, remuer ☞ **duart lart, asnjë të mos lëvizë!** haut les mains, que personne ne bouge!

lëvízj/e,- a *f.* mouvement *m.* ❖ geste *m.*

i, e **lëvízsh/ëm,- me** *mb.* mobile.

lëvózhg/ë,- a *f.* coquille *f.*

líb/ër,- ri *m.* livre *m.*, bouquin *m.* ☞ **një libër gramatike** un livre de grammaire.

librarí,- a *f.* librairie *f.*

lidh *fol.* lier, attacher, lacer ☞ **lidhi këpucët!** lace tes souliers! **lidhni rripat e sigurimit!** attachez vos ceintures! ☞ **lidh me zinxhir** lier avec une chaîne ☞ **lidh me litar** lier avec une corde 🔔 **lidhem** se lier, s'attacher.

lidhës/e,- ja *f.* lacet *m.* ☞ **këpucë me lidhëse** chaussures à lacets.

i, e **lig,- ë** *mb.* méchant ❖ mauvais.

ligj,- i *m.* loi *f.*

ligjërát/ë,- a *f.* discours *m.*

limón,- i *m.* (*pema*) citronnier *m.* ❖ (*fruti*) citron *m.*

limonád/ë,- a *f.* citronnade *m.*

lind *fol.* naître ☞ **"ku ke lindur?" "kam lindur në Durrës"** "tu es né où?" "je suis né à Durrës" ❖ (*për diellin*) se lever ☞ **dielli**

lind në lindje le soleil se lève à l'est ❖ accoucher ☞ **mamaja ime lindi një vajzë** ma mère a accouché d'une fille.

líndje,- a *f.* naissance *f.* ☞ **qyteti i lindjes** la ville de naissance ❖ (*drejtim horizonti*) est *m.* ☞ **Lindja e Mesme** Moyen-Orient ❖ **lindja e diellit** le lever du soleil.

línj/ë,- a *f.* ligne *f.* ☞ **linjë hekurudhore** ligne de chemin de fer ☞ **linjë detare** ligne maritime.

liqén,- i *m.* lac *m.*

i, e **lírë** *mb.* libre ☞ **je i lirë nesër?** es-tu libre demain? ❖ bon marché ❖ gratuit, libre.

lírë *ndajf.* à bon marché, à bas prix.

lirí,- a *f.* liberté *f.* ☞ **fitoj lirinë** gagner la liberté.

liròj *fol.* libérer, mettre en liberté ☞ **i burgosuri u lirua** le prisonnier a été libéré 🔔 **lirohem** ☞ **më fal për vonesën, nuk munda të lirohesha më shpejt** excuse mon retard, je n'ai pas pu me libérer plus tôt.

lis,- i *m.* chêne *m.*

líst/ë,- a *f.* liste *f.*

litár,- i *m.* corde *f.* ☞ **litar për t'u hedhur** corde à sauter.

lít/ër,- ra *f.* litre *m.*

livádh,- i *m.* prairie *f.*, pré *m.*

lód/ër,- ra *m.* jouet *m.* ☞ **dyqan lodrash** magasin de jouets.

lodh *fol.* fatiguer, exténuer, épuiser, éreinter ☞ **jam i lodhur** je suis fatigué 🔔 **lódhem** se fatiguer, s'exténuer, s'éreinter.

i, e **lódhsh/ëm,- me** *mb.* fatiguant, exténuant, épuisant.

i, e **lódhur** *mb.* fatigué, las, exténué, éreinté.

logjík,- e *mb.* logique.

lój/ë,- a *f.* jeu *m.* ❖ partie *f.* ☞ **lojë tenisi** une partie de tennis ☞ **Lojërat Olimpike** Jeux Olympiques.

lokomotív/ë,- a *f.* locomotive *f.*

lopát/ë,- a *f.* pelle *f.* ☞ **Kleri gërmon rërën me një lopatë** Claire creuse le sable avec une pelle ❖ **një lopatë rërë** une pelletée de sable ❖ **lopatat e varkës** les rames *f.*

lóp/ë,- a *f.* vache *f.* ☞ **lopa e çmendur** la vache folle.

lot,- i *m.* larme *f.* ☞ **derdh lot** je verse des larmes ☞ **mezi i mbaj lotët** j'ai du mal à retenir mes larmes.

lúaj *fol.* remuer, déplacer, bouger ☞ **mos luaj nga ky vend deri sa të vij unë!** ne bouge pas d'ici jusqu'à ce que j'arrive! ❖ jouer ☞ **luaj vërrithi** je joue à la marelle ❖ (*në teatër*) interpréter.

luán ,- i *m.* lion *m.*

lúft/ë,- a *f.* guerre *f.* ☞ **Lufta e Dytë Botërore** la deuxième guerre mondiale ❖ lutte *f.* ☞ **lufta kundër drogës** la lutte contre la drogue.

luftój *fol.* lutter, combattre, faire la guerre.

lúg/ë,- a *f.* cuiller *f.* *ose* cuillère *f.* ☞ **lugë e madhe** une cuiller à soupe ☞ **lugë e vogël** une cuiller à dessert *ose* à café ❖ **një lugë** (*sheqer, ilaç, etj.*) une cuillerée.

lugín/ë,- a *f.* vallée *f.*, vallon *m.*

lúl/e,- ja *f.* fleur *f.* ☞ **vadit lulet** j'arrose les fleurs ☞ **lulediell**i tournesol *m.*

luleshtrýdh/e,- ja *f.* fraise *f.*

lúm/ë,- i *m.* fleuve *m.*, rivière *f.*

i, e **lúmtur** *mb.* heureux.

lumturí,- a *f.* bonheur *m.*, félicité *f.*

lundrój *fol.* naviguer, flotter.

lut *fol.* prier, supplier ☞ **më luti të këndoja** il m'a prié de chanter 🔔 **lutém** prier ☞ **ju lutem** je vous en prie ☞ **i lutem Zotit** je prie Dieu.

lýej *fol.* (*muret*) peindre ❖ (*këpucët*) cirer (*les chaussures*) ❖ **lyej bukën me gjalpë** je beurre la tartine.

lyp *fol.* mendier.

lýpës,- i *m.* mendiant *m.*

lýr/ë,- a *f.* graisse *f.* ☞ **njollë lyre** tache *f.* de graisse.

llaç,- i *m.* mortier *m.*
llafazán,- i *m.* bavard *m.*
i, e **llahtársh/ëm,- me** *mb.* épouvantable, terrifiant, monstrueux.
llámb/ë,- a *f.* lampe *f.* ☞ **llambë elektrike** ampoule *f.* électrique.
llastík,- u *m.* élastique *m.* ❖ (*për të vrarë zogj*) lance-pierres *m.*
i, e **llastúar** *mb.* gâté.
llogarí,- a *f.* compte *m.*, calcul *m.* ☞ **llogari bankare** un compte bancaire ☞ **s'më del llogaria** je suis loin du compte ❖ **nuk të jap ty llogari** je ne te dois pas des comptes ❖ (*në restorant*) addition *f.*
llogarít (llogarís) *fol.* calculer.
lloj,- i *m.* genre *m.*, espèce *f.*, sorte *f.*
llomotít (llomotís) *fol.* bredouiller, marmotter, murmurer.
lloz,- i *m.* verrou *m.*
llúll/ë,- a *f.* pipe *f.* ☞ **gjyshi im e pi duhanin me llullë** mon grand-père fume la pipe.

llúpës,- e *mb.* glouton, gourmand 🔔 *mb.* gourmand.

mác/e, ja *f.* chatte *f.*

Fjalë e urtë

Ikën macja, lozin minjtë. Quand le chat n'est pas là, les souris dansent.

maçók,- u *m.* chat *m.* ☞ **maçoku me çizme** le chat botté.

madjé *pj.* même, voire, aussi ☞ **ky film është i bukur, madje shumë i bukur** ce film est intéressant, voire très intéressant ❖ (*përkundrazi*) **kjo pikturë nuk është e bukur, madje është e shëmtuar** cette peinture n'est pas belle, au contraire elle est laide.

i, e **madh,- e** *mb.* grand, immense, large ☞ **Parisi është një qytet shumë i madh** Paris est une très grande ville ☞ **jemi një familje e madhe** nous sommes une famille nombreuse ❖ (*i rritur*) grand, adulte ☞ **kur të bëhem i madh do të shkoj në universitet** quand je serai grand j'irai à l'université ☞ **vëllai im i madh** mon frère aîné ❖ (*i famshëm*) éminent ☞ **Sharl Bodler, një poet i madh francez** Charles Baudelaire, un grand poète français ❖ (*sasi e madhe*) **një shumë e madhe parash** une énorme somme d'argent ❖ **gabim i madh** une grosse erreur.

madhështór, e *mb.* majestueux, imposant, somptueux, magnifique.

magnét,- i *m.* aimant *m.*

magjéps *fol.* (*bëj magji*) ensorceler ❖ charmer, enchanter, fasciner.

magjépsës,- e *mb.* charmant, fascinant.

magjí,- a *f.* magie *f.*, sorcellerie f ☞ **bëj magji** ensorceler, faire de la sorcellerie.

magjík,- e *mb.* magique ☞ **me një të rënë të shkopit magjik** d'un coup de la baguette magique ☞ **" Sezam, hapu! " janë fjalët magjike për të hapur shpellën e Ali Babait** " Sésame, ouvre-toi! " sont les mots magiques qui font ouvrir la caverne d'Ali-Baba.

magjistár,- i *m.* magicien *m.* ☞ **magjistari Merlin** le magicien Merlin.

i, e **mahnítsh/ëm,- me** *mb.* miraculeux, merveilleux.

maj,- i *m.* mai *m.*

majdanóz,- i *m.* persil *m.*

máj/ë,- a *f.* bout *m.*, pointe *f.* ☞ **fund e majë** de fond en comble, entièrement ❖ sommet *m.* ☞ **maja e malit** le sommet de la montagne.

majmún,- i *m.* singe *m.*

majonéz/ë,- a *f.* mayonnaise *f.*

i, e **májtë** *mb.* gauche ☞ **kamioni u kthye në të majtë** le camion a tourné à gauche.

makaróna,- t *f.vet.sh.* macaroni *m.*, nouilles *m.sh.*

makín/ë,- a *f.* (*mjet*) machine *f.* ☞ **makinë qepëse** machine à coudre ☞ **makinë shkrimi** machine à écrire ☞ **makinë llogaritëse** calculatrice *f.* ❖ (*automobil*) véhicule *m.*, auto *f.*, voiture *f.*

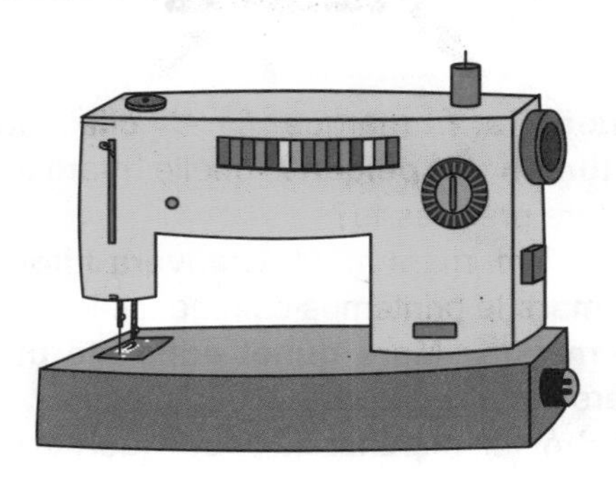

mal,- i *m.* montagne *f.* ☞ **i kaluam pushimet në mal** nous avons passé les vacances à la montagne ☞ mont *m.* ☞ **Mali i Bardhë është maja më e lartë e Francës** le mont Blanc est le sommet le plus élevé de France.

malësór,- i *m.* montagnard *m.*

malór,- e *mb.* montagneux, de montagne.

mall,- i *m.* nostalgie *f.* ☞ **më merr malli për prindërit** mes parents me manquent ☞ **me**

mall affectueusement ☞ **malli i atdheut** le mal du pays.
mall,- i *m.* marchandise *f.*
mallëngjím,- i *m.* émotion *f.*
mallëngjéhem *fol.* s'attendrir, être touché.
mallkój *fol.* maudire.
i, e **mallkúar** *mb.* maudit.
mamá,- ja *f.* mère *f.*, maman *f.*
manaférr/ë,- a *f.* mûre *f.* sauvage.
mandarín/ë,- a *f.* (*pema*) mandarinier *m.* ❖ (*fruti*) mandarine *f.*
manifestój *fol.* manifester.
marangóz,- i *m.* menuisier *m.*
marifét,- i *m.* truc *m.*
marinár,- i *m.* marin *m.*

márk/ë,- a *f.* marque *f.* ☞ **cila markë veturash të pëlqen?** quelle marque de voiture préfères-tu?
mars,- i *m.* mars *m.* ☞ **pranvera fillon më 21 mars** le printemps commence le vingt et un mars ❖ **Mars quhet edhe një planet** Mars est aussi le nom d'une planète.
marshój *fol.* marcher au pas ☞ **ushtarët po marshojnë në dy kolona** les soldats marchent au pas en deux colonnes.
martés/ë,- a *f.* mariage *m.* ☞ **martesë me dashuri** mariage d'amour ☞ **përvjetori i martesës së tij** l'anniversaire de son mariage.
e **mártë,- a** *m.* mardi *m.* ☞ **çdo të martë** tous ls mardis.
martój *fol.* marier, donner en mariage 🔔 **martóhem** se marier, épouser ☞ **Sara dhe Luigji u martuan të rinj** Sarah et Louis se sont mariés jeunes.
marr *fol.* prendre ☞ **marr një taksi** je prends un taxi ☞ **do vij të të marr në orën tetë** je viendrai te chercher à huit heures ❖ recevoir ☞ **mora një letër nga Franca** j'ai reçu une lettre de France ❖ **marr frymë** je respire ❖ **marr pjesë** je participe ☞ **marr vesh** apprendre 🔔 **merrem me sport** je fais du sport.
i, e **márrë** *mb.* (*i çmendur*) fou ❖ **erë e marrë** un vent furieux.
marrëvéshj/e,- a *f.* accord *m.*
más/ë,- a *f.* (*te rrobaqepësi*) mesure *f.* ☞ **marr masat** je prends les mesures ☞ **masa gjatësie, sipërfaqeje** mesures de longueur, de superficie ❖ mesure *f.*, limite *f.* ☞ **kaloj masën** je dépasse la mesure.
másk/ë,- a *f.* masque *f.* ☞ **maskë për zhytje** une masque de plongée.
maskím,- i *m.* déguisement *m.*
maskój *fol.* masquer 🔔 **maskohem** se déguiser ☞ **maskohem si një magjistare** je me déguise en sorcière.
máshkull- i *m.* mâle *m.*
mashtrój *fol.* tromper, duper, tricher.
mat (mas) *fol.* mesurer ☞ **bojaxhiu e mati dhomën** le peintre a mesuré la pièce 🔔 **matem** se mesurer.
matánë *ndajf.* de l'autre côté ☞ **në dhomën matanë** dans l'autre pièce 🔔 *parafj.* au-delà de, par-delà, outre ☞ **matanë malit** au-delà de la montagne.
matematík/ë,- a *f.* mathématiques *f.sh.*
i, e **mátur** *mb.* prudent, discret.
mbaj *fol.* tenir ☞ **mbaj kapelën në dorë** je tiens mon chapeau à la main 🔔 **mbáhem** se tenir ☞ **zoti dhe zonja Lëblan mbahen prej krahu** Monsieur et Madame Leblanc se tiennent par le bras ❖ **mbaje pastër dhomën tënde** tiens propre ta chambre ❖ porter ☞ **mbaj në supe motrën time të vogël** je porte ma petite sœur sur mes épaules.
mbarój *fol.* finir, achever, terminer, accomplir ☞ **mësimi mbaron në mesditë** la leçon termine à midi.
mbart *fol.* transporter, emporter.
mbáse *pj.* peut-être, il se peut bien.
mbath *fol.* (*rrobat*) mettre le vêtement ❖ (*këpucët*) chausser ❖ **ia mbath vrapit** je me se sauve à toutes jambes.

mbáthj/e,- a *f.* (*për gra*) culotte *f.*, slip *m.* ❖ (*për burra*) caleçon *m.*

mbes *fol.* rester, demeurer ☞ **mbetem prapa** je reste en arrière ❖ **mbetem në klasë** je redouble la classe.

mbés/ë,- a *f.* (*vajza e vëllait ose e motrës*) nièce *f.* ❖ (*vajza e djalit ose e vajzës*) petite-fille *f.*

mbétj/e,- a *f.* reste *m.* ☞ **me brumin që mbeti, mamaja përgatiti një tortë të vogël** avec le reste de la pâte, maman a fait une tartelette.

mbeturín/ë,- a *f.* restes *m.sh.*; débris *m.sh.*; déchets *m.sh.*

mbërthéj *fol.* boutonner, agrafer, fixer ☞ **mbërthej këmishën** je boutonne ma chemise ❖ **e mbërtheu prej krahu** il l'a saisi par le bras.

mbërrítj/e,- a *f.* arrivée *f.* ☞ **ora e mbërritjes së trenit** l'heure d'arrivée du train.

mbështét (mbështés) *fol.* appuyer, adosser, accouder ☞ **mbështet shkallën në mur** j'appuie l'escalier contre le mur 🔔 **mbështetem** s'appuyer ☞ **u mështet tek i biri për t'u ngritur** il s'est appuyé sur son fils pour se lever.

mbështjéll *fol.* (*perin*) enrouler ❖ envelopper.

mbi *parafj.* sur, au-dessus de ☞ **Mishel i vë çelësat mbi tavolinë** Michel pose les clés sur la table ❖ **mbi të gjitha** avant tout, pardessus tout.

mbiém/ër,- ri *m.* (*në gramatikë*) adjectif *m.* ❖ nom *m.* de famille ☞ **emër e mbiemër** prénom et nom.

mbjell *fol.* semer, ensemencer ❖ planter.

mbledh *fol.* ramasser ❖ (*grurin*) récolter ❖ (*lulet*) cueillir ❖ (*kallinjtë*) glaner ❖ (*në aritmetikë*) additionner.

mblédhj/e,- a *f.* (*në familje, mes miqsh*) réunion *f.* ❖ (*e grurit, e frutave*) ramassage *m.*, récolte *f.*, cueillette *f.* ❖ (*në artmetikë*) addition *f.*

mbrésëlënës,- e *mb.* impressionnant ☞ **Shën-Mëria e Parisit është një ndërtesë mbresëlënëse** Notre Dame de Paris est un édifice impressionnant.

mbret,- i *m.* roi *m.* ☞ **luani është mbreti i kafshëve** le lion est le roi des animaux.

mbretërésh/ë,- a *f.* reine *f.*

mbretërí,- a *m.* royaume *m.* ☞ **Belgjika është mbretëri** la Belgique est un royaume.

mbretërój *fol.* régner.

mbrë́mj/e,- a soir *m.* ☞ **lajmet e mbrëmjes** les informations du soir ❖ soirée *f.* ☞ **mbrëmje vallëzimi** soirée dansante.

mbroj *fol.* défendre, protéger, préserver.

mbrójtës,- i *m.* défenseur *m.*, protecteur *m.* ❖ (*në futboll*) arrière *m.*

mbrójtj/e,- a *f.* défense *f.*, protection *f.*

mbulés/ë,- a *f.* (*shtrati*) couverture *f.* ❖ (*tryeze*) nappe *f.*

mbulój *fol.* couvrir, recouvrir ❖ **mbuloj gabimin** je cache l'erreur.

mburój/ë,- a *f.* bouclier *m.*

mburr *fol.* louer, vanter 🔔 **mbúrrem** se vanter, se louer.

mbush *fol.* remplir, emplir ☞ **mbush tenxheren me ujë të ngrohtë** je remplis la casserole d'eau chaude ❖ **gjahtari mbushi çiften, mori shenjë dhe shtiu mbi lepurin** le chasseur chargea le fusil, visa et tira sur le lièvre ❖ (*dëndem*) bourrer ☞ **mos e mbush barkun me ujë!** ne te bourre pas d'eau! ❖ (*dhëmballën*) plomber (*une dent*) ❖ **ia mbusha mendjen të nisej** je l'ai convaincu de partir.

mbyll *fol.* fermer ☞ **mbylle gojën!** ferme la bouche! 🔔 **dyqani mbyllet në orën tetë** le magasin ferme à huit heures ☞ **dera u mbyll vetë** la porte s'est fermée toute seule.

i, e **mbýllur** *mb.* fermé.

mbyt (mbys) *fol.* noyer, inonder 🔔 **mbýtem** se noyer, s'asphyxier ☞ **anija u mbyt nga një nëndetëse** le chalutier a été coulé par un sous-marin ❖ **u mbyta** je suis étouffé ❖ tuer, étrangler, étouffer.

me *parafj.* avec ☞ **eja me mua** viens avec moi

❖ de ☞ **përshëndet me dorë Aleksin** je salue de la main Alex ❖ en ☞ **erdha me taksi** je suis venu en taxi ☞ **një mur me tulla** un mur en briques ❖ par ☞ **e dërgova letrën me postë** j'ai envoyé la lettre par la poste ❖ à ☞ **vajzë me fytyrë të qeshur** fille au visage joyeux ❖ sur ☞ **nuk kam para me vete** je n'ai pas d'argent sur moi ❖ sous ☞ **nën përgjegjësinë time** sous ma responsabilité.

megjíthatë *lidh.* cependant, pourtant, toutefois ☞ **ajo ha shumë dhe megjithatë është e hollë** elle mangent beaucoup, et cependant elle est maigre.

megjíthëse *lidh.* quoique, bien que, malgré que ☞ **doli megjithëse binte shi** il est sorti malgré la pluie.

mekaník,- u *m.* mécanicien *m.*

meméc,- e *mb.* muet.

i, e **ménçur** *mb.* intelligent.

mendím,- i *m.* pensée *f.* ❖ idée *f.*, opinion *f.* ❖ avis *m.* ☞ **për mendimin tim** à mon avis.

méndj/e,- a *f.* intelligence *f.*, esprit *m.*, mémoire *f.* ☞ **mbaj mend** je me rappelle ☞ **njeri me mend** une personne raisonnable ☞ **as që më shkon në mendje** je ne l'imagine pas ☞ **i mbush mendjen dikujt** convaincre quelqu'un ❖ pensée *f., idée f.* ☞ **ndryshova mendje** j'ai changé d'avis.

mendjemádh,- e *mb.* vaniteux, hautain.

mendój *fol.* penser ☞ **çfarë po mendon?** à quoi penses-tu? 🔔 **mendóhem** penser, réfléchir.

menjëhérë *ndajf.* tout de suite, immédiatement, sur-le-champ.

meqénëse *lidh.* puisque, comme.

merimáng/ë,- a *f.* araignée *f.* ☞ **pëlhurë merimange** la toile d'araignée.

meritój *fol.* mériter.

mermér,- i *m.* marbre *m.*

mes,- i *m.* milieu *m.* ☞ **në mes të dhomës** au milieu de la chambre ☞ **në mes të vitit** au milieu de l'année.

mesatár,- e *mb.* moyen.

mesatár/e,- ja *m.* moyenne *f.* ☞ **e kam kaluar klasën me mesataren tetë** j'ai passé dans la classe supérieure avec la moyenne huit sur dix.

mesdít/ë,- a *f.* midi *m.*

i, e **més/ëm,- me** *mb.* intermédiaire, du milieu ❖ **arsim i mesëm** enseignement secondaire ❖ **shtat i mesëm** une taille moyenne.

mesnát/ë,- a *f.* minuit *m.*

e **mét/ë,- a** f. défaut *m.*, vice *m.* ☞ **gënjeshtra është një e metë e madhe** mentir est un grand défaut.

mét/ër,- ri *m.* mètre *m.*

metró,- ja *m.* métro *m.*

> **Métro,** shkurtim i emrit **métropolitain** *m.*, është një hekurudhë elektrike, shpesh nëntokësore, në qytetet e mëdha si Parisi, Londra, Nju-Jorku, Moska etj. Metroja e Parisit është përuruar në vitin 1900.

mezí *ndajf.* à peine ☞ **mezi po vjen** il tarde à venir.

më *ndajf.* plus ☞ **ka më?** il y en a encore? 🔔 *tr. shk. e vetor.* **më** ☞ **ai kërkon të më flasë** il veut me parler.

mëkát,- i *m.* péché *m.*

mëlçí,- a *f.* foie *m.*

mënd *fol.* allaiter.

mëndáfsh,- i *m.* soie *f.* ☞ **një shall mëndafshi** un foulard de soie.

mëng/ë,- a *f.* manche *f.*

mëngjarásh,- e *mb.* gaucher.

mëngjés,- i *m.* matin *m.* ☞ **mëngjes për mëngjes** chaque matin ❖ petit déjeuner *m.* ☞ **ha mëngjes para se të shkoj në shkollë** je prends mon petit déjeuner avant de partir pour l'école.

> Francezët zakonisht hanë për mëngjes **kruasan me gjalpë** *croissant au beurre* (*një lloj kulaçi i përgatitur me brumë të ardhur dhe me gjalpë*), shoqëruar me kafe ose qumësht. Quhet kështu nga që ka formën e një gjysmëhëne të re.

mënýr/ë,- a *f.* manière *f.*, façon *f.* ☞ **në ç'mënyrë?** comment? ☞ **në asnjë mënyrë** en aucune façon.

mënjánë *ndajf.* de côté ☞ **Iliri vë para mënjanë për të shkuar në Francë** Ilir met de l'argent de côté pour aller en France.

i, e **mëpársh/ëm,- me** *mb.* antérieur, précédent.

mërgój *fol.* exiler, émigrer.

e **mërkúr/ë,- a** *f.* mercredi *m.*

mërmërít (mërmërís) *fol.* murmurer, chuchoter ☞ **Davidi i mërmërit një sekret në vesh Aleksit** David murumure un secret à l'oreille d'Alex.

mërzí,- a *f.* ennui *m.*, embêtement *m.* ☞ **ç'mërzi!** quel ennui!

mërzít (mërzít) *fol.* ennuyer, embêter ☞ **ky libër më mërzit** ce livre m'ennuie ☞ **më mërzite me këto pyetjet e tua** tu m'embêtes avec tes questions 🔔 **mërzítem** s'ennuyer, s'embêter ☞ **u mërzita duke të pritur** je me suis ennuyé en t'attendant.

i, e **mërzítsh/ëm,- me** *mb.* ennuyeux, embêtant ☞ **ky film është shumë i mërzitshëm** ce film est très ennuyant.

i, e **mërzitur** *mb.* ennuyé ☞ **jam shumë i mërzitur që po të lë vetëm** je suis très ennuyé de te laisser seul.

mësím,- i *m.* (*të mësuarit*) apprentissage *m.* ❖ (*në shkollë*) leçon *f.*, classe *f.*, cours *m.* ❖ (*ndëshkim*) leçon *f.*

mësój *fol.* apprendre, étudier ☞ **mësoj përmendsh mësimin** j'apprends par cœur la leçon ❖ (*jap mësim*) enseigner 🔔 (*më bëhet zakon*) **mësóhem** s'habituer (à) ☞ **jam mësuar të zgjohem herët** je me suis habitué à me réveiller de bonne heure.

mësúes,- i *m.* instituteur *m.*, maître *m.*, enseignant *m.*

mëshír/ë,- a *f.* pitié *f.*, grâce *f.* ☞ **mëshirë!** pitié! grâce!

mëshirój *fol.* (*më vjen keq, më dhimbset*) avoir pitié.

i, e **mëtéjsh/ëm,- me** *mb.* ultérieur.

mëtój *fol.* (*pretendoj*) prétendre, réclamer.

mi,- u *m.* souris *f.* ☞ **mi i madh** rat *m.*

e **mi** *pron.* mes ☞ **librat e mi** mes livres.

e **mía** *pron.* mes ☞ **fletoret e mia** mes cahiers.

midís *parafj.* entre ☞ **cili është ndryshimi midis një kali dhe një mushke?** quelle différence y a-t-il entre un cheval et une mule? ❖ parmi ☞ **shtëpia është fshehur midis pemëve** la maison est cachée parmis les arbres.

> 🕮 Parafjala **parmi** përdoret kur diçka ose dikush ndodhet midis shumë njerëzish a sendesh.

midhj/e,- a *f.* huître *m.*, moule *f.*

> Francezët i hanë shumë midhjet, të cilat kultivohen me shumicë në bregdetin atlantik dhe tregtohen me çmime të arsyeshme.

míell,- i *m.* farine *f.*

míj/ë,- a *f.* mille *m.*

mi/k,- ku *m.* ami *m.* ☞ **një mik i ngushtë** un ami intime ❖ hôte *m.*, invité *m.*

mikprítj/e,- a *f.* hospitalité *f.*

mikroskóp,- i *m.* microscope *m.*

miliárd,- i *m.* milliard *m.*

milimét/ër,- ri *m.* millimètre *m.*

milingón/ë,- a *f.* fourmi *f.*

milión,- i *m.* million *m.*

mimóz/ë,- a *f.* mimosa *m.*

minatór,- i *m.* mineur *m.*

minerál,- e *mb.* minéral.

miniér/ë,- a *f.* mine *f.*

miníst/ër,- ri *m.* ministre *m.* ☞ **kryeministër** le premier ministre ☞ **këshilli i ministrave** le conseil des ministres.

minút/ë,- a *f.* minute *f.*

miqësí,- a *f.* amitié *f.*
miqësór,- e *mb.* amical ☞ **një buzëqeshje miqësore** un sourire amical.
i, e **mírë** *mb.* bon ☞ **një ëmbëlsirë e mirë me kakao** un bon gâteau au chocolat ☞ **më i mirë** meilleur ☞ **më i miri** le meilleur ☞ **humor i mirë** une bonne humeur ☞ **është njeri i mirë** c'est un brave homme 🔔 *m.* **me të mirë** gentiment.
mírë *ndajf.* bien ☞ **rrini mirë, ju lutem!** soyez sages, s'il vous plaît! ☞ **e shqipton shumë mirë frëngjishten** il prononce très bien le français ❖ (*dobi*) ☞ **shurupi i bëri mirë për grykën** le sirop lui a fait du bien pour sa gorge ☞ **më mirë** mieux ☞ **më mirë vonë se kurrë** mieux vaut tard que jamais ☞ **aq më mirë** tant mieux ☞ **ju bëftë mirë!** bon appétit! ☞ **më vjen mirë** cela me fait plaisir ☞ **mirë se vjen!** sois le (la) bienvenu(e).
mirëdíta *pasth.* bonjour.
mirëmbrëma *pasth.* bonsoir.
mirëmëngjes *pasth.* bonjour.
mirënjóhës,- e *mb.* reconnaissant.
mirëpó *lidh.* mais, or.
mirëseárdhj/e,- a *f.* bienvenue *f.* ☞ **ju uroj mirëseardhjen në shtëpinë tonë** je vous souhaite la binevenue chez nous.
mirësjéllj/e,- a *f.* politesse *f.*, une bonne conduite.
mirupáfshim *pasth.* au revoir ☞ **mirupafshim nesër** à demain ☞ **mirupafshim së shpejti** à bientôt.
mís/ër,- ri *m.* maïs *m.*
mish,- i *m.* (*si ushqim*) viande *f.* ☞ **mish viçi** du bœuf ☞ **mish derri** du porc ❖ chair *f.* ☞ **si mishi me kockën** comme la chair tient à l'os ☞ **mishi i dhëmbëve** gencive *f.*

míz/ë,- a *f.* mouche *f.*
mizór,- e *mb.* cruel.
mjaft *ndajf.* assez ☞ **mjaft luajtët** en voilà assez avec ce jeu ❖ *(më se)* **jam mjaft i lodhur** je suis très fatigué ❖ suffisamment, pas mal - **mjaft libra** pas mal de livres 🔔 *pasth.* **Mjaft! pushoni!** assez (cela suffit)! taisez-vous!
mjaftój *fol.* *(janë të mjaftueshme)* suffire ☞ **këto para nuk mjaftojnë** cet argent ne suffit pas ❖ **këto para duhet t'ju mjaftojnë për një javë** cet argent devrait vous durer une semaine.
i, e mjaftúesh/ëm, - me *mb.* suffisant ☞ **më se e mjaftueshme** plus que suffisant ❖ (*në shkollë*) passable ☞ **pesa është një notë e mjaftueshme** *(kaluese)* cinq (sur dix) est une note passable.
mjált/ë,- i *m.* miel *m.*

mjaullín *fol.* miauler.
mjédis,- i *m.* environnement *m.*
mjégull,- a *f.* brouillard *m.* ☞ **ka rënë mjegulla** il y a du brouillard.
mjek,- u *m.* docteur *m.*, médecin *m.*
mjék/ër,- ra *f.* menton *m.* ❖ (*qimet*) barbe *f.* ☞ **babai rruan mjekrën çdo mëngjes** papa fait la barbe tous les matins
mjekësí,- a *f.* médecine *f.*
mjekim,- i *m.* traitement *m.*, cure *f.*
mjekój *fol.* traiter, soigner ☞ **kjo sëmundje mjekohet me antibiotikë** cette maladie doit être traitée par des antibiotiques.
mjel *fol.* traire.
mjéllm/ë,- a *f.* cygne *m.*

i, e **mjérë** *mb.* malheureux, pauvre, misérable.

mjésht/ër,- ri *m.* maître *m.*

mjet,- i *m.* moyen *m.*, instrument *m.*, outil *m.* (*de travail*).

mobíli/e,- a *f.* meuble *m.*, mobilier *m.*

modél,- i *m.* modèle *m.*

modérn,- e *mb.* moderne.

mód/ë,- a *f.* mode *f.*, vogue *f.* ☞ **ngjyrat e ndezura janë në modë** les couleurs vives sont à la mode ☞ **ndjek modën** je suis la mode ☞ **një pallto e dalë mode** un manteau démodé.

móll/ë,- a *f.* (*pema*) pommier *m.* ❖ (*fruti*) pomme *f.*

Në Francë prodhohet një lloj pijeje karakteristike nga molla, me pak alkool dhe me gaz, që quhet *cidre* dhe që nuk gjendet në vendet e tjera të botës.

monédh/ë,- a *f.* monnaie *f.*, pièce *f.* de monnaie.

monumént,- i *m.* monument *m.*

morr,- i *m.* poux *m.*

mos *pj.* ne... pas ☞ **mos qaj!** ne pleure pas! ☞ **mos u zini!** ne vous disputez pas!

mósh/ë,- a *f.* âge *m.*

i, e **moshúar** *mb.* âgé, vieux.

mot,- i *m.* temps *m.* ☞ **mot me shi** un temps pluvieux.

mót/ër,- ra *f.* sœur *f.*

motór,- i *m.* moteur *m.* ❖ moto *f.* ☞ **Antuani shkon në punë me motor** Antoine va au travail à moto.

motoskáf,- i *m.* canot *m.* á moteur.

mposht *fol.* (*vështirësitë*) surmonter (*les difficultés*) ❖ **mposht ndjenjat** maîtriser les sentiments.

mpreh *fol.* aiguiser, affiler, tailler ☞ **mpreh lapsin** je taille le crayon.

i, e **mpréhtë** *mb.* aiguisé, affilé, (*me majë*) aigu ☞ **thikë e mprehtë** un couteau bien tranchant ❖ **një vështrim i mprehtë** un regard pénétrant ❖ **mendje e mprehtë** un esprit vif *ose* prompt.

mrekullí,- a *f.* merveille *f.*,`- miracle *m.*

i, e **mrekullúesh/ëm,- me** *mb.* merveilleux, miraculeux, prodigieux, magnifique.

múa *vetor.* (*dhan.* e *kallëz.* e **unë**) moi ☞ **do të vish me mua?** tu viens avec moi? ❖ (*mua vetë*) moi-même.

múaj,- i *m.* mois *m.*

mullí,- ri *m.* moulin *m.* ☞ **mulli kafeje** un moulin à café ❖ **mulli me erë** un moulin à vent.

múmj/e,- a *f.* momie *f.*

mund *fol.* pouvoir ☞ **gjyshe Maria nuk mund të qepë pa syze** mamie Marie ne peut pas coudre sans lunettes ❖ **mund të hyj?** je peux entrer? 🔔 **nuk mundem më** je n'en peux plus ☞ **a mundeni të më bëni një të mirë?** pourriez-vous me faire une faveur? ❖ **mund të bjerë borë** ☞ il peut y avoir de la neige ❖ vaincre, battre ☞ **skuadra e qytetit tonë u mund dy me zero** l'équipe de notre ville a été battu par deux à zéro.

i, e **múndur** *mb.* possible ☞ **sa më shpejt që të jetë e mundur** le plus tôt possible ☞ **nuk është e mundur** il n'est pas possible *ose* ce n'est pas possible.

i, e **múndsh/ëm,- me** *mb.* possible, probable.

mungés/ë,- a *f.* manque *m.*, défaut *m.*, absence *f.* ☞ **për mungesë provash** faute de preuves.

mungój *fol.* manquer, être absent ☞ **Roberti ka munguar shumë në shkollë** Robert a beaucoup manqué l'école ❖ **mungon një lugë në tryezë** il manque une cuiller sur la table.

mur,- i *m.* mur *m.* ☞ **Muri i Madh Kinez** la grande muraille de Chine.
muratór,- i *m.* maçon *m.*
murg,- u *m.* moine *m.*
murmurít *fol.* murmurer, chuchoter.
múskul,- i *m.* muscle *m.*
mustáq/e,- ja *f.kryes.sh.* moustache *f.*
mushamá,- ja *f.* toile *f.* cirée, bâche *f.* ❖ (*veshje*) imperméable *m.*
múshk/ë,- a *f.* mule *f.* ☞ **kokëmushkë** une tête de mule.
mushkërí,- a *f.* poumon *m.*
mushkónj/ë,- a *f.* moustique *m.*
muzéum,- i *m.* musée *m.*

Në Paris ndodhen shumë muzeume, të fushave të ndryshme, duke filluar nga arti, shkenca, teknika, moda, automobili, kinemaja e deri te parahistoria. Më i dëgjuari është Luvri, ku ndodhen vepra arti nga e gjithë bota.

muzík/ë,- a *f.* musique *f.* ☞ **muzikë xhazi** musique de jazz.

na *tr.shk.vetor.* (*në dhanore*) nous ☞ **na e dha letrën** il nous a donné la lettre 🔔 (*në kallëzore*) nous ☞ **na mërzite** tu nous a ennuyés.
náft/ë,- a *f.* naphte *m.*
nalláne,- t *f.sh.* sabot *m.*
nát/ë,- a *f.* nuit *f.* ☞ **natën** la nuit, pendant la nuit ☞ **bëhet natë** il fait nuit ☞ **që me natë** de bonne heure.
natýr/ë,- a *f.* nature *f.*
natyrísht *ndajf.* naturellement, bien sûr, évidemment.
natyrór,- e *mb.* naturel ☞ **shiu është një fenomen natyror** la pluie est un phénomène naturel.
ndaj *fol.* partager, diviser ☞ **ajo ua ndau kekun fëmijëve** elle a partagé le cake entre les enfants 🔔 **ndáhem** se partager, se diviser ❖ divorcer ☞ **prindërit e Aleksit janë ndarë që prej një viti** les parents d'Alex ont divorcé depuis un an 🔔 *parafj.* vers ☞ **ndaj të gdhirë** vers l'aube ❖ à l'égard de, envers ☞ **ndaj prindërve** à l'égard des parents.
ndal *fol.* arrêter, stopper ☞ **ndal vrapin** j'arrête de courir 🔔 **ndálem para reklamave** je m'arrête devant les publicités.
ndalés/ë,- a *f.* arrêt *m.* ☞ **ndalesë autobusi** un arrêt de bus.
ndalim,- i *m.* interdiction *f.* ☞ **ndalim-kalimi** passage interdit.
ndalój *fol.* arrêter, stopper ☞ **ndaloj makinën përpara shkollës** j'arrête ma voiture devant l'école ❖ interdire, défendre ☞ **doktori e ndaloi Amelien të dalë për shkak të rrufës** le docteur a interdit à Amélie de sortir à cause de son rhume.
i, e **ndalúar** *mb.* défendu, interdit.
e **ndár/ë,- a** *f.* compartiment *m.*
ndej *fol.* (*teshat*) étendre (*le linge*).
ndénjës/e,- ja *f.* siège *m.*
nder,- i *m.* honneur *m.* ❖ faveur *f.*, service *m.*
nderój *fol.* honorer, rendre hommage (à).
i, e **ndérsh/ëm,- me** *mb.* honnête ❖ droit, probe.
i, e **nderúar** *mb.* honoré, estimé, honorable, respectable.
ndéshj/e,- a *f.* rencontre *f.* ❖ match *m.* ☞ **një ndeshje futbolli** un match de football.
ndez *fol.* allumer ☞ **ndez zjarrin** j'allume le feu ❖ **ndez radion** j'allume la radio ❖ **ndez motorin** mettre en marche, démarrer.
ndërgjégj/e,- ja *f.* conscience *f.*
ndërkáq *ndajf.* entre-temps, entre temps.
ndërkombëtár,- e *mb.* international.
ndërlikój *fol.* compliquer.
ndërmárr *fol.* entreprendre ☞ **alpinistët ndërmorën një ngjitje të vështirë** les alpinistes ont entrepris une ascension difficile.
ndërmárrj/e,- a *f.* entreprise *f.*
ndërprés *fol.* interrompre, entrecouper.
ndërsá *lidh.* tandis que, pendant que, alors que ☞ **ndërsa po dilja, ra telefoni** pendant que je sortai le téléphone sonna.
ndërtés/ë,- a *f.* bâtiment *m.*, édifice *f.*, immeuble *m.*
ndërtím,- i *m.* construction *f.*
ndërtój *fol.* construire, édifier, bâtir.

ndërrój *fol.* changer ❖ échanger.
ndëshkím,- i *m.* punition *f.*
ndíej *fol.* éprouver, ressentir ☞ **Sofia ndien një gëzim të madh kur vijnë pushimet** Sophie éprouve une grande joie à l'approche des vacances ☞ **ndiej lodhje** je me sens fatigué ❖ sentir ☞ **ndiej erën e pulës së pjekur** cela sent le poulet rôti 🔔 **ndíhem më mirë tani** je me sens mieux maintenant.

ndíhm/ë,- a *f.* aide *f.*, secours *m.* ☞ **kërkoj ndihmë** je demande de l'aide ☞ **ndihmë!** à l'aide! au secours! 🔔 assistance *f.* ☞ **ndihmë mjekësore** assistance médicale ☞ **ndihmë e shpejtë** premiers secours *ose* secours d'urgence.

ndihmój *fol.* aider, donner un coup de main, secourir.

ndjek *fol.* (*shkoj pas*) suivre ☞ **qeni e ndjek hap pas hapi të zotin** le chien suit son maître pas à pas ❖ poursuivre, suivre ☞ **Ana ndjek një kurs pianoje** Anne suit *ose* poursuit des cours de piano.

ndjénj/ë,- a *f.* sentiment *m.* ☞ **një ndjenjë urrejtjeje** un sentiment de haine.

i, e **ndjésh/ëm,- me** *mb.* sensible ☞ **qeni i ka veshët shumë të ndjeshëm** les oreilles du chien sont très sensibles.

ndodh *fol.* arriver ☞ **janë gjëra që ndodhin** ce sont des choses qui arrivent ❖ **çfarë po ndodh?** qu'est-ce qui se passe? 🔔 se trouver ☞ **shtëpia ime ndodhet në breg të detit** ma maison se trouve au bord de la mer.

ndónjë *pakuf.* quelqu'un ☞ **a ka ndonjë që di t'i bjerë pianos?** y a-t-il quelqu'un qui sait jouer du piano? ❖ quelque ☞ **ndonjë të re** quelque nouvelle.

ndonjëhérë *ndajf.* quelquefois

ndóshta *ndajf.* peut-être ☞ **ndoshta do ta gjejmë në shtëpi** peut-être on le trouvera chez lui.

ndótj/e,- a *f.* pollution *f.*

ndreq *fol.* réparer ☞ **Valentini e rregulloi vetë biçikletën** Valentin a réparé lui-même son vélo ❖ (*me erëza gjellën, sallatën për ta bërë të shijshme*) assaisonner ❖ corriger (*les fautes*).

ndriçój *fol.* éclairer, illuminer.

ndrit (ndris) *fol.* briller, luire, resplendir.

i, e **ndrójtur** *mb.* timide.

ndrýshe *ndajf.* autrement, différemment, diversement.

i, e **ndrýsh/ëm,- me** *mb.* différent, varié, divers ☞ **modele të ndryshëm** différents modèles.

ndryshím,- i *m.* différence *f.* ☞ **ka një ndryshim të madh moshe midis zonjës dhe zotit Dyfur** il y a une grande différence d'âge entre madame et monsieur Dufour.

ndryshk,- u *m.* rouille *f.*

i, e **ndrýshkur** *mb.* rouillé.

ndryshój *fol.* changer, modifier ☞ **gjërat kanë ndryshuar** les choses ont bien changé.

nepërk/ë,- a *f.* vipère *f.*

nervór,- e *mb.* nerveux ☞ **sistem nervor** système nerveux.

nésër *ndajf.* demain ☞ **pasnesër** après-demain.

neverí,- a *f.* écœurement *m.*, aversion *f.* ☞ **ngjall neveri** c'est dégoûtant.

i, e **neverítsh/ëm,- me** *mb.* dégoûtant.

nevój/ë,- a *f.* besoin *m.*, nécessité *f.* ☞ **bimët kanë nevojë për ujë** les plantes ont besoin d'eau ☞ **në rast nevoje** au besoin.

i, e **nevójsh/ëm,- me** *mb.* nécessaire.

në *parafj.* (*vendndodhje*) à, en ☞ **jam në shkollë** je suis à l'école ☞ **jetoj në Shqipëri** j'habite en Albanie ☞ **mësuesja është në klasë** la maîtresse est dans la classe ☞ **banoj në shtëpinë e hallës** j'habite chez ma tante ☞ **një në dhjetë nxënës ka ngelur në klasë** un élève sur dix a redoublé ❖ (*drejtim*) **shkoj në kinema** je vais au cinéma ☞ **shkoj në Francë** je vais en France ❖ (*mënyrë*) **shkoj më këmbë** je vais à pied ❖ (*kohë*) **takohemi në orën katër** rencontrons-nous à quatre heures ☞ **në të kaluarën** dans le passé.

nën *parafj.* sous, au-dessous ☞ **nën çati** sous le toit.

nënë,- a *f.* mère *f.*, maman *f.* ☞ **gjuha e nënës** la langue maternelle.
nënshkrím,- i *m.* signature.
nënshkrúaj *fol.* signer.
nëntë *num. them.* neuf.
i, e **nëntë** *num.rrjesht.* neuvième.
nëntëdhjetë *num. them.* quatre-vingt-dix.

Në frëngjishten e Zvicrës dhe të Belgjikës, në vend të **quatre-vingt-dix** përdoret **nonante.**

nëntëmbëdhjétë *num. them.* dix-neuf.
nëntëqínd *num. them.* neuf cents.
nëntór,- i *m.* novembre *m.* ☞ **gjethet e pemëve bien në nëntor** les arbres perdent leurs feuilles en novembre.
nëpër *parafj.* à travers ☞ **Misheli çan rrugën nëpër turmë** Michel se fraye un chemin à travers la foule ❖ par ☞ **kaluan nëpër qytet** ils sont passés par la ville ❖ (*midis*) ☞ **nëpër tunel** à travers le tunnel.
nëpúnës,- i *m.* employé *m.*
nësé *lidh.* si ☞ **s'do të vij nëse bie shi** s'il pleut je ne viendrais pas.
nga *parafj.* (*vend*) de, vers ☞ **Monika del nga dhoma** Monique sort de la chambre ☞ **erdhi nga Shtetet e Bashkuara të Amerikës** il est venu des États-Unis d'Amérique ☞ **ai u kthye nga unë** il se tourna vers moi ❖ (*arsye, shkak*) **Ivi u skuq nga zemërimi** Yves est rouge de colère ❖ (*burim, prejardhje*) **uthulla nxirret nga rrushi** le vinaigre provient du vin ❖ (*drejtim, lëvizje*) **do të udhëtojmë nga Vlora në Sarandë** nous voyagerons de Vlora à Saranda ☞ **nga e majta në të djathtë** de gauche à droite 🔔 *ndajf.* de- **nga vete?** où allez-vous? ☞ **jam 50 metra larg nga shkolla** je suis cinquante mètres loin de l'école.

De bëhet *d'* përpara një zanoreje ose një *H* të pazëshme. Nuk thuhet *de le* por thuhet *du*; nuk thuhet *de les* por thuhet *des*.

ngacmój *fol.* toucher ☞ **mos e ngacmo zjarrin!** ne touche pas au feu! ❖ taquiner ☞ **Robertit i pëlqen të ngacmojë Odilën** Robert adore taquiner Odile.

ngadálë *ndajf.* lentement ☞ **eci ngadalë** je marche lentement ☞ **flas ngadalë** je parle doucement ☞ **dalëngadalë** peu à peu.
ngadalësój *fol.* ralentir.
i, e **ngadálsh/ëm,- me** *mb.* lent ☞ **një nxënës i ngadalshëm** un élève lent à comprendre *ose* à agir.
ngandonjëhérë *ndajf.* parfois, quelquefois.
ngarkój *fol.* charger ☞ **zoti Dyfur ngarkon kamionin me fruta dhe perime** monsieur Dufour charge son camion de fruits et de légumes.

ngas *fol.* taquiner, importuner ❖ conduire ☞ **ngas shumë shpejt makinën** je conduis très vite ☞ **ngas biçikletën / motorin** je fais du vélo / de la moto.
ngatërrés/ë,- a *f.* confusion *f.* ❖ ennui *m.*
ngatërrój *fol.* confondre ☞ **e ngatërrova foljen** *entendre* me *attendre* j'ai confondu le verbe *entendre* avec *attendre.*
i, e **ngáthët** *mb.* indolent, nonchalant.
ngec *fol.* se coincer, se bloquer ☞ **ngeca në ashensor kur ikën dritat** je suis coincé dans l'ascenceur pendant la panne d'éléctricité.
ngel *fol.* s'arrêter ☞ **ora ime ka ngelur** ma montre s'est arrêtée ❖ redoubler ☞ **ngel në klasë** je redouble la classe.
ngop *fol.* rassasier, gaver ☞ **Zhorzhi nuk ngopet lehtë** Georges est difficile à rassasier ☞ **e ngopën me aspirina** ils l'ont bourré d'aspirines 🔔 **ngopem** ☞ **u ngopa me çokollata** je me suis gavé de chocolats.
ngordh *fol. veta III* (*për kafshë*) crever ☞ **peshku ngordhi** le poisson a crevé.

ngre *fol.* (*një peshë*) lever, soulever ☞ **ngre me vështirësi kutinë nga toka** je soulève difficilement la boîte ❖ lever, relever ☞ **ngre kokën** je relève la tête ❖ **ngre mëngët** je retrousse mes manches ❖ (*volumin*) élever ☞ **mos e ngri zërin** n'élève pas la voix ❖ **ngre krye** se soulever, se révolter 🔔 **ngrihem** (*pasi jam rrëzuar*) se relever ❖ **ngrihen çmimet** les prix augmentent.

ngrij *fol.* geler ☞ **sonte ka ngrirë** il a gelé ce soir ❖ avoir froid ☞ **këtu ngrin së ftohti** on gèle ici!

i, e **ngrírë** *mb.* gelé, glacé.

ngroh *fol.* chauffer.

ngróhj/e,- a *f.* chauffage *m.*

i, e **ngróhtë** *mb.* chaud.

ngul *fol.* enfoncer, planter ☞ **ngul gozhdën** j'enfonce le clou ❖ **ia ngul sytë pikturës** je fixe le tableau du regard.

ngurrój *fol.* hésiter.

ngushëllój *fol.* consoler, réconforter.

i, e **ngúshtë** *mb.* étroit ☞ **urë e ngushtë** un pont étroit ❖ (*për veshjet*) étroit ❖ (*për marrëdhëniet*) intime ☞ **shok i ngushtë** un ami intime.

ngushtíc/ë,- a *f.* détroit *m.* ☞ **ngushtica e Gjibraltarit** le détroit de Gibraltar.

i, e **ngutsh/ëm,- me** *mb.* urgent.

ngjaj *fol.* ressembler, se ressembler ☞ **Natalia dhe Mireji ngjajnë si dy pika uji** Nathalie et Mireille se ressemblent comme deux gouttes d'eau ☞ **kjo vajzë i ngjan shumë s'ëmës** cette fille ressemble beaucoup à sa mère.

ngjál/ë,- a *f.* anguille *f.*

ngjárj/e,- a *f.* événement *m.*

i, e **ngjásh/ëm,- me** *mb.* semblable ☞ **këto dy shtëpi janë të ngjashme** ces deux maisons sont semblables ❖ (*i tillë*) **s'kam parë kurrë një gjë të ngjashme** je n'ai jamais vu une chose pareille.

ngjesh *fol.* serrer, presser ☞ **ai e ngjeshi hundën te dritarja** il a collé son nez à la fenêtre.

ngjit[1] **(ngjis)** *fol.* coller ☞ **ngjis një pullë në zarf** je colle un timbre sur l'enveloppe ❖ (*sëmundjen*) **Misheli rrezikon t'ua ngjisë fruthin shokëve** Michel risque de contaminer ses camarades.

ngjit[2] **(ngjis)** *fol.* (*shpie lart*) monter ☞ **ngjit valixhen deri në katin e pestë** je monte ma valise jusqu'au cinquième étage 🔔 **ngjítem** monter, grimper ☞ **ngjitem në pemë** je grimpe sur l'arbre.

ngjítës,- i *m.* gluant *m.*

ngjítës,- e *mb.* gluant ❖ **sëmundje ngjitëse** une maladie contagieuse.

ngjyéj *fol.* tremper ☞ **ngjyej bukën në qumësht** je trempe le pain dans le lait ❖ teindre, colorer ☞ **ngjyej flokët** teindre les cheveux.

ngjýr/ë,- a *f.* couleur *f.* ☞ **ngjyrëgështenje** brun ☞ **ngjyrëportokalli** orange ☞ **ngjyrëtrëndafil** rose.

ngjyrós *fol.* colorier ☞ **Valeria po ngjyros vizatimin** Valérie colorie son dessin.

ninanán/ë,- a *f.* berceuse *f.* ☞ **ninananë djalin** dors, mon bébé, dors.

nip,- i *m.* (*djali i vëllait ose i motrës*) neveu *m.* ❖ (*djali i djalit, ose i vajzës*) petit-fils m.

nis *fol.* commencer ☞ **Sandrina nis të qajë** Sandrine commence à pleurer ☞ **nis punë** je me mets au travail ❖ **nis makinën** je démarre ❖ **nis një pako** j'envoie un colis 🔔 **nisem** partir ☞ **nisem për udhë** je pars en voyage ☞ **nisem me nxitim** je pars en hâte ☞ **anija po niset** le bateau démarre ☞ **aeroplani po niset** l'avion décolle ☞ **makina nuk po niset** l'auto ne démarre pas.

nísj/e,- a *f.* départ *m.*

nófk/ë,- a *f.* sobriquet *m.*, surnom *m.*

normál,- e *mb.* normal.

not,- i *m.* nage *f.*, natation *f.* ☞ **kaloj lumin me not** je traverse la rivière à la nage ☞ **garat e notit** les épreuves de natation.

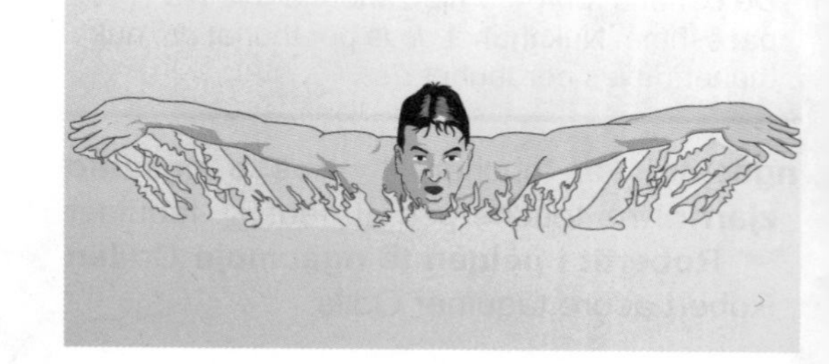

nót/ë,- a *f.* (*muzikë*) note *f.* ❖ (*në shkollë*) note *f.* ☞ **notë e mirë** bonne note ☞ **notë e keqe** mauvaise note ☞ **doli me nota shumë të mira** il a eu de très bonnes notes.

notój *fol.* nager ☞ **bëj not bretkose** je nage à la brasse- **notoj me stil të lirë** faire de la nage libre *ose* le crawl ☞ **notoj në kurriz** je nage sur le dos.

nuhát (nuhás) *fol.* flairer, renifler.

nuk *pj. moh.* ne ... pas ☞ **nuk është në shtëpi** il n'est pas à la maison ☞ **ai nuk punon** il ne travaille pas.

núm/ër,- ri *m.* nombre *m.* ☞ **numër çift** le nombre pair ☞ **numër tek** le nombre impair ❖ numéro *m.* ☞ **numri im i telefonit** mon numéro de téléphone ❖ pointure *f.* ☞ **sa e keni numrin e këmbës?** quelle pointure faites-vous?

numëratór,- i *m.* (*i telefonit*) annuaire *m.* (*du téléphone*).

numërím,- i *m.* compte *m.*, calcul *m.*

numërój *fol.* compter ☞ **motra i me e vogël di të numërojë deri në dhjetë** ma petite sœur sait compter jusqu'à dix.

nús/e,- ja *f.* (*jeune, future*) mariée *f.* ❖ belle-fille *f.*

nxeh *fol.* chauffer ❖ (*e inatos*) irriter, mettre en colère ☞ **ai na nxehu me qëndrimin e tij moskokëçarës** son indifférence nous a irrités.

i, e **nxéhtë** *mb.* chaud.

nxehtësí,- a *f.* chaleur *f.*

nxënës,- i *m.* élève *m.* ☞ **nxënës i vëmendshëm** un élève attentif.

nxij *fol.* noircir ☞ **tymi i ka nxirë muret** la fumée a noirci les murs 🔔 **nxíhem** brunir, bronzer ☞ **Sofia po nxihet në diell** Sophie se bronze au soleil.

i, e **nxírë** *mb.* noirci ❖ (*në diell*) bronzé.

nxit (nxis) *fol.* inciter, stimuler, encourager.

nxitím,- i *m.* hâte *f.* ☞ **jam me nxitim** je suis pressé.

nxitój *fol.* hâter, accélérer ❖ se hâter, se dépêcher ☞ **nxito!** dépêche-toi! ☞ **kush nxiton, gabon** hâtez-vous lentement!

nxjerr *fol.* sortir ☞ **nxjerr shaminë nga xhepi** je sors mon mouchoir de ma poche ☞ **nxjerr gjuhën** je tire la langue ☞ **nxjerr një gozhdë** je retire un clou.

nýj/ë,- a *f.* nœud *m.* ☞ **lidh nyje** nouer ❖ (*në gjuhë*) article *m.*

njerëzím,- i *m.* humanité *f.*
njerëzór,- e *mb.* humain.
njerí,- u *m.* homme *m.*, personne *f.* ☞ **njeri i mirë** un brave homme 🔔 (*në shumës*) gens *m.sh.* ☞ **ka shumë njerëz përpara kinemasë** il y a beaucoup de gens devant le cinéma.

një *num. them.* un ☞ **një dhe një bëjnë dy** un et un font deux 🔔 *nyjë joshquese*. un ☞ **një vajzë** une fille.
njëhérë *ndajf.* une fois, un jour ☞ **na ishte njëherë...** il était une fois...
njëjës *mb.* singulier ☞ **fjalët shtëpi, vajzë dhe ai janë në numrin njëjës** les mots *maison, fille* dhe *il* sont au singulier.
i, e **njëjtë** *mb.* même ☞ **dy fustane të njëjtë** deux robes identiques.
njëkohësísht *ndajf.* simultanément, en même temps, à la fois.
i, e **njëllójtë** *mb.* identique.
njëmbëdhjétë *num. them.* onze.

📖 Në frëngjishte **cent** merr mbaresën e shumësit **s** vetëm kur paraprihet nga një numër tjetër ☞ **katërqind** quatre cents, ndërsa ☞ **katërqind e një** quatre cent un.

njëqínd *num. them.* cent.
njëri, njëra *pakuf.* l'un, l'une.
njëzét *num. them.* vingt.
njoftím,- i *m.* annonce *f.* ☞ **nxjerr një njoftim në gazetë** je passe une annonce dans le journal.
njoftój *fol.* annoncer.
njoh *fol.* connaître ☞ **e njoh që prej dy vjetësh** je le connais depuis deux ans ❖ **ku e ke njohur këtë djalë?** où as-tu rencontré ce garçon? ❖ (*dalloj*) reconnaître ☞ **gjyshi im nuk njihet fare në këtë fotografi?** on ne reconnaît pas mon grand-père sur cette photo 🔔 **njihem** faire la connaissance.

Fjalë e urtë

Miku njihet që është mik në nevojë e në rrezik. C'est dans le besoin que l'on connaît ses vrais amis.

njóhj/e,- a *f.* connaissance *f.* ❖ reconnaissance *f.*
i, e **njóhur** *mb.* connu. ❖ réputé, illustre, célèbre.
njóll/ë,- a *f.* tache *f.* ☞ **njollë boje** une tache d'encre.
njom *fol.* mouiller, tremper.
i, e **njómë** *mb.* tendre ☞ **bar i njomë** herbe verte, tendre ❖ **mish i njomë** de la viande tendre.

oáz/ë,- a *f.* oasis *m.*
objékt,- i *m.* objet *m.*
obórr,- i *m.* cour *f.* ☞ **oborri i shkollës** la cour de récréation de l'école.
ofiçín/ë,- a *f.* garage *m.*
oficér,- i *m.* officier *m.* ☞ **togeri, kapiteni, koloneli dhe gjenerali janë oficerë** le lieutenant, le capitaine, le colonel et le général sont des officiers.
oktapód,- i *m.* pieuvre *f.*
oksigjén,- i *m.* oxygène *m.*
olimpiád/ë,- a *f.* olympiade *f.*
olimpík,- e *mb.* olympique ☞ **lojërat olimpike të dimrit** les Jeux Olympiques d'Hiver.
operación,- i *m.* opération *f.* ☞ **bëri një operacion në këmbë** il a subi une opération au pied.
óper/ë,- a *f.* opéra *m.* ☞ **mamaja e Agimit është një këngëtare e operës** la mère d'Agim est une cantatrice (*chanteuse d'opéra*).
oqéan,- i *m.* océan *m.* ☞ **tre oqeanet e mëdhenj janë: Oqeani Atlantik, Oqeani Paqësor dhe Oqeani Indian** les trois grands océans sont : l'océan Atlantique, l'océan Pacifique et l'océan Indien.
orár,- i *m.* horaire *m.* ☞ **jashtë orarit** après les heures du travail ❖ **orari i trenave** horaire ☞ **orari i shkollës** l' emploi *m.* du temps.
oréks,- i *m.* appétit *m.* ☞ **hap oreksin** donner de l'appétit ☞ **që të hap oreksin** appétissant.
ór/ë,- a *f.* heure *f.* ☞ **një gjysmë** *ose* **një çerek ore** une demi *ose* un quart d'heure ❖ heure *f.* ☞ **ora e historisë** l'heure de l'histoire ❖ (*dore*) montre *f.* ☞ (*tryeze, muri*) horloge *f.* ☞ **orë me zile**

un réveil.
orgán,- i *m.* organe *m.*
organizój *fol.* organiser, former, constituer.
origjinál,- e mb. original ☞ **një dokument origjinal** un document original ❖ (*i çuditshëm*) bizarre, curieux ☞ **kjo vajzë është origjinale** cette fille-là est très originale.
origjín/ë,- a *f.* origine *f.*
oríz,- i *m.* riz *m.*
orkést/ër,- ra *f.* orchestre *m.* ☞ **drejtues orkestre** le chef d'orchestre.
óse *lidh.* ou, ou bien.
oshëtím/ë,- a *f.* écho *m.* ❖ grondement *m.*
oxhá/k,- ku *m.* cheminée *f.*
ozón,- i *m.* ozone *m.* ☞ **vrima e ozonit** le trou d'ozone.

pa *parafj.* sans ☞ **pa dyshim** sans doute ☞ **pa pushim** sans cesse ☞ **ora është tetë pa dhjetë** il est huit heures moins dix.

i, e **paáftë** *mb.* incapable, inapte.

i, e **pabesúesh/ëm,- me** *mb.* incroyable, invraisemblable.

i, e **pabíndur** mb. désobéissant.

i, e **pacípë** *mb.* éhonté, effronté, sans gêne.

padáshur *ndajf.* involontairement.

i, e **padítur** *mb.* inconnu ☞ **drejtim i paditur** direction inconnue ❖ (*që nuk është i informuar*) ignorant.

i, e **padobísh/ëm,- me** *mb.* inutile, inefficace.

i, e **padréjtë** *mb.* injuste, inique.

i, e **padúksh/ëm,- me** *mb.* invisible ☞ **njeriu i padukshëm** l'homme invisible.

padurím,- i *m.* impatience *f.*

i, e **pafájsh/ëm,- me** *mb.* innocent.

i, e **pafát** *mb.* malchanceux.

i, e **pafúnd** *mb.* infini.

pág/ë,- a *f.* paye *f.*, paie *f.*, salaire *m.* ☞ **mësuesit kërkojnë një rritje të pagës** les enseignants revendiquent une augmentation de salaire.

pagëzím,- i *m.* baptême *m.*

pagúaj *fol.* payer, rembourser.

i, e **paharrúesh/ëm,- me** *mb.* inoubliable.

pajtój *fol.* réconcilier ☞ **mësuesja e pajtoi Mirejin me Sofinë** la maîtresse a réconcilié Mireille et Sophie 🔔 **pajtohem** se réconcilier ☞ **ata u pajtuan** ils se sont réconciliés.

pak *pakuf.* un peu ☞ **ra pak shi** il a plu un peu 🔔 *ndajf.* peu, un peu ☞ **pak nga pak** peu à peu ☞ **pas pak** peu après ☞ **sado pak që** pour peu que, si peu que.

pakét/ë,- a *f.* paquet *m.*

paketój *fol.* empaqueter, emballer.

i, e **pakënáqur** *mb.* mécontent, insatisfait.

páko,- ja *f.* paquet *m.*, colis *m.*

të **páktën** *ndajf.* au moins, du moins.

i, e **pakujdéssh/ëm,- me** *mb.* imprudent.

paláço,- ja *m.* clown *m.*

paléstr/ër,- ra *f.* gymnase *m.,* la salle de gymnastique ☞ **Ivi bën gjimnastikë me vegla në palestrën e shkollës** dans le gymnase de l'école, Yves fait des exercices aux agrès.

pál/ë1,- a *f.* (*e fustanit, etj.*) pli *m.*

pál/ë2,- a *f.* paire *f.* ☞ **një palë doreza** une paire de gants ☞ **një palë këpucë** une paire de chaussures.

i, e **palëvízsh/ëm,- me** *mb.* immobile.

pálm/ë,- a *f.* palmier *m.*

i, e **palódhur** *mb.* infatigable.

palós *fol.* plier ☞ **palos në dysh letrën** je plie en deux le papier.

pallát,- i *m.* palais *m.* ☞ **pallati mbretëror** la palais royal ☞ **pallati i sportit** palais des sports.

pállto,- ja *f.* manteau *m.*

pall/úa,- oí *m.* paon *m.*

i, e **pamartúar** *mb.* célibataire.

pambúk,- u *m.* (*bima*) cotonnier *m.* ❖ coton *m.* ☞ **një këmishë prej pambuku** une chemise en coton.

pámj/e,- a *f.* vue *f.*, aspect *m.* ☞ **në pamje të parë** à première vue ☞ **zoti Dufur ka pamjen e një njeriu të qetë** monsieur Dufour a l'aspect d'un homme tranquille ☞

e njoh vetëm nga pamja je ne le connais que de vue ❖ **pamje e natyrës** le spectacle de la nature ❖ (*dukje*) apparence *f.* ☞ **nuk gjykohet njeriu nga pamja** il ne faut pas se fier aux apparences.
i, e **pamúndur** *mb.* impossible.
panaír,- i *m.* foire *f.* ☞ **panairi i librit** la foire aux livres.
i, e **pandérsh/ëm,- me** *mb.* malhonnête.
pantallóna,- t *f.vet.sh.* pantalon *m.* ☞ **nuk e di cilat pantallona të vesh sot** je ne sais pas quel pantalon mettre aujourd'hui.

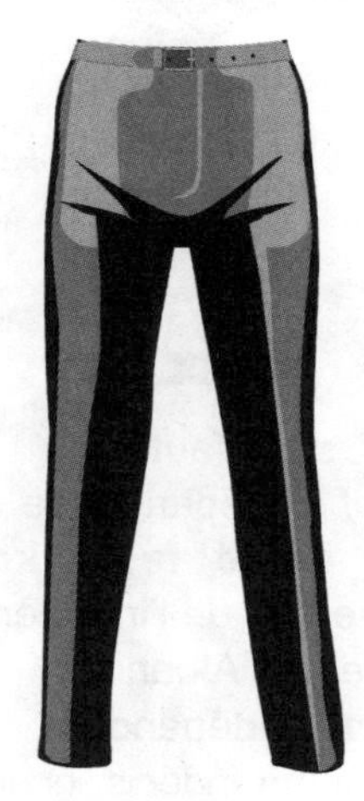

pantér/ë,- a *f.* panthère *f.*
pantóf/ël,- la *f.* pantoufle *f.*
panxhár,- i *m.* betterave *f.* ☞ **panxhar sheqeri** betterave à sucre ☞ **panxhari i kuq hahet në sallatë** on mange les betteraves rouges en salade.
i, e **panjóhur** *mb.* inconnu.
papagá/ll,- lli *m.* perroquet *m.*
i, e **papástër** *mb.* sale, malpropre.
i, e **paprítur** *mb.* inattendu, imprévu.
papritur *ndajf.* soudain, soudainement.
i, e **papúnë** *mb.* inoccupé ❖ chômeur *m.*
i, e **paqártë** *mb.* obscur, confus.
páq/e,- ja *f.* paix *f.*
paqësór,- e *mb.* pacifique.
pará,- ja *f.* argent *m.*, monnaie *f.*
pára *ndajf.* avant ☞ **ai shkonte para** il allait avant ❖ auparavant ☞ **një vit më parë** une année auparavant 🔔 *parafj.* avant, devant ☞ **para shtëpisë** devant la maison ☞ **para afatit** avant terme ☞ **para mesnatës** avant minuit.
paradíte *ndajf.* le matin, dans la matinée.
i, e **parafundit** *mb.* avant-dernier.
parájs/ë,- a *f.* paradis *m.*
parakalím,- i *m.* défilé *m.*, parade *m.*, revue *f.*
parakalój *fol.* défiler ❖ (*një makinë*) doubler, dépasser.
paralajmërój *fol.* prévenir, annoncer.
parapëlqéj *fol.* préférer.
paraqít *fol.* (*prezantoj*) présenter ☞ **të paraqit shokun tim** je te présente mon camarade ❖ exposer ☞ **shitësi e ka paraqitur bukur mallin** le vendeur a très bien exposé la marchandise 🔔 **paraqitem** se présenter ☞ **Sedriku u paraqit dy herë në provim dhe nuk e mori** Cédrick s'est présenté deux fois à l'examen sans le passer.
paraqítës,- i *m.* annonceur *m.*, présentateur *m.*
parashút/ë,- a *f.* parachute *f.* ☞ **piloti u hodh me parashutë** le pilote a sauté en parachute.
i, e **parehátsh/ëm,- me** *mb.* inconfortable.
i, e **párë** *num. rresht.* premier ☞ **dita e parë e vitit** le premier jour de l'année ☞ **Henriku i Parë** Henri Premier *ose* Henri 1er ☞ **ajo fitoi çmimin e parë** elle a remporté le premier prix 🔔 *ndajf.* **më parë** avant ☞ **dy muaj më parë** deux mois avant, il y a deux mois.

📖 Shkurtimi i mbiemrit të gjinisë mashkullore *premier* është *1er* dhe i gjinisë femërore *première* është *1ère* .

parfúm,- i *m.* parfum *m.* ☞ **një shishe parfum** un flacon de parfum.
park,- u *m.* parc *m.* ☞ **parku natyror i Llogorasë** le parc naturel de Llogora ❖ **parku i lojërave** le parc d'attractions.
parkím,- i *m.* stationnement *m.* ☞ **ndalohet parkimi** stationnement interdit.
parkój *fol.* garer, parquer ☞ **kishte parkuar para teatrit** il avait garé *ose* parqué devant le théâtre.
parlamént,- i *m.* parlement *m.*
parúk/ë,- a *f.* perruque *f.*
parrukiér/e,- ja *f.* coiffeur *m.*, coiffeuse *f.*
i, e **parrégullt** *mb.* irrégulier.
pas *ndajf.* derrière, par derrière ☞ **mbetem pas** je suis resté derrière *ose* en arrière 🔔 *parafj.*

derrière ☞ **Ivi fshihet pas pemës** Yves se cache derrière l'arbre ☞ **pas teje** après toi.
pasapórt/ë,- a *f.* passeport *m.*
pasdít/e,- ja *f.* après-midi *m.*
pasdrék/e,- ja *f.* après le déjeuner.
i, e **pasjélls*h*/ëm**,- me *mb.* impoli, grossier.
pasqýr/ë,- a *f.* glace f., miroir m.
pasqyrój *fol.* refléter, réfléchir.
pastáj *ndajf.* ensuite, après, puis ☞ **shihemi pastaj** à plus tard ☞ **e pastaj?** et puis après?
past/ë,- a *f.* (*dhëmbësh*) pâte dentifrice ❖ (*ëmbëlsirë*) pâtisserie *f.*, gâteau *m.*
i, e **pástër** *mb.* propre ☞ **i kam duart e pastra** mes mains sont propres ❖ **hedh në të pastër hartimin** je remets *ose* recopie au propre ma composition ☞ **shkruaj në të papastër** j'écris au brouillon ❖ (*në televizor*) **figura nuk është shumë e pastër** l'image n'est pas très nette.
pastërtí,- a *f.* propreté *f.* ❖ (*për pastrimin e veshjeve*) blanchisserie *f.*
pastiçerí,- a *f.* pâtisserie *f.*
pastrój *fol.* nettoyer.
i, e **pásur** *mb.* riche, fortuné.
pasurí,- a *f.* richesse *f.*, fortune *f.*
i, e **pásh/ëm,- me** *mb.* beau.
Páshk/ë,- a *f.* Pâques *f.sh.* ☞ **pushimet e Pashkëve** les vacances de Pâques.
i, e **pashmángsh/ëm,- me** *mb.* inévitable.
patát/e,- ja *f.* pomme de terre *f.*, patate *f.* ☞ **patate të skuqura** des frites ☞ **pure patatesh** de la purée (*de pommes de terre*).
paténť/ë,- a *f.* le permis de conduire.
pateríc/ë,- a *f.* béquille *f.*
pát/ë,- a *f.* oie *f.*
patëllxhán,- i *m.* aubergine *f.*

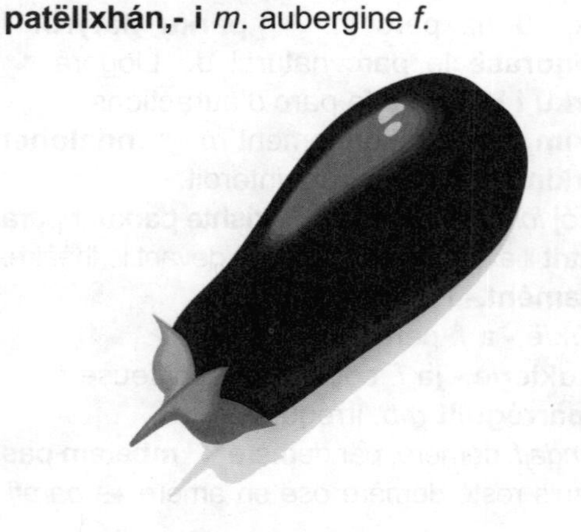

patína,- t *f.sh.* patin *m.* ☞ **patina për akull** des patins à glace ☞ **patina me rrota** des patins à roulettes.
patinázh,- i *m.* patinage *m.* ☞ **kampionati botëror i patinazhit artistik** le championnat du monde de patinage artistique.

patjétër ndajf. sans faute.
pavarësí,- a *f.* indépendance *f.* ☞ **dita e pavarësisë është festa kombëtare e Shqipërisë** le jour de l'indépendance est la fête nationale de l'Albanie.
i, e **pavárur** *mb.* indépendant.
i, e **pavendósur** *mb.* indécis, incertain, hésitant.
i, e **pavëméndsh/ëm,- me** *mb.* inattentif.
pazár,- i *m.* marché *m.*, bazar *m.* ☞ **pazari i kafshëve** marché aux bestiaux ❖ **bëj pazarin** faire le marché ❖ **Marku është dembel dhe mbi të gjitha ai është llafazan** Marc est paresseux et par-dessus le marché il est bavard.
pe,- ri *m.* fil *m.* ☞ **një rrotull me pe të zi** une bobine de fil noir.
peizázh,- i *m.* paysage *m.*
pelén/ë,- a *f.* couche *f.*
pelíç/e,- ja *f.* fourrure *f.*
pell/g,- gu *m.* étang *m.*, mare *f.*
pém/ë,- a *f.* arbre *m.* ☞ **pemë frutore** un arbre fruitier ❖ fruit *m.*
pemëshítës,- i *m.* marchand *m.* de fruits et de légumes.
pénd/ë,- a *f.* plume *f.*
pendóhem *fol.* se repentir, regretter.
pen/g,- gu *m.* gage *m.* ❖ otage *m.*

pengés/ë,- a *f.* obstacle *m.* ❖ (*në atletikë*) haie *f.* ☞ **100 metra me pengesa** cent mètres haies ☞ **vrapim me pengesa** une course de haies.

pengój *fol.* empêcher ☞ **Aleksi e pengon të vëllanë për të punuar** Alex empêche son frère de travailler 🔔 **pengóhem** trébucher, faire un mauvais pas ☞ **Alina u pengua te një gur dhe ra** Aline a trébuché contre une pierre et elle est tombée.

pensión,- i *m.* pension *f.*, retraite *f.* ☞ **pension pleqërie** une pension de vieillesse ☞ **gjyshi im merr pension lufte** mon grand-père touche une pension de guerre ❖ (*hotel*) pension *f.*

perandór,- i *m.* empereur *m.* ☞ **perandorët romakë** les empereurs romains.

pérd/e,- ja *f.* rideau *m.* ☞ **mbyll perden** je tire le rideau ❖ (*në teatër*) **u ngrit perdja** le rideau se lève.

perëndí,- a *f.* dieu *m.*

perëndím,- i *m.* ouest *m.*, occident.*m.* ❖ **perëndim i diellit** le coucher du soleil.

periferí,- a *f.* faubourg *m.*, banlieue *f.* ☞ **banoj në periferi të Parisit** j'habite la banlieue parisienne.

perím/e,- ja *f.* légume *m.*

periúdh/ë,- a *f.* période *f.* ☞ **në periudhë shkolle** en période scolaire.

pérl/ë,- a *f.* perle *f.* ☞ **perla artificiale** des perles de culture.

personázh,- i *m.* (*njeri i shquar*) personnage *m.* ☞ **Napoleoni është një personazh historik** Napoléon est un personnage historique ❖ (*hero i një libri, filmi, etj.*) **personazhi kryesor i këtij filmi është një fëmijë** le personnage principal de ce film est un enfant.

pésë *num. them.* cinq.

pesëdhjétë *num. them.* cinquante.

pesëmbëdhjétë *num. them.* quinze.

pesëqínd *num. them.* cinq cents.

pésh/ë,- a *f.* poids *m.* ☞ **vezët nuk shiten me peshë, ato shiten me copë** les œufs ne se vendent pas au poids, ils se vendent à la pièce ☞ **pesha neto** poids net.

pesh/k,- ku *m.* poisson *m.* ☞ **supë peshku** une soupe de poisson.

peshkaqén,- i *m.* requin *m.* ☞ **vetëm peshkaqeni i bardhë e sulmon njeriun** seul le requin blanc attaque l'homme.

peshkatár,- i *m.* pêcheur *m.* ☞ **Loiku është me profesion peshkatar** Loïc est pêcheur de son métier.

peshkím,- i *m.* pêche *f.* ☞ **Ivit i pëlqen peshkimi me grep** Yves aime la pêche à la ligne.

peshkój *fol.* pêcher ☞ **peshkoj në det** pêcher en mer.

peshój *fol.* peser ☞ **maman pèse mon petit frère chaque semaine** mamaja ime e peshon vëllanë tim të vogël çdo javë ☞ **sa peshon ky qingj!** combien pèse cet agneau! ☞ **peshon 10 kilogram** il pèse dix kilogrammes.

peshór/e,- ja *f.* balance *f.* ☞ **unë peshohem çdo ditë në peshoren time** je me pèse chaque matin sur ma balance.

peshqír,- i *m.* serviette *f.*

pétull,- a *f.* crêpe *f.*
pëlcás *fol.* éclater, exploser ☞ **pëlcet pushka** le fusil détonne ❖ **plas vape** je crève de chaleur.
pëlhúr/ë,- a *f.* tissu *m., toile f.*
pëlqéj *fol.* plaire (à) ☞ **ky film nuk më pëlqeu** ce film ne m'a pas plu ❖ aimer ☞ **më pëlqen fshati** j'aime la campagne.
pëllet *fol.* (*lopa*) mugir ❖ (*gomari*) brailler.
pëllëmb/ë,- a *f.* paume *f.*, le plat de la main ❖ (*shuplakë*) gifle *f.*, claque *f.*
pëllúmb,- i *m.* pigeon *m.*, colombe *f.*
për *parafj.* (*qëllim*) pour, à l'intention de ☞ **lufta për të drejtat e fëmijëve** la lutte pour les droits des enfants ❖ (*drejtim, vend*) pour, à destination de, dans la direction de ☞ **letër për ty** une lettre pour toi ☞ **u nis për Durrës** il est parti pour Durrës ☞ **për shembull** par exemple ❖ (*kohë*) en, dans, pour ☞ **këtë ushtrim mund ta zgjidh për 10 minuta** je peux résoudre ce problème en dix minutes ☞ **për një orë jam në shkollë** dans une heure je serais à l'école ☞ **ditë për ditë** tous les jours ☞ **për së shpejti** prochainement, bientôt ❖ (*betim*) **për kokën e djalit** sur la tête de mon fils.
përbállë *ndajf.* en face, face à face ☞ **shtëpia përballë** la maison d'en face 🔔 *parafj.* en face de, face à, vis-à-vis de ☞ **përballë dritares** en face de la fenêtre.
përballój *fol.* affronter, faire face (à) ☞ **nuk mund ta përballoj kurrë vetëm këtë** je ne pourrais jamais faire face à cela tout seul.
i, e **përbáshkët** *mb.* commun.
përbërës,- i *m.* ingrédient *m.*
përbúz *fol.* mépriser, dédaigner.
përcaktój *fol.* déterminer, préciser ☞ **anketimi do të përcaktojë shkaqet e aksidentit** l'enquête permettra de déterminer les causes de l'accident.
përcjéll *fol.* reconduire, raccompagner ☞ **Iliri më përcolli deri në shtëpi** Ilir m'a reconduit chez moi ❖ (*ushqimin*) avaler.
i, e **përdítsh/ëm,- me** *mb.* quotidien.
përdór *fol.* utiliser, employer ☞ **përdor forcën** faire usage de la force.
përdorím,- i *m.* usage *m.*, utilisation *f.* ☞ **jashtë përdorimit** hors d'usage.
i, e **përdórur** *mb.* usé ☞ **pantallona të përdorura** un pantalon usé ☞ **tregu i sendeve të përdorura** le marché aux puces.
përdrédh *fol.* tordre ☞ **përdrodhi këmbën duke vrapuar** il s'est tordu le pied en courant.
përém/ër,- ri *m.* pronom *m.*
përfaqësój *fol.* représenter.
përfitój *fol.* profiter (de), bénéficier (de).
përfundím,- i *m.* conclusion *f.*
përfundimtár,- e *mb.* définitif, décisif.
përfundój *fol.* achever, conclure, accomplir.
përfytyrój *fol.* imaginer *ose* s'imaginer, se figurer ☞ **përfytyroje se si ka qenë jeta para 100 vjetësh** imagine (- toi) la vie il y a cent ans.

përgatít (përgatís) *fol.* préparer ☞ **unë e përgatit vetë mengjesin** je prépare moi-même le petit déjeuner.
përgjígj/e,- ja *f.* réponse *f.* ☞ **përgjigje e saktë** une bonne réponse.
përgjígjem *fol.* répondre ☞ **iu përgjigja letrës së Valerisë** j'ai répondu à la lettre de Valérie.
i, e **përgjíthsh/ëm,- me** *mb.* général ☞ **si rregull i përgjithshëm** en règle générale.
përgjój *fol.* guetter ☞ **macja përgjon miun** le chat guette la souris.
përháp *fol.* répandre ☞ **lapsat u përhapën mbi qilim** les crayons se sont répandus sur le tapis ❖ propager, diffuser ☞ **gazeta**

përhapi një lajm të rremë le journal a propagé une fausse nouvelle.

i, e **përhérsh/ëm,- me** *mb.* permanent ❖ éternel ☞ **borë e përhershme** neige éternelle.

përjashtím,- i *m.* exception *f.*

përjashtój *fol.* exclure, renvoyer ☞ **drejtoresha e përjashtoi Polin për një javë nga shkolla** la directrice a renvoyé Paul de l'école pour une semaine.

i, e **përjávsh/ëm,- me** *mb.* hebdomadaire.

i, e **përjétsh/ëm,- me** *mb.* éternel.

përkás *fol.* appartenir, être (à) ☞ **ky libër i përket Laurës** ce livre appartient à Laure.

përkëdhél *fol.* caresser, choyer, cajoler ☞ **Sofia e ka inat ta përkëdhelin në faqe** Sophie a horreur qu'on lui caresse la joue.

përkëdhélj/e,- a *f.* caresse *f.*

përkráh *fol.* soutenir, prendre le parti (*de quelqu'un*).

përkthéj *fol.* traduire ☞ **përkthej në frëngjisht** je traduis en français.

përkthýes,- i *m.* traducteur *m.*, interprète *m.*

përkúl *fol.* ployer, plier ☞ **degët e dardhës përkulen nën peshën e frutave** les branches du poirier ploient sous le poids des fruits ☞ **përkul një tel** recourber un fil de fer 🔔 **përkulem** se pencher, se courber ☞ **Monika u përkul për të marrë topin** Monique s'est penchée pour prendre le ballon.

përmas/ë,- a *f.* dimension *f.*

përmbáj *fol.* contenir ☞ **frutat përmbajnë vitamina** les fruits contiennent des vitamines.

përmbájtj/e,- a *f.* contenu *m.*

përmblédh *fol.* ramasser, rassembler ❖ (*një tregim*) résumer.

përmblédhj/e,- a *f.* résumé *m.*

përmbúsh *fol.* accomplir, satisfaire à ☞ **iu përmbush dëshira** son souhait s'est accompli.

përmbýs *fol.* renverser, culbuter 🔔 **përmbysem** ☞ **tirani u përmbys** le tyran a été renversé.

i, e **përmbýsur** *mb.* renversé.

përmbýtj/e,- a *f.* inondation *f.*

përméndësh *ndajf.* par cœur ☞ **e them përmendsh vjershën** je récite par cœur la poésie.

përmés *ndajf.* à travers ☞ **përmes pyllit** à travers le bois.

përmirësój *fol.* améliorer ☞ **koha nuk u përmirësua sot** le temps ne s'est pas amélioré aujourd'hui.

përndrýshe *ndajf.* autrement, sinon ☞ **Aurela duhet të jetë e sëmurë, përndryshe do të kishte ardhur tani** Aurélie doit être malade, sinon elle serait déjà arrivée.

përpára *parafj.* devant, en avant ☞ **përpara shtëpisë** devant la maison 🔔 *ndajf.* devant ☞ **shkoni përpara** marchez devant.

përpárës/e,- ja *f.* tablier *m.* ❖ blouse *f.* ☞ **mjekët dhe infermieret mbajnë përparëse të bardha** les médecins et les infermières portent des blouses blanches.

i, e **përpíktë** *mb.* (*në orar*) ponctuel.

përpjek *fol.* choquer ☞ **përpjekim gotat** nous choquons les verres 🔔 **përpiqem** se heurter ☞ **u përpoqa te një mur** je me suis heurté contre un mur ❖ s'efforcer de ☞ **Iliri përpiqet të jetë i arsyeshëm** Ilir s'efforce d'être raisonnable.

përpjékj/e,- a *f.* effort *m.*

përplás *fol.* frapper, taper sur, heurter ☞ **përplas këmbët nga zemërimi** je trépigne de colère 🔔 **përplasem** se heurter ☞ **u përplasa mbas murit** je me suis heurté contre le mur ☞ **makina u përplas me motoçikletën** l'auto est entrée en collision avec une moto.

përplásj/e,- a *f.* collision *f.*

përqafój *fol.* embrasser ☞ **ju përqafoj me mall** je vous embrasse affectueusement.

përqendrój *fol.* concentrer ☞ **përqendroj**

vëmendjen te diktimi je concentre mon attention sur la dictée.

përsé *ndajf.* pourquoi ☞ **përse qan**! pourquoi pleures-tu!☞**s'ka përse** de rien ☞ **nuk e di përse** je ne sais pas pourquoi.

përsërí *ndajf.* de nouveau, à nouveau, encore ☞ **Misheli u nis përsëri për në Francë** Michel est parti de nouveau pour la France ☞ **Monika e lexoi përsëri mësimin** Monique a lu à nouveau sa leçon.

përsërít (përsërís) *fol.* répéter ☞ **papagalli përsërit fjalën " mirëdita "** le perroquet répète le mot " bonjour ".

përsërítj/e,- a *f.* révision *f.*

i, e **përsósur** *mb.* parfait.

përshëndét (përshëndés) *fol.* saluer.

përshëndétj/e,- a *f.* salut *m.*, salutation *f.*

përshkrúaj *fol.* décrire, faire la description de ☞ **ma përshkruaj pak si ishte filmi** raconte-moi *ose* dites-moi comment c'était le film ☞ **na e pëshkruaj pak atë** décris-le-nous.

përshtát *fol.* adapter, ajuster 🔔 **përshtatem** s'adapter ☞ **Iliri iu përshtat shpejt jetës në Francë** Ilir s'est vite adapté à la vie en France.

i, e **përshtátshëm** *mb.* convenable, qui convient à, approprié à ☞ **ky film nuk është i përshtatshëm për fëmijë** ce n'est pas un film pour enfants.

përshtýpj/e,- a *f.* impression *f.*

përtác,- e *mb.* paresseux.

përtéj *ndajf.* par-delà, de l'autre côté 🔔 *parafj.* outre, au-delà de ☞ **vendet përtej detit** des pays d'outre-mer ☞ **përtej lumit** au-delà de la rivière.

> Martinika **la Martinique** dhe Guadalupa **la Guadeloupe** janë departamente të Francës që ndodhen në Oqeanin Atlantik. Ato janë zbuluar nga Kristofor Kolombi në 1493. Meqenëse ndodhen jashtë kufirit tokësor francez, ato quhen **départements d'outre-mer** departamente përtej detit.

përtój *fol.* se laisser aller à la paresse ☞ **nuk përtoj të shkoj në shkollë** je suis prêt à aller à l'école.

përtýp *fol.* mâcher, mastiquer.

përthyéj *fol.* courber, plier ☞ **përthyej krahun** je plie mon bras.

përurój *fol.* inaugurer.

përvéç *parafj.* sauf, excepté, outre, à part, à l'exception de, hors ☞ **të gjithë përveç teje** tous sauf toi ☞ **përveç kësaj** par ailleurs, d'ailleurs.

përvésh *fol.* retrousser, relever ☞ **përvesh mëngët** je retrousse mes manches.

përvetësój *fol.* s'approprier ❖ assimiler ☞ **Irena e përvetësoi shpejt mësimin e pianos** Irène a vite assimilé la leçon du piano.

përvëlój *fol.* ébouillanter ☞ **përvëlova dorën** je me suis ébouillanté la main ☞ **përvëlon dielli** le soleil brûle.

përvjetór,- i *m.* anniversaire *m.* ☞ **përvjetori i çlirimit** l'anniversaire de la libération.

përvój/ë,- a *f.* expérience *f.*

i, e **përzémërt** *mb.* cordial ☞ **një pritje e përzemërt** un accueil cordial ❖ affectueux ☞ **një vajzë shumë e përzemërt** une petite fille très affectueuse.

përzë́ *fol.* renvoyer, chasser.

përziéj *fol.* mélanger ☞ **përziej ngjyrat** je mélange les couleurs ☞ **përziej sallatën** je remue la salade ❖ **përziej letrat** (*e bixhozit*) je bats les cartes 🔔 **përzihem** se mêler ☞ **mos u përziej në punët e mia!** ne te mêles pas de mes affaires!

i, e **përzier** *mb.* mixte ☞ **sallatë e përzier** une salade mixte ☞ **biskota të përziera** des biscuits assortis.

përráll/ë,- a *f.* conte *m.*, histoire *f.*, fable *f.*

Janë të njohura për fëmijët e të gjithë botës përrallat e shkruara nga shkrimtari i njohur francez Sharl Perro *Charles Perrault*, si Hirushja *Cendrillon*, Kësulëkuqja *le Petit Chaperon rouge*, Gishtua *le Petit Poucet*, Maçoku me çizme *le Chat botté*.

përr/úa,- oi *m.* torrent *m.*

përrallór,- e *mb.* fabuleux, féerique.

përréth *ndajf.* autour ☞ **u ulëm përreth** nous nous sommes assis autour ☞ **aty përreth** dans les parages ☞ **shëtit këtu përreth** je me promène par là 🔔 *parafj.* autour de ☞ **përreth zjarrit** autour du feu.

pësój *fol.* subir ☞ **pësoj nje humbje** subir une défaite.

pëshpërít *fol.* chuchoter, murmurer ❖ (*mësimin shokut*) souffler.

pështirós *fol.* dégoûter, écœurer.

pështýj *fol.* cracher ☞ **mos pështyni përtokë!** ne crachez pas par terre!

pi *fol.* boire ☞ **pi qumësht çdo mëngjes** je bois du lait chaque matin ❖ (*duhan*) fumer ❖ **pi alkool** prendre de l'alcool ❖ (*gji*) téter ☞ **foshnja pi gji** le bébé tète sa mère.

piáno,- ja *m.* piano *m.*

pickój *fol.* pincer ☞ **e pickoj në krah Natalinë** je pince Nathalie au bras ❖ piquer ☞ **më pickoi mushkonja** je me suis fait piquer par un moustique.

píj/e,- a *f.* boisson *f.* ☞ **pije freskuese** boisson rafraîchissante.

pikarrítj/e,- a *f.* destination *f.*, but *m.*

pikás *fol.* détecter, découvrir ❖ (*i bie në të*) deviner ☞ **pikas mendimet e tua para se të flasësh** je devine tes paroles avant que tu parles.

pík/ë,- a *f.* goutte *f.* ☞ **pikë uji** une goutte d'eau ❖ (*shenjë pikësimi*) point *m.* ☞ **dy pika** (:) deux points ☞ **pikëpresje** (;) point-virgule ☞ **pikëçuditëse** (!) point d'exclamation ☞ **pikëpyetje** (?) point d'interrogation ❖ point *m.* ☞ **pikë e nisjes** point de départ.

pikërísht *ndajf.* juste, justement, précisément ☞ **është pikërisht ora 9** il est juste neuf heures ☞ **pikërisht këtë nuk duhet ta bëje** c'est justement ce qu'il ne fallait pas faire.

pikón *fol.* tomber goutte à goutte ☞ **pikon çatia** le toit goutte.

piktór,- i *m.* peintre *m.* ☞ **Dëlakrua, Sezan dhe Mané janë piktorë të mëdhenj francezë** Delacroix, Cézanne et Manet sont de très grands peintres français.

piktúr/ë,- a *f.* peinture *f.*, tableau *m.*, toile *f.*

pikturój *fol.* peindre ☞ **tavani i Operas së Parisit është pikturuar nga Shagal** le plafond de l'Opéra de Paris a été peint par Chagall.

pilót,- i *m.* pilote *m.*, aviateur *m.*

pínc/ë,- a *f.* pince *f.*

pinguín,- i *m.* pingouin *m.*

pipér,- i *m.* poivre *m.* ☞ **piper i zi** le poivre noir.

pípëz,- i *m.* (*për të pirë lëngje*) paille *f.* ☞ **pipëzat nuk janë më prej kashte por prej lënde plastike** les pailles ne sont plus en paille mais en matière plastique ☞ **e pi lëngun e mollës me pipëz** je bois mon jus de pommes avec une paille.

pirát,- i *m.* pirate *m.* ☞ **pirat i ajrit** un pirate de l'air.

pirún,- i *m.* fourchette *f.*
i, e **pístë** *mb.* sale, malpropre.
píst/ë,- a *f.* piste *f.* ☞ **pista e ngritjes dhe e uljes së avionave** piste d'envol et d'atterrissage.
písh/ë,- a *f.* pin *m.*
pishtár,- i *m.* torche *f.*, flambeau *m.*
pishín/ë,- a *f.* piscine *f.*
pizháme,- t *f. sh.* pyjama *m.*
pját/ë,- a *f.* assiette *f.*, plat *m.* ☞ **një pjatë e thellë** une assiette creuse ☞ **një pjatë e cekët** une assiette plate ☞ **një pjatë me zarzavate** un plat de légumes.
pjek *fol.* (*në furrë*) cuire ☞ **pjek pulën në furrë** je cuit le poulet dans le four ☞ **pjek në skarë salsiçet** je fais griller les saucisses ❖ mûrir ☞ **rrushi piqet në vjeshtë** le raisin mûrit en automne.
i, e **pjékur** *mb.* cuit, rôti, grillé ☞ **mish i pjekur** de la viande rôtie ☞ **kafe e pjekur** café torréfié ❖ **kjo pjeshkë është e pjekur mirë** cette pêche est bien mûre.
pjép/ër,- ri *m.* melon *m.*
i, e **pjérrët** *mb.* en pente, incliné.
pjés/ë,- a *f.* part *f.*, partie *f.* ☞ **pjesa e parë e filmit** la première partie du film ❖ pièce *f.* ☞ **pjesë këmbimi** une pièce de rechange ❖ (*teatrale*) pièce *f.*
pjesëtím,- i *m.* division *f.* ☞ **pjesëtimi me dy shifra** la division à deux chiffres.
pjesëtój *fol.* diviser ☞ **dhjetë pjesëtuar me pesë bëjnë dy** dix divisé par cinq égale deux.
pjéshk/ë,- a *f.* (*pema*) pêcher *m.* ❖ (*fruti*) pêche *f.*
pláçk/ë,- a *f.* affaires *f.sh.*, bagages *m.sh.*
plág/ë,- a *f.* plaie *f.* ❖ blessure *f.*
plagós *fol.* blesser.
plak,- u *m.* vieillard *m.*, vieil homme.
plak,- ë *mb.* vieux, vieille.
i, e **plákur** *mb.* vieilli.
planét,- i *m.* planète *f.*

Mërkuri, Venusi, Toka, Marsi, Jupiteri, Saturni, Urani, Neptuni dhe Plutoni janë nëntë planetet e sistemit diellor. Mercure, Vénus, la Terre, Mars, Jupiter, Saturne, Uranus, Neptune et Pluton sont les neuf planètes du système solaire.

plas *fol.* exploser, éclater ☞ **goma e prapme e makinës plasi** le pneu arrière de la voiture a éclaté ❖ **plas vape** je crève de chaleur ❖ **ia plasi gazit** il a éclaté de rire.
plazh,- i *m.* plage *f.*
pléhra,- t *f. sh.* ordures *f.sh.*
plep,- i *m.* peuplier *m.*
plesht,- i *m.* puce *f.*
plis,- i *m.* motte *f.*
plot *ndajf.* plein ☞ **flas me gojën plot** je parle avec la bouche pleine.
i, e **plótë** *mb.* plein, entier ☞ **zoti Rusel punon me kohë të plotë** monsieur Roussel travaille à temps plein.
plotësísht *ndajf.* entièrement, complètement, totalement, tout à fait.
plúhur,- i *m.* poussière *f.* ❖ poudre *f.* ☞ **qumësht pluhur** lait en poudre.
pluhurthíthës/e,- ja *f.* aspirateur *m.*
plumb,- i *m.* plomb *m.* ❖ (*i pushkës*) balle *f.*
pluskój *fol.* (*rri mbi ujë*) flotter.
pllák/ë,- a *f.* dalle *f.*, plaque *f.*, carreau *m.*
po *ndajf.* (*miratim*) oui ☞ **po, do të vij** oui, je viendrai ☞ **besoj se po** je pense que oui ☞ **është po i njëjti** il est le même 🔔 *lidh.* si ☞ **po të duash** si tu veux ☞ **jo unë, po ti** pas moi mais toi 🔔 *pj.* **po lexoj** je suis en train de lire.

poét,- i *m.* poète *m.* ☞ **Viktor Hygo është një poet i madh francez** Victor Hugo est un grand poète français.
poezí,- a *f.* poésie *f.* ❖ poème *m.*
pol,- i *m.* pôle *m.* ☞ **Poli i Veriut** le Pôle Nord.
políc,- i *m.* agent *m.* de police.
policí,- a *f.* police *f.*
pómp/ë,- a *f.* pompe *f.*
pópu/ll,- lli *m.* peuple *m.*
por *lidh.* mais ☞ **nuk dua një pjeshkë, por dy** je ne veux pas une pêche, mais deux.
porosít (porosís) *fol.* (*në restorant, etj.*) commander.
port,- i *m.* port *m.* ☞ **Marseja është një port i rëndësishëm detar** Marseille est un important port maritime.
pórt/ë,- a *f.* porte *f.* ❖ (*në sport*) but *m.*
portiér,- i *m.* portier *m.*, concierge *m.* ❖ (*në futboll*) le gardien de but.
portofól,- i *m.* portefeuille *m.*
portoká/ll,- lli *m.* (*pema*) oranger *m.* ❖ (*fruti*) orange *m.* ☞ **lëng portokalli** le jus d'orange.

portrét,- i *m.* portrait *m.*
póster,- i *m.* poster *m.*
póst/ë,- a *f.* poste *f.*, courrier *m.* ❖ (*zyrë*) poste *f.* (*le bureau de poste*).
postiér,- i *m.* postier *m.*, facteur *m.*
póshtë *ndajf.* en bas ☞ **zbrit poshtë** descends en bas ☞ **kaloni nga poshtë** passez par-dessous ☞ **që poshtë gërmadhave** de dessous les décombres ☞ **dhjetë vjet e poshtë** de moins de dix ans ❖ à bas ☞ **poshtë hajdutët!** à bas les voleurs! 🔔 *parafj.* sous, au-dessous de ☞ **poshtë tryezës** sous la table.
i, e **pósht/ëm,- me** *mb.* inférieur ☞ **buza e poshtme** la lèvre inférieure.

pothúaj *ndajf.* presque, à peu près, environ ☞ **Ana është pothuaj aq e gjatë sa edhe Aleksi** Anne est presque aussi grande qu'Alex.
prá *ndajf.* donc ☞ **pra, po nisemi** donc, nous partons 🔔 *lidh.* **ti ishe aty, pra, e di** tu étais là, donc tu le sais 🔔 *pj.* **hajde pra!** viens donc!
prá/g,- gu *m.* seuil *m.* ☞ **ai qëndronte në prag të derës** il se tenait au seuil de la porte ❖ (*fillim*) **në prag të Vitit të Ri** au seuil du Nouvel An.
prandáj *lidh.* par conséquent, c'est pourquoi ☞ **Roberti u zgjua vonë, prandaj erdhi vonë** Robert ne s'est pas réveillé à l'heure, c'est pourquoi il est en retard.
pránë *ndajf.* près, à côté ☞ **ajo banon këtu pranë** elle habite ci-près 🔔 *parafj.* près de, proche, voisin ☞ **ulu pranë meje** assieds-toi près de moi.
pranim,- i *m.* (*pohim*) approbation *f.* ❖ (*në një shkollë*) admission *f.*
i, e **pranísh/ëm,- me** *mb.* présent.
pranój *fol.* accepter ☞ **pranoj me gëzim dhuratën e mësueses** j'accepte avec joie le cadeau de ma maîtresse ❖ **e pranoj gabimin me vështirësi** je reconnais difficilement ma faute 🔔 **pranohem** être reçu.
pranvér/ë,- a *f.* printemps *m.*
prápa *ndajf.* derrière, en arrière ☞ **e goditën nga prapa** on l'a attaqué par derrière **ky fustan mbyllet** (*kopsitet*) **nga prapa** cette robe se ferme derrière 🔔 *parafj.* derrière, en arrière de ☞ **prapa meje** derrière moi.
prapaníc/ë *f.* derrière *f.*, cul *m.*
i, e **práp/më,- me** *mb.* de derrière, arrière ☞ **gomat e prapme të makinës** les pneus arrière de l'auto.
práptas *ndajf.* à reculons ☞ **u largua duke ecur praptas** il s'est éloigné à reculons.
i, e **preferúar** *mb.* préféré, favori.

> 📖 Mbiemri **i preferuar** *favori* në gjininë femërore bëhet *favorite* ☞ **Sofi Marso është artistja ime e preferuar** Sophie Marceau est mon artiste favorite.

prej *parafj.* en ☞ **unazë prej argjendi** une bague en argent ❖ de ☞ **sjellje prej**

nxënësi un comportement d'élève ❖ **prej mëngjesit deri në mbrëmje** du matin jusqu'au soir ❖ **thellësi prej dhjetë metrash** une profondeur de dix mètres ❖ **e kapi prej krahu** il l'a saisi par le bras ❖ **e njoha prej zërit** je l'ai connu à sa voix.

prek *fol.* toucher, toucher (à) ☞ **mos e prek vazon!** ne touche pas à ce vase! ❖ (*mallëngjej*) émouvoir ☞ **letra juaj më preku** votre lettre m'a ému 🔔 **prekem** être ému, être touché.

prék/ë,- a *f.* une tache de rousseur.

prékës,- e *mb.* émouvant, touchant.

e **prémt/e,- ja** *f.* vendredi.

premtím,- i *m.* promesse *f.*, engagement *m.*

premtój *fol.* promettre.

pres *fol.* couper ☞ **pres mishin në copa të vogla** je coupe la viande en petits morceaux ☞ **pres thonjtë** je me coupe les ongles ❖ interrompre ☞ **mos ia pre fjalën gjyshit!** ne coupe pas la parole à ton grand-père!

pres *fol.* attendre ☞ **pres motrën te stacioni i trenit** j'attends ma sœur à la gare ☞ **prit një minutë!** patientez une minute! ❖ **mamaja e Valerisë pret një fëmijë** la mère de Valérie attend un bébé.

presidént,- i *m.* president *m.*

présj/e,- a *f.* virgule *f.*

prestidigjitatór,- i *m.* prestidigitateur *m.*

prift,- i *m.* prêtre *m.*

prill,- i *m.* avril.

princ.- i *m.* prince *m.*

prind,- i *m.kryes.sh.* parent *m.*, les parents.

prish *fol.* détruire, démolir ☞ **punëtorët i prishën shtëpitë e vjetra** les ouvriers ont détruit *ose* démoli les vieilles maisons ❖ (*dëmtoj*) abîmer, endommager ☞ **Marku nuk është i kujdesshëm, ai e prish gjithmonë biçikletën** Marc n'est pas soigneux, il abîme toujours son vélo ☞ **këto pjeshkë po s'u hëngrën do të prishen** ces pêches s'abîmeront si on ne les mange pas ❖ (*harxhoj*) **prish shumë para** je dépense trop d'argent ❖ **e qeshura e Erikut e prishi qetësinë** le rire d'Éric a rompu le silence.

i, e **príshur** *mb.* (*ndërtesë*) démoli, détruit ❖ (*mall*) gâté☞ **vezë të prishura** des oeufs pourris ❖ (*makinë*) détraqué ❖ (*dhëmb*) carié.

prítj/e,- a *f.* accueil *m.*, réception *f.*

privát,- e *mb.* privé, particulier ☞ **shkollë private** une école privée *ose* libre.

príz/ë,- a *f.* prise *f.*

problém,- i *m.* problème *m.*, question *f.*

prodhím,- i *m.* production *f.*

prodhój *fol.* produire.

prodhúes,- e *mb.* productif.

i, e **prodhúar** *mb.* produit, fait ☞ **prodhuar me porosi** fait sur commande ☞ **prodhuar në Francë** fabriqué en France.

profíl,- i *m.* profil *m.* ☞ **në profil** de profil.

prográm,- i *m.* programme *m.* ☞ **programi i radios** le programme de la radio ❖ **program i kompjuterit** un programme d'un ordinateur *ose* logiciel *m.*

pronár,- i *m.* propriétaire *m.*

propozím,- i *m.* proposition *f.*

propozój *fol.* proposer.

proshút/ë,- a *f.* jambon *m.*

protést/ë,- a *f.* protestation *f.*

provérb,- i *m.* proverbe *m.*

próv/ë,- a *f.* preuve *f.* ☞ **të dyshuarin e liruan sepse nuk kishte prova kundër tij** le suspect a été libéré pour manque de preuves ❖ essai *m.*, épreuve *f.*

provím,- i *m.* examen *m.* ☞ **jap provimin e kimisë** je passe l'examen de la chimie ☞ **nuk e kalova provimin e matematikës** j'ai échoué à mon examen de maths.

provój *fol.* prouver ☞ **këto fakte provojnë që ai është fajtor** ces preuves prouvent qu'il est coupable ❖ (*përpiqem*) éprouver, essayer ❖ **provoj fustanin para se ta blej** j'essaie la robe avant de l'acheter ❖ (*gjellën*) goûter.

pse *ndajf.* pourquoi ☞ **pse qan Alina?** pourquoi Aline pleure-t-elle!

púd/ër,- ra *f.* poudre *f.*

púl/ë,- a *f.* poule *f.* ❖ **një pulë e pjekur** un poulet rôti.

púll/ë,- a *f.* bouton *m.* ❖ timbre *m.*

pún/ë,- a *f.* travail *m.*, besogne *m.* boulot *m.* ☞ **shkoj në punë** je vais au travail ❖ (*profesion*) travail *m.*, emploi *m.* ☞ **ai gjeti një punë si bibliotekar** il a trouvé un emploi *ose* un poste de bibliothécaire ❖ affaire *f.* ☞ **shiko punët e tua** occupe-toi de tes affaires.

punëtór,- i *m.* ouvrier *m.*, travailleur *m.*

punëtór,- e *mb.* travailleur, laborieux.

punój *fol.* travailler ☞ **babai punon jashtë orarit** mon père fait des heures supplémentaires ❖ (*telefoni, motori, etj.*) fonctionner, marcher ☞ **ashensori s'punon** l'ascenseur ne marche pas.

púp/ël,- la *f.* plume *f.*

puré,- ja *f.* purée *f.* ☞ **pure patatesh** de la purée ☞ **pure karotash** purée de carottes.

pus,- i *m.* puits *m.*☞ **pus nafte** un puits de pétrole.

pushím,- i *m.* congé *m.*, vacances *f.sh.* ☞ **pushimet verore** les vacances d'été ☞ **pushimet dimërore** les vacances d'hiver ❖ (*në shkollë*) récréation *f.* ❖ (*në teatër, kinema*) pause *f.* , entracte *m.*

púshk/ë,- a *f.* fusil *m.* ☞ **pushkë gjahu** un fusil de chasse.

pushój *fol.* cesser, s'arrêter ☞ **pushoj së foluri** je cesse de parler ❖ se reposer ☞ **babai pushon mbas drekës** mon père se repose après le déjeuner ❖ se taire ☞ **pusho!** tais-toi!

pushtím,- i *m.* occupation *f.*, invasion *f.*

pushtój *fol.* occuper, envahir.

pút/ër,- ra *f.* (*e qenit*) patte *f.* ❖ (*e çorapes*) talon *m.*

puth *fol.* embrasser ☞ **puthe mamin!** fais un bisou à ta maman!

púthj/e,- a *f.* baiser *m.*

> 🕮 *Bise f.*ose *bisou m.* përdoren në ligjërimin bisedor në vend të fjalës *baiser m.* Francezët, kur takohen me miqtë e tyre, e kanë zakon të puthen nga dy herë në çdo faqe.

pýes *fol.* demander ☞ **ku banon! pyeti i panjohuri** tu habites où! demanda l'inconnu ❖ (*marr në provim*) interroger, questionner.

pýetj/e,- a *f.* question *f.*

pyll,- lli *m.* bois *m.*, forêt *f.*

qáf/ë,- a *f.* cou *m.*

qafór/e,- ja *f.* (*e këmishës*) col *m.* ❖ (*për kafshët*) collier *m.*

qaj *fol.* pleurer ☞ **mos qaj!** ne pleure pas! ☞ **qaj me të madhe** je pleure à chaudes larmes ☞ **bëj sikur qaj** je pleurniche.

qarkullím,- i *m.* circulation *f.* ☞ **qarkullim i gjakut** la circulation du sang ❖ (*i makinave, trenave*) trafic *m.*

qarkullój *fol.* circuler.

i, e **qártë** *mb.* clair, net, transparent ❖ (*për ngjyrat)* clair, vif 🔔 *ndajf.* clairement, distinctement, nettement.

i, e **qélbur** *mb.* fétide, infect ❖ très sale, crasseux.

qelíz/ë,- a *f.* cellule *f.*

qen,- i *m.* chien *m.*, chiot *m.* ☞ **qen gjuetie** un chien de chasse ☞ **qen kopeje** chien de berger.

qénd/ër,- ra *m.* centre *m.* ☞ **qendra e qytetit** le centre de la ville.

qengj,- i *m.* agneau *m.*, agnelet *m.* ❖ **mish qengji** de l'agneau.

qep *fol.* coudre ☞ **fill për të qepur** le fil à coudre.

qepáll/ë,- a *f.* paupière *f.*

qép/ë,- a *f.* oignon *m.*

qerpík,- u *m.* cil *m.*

qershí,- a *f.* (*pema*) cerisier *m.* ❖ (*fruti*) cerise *f.*

qershór,- i *m.* juin *m.* ☞ **në qershor** en juin.

qés/e,- ja *f.* sac *m.* ☞ **qese letre** un sac en papier.

qesh *fol.* rire, rigoler ☞ **ia plasi të qeshurit** il a éclaté de rire.

Fjalë e urtë

Qesh mirë kush qesh i fundit. Rira bien qui rit le dernier.

qesharák,- e *mb.* ridicule.

e **qéshur,- a** *f.* rire *m.*

i, e **qéshur** *mb.* riant, épanoui, radieux.

i, e **qétë** *mb.* calme, tranquille ☞ **det i qetë** une mer calme.

qetësí,- a *f.* calme *m.*, tranquillité *f.*

qeverí,- a *f.* gouvernement *m.*

që *përem.* qui, que, où 🔔 *lidh.* que ☞ **e di që ti nuk gënjen** je sais que tu ne mens pas 🔔 *parafj.* depuis, dès ☞ **që në mëngjes ...** dès le matin 🔔 *pj.* **që të tre** tous les trois.

qëllím,- i *m.* intention *f.*, but *m.*

qëllimísht *ndajf.* (*me qëllim*) à dessein, exprès ☞ **nuk e bëra me qëllim** je ne l'ai pas fais exprès.

qëllój *fol.* frapper, taper (*sur*) ❖ (*me armë*) tirer.

qëndís *fol.* broder.

qëndrój *fol.* stationner ☞ **autobusi qëndron pikërisht para shtëpisë sime** le bus stationne juste devant ma maison ❖ séjourner ☞ **Iliri ka qëndruar një javë në Paris** Ilir a séjourné une semaine à Paris ❖ rester, demeurer.

i, e **qëndrúesh/ëm,- me** *mb.* résistant, résistible ❖ stable.

qërój *fol.* (*frutat*) peler, éplucher ❖(*patatet*) éplucher ❖ (*bajamet*) décortiquer ❖ (*orizin*) trier.

qié/ll,- lli *m.* ciel *m.* ☞ **qiell me re** un ciel nuageux ☞ **qiell i kaltër** un ciel bleu.

qiellgërvíshtës,- i *m.* gratte-ciel *m.*

qilár,- i *m.* cave *f.*

qilím,- i *m.* tapis *m.*

qím/e,- ja *f.* poil *m.* ☞ **maces po i bien qimet** le chat perd ses poils ❖ **shpëtoj për një qime** l'échapper belle.

qiparís,- i *m.* cyprès *m.*

qíq/ër,- ra *m.* pois *m.* chiche.

qirá,- ja *f.* location *f.* ☞ **një veturë me qira** une voiture de location ☞ **jepet me qira** à louer ❖ loyer *m.*

qirí,- u *m.* bougie *f.*, chandelle *f.*

qoftë *lidh.* (*qoftë ... qoftë*) soit ... soit ☞ **qoftë njëri, qoftë tjetri** soit l'un, soit l'autre.

qortój *fol.* reprocher, réprimander, gronder ☞ **drejtoresha e thirri në zyrë Mishelin dhe e qortoi** la directrice a convoqué Michel dans son bureau et l'a réprimandé.

qósh/e,- ja *f.* coin *m.*

qoshk,- u *m.* (*gazetash*) kiosque *f.*

qúaj *fol.* appeler ☞ **fëmijët e quajtën qenin e tyre Lord** les enfants ont appelé leur chien Lord 🔔 **qúhem** s'appeler ☞ **si quheni?** comment vous appelez-vous? ☞ **motra ime quhet Sofi** ma sœur s'appelle Sophie.

qukapík,- u *m.* pic *m.*

qúmësht,- i *m.* lait *m.* ☞ **qumësht kutie** lait condensé.

qymýr,- i *m.* charbon *m.*

qytét,- i *m.* ville *f.*

qytetár,- i *m.* citoyen(ne) *m.f.*, ressortissant (e) *m.f.*

qytetár,- e *mb.* civique.

qytetërím,- i *m.* civilisation *f.* ☞ **qytetërimi frëng** la civilisation française.

rác/ë,- a *f.* race *f.*
racizëm,- i *m.* racisme *m.*
rádio,- ja *f.* radio *f.* ❖ poste *m.* de radio, radio *f.* ☞ **ndize** *ose* **shuaje radion** allume *ose* éteins la radio.
rádh/ë,- a *f.* rang *m.*, rangée *f.* ☞ **ajo është ulur në radhën e parë** elle est assise au premier rang ❖ (*në dyqan*) **mbaj radhën** je fais la queue ❖ tour *m.* ☞ **e ke ti radhën për të luajtur** c'est ton tour de jouer *ose* c'est à toi de jouer ❖ ordre *m.* ☞ **me radhë** en ordre.
radhít (radhís) *fol.* aligner ❖ classer.
raft,- i *m.* étagère *f.*
rakét/ë,- a *f.* fusée f.
rakét/ë,- a *f.* (*në sport*) raquette *f.* ☞ **raketë tenisi** *ose* **pingpongu** une raquette de tennis *ose* de ping-pong.

rast,- i *m.* occasion *f.* ☞ **me rastin e festës** à l'occasion de la fête ❖ circonstance *f.* ☞ **në rast lufte** en cas de guerre ☞ **në çdo rast** dans tous les cas ☞ **në asnjë rast** en aucun cas ☞ **sipas rastit** en raison des circonstances ❖ (*mundësi*) opportunité *f.*, chance *f.*
rastësí,- a *f.* hasard *m.*, coïncidence *f.* ☞ **ti, këtu, çfarë rastësie!** toi, ici, quel hasard!
rastësísht *ndajf.* par hasard ☞ **e gjeta krejt rastësisht librin** j'ai retrouvé mon livre par pur hasard.
re,- ja *f.* nuage *m.* ☞ **ka shumë re në qiell** le ciel est chargé de nuages ❖ **një re pluhuri** un nuage de poussière ❖ (*i hutuar*) **e ke kokën në re** tu es dans les nuages.
realitét,- i *m.* réalité *f.* ☞ **në realitet** en réalité.
realizój *fol.* réaliser, accomplir ☞ **më duhet kohë për të realizuar planet e mia** il me faut du temps pour réaliser mes projets.
recét/ë,- a *f.* (*mjekësore*) ordonnance *f.* ❖ (*gatimi*) recette *f.*
reçél,- i *m.* confiture *f.* ☞ **një kavanoz me reçel** un pot de confiture.
refugját,- i *m.* réfugié *m.*
regjisór,- i *m.* metteur *m.* en scène, réalisateur *m.*
regjíst/ër,- ri *m.* registre *m.*
i, e **rehátsh/ëm,- me** *mb.* confortable, commode.
reklám/ë,- a *f.* réclame *f.*, publicité *f.*, spot *m.* publicitaire.
rend,- i *m.* rang *m.*, ordre *m.* ☞ **rendi alfabetik** l'ordre *m.* alphabétique.
republík/ë,- a *f.* république *f.*

Franca është bërë republikë që në vitin 1792.

respékt,- i *m.* respect *m.*
respektój *fol.* respecter, honorer.
restoránt,- i *m.* restaurant *m.*
revíst/ë,- a *f.* revue *f.*, magazine *m.*

📖 *Magazine* nuk ka kuptimin e fjalës shqipe **magazinë**, që në frëngjisht do të thotë *magasin m.*, *dépôt m.*, por **revistë.**

revól/e,- ja *f.* revolver *m.*, pistolet *m.*
rezervój *fol.* réserver.
rezultát,- i *m.* résultat *m.*, conséquence *f.*
i, e **rëndë** *mb.* lourd ☞ çanta ime është shumë e rëndë **mon cartable est très lourd** ❖ grave, sérieux ☞ **një sëmundje e**

rëndë une grave maladie ❖ difficile, pénible, dur ☞ **një punë e rëndë** un travail difficile 🔔 *ndajf.* gravement, grièvement ☞ **ai është i sëmurë rëndë** il est gravement malade ☞ **ai është i plagosur rëndë** il est grièvement blessé ❖ **më vjen rëndë ta pyes si e quajnë** je me sens gêné lui demander son nom.

i, e **rëndësísh/ëm,- me** *mb.* important ☞ **një rol i rëndësishëm** un rôle important.

rënkój *fol.* gémir ☞ **dreri i plagosur rënkonte** le cerf blessé gémissait.

rër/ë,- a *f.* sable *m.* ☞ **një kokërr rëre** un grain de sable ☞ **rërë e hollë** le sable fin.

i **ri/e re** *mb.* (*për njerëzit*) jeune ❖ (*për jo frymorët*) nouveau, récent ☞ **një model i ri makinash** un nouveau modèle de voitures ☞ **lajmet më të reja nga kampionati** les nouvelles les plus récentes du championnat.

rifillój *fol.* recommencer, reprendre ☞ **mbas sëmundjes e rifilloi punën me forca të reja** après la maladie il a repris son travail avec plus de forces.

rimorkio,- ja *m.* remorque *f.*

rinocéront,- i *m.* rhinocéros *m.*

rít/ëm,- mi *m.* rythme *m.*

rój/ë,- a *f.* garde *f.* ☞ **rojë personale** un garde du corps ❖ (*portier*) gardien *m.*

rol,- i *m.* (*në teatër*) rôle *m.*

román,- i *m.* roman *m.*

romb,- i *m.* rhombe *m.*

rosák,- u *m.* canard *m.*

rós/ë,- a *f.* cane *f.*

rozarozín/ë,- a *f.* ronde *f.* et jeu enfantins.

rúaj *fol.* garder ☞ **Zhan Darka, kur ishte e vogël, ruante dhentë** Jeanne d'Arc, quand elle était petite, gardait les moutons 🔔 **ruhem** se garder, prendre garde ☞ **ruhuni nga të ftohtit!** gardez-vous du froid!

rubinét,- i *m.* robinet *m.*

rrafsh,- i *m.* plaine *f.* ❖ (*në gjeometri*) plan *m.* ☞ **rrafsh i pjerrët** un plan incliné.
rrah *fol.* battre, (*me kamzhik*) fouetter, (*me pëllëmbë*) gifler ❖ **rrah vezët** battre les œufs.
i, e **rrállë** *mb.* rare, clairsemé ☞ **flokë të rrallë** des cheveux clairsemés ❖ fameux, extraordinaire ☞ **një vepër arti e rrallë** une fameuse œuvre d'art 🔔 *ndajf.* rarement.
i, e **rraskapítur** *mb.* exténué, épuisé.
rrebésh,- i *m.* averse *f.*
rrégull,- i *m.* règle *f.*, règlement *m.* ❖ ordre *m.* ☞ **vë në rregull librat** je mets en ordre mes livres ❖ **në rregull** en règle.
rregullój *fol.* arranger, mettre en ordre ❖ réparer ☞ **e rregulloj vetë biçikletën** je répare moi-même mon vélo.
i, e **rrégullt** *mb.* régulier ☞ **bëj një jetë të rregullt** je mène une vie régulière ❖ ordonné ☞ **një nxënës i rregullt** un élève bien ordonné.
i, e **rrém/ë,- e** *mb.* faux, mensonger.
i, e **rréptë** *mb.* sévère ☞ **drejtoresha e shkollës është shumë e rreptë** la directrice de l'école est très sévère.
rresht,- i *m.* rang *m.* ☞ **vihuni në rresht për dy!** mettez-vous en rang par deux! ❖ ligne *f.* ☞ **një hartim me tridhjetë rreshta** une composition de trente lignes.
rreth,- i *m.* cercle *m.* ❖ (*për të lozur*) cerceau *m.*
rreth *ndajf.* autour ☞ **rreth e qark** tout au tour 🔔 *parafj.* vers, environ, sur, de ☞ **rreth orës shtatë** vers sept heures.
rrethím,- i *m.* (*i kopështit*) barrière *f.*, clôture *f.*
rrethój *fol.* clôturer, entourer, encercler.
rrethór/e,- ja *f.* (*për fëmijë*) parc *m.*(*pour petits enfants*).
rréz/e,- ja *f.* rayon *m.* ☞ **rrezet e diellit** les rayons de soleil.
rrezí/k,- ku *m.* danger *m.*, péril *m.*, risque *m.* ☞ **i plagosuri është jashtë rrezikut** le blessé est hors de danger.
rrezikój *fol.* risquer ☞ **alpinisti rrezikonte të binte** l'alpiniste risquait de tomber.
i, e **rrezíksh/ëm,- me** *mb.* dangereux ☞ **një qen i tërbuar është i rrezikshëm** un chien enragé est dangereux.
rrëféj *fol.* raconter ❖ (*rrugën*) montrer, indiquer.

rrëmbéj *fol.* enlever, kidnapper ☞ **vajzën e një miliarderi e rrëmbyen kur po dilte nga shkolla** la fille d'un milliardaire a été kidnappée à la sortie de l'école.
rrëmúj/ë,- a *f.* confusion *f.*, désordre *m.* ☞ **çfarë rrëmuje!** quelle pagaille!
rrënój *fol.* ruiner, dévaster, ravager.
rrënójat *f.sh.* ruines *f.sh.* ☞ **Butrinti është i dëgjuar për rrënojat e tij** Butrint est célèbre pour ses ruines.
rrënj/ë,- a *f.* racine *f.*
rrëshqás *fol.* glisser ☞ **Marku nuk di të rrëshqasë në borë me ski** Marc ne sait pas glisser sur la neige avec des skis ❖ (*bie*) **Besa rrëshqiti kur shkeli mbi një lëkurë bananeje** Besa a glissé sur une peau de banane.
rrëshqítj/e,- a *f.* glissade *f.* ❖ (*toke*) le glissement de terrain.
i, e **rrëshqítshëm** *mb.* glissant.
rrëz/ë,- a *f.* pied *m.* ☞ **rrëzë malit** au pied de la montagne.
rrëzój *fol.* abattre, jeter bas ☞ **punëtorët e**

rrëzuan një mur të vjetër les ouvriers ont abattu un vieux mur 🔔 **rrëzóhem** tomber, s'abattre ☞ **avioni u rrëzua në një luginë** l'avion s'est abattu dans un pré ☞ **u rrëzova nga pema** je suis tombé de l'arbre.

rri *fol.* s'asseoir ☞ **rri në karrige** je m'assoies sur une chaise ❖ (*qëndroj*) rester, se tenir ☞ **rri më këmbë** je me tiens debout ☞ **rrini për drekë!** restez à déjeuner! ❖ **ky fustan të rri mirë** cette robe te va bien.

rrip,- i *m.* ceinture *f.* ❖ (*qafe për qenin*) collier *m.*, laisse *f.* ❖ (*letre, pëlhure*) bande *f.* de papier.

rrisk/ë,- a *f.* (*buke, limoni*) tranche *f.*

rrit (rris) *fol.* (*fëmijë, kafshë*) élever ❖ *(bimë)* cultiver ❖ *(prodhimin, çmimin)* augmenter, accroître 🔔 **rrítem** grandir.

rrítj/e,- a *f.* croissance *f., augmentation f.* ❖ *(e kafshëve)* élevage m.

i, e rritur *mb.* adulte.

rrjedh *fol.* couler ☞ **rrjedh lumi** le fleuve coule ☞ **rrjedh gjaku** le sang coule ☞ **rrjedh rubineti** le robinet coule.

rrjet,- i *m.* réseau *m.*

rrjét/ë,- a *f.* filet *m.* ☞ **rrjetë peshkimi** un filet de pêche.

rrobaqépës,- i *m.* tailleur m.

rrób/ë,- a *f.* tissu *m., étoffe f.* ❖ vêtement *m.* ☞ **vesh rrobat** je m'habille.

rrobëdëshámb/ër,- ri *m.* robe *f.* de chambre

rróftë! *pasth.* vive!

rróg/ë,- a *f.* salaire *m.*, paie *f.*, paye *f.* ☞ **babai e merr rrogën çdo dy javë** papa touche son salaire tous les deux semaines.

rroj *fol.* vivre, exister ☞ **pemët mund të rrojnë me qindra vjet** les arbres peuvent vivre des centaines d'années.

rrokullís *fol.* rouler.

rrót/ë,- a *f.* roue *f.* ❖ pneu *m.*

rrótull *ndajf.* en rond, autour, alentour 🔔 *parafj.* autour de.

rrotullój *fol.* tourner, retourner 🔔 **rrotullohem** ☞ **Toka rrotullohet rreth Diellit** la Terre tourne autour du Soleil.

rrúaj *fol.* raser.

rrúaz/ë,- a *f.* perle *f.* ☞ **varg rruazash** collier *m.*

rrudh *fol.* rider.

rrúdh/ë,- a *f.* ride *f.*

rrufé,- ja *f.* foudre *f.*

rrúf/ë,- a *f.* rhume *f.* ☞ **më zuri rrufa** j'ai attrapé une rhume.

rrúg/ë,- a *f.* rue *f.*, route *f.*, chaussée *f.* ❖ voyage *m.*

rrugëzgjídhj/e,- a *f.* solution *f.*

i, e **rrumbullákët** *mb.* rond.

rrush,- i *m.* raisin *m.* ☞ **rrush i thatë** le raisin sec.

rrým/ë,- a *f.* courant *m.*

sa *ndajf.* combien, quel ☞ **sa veta janë në klasë?** combien sont-ils dans la classe? ☞ **më thuaj sa veta janë** dis-moi combien ils sont ☞ **sa vjeç je?** quel âge as-tu? ☞ **sa është ora?** quelle heure est-il? ☞ **sa kohë ke që pret autobusin?** depuis combien de temps attends-tu le bus? ☞ **sa është rritur!** comme il a grandi! ☞ **sa ngrohtë që bën!** comme il fait chaud! ☞ **sa më shpejt** le plus tôt possible ☞ **sa të duash** tant que tu voudras.

i, e **saj** *përem.* son ☞ **babai i saj** son père ☞ **mamaja e saj** sa mère ☞ **vëllezërit e saj** ses frères.

i, e **sáktë** *mb.* exact, précis, juste ☞ **a e dini sa është ora e saktë?** savez-vous l'heure exacte? ☞ **një përshkrim i saktë** une description précise.

sálc/ë,- a *f.* sauce *f.*

salsíç/e,- ja *f.* saucisse *f.*

sallám,- i *m.* saucisson *m.*

sallát/ë,- a *f.* salade *f.* ☞ **e rregulloj sallatën** (*i hedh vaj e uthull*) j'assaisonne la salade (*d'une vinaigrette*).

sáll/ë,- a *f.* salle *f.* ☞ **sallë kinemaje** une salle de cinéma ☞ **sallë e operacionit** une salle opératoire.

sandál/e,- ja *f.* sandale *f.*

sapó *ndajf.* **sapo kisha dalë** je venais juste de sortir ❖ dès ☞ **sapo u kthye** dès son retour 🔔 *lidh.* aussitôt que, dès que, sitôt que ☞ **erdha sapo ti më thirre** je suis venue aussitôt que tu m'a appelé.

sapún,- i *m.* savon *m.* ☞ **sapun i lëngët** savon liquide ☞ **sapun me erë trëndafili** savon parfumé à la rose ☞ **flluskë sapuni** une bulle de savon.

sardél/e,- ja *f.* sardine *f.* ☞ **jemi shtrënguar si sardelet** nous sommes serrés comme des sardines.

sasí,- a *f.* quantité *f.*

satelít,- i *m.* satellite *m.* ☞ **Hëna është sateliti i Tokës** la Lune est le satellite de la Terre.

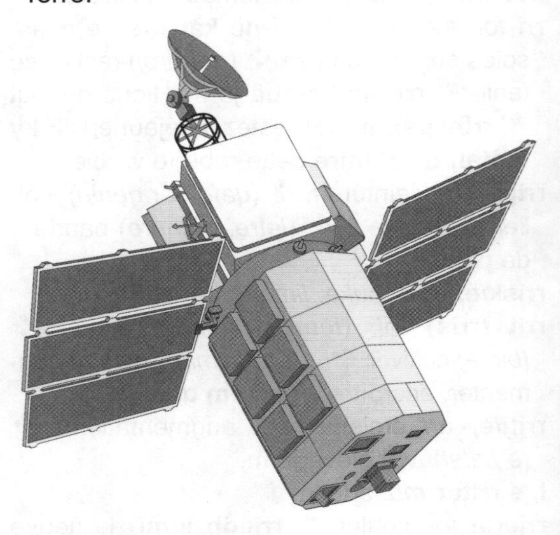

se *pyet.* (*me parafjalë*) **me se shkruani?** avec quoi écrivez-vous? ☞ **nga se** de quoi ☞ **prej se** de quoi 🔔 *lidh.* que, car, parce que ☞ **ja se ç'më solli** voilà ce qu'il m'a apporté ☞ **Blerta nuk do të vijë sot se është e sëmurë** Blerta ne viendra pas aujourd'hui parce qu'elle est malade ☞ **e dua këtë kukull se është e bukur** j'aime cette poupée car elle est belle.

secíl/i,- a *pakuf.* chacun, chacune ☞ **secili nga ju** chacun de vous..

sekónd/ë,- a *f.* seconde *f.*

sekrét,- i *m.* secret *m.*

sekretarí,- a *f.* secrétariat *m.*

semafór,- i *m.* sémaphore *m.*

send,- i *m.* objet *m.*, chose *f.* ☞ **emër sendesh** nom de choses.

sepsé *lidh.* car, parce que ☞ **"pse qan Marku?" "qan sepse u rrëzua"** "pourquoi Marc pleure-t-il?" "il pleure parce qu'il est tombé" 🔔 *ndajf.* pourquoi ☞ **nuk e di sepse** je ne sais pas pourquoi ☞ **ja sepse jam me vonesë** voilà pourquoi je suis en retard.

serí,- a *f.* série *f.* ☞ **një film me shumë seri** un feuilleton à plusieurs épisodes.

serióz,- e *mb.* sérieux.

sérr/ë *f.* serre *f.* ☞ **perimet rriten ndonjëherë edhe në serra** les légumes sont parfois cultivés dans des serres.

së báshku *ndajf.* ensemble ☞ **të gjithë së bashku** tous ensemble.

sëmúndj/e,- a *f.* maladie *f.*

sëmúrem *fol.* tomber malade ☞ **Roberti u sëmur sepse u ftoh** Robert est tombé malade parce qu'il a attrapé froid.

i, e **sëmúr/ë,- i** *m.* malade *m.* ☞ **i sëmuri nuk duhet të lëvizë nga shtrati** le malade doit garder le lit.

i, e **sëmúrë** *mb.* malade, souffrant.

sëpát/ë,- a *f.* hache *f.*

sfíd/ë,- a *f.* défi *m.*

sfilat/ë,- a *f.* défilement *m.*

sfungjér,- i *m.* éponge *f.*

si *ndajf.* comment ☞ **si je?** comment vas-tu? ☞ **si të quajnë?** comment t'appelles-tu? 🔔 *lidh.* comme ☞ **një djalë si ai** un garçon comme lui ❖ en ☞ **të flas si mik** je te parle en ami.

siç *lidh.* comme ☞ **siç duket** à ce qu'il semble ☞ **siç e dini** comme vous le savez.

sidó që *lidh.* de quelque manière *ose* façon que ☞ **sido që të shkruani** de quelque manière que vous écriviez ☞ **sido që të jetë** quoiqu'il en soit.

sidoqóftë *fj. ndërm.* en tout cas, de toute manière.

sigurí,- a *f.* sûreté *f.,* sécurité *f.,* certitude *f.*, assurance *f.* ☞ **me siguri** sûrement, certainement.

sigurísht *ndajf.* assurément, certainement, sûrement, tout de même.

i, e **sígurt** *mb.* sûr, certain, assuré.

sikúr *lidh.* si, comme si ☞ **ajo bën sikur nuk di gjë** elle fait semblant de ne rien savoir ❖ (*kusht*) ☞ **sikur të mos binte shi do të dilja** s'il ne pleuvait pas je sortirais ❖ (*dyshim*) **m'u bë sikur dëgjova një zë** il me semble entendre une voix 🔔 *pj.* **sikur të bënim një shëtitje?** si on faisait une promenade?

síllem *fol.* se comporter, se conduire ☞ **mos u sill si fëmijë!** ne te comporte pas en petit enfant! ☞ **sillu mirë në klasë!** tiens-toi bien *ose* sois sage en classe!

sill/ë,- a *f.* casse-croûte *m.* ☞ **ha një mollë për sillë** je prends une pomme pour casser la croûte.

simpatík,- e *mb.* sympathique.

i, e **sinqértë** *mb.* sincère, franc ☞ **një djalë i sinqertë** un garçon sincère *ose* franc ❖ réel, vrai ☞ **një gëzim i sinqertë** une joie sincère.

sinjál,- i *m.* signal *m.*

sipás *parafj.* d'après, selon ☞ **sipas meje** d'après moi.

sípër *ndajf.* dessus, au-dessus, en dessus, en haut ☞ **libri është atje sipër** le livre est là-dessus ❖ (*në katin e sipërm*) **bëhet shumë zhurmë sipër** on fait trop de bruit en haut 🔔 *parafj.* au-dessus de ☞ **avioni po fluturon sipër qytetit** l'avion vole au-dessus de la ville ☞ **sipër tryezës** sur la table.

i, e **sípërm,- e** *mb.* supérieur ☞ **nofulla e sipërme** la mâchoire supérieure.

sirén/ë,- a *f.* (*e policisë, e ambulancës*) sirène *f.* ☞ **një sirenë alarmi** une sirène d'alarme ❖ (*në mitologji*) sirène *f.*

sirtár,- i *m.* tiroir *m.*

sjell *fol.* apporter ☞ **postieri sjell letrat** le facteur apporte le courrier.

sjéllj/e,- a *f.* conduite *f.*, comportement *m.* ☞ **nxënësit që ngacmojnë shokët në klasë do të marrin notën zero në sjellje** les élèves dissipés auront un zéro de conduite.

i, e **sjéllsh/ëm,- me** *mb.* poli, gentil.

skár/ë,- a *f.* gril *m.* ☞ **mish i pjekur në skarë** de la viande grillée.

skelét,- i *m.* squelette *m.* ☞ **skeleti i njeriut përbëhet nga 208 kocka** le squelette de l'homme comprend 208 os ❖ (*i syzeve*) monture *f.*

skél/ë,- a *f.* quai *m.*, port *m.* ☞ **trageti kishte ankoruar në skelën kryesore të portit të Durrësit** le paquebot est amarré le long du quai principal du port de Durrës ❖ (*skelë për të ndërtuar*) échafaudage *m.*

skén/ë,- a *f.* scène *f.*

skérm/ë,- a *f.* escrime *f.*

ski,- të *f. vet. sh.* ski *m.* ❖ (*sport*) ski *m.* ☞ **Iliri nuk di të bëjë ski** Ilir ne sait pas faire du ski ☞ **ski në ujë** ski nautique.

skicój *fol.* faire un croquis *ose* une esquisse de ☞ **skicoj shkollën** je fais un croquis de l'école.

skifter,- i *m.* faucon *m.*

skllav,- i *m.* esclave *m.* ☞ **miliona zezakë të Afrikës shiteshin si skllevër në Amerikë** des millions de Noirs d'Afrique étaient vendus comme esclaves en Amérique.

skuád/ër,- ra *m.* (*në sport*) équipe *f.*

skulptúr/ë,- a *f.* sculpture *f.*

skúqem *fol.* rougir ☞ **skuqem nga turpi** je rougis de honte.

i, e **skúqur** *mb.* (*për ushqime*) frit ☞ **patate të skuqura** des pommes de terre frites *ose* des frites.

slít/ë *f.* traîneau *m.*

sób/ë,- a *f.* (*për të ngrohur*) poêle *m.* ☞ **sobë me dru** un poêle à bois ❖ (*për të gatuar*) cuisinière *f.*

sónte *ndajf.* ce soir.

sorr/ë *f.* corneille *f.*

Fjalë e urtë

Kur nuk ke pulën do të hash sorrën. Faute des grives, on mange des merles. "Kur nuk gjen më mirë, duhet kënaqur me atë që ke".

sot *ndajf.* aujourd'hui ☞ **"ç'ditë është sot?" "sot është e martë"** quel jour sommes-nous?" "c'est aujourd'hui mardi" ☞ **që sot** dès aujourd'hui.

spángo,- ja *f.* ficelle *f.*, cordon *m.*

spec,- i *m.* poivron *m.* ☞ **speca të mbushur** poivrons farcis.

specialíst,- i *m.* spécialiste *m.*, expert *m.* ☞ **një historian është një specialist i historisë** un historien est un spécialiste de l'histoire.

spektatór,- i *m.* spectateur *m.*

spináq,- i *m.* épinard *m.*

spín/ë,- a *f.* prise *f.*, fiche *f.*

spiránc/ë,- a *f.* ancre *f.* ☞ **hedh spirancën** je jette l'ancre ☞ **ngre spirancën** je lève l'ancre.

spitál,- i *m.* hôpital *m.* ☞ **u shtrua në spial** il a été hospitalisé.

spiún,- i *m.* espion *m.*, mouchard *m.*

sport,- i *m.* sport *m.* ☞ **merrem me sport** je fais du sport.

sportél,- i *m.* guichet *m.*

sportíst,- i *m.* sportif *m.*

sportív,- e *mb.* sportif ☞ **lajme sportive** les nouvelles de sport.

sqarój *fol.* éclaircir, éclairer, élucider.

sqep,- i *m.* bec *m.*

sqétull,- a *f.* aisselle *f.*

stación,- i *m.* station *f.* ☞ **stacion treni** gare *f.*

stadiúm,- i *m.* stade *m.*

stafídh/e,- ja *f.* raisin *m.* sec.

stáll/ë,- a *f.* (*lopësh*) étable *m.* ❖ (*kuajsh*) écurie *f.* ❖ (*derrash*) porcherie *f.*

statúj/ë,- a *f.* statue *f.*

stém/ë,- a *f.* emblème *m.* ☞ **zambaku është stema e mbretërve të Francës** le lys est l'emblème des rois de France ❖ (*distinktiv*) badge *m.*, insigne *m.* ☞ **polici mban një stemë në krah** le policier porte un badge sur le bras.
stërkál/ë,- a *f.* embruns *m.sh.*
stërkëmbës,- i *m.* croche-pied *m.* ☞ **Pieri i vuri stërkëmbësin Mishelit** Pierre a fait un croche-pied à Michel.
i, e stërmádh *mb.* énorme.
stërvít *fol. (ushtarët, sportistët)* entraîner, préparer *(les soldats, les sportifs)* ☞ *(kafshët)* dresser *(les animaux)* ☞ *(zërin)* travailler *(la voix).*
stërvítj/e,- a *f.* entraînement *m.*
stilográf,- i *m.* stylographe *m. ose* stylo *m.*
stín/ë,- a *f.* saison *f.* ☞ **katër stinët janë: pranvera, vera, vjeshta dhe dimri** les quatre saisons sont: le printemps, l'été, l'automne et l'hiver.
stof,- i *m.* étoffe *f.*
stol,- i *m.* tabouret *m.*, pliant *m.*, banc *m.*, siège *m.*
stolís *fol.* orner, embellir, parer.
stomák,- u *m.* estomac *m.*
stréh/ë,- a *f.* abri *m.* ☞ **nën strehë** sous l'abri.
strehój *fol.* abriter, loger 🔔 **strehóhem** se réfugier, s'abriter.
strófk/ë *f.* tanière *f.* ☞ **strofka e dhelprës** la tanière du renard.
struc,- i *m.* autruche *m.* ☞ **struci vrapon shpejt por nuk fluturon** l'autruche court vite mais il ne vole pas.
studént,- i *m.* étudiant *m.* ☞ **doktor Lëbrën ka qenë një student i shkëlqyer në mjekësi** le docteur Lebrun a été un brillant étudiant en médecine.
studím,- i *m.* étude *f.*
stúdio,- ja *f.* studio *m.*
studiój *fol.* étudier ☞ **Filipi studion për letërsi frënge** Philippe fait des études de littérature française.
subjékt,- i *m.* sujet *m.*
suksés,- i *m.* succès *m.* ☞ **babai i kaloi me sukses provat e patentës** mon père a passé son permis de conduire avec succès.
sulm,- i *m.* assaut *m.*, attaque *f.*
sulmój *fol.* attaquer ☞ **më sulmoi me grushta** il m'a attaqué à coups de poing.
sulmúes,- i *m.* (*në sport*) avant *m.*
sundój *fol.* dominer.
sup,- i *m.* épaule *f.*
súp/ë,- a *f.* soupe *f.*, potage *m.*
súst/ë,- a *f.* ressort *m.* ❖ bouton-pression *m.*
sy,- ri *m.* œil *m.* ☞ **shqyej sytë nga habia** j'ouvre de grands yeux de l'étonnement ☞ **shkel syrin** cligner de l'œil ☞ **vështroj me bishtin e syrit** regarder du coin de l'œil ❖ regard *m.* ☞ **hedh sytë** jeter les yeux ❖ **sy ndër sy** en face.

Fjalë e urtë

Më mirë të të dalë syri se nami. Mieux vaut avoir un œil crevé que mauvaise renommée.

syth,- i *m.* bourgeon *m.*, bouton *m.*
sýze,- t *f. vet. sh.* lunettes *f.sh.*

shah,- u *m.* échecs *m.sh.* ☞ **luaj shah me motrën** je joue aux échecs avec ma sœur.
shaj *fol.* injurier, gronder ☞ **Fqinji i shau fëmijët që bënin zhurmë në oborr** mon voisin a injurié les enfants qui faisaient du bruit dans la cour.
shaká,- ja *f.* plaisanterie *f.*, blague *f.* ☞ **i bëj një shaka vëllait ditën e 1 prillit** je fais une blague à mon frère le premier avril.
shál/ë,- a *f.* selle *f.*
shalqí,- ri *m.* pastèque *f.*
shall,- i *m.* châle *m.*, cache-col *m.*, foulard *m.*
shamí,- a *f.* mouchoir *m.* ❖ (*koke*) fichu *m.*
shampánj/ë,- a *f.* champagne *m.*
shámpo,- ja *f.* shampoing *m.*
shárr/ë,- a *f.* scie *f.* ❖ scierie *f.*
shatërván,- i *m.* fontaine *f.*, jet *m.* d'eau.

shég/ë,- a *f.* (*pema*) grenadier *m.* ❖ (*fruti*) grenade *f.*
shéku/ll,- lli *m.* siècle *m.*
shel/g,- gu *m.* saule *m.* ❖ **shelg lotues** le saule pleureur.
shemb *fol.* abattre, démolir, jeter bas ☞ **e shembën shtëpinë e vjetër për të ndërtuar një hotel** on a démoli la vieille maison pour construire un hôtel.
shémbu/ll,- lli *m.* exemple *m.* ☞ **për shembull** par exemple.
shembullór,- e *mb.* exemplaire, modèle.
shénj/ë,- a *f.* marque *f.*, empreinte *f.* ❖ (*e horoskopit*) signe *m.*
shenjt,- i *m.* saint *m.* ☞ **500 vjet mbas vdekjes, Vatikani e shpalli Zhan d'Arkën shenjt** 500 ans après sa mort, le Vatican a fait de Jeanne d'Arc une sainte.
i,e **shenjtë** *mb.* saint, sacré.
sheqér,- i *m.* sucre *m.* ☞ **pafkë sheqeri** un morceau de sucre.
shes *fol.* vendre.
i, e **shëmtúar** *mb.* (*fizikisht*) laid ☞ **një fytyrë e shëmtuar** un visage laid ❖ (*moralisht*) laid, horrible, affreux ☞ **krim i shëmtuar** un crime abominable.
shëndét,- i *m.* santé *f.* 🔔 *pasth.* **shëndet!** (*kur teshtin*) à tes souhaits!
i, e **shëndétsh/ëm,- me** *mb.* sain, bien portant.
shëním,- i *m.* note *f.* ☞ **fjalët e vështira janë shpjeguar në shënimet në fund të faqes** les mots difficiles sont expliqués dans les notes *ose* annotations en bas de page ❖ **mbaj shënime në orën e historisë** je prends des notes pendant le cours d'histoire ❖ (*pusullë*) note *f.* **shënój** *fol.* (*marr shënim*) noter, annoter ❖ (*në shenjë*) marquer ❖ (*në sport*) marquer (*një gol*).
shërbéj *fol.* servir.
shërbím,- i *m.* service *m.*
shërój *fol.* guérir ☞ **doktori e shëroi Marien** le docteur a guéri Marie 🔔 **shërohem** guérir, se guérir ☞ **po i pive ilaçet do të shërohesh shpejt** si tu prends les médicaments, tu guériras vite.
shëtít (shëtís) *fol.* se promener, se balader.
shëtítj/e,- a *f.* (*në këmbë*) promenade *f.* ☞ **ata dolën shëtitje në pyll** ils sont partis en promenade dans la forêt ❖ (*me makinë, biçikletë, etj.*) **fëmijët bënë një shëtitje me helikopter** les enfants ont fait un tour en hélicoptère.
shëtitór/e,- ja *f.* promenade *f.*, avenue *f.*
shfáqj/e,- a *f.* spectacle *m.*

shfletój *fol.* feuilleter.

shfryj *fol.* souffler, haleter ❖ (*topin*) dégonfler (*le ballon*) ❖ **shfryj hundët** se moucher le nez.

shi,- u *m.* pluie *f.* ☞ **bie shi** il pleut.

shigjét/ë,- a *f.* flèche *f.*

shíj/e,- a *f.* goût *m.* ☞ **gjuha dhe qiellza janë organet e shijes** la langue et le palais sont les organes du goût ❖ (*aromë*) goût, saveur *f.* ☞ **ky krem ka shijen e bananes** cette crème a le goût de la banane.

shijój *fol.* goûter ☞ **nuk më shijon kjo gjellë** c'est un mets que je ne goûte pas.

i, e **shíjsh/ëm,- me** *mb.* savoureux, délicieux.

shikím,- i *m.* regard *m.*, coup *m.* d'œil.

shikój *fol.* regarder, voir ☞ **Mishel, shiko përpara kur ecën!** Michel, regarde devant toi quand tu marches! ☞ **macet shikojnë mirë natën** les chats voient très bien la nuit 🔔 **shikohem në pasqyrë** je me regarde dans la glace.

shikúes,- i *m.* spectateur *m.*

shilárës,- i *m.* balançoire *f.*

shín/ë,- a *f.* rail *m.*
📖 *sh.* rails.

shiríng/ë,- a *f.* seringue *f.*

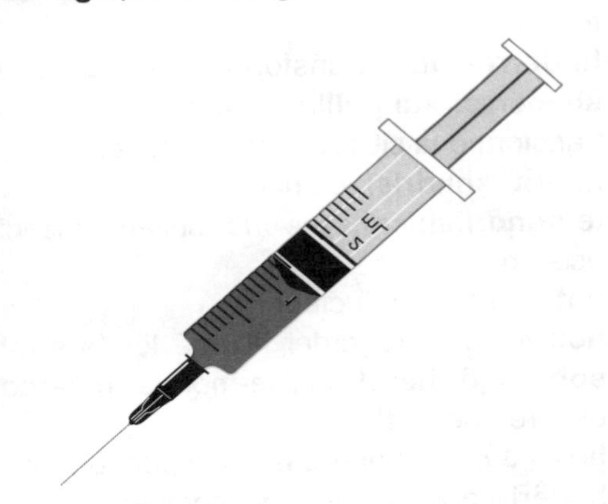

shísh/e,- ja *f.* bouteille *f.* ☞ **tunde shishen para se ta përdorësh** secouez le flacon avant l'emploi.

shítës,- i *m.* vendeur *m.*
📖 *f.* vendeuse.

shítj/e,- a *f.* vente *f.* ☞ **nxjerr në shitje** mettre en vente.

shkáb/ë,- a *f.* vautour *m.*

shka/k,- ku *m.* cause *f.* ☞ **për shkak të sëmundjes** à cause de sa maladie.

shkaktój *fol.* causer, provoquer, susciter ☞ **tërmeti shkaktoi dëme të mëdha** le tremblement de terre a causé de grands dégats.

shkallar/e,- ja *f.* marche *f.* ❖ (*stadiumi*) gradin *m.*

shkáll/ë,- a *f.* (*ndërtese*) escalier *m.* ☞ **Misheli i ngjit shkallët dy nga dy** Michel monte les escaliers deux à deux ☞ **shkallë e lëvizshme** un escalier roulant *ose* un escalator. ❖ (*si mjet*) échelle *f.*, escabeau *m.*

shkállë-shkállë *ndajf.* graduellement, pas à pas, petit à petit.

shkarravín/ë,- a *f.* gribouillage *m.*, griffonnage *m.*

shkatërr/ój *fol.* détruire, ruiner, démolir.

i, e **shkatërrúar** *mb.* détruit.

i, e **shkáthët** *mb.* leste, agile, adroit.

shkathtësí,- a *f.* agilité *f.*, souplesse *f.*, adresse *f.*

shkel *fol.* écraser, piétiner ☞ **mos shkel mbi lule!** ne pietonne pas les fleurs! ❖ **e shkeli makina** il s'est fait écrasé par une voiture ❖ **shkel të drejtat** violer les droits.

shkelm,- i *m.* coup *m.* de pied.

shkénc/ë,- a *f.* science *f.*

shkencór,- e *mb.* scientifique.

shkëlqéj *fol.* briller, luire, étinceler.

i, e **shkëlqýer** *mb.* brillant, éclatant ❖ **nxënës i shkëlqyer** brillant, excellent élève.

shkëmb,- i *m.* rocher *m.*, roc *m.* ☞ **i fortë si një shkëmb** dur comme un rocher.

shkëndíj/ë,- a *f.* étincelle *f.*

shkoj *fol.* aller ☞ **shkoj në shkollë më këmbë** je vais à l'école à pied ☞ **shkojmë!** allons-y! ❖ **më shkon mendja** je pense ☞ **më shkoi dhembja e kokës** je n'ai plus mal à la tête ❖ **kjo ngjyrë ju shkon shumë** cette couleur vous va bien ❖ **si shkoi shfaqja?** comment le spectacle s'est-il passé ❖ **shkoj perin** enfiler une aiguille.

shkóll/ë,- a *f.* école *f.* ☞ **shkollë fillore**

école primaire *ose* élémentaire ☞ **shkollë tetëvjeçare** école de huit ans ☞ **shkollë e mesme** lycée *m.* (secondaire) ☞ **shkollë shtetërore** école publique ☞ **shkollë private** école privée.

Sistemi shkollor në Shqipëri nuk përputhet plotësisht me sistemin shkollor në Francë. Kështu që nxënësi deri në moshën ndjek shkollën fillore *l'école primaire*, deri në kolegjin *le collège*, deri në 18 vjeç shkollën e mesme *le lycée*.

shkop,- i *m.* bâton *m.* ☞ **shkopi magjik** la baguette magique.

shkrépës/e,- ja *f.* allumette *f.*

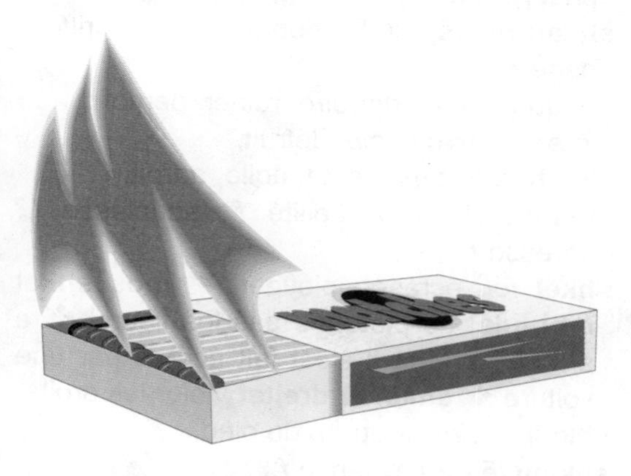

i, e **shkrétë** *mb.* désert ☞ **një ishull i shkretë** une île déserte ❖ pauvre ☞ **i shkreti djalë**! le pauvre garçon!

shkretëtír/ë,- a *f.* desert *m.* ☞ **Saharaja është shkretëtira më e madhe në botë** le Sahara est le plus grand désert du monde.

shkrij *fol.* fondre ☞ **Roberti e shkrin kakaon në qumësht të ngrohtë** Robert fait fondre du chocolat dans du lait chaud ❖ **akulli shkrin në diell** la glace fond au soleil 🔔 **shkrihém** ☞ **u shkri në lot** il a fondu en larmes.

shkrim,- i *m.* écriture *f.*

shkrimtár,- i *m.* écrivain *m.*

shkrónj/ë,- a *f.* lettre *f.* ☞ **shkronjë e madhe** lettre majuscule ☞ **shkronjë e vogël** lettre minuscule.

shkrúaj *fol.* écrire ☞ **shkruaj me shkumës** j'écris à la craie ☞ **shkruaj me dorë** *ose* **me makinë shkrimi** j'écris à la main *ose* à la machine à écrire.

i, e **shkrúar** *mb.* écrit ☞ **letër e shkruar nga autori** une lettre écrite de la main de l'auteur.

e **shkúar,- a** *f.* passé m. ☞ **të shkuara të harruara** oublions le passé ❖ (*në gramatikë*) passé *m.*

shkul *fol.* arracher, extraire.

shkúm/ë,- a *m.* mousse *f.* ☞ **shkumë rroje** mousse à barbe.

shkúmës,- i *m.* craie *f.*

shkúrr/e,- ja *f.* buisson *m.*

shkurt,- i *m.* février *m.*

shkurt *ndajf.* brièvement, bref.

shkurtabiq,- e *mb.* nain.

📖 *f.*naine.

i, e **shkúrtër** *mb.* court.

shkurtój *fol.* écourter, raccourcir ☞ **mamaja ia shkurtoi fundin Anës** maman a raccourci la jupe d'Anne ❖ **libri " Gavroshi " është shkurtuar për fëmijë** le livre "Gavroche" est abrégé pour enfants.

shmang *fol.* éviter ☞ **që kur jemi zënë ajo më shmanget** depuis notre dispute elle m'évite.

shndërrój *fol.* transformer ☞ **zana e shndërroi kungullin në karrocë** la fée a transformé la citrouille en carrosse.

shndrit (shndris) *fol.* briller.

i, e **shndrítsh/ëm,- me** *mb.* brillant, luisant, éclatant.

shofér,- i *m.* conducteur *m.*

shoh *fol.* voir, regarder ☞ **më lër ta shoh edhe një herë!** laisse-moi le regarder encore une fois!

shok,- u *m.* camarade *m.*, compagnon *m.*

shoqërí,- a *f.* société *f.* ❖ compagnie *f.* ☞ **shoqëri ajrore** compagnie aérienne ❖ amitié *f.* ☞ **bëj shoqëri** tenir compagnie.

shoqërój *fol.* accompagner.

shoqërór,- e *mb.* social.

shpát/ë,- a *f.* épée *f.*

shpátull,- a *m.* épaule *f.*

shpejt *ndajf.* vite, rapidement ☞ **Ivi vrapon**

shpejt Yves court vite ❖ tôt, de bonne heure ☞ **ngrihem shpejt në mëngjes** je me lève tôt le matin ☞ **mirupafshim së shpejti!** à bientôt! ❖ immédiatement ☞ **kthehu shpejt!** reviens immédiatement!

i, e **shpéjtë** *mb*. rapide, prompt.

shpejtësí,- a *f*. vitesse *f*.

shpejtój *fol*. accélérer, hâter, presser.

shpéll/ë *f*. grotte *f*. ☞ **njeriu i shpellave** *(primitiv)* l'homme des cavernes.

shpend,- i *m*. oiseau *m*.

shpenzím,- i *m*. dépense *f*., frais *m.sh*. ☞ **shpenzimet e udhëtimit** les frais du voyage.

shpenzój *fol*. dépenser.

shpesh *ndajf*. souvent, fréquemment.

shpëláj *fol*. rincer ☞ **Maria i shpëlan flokët me ujë të ftohtë** Marie rince ses cheveux à l'eau froide.

i, e **shpërndárë** *mb*. dispersé, éparpillé.

shpërthéj *fol*. exploser ☞ **shpërthyen minat** les mines ont explosé.

shpërthím,- i *m*. explosion *f*.

shpëtój *fol*. sauver ☞ **Aleksi i shpëtoi jetën** Alex lui a sauvé la vie ❖ échapper (à) ☞ **i burgosuri iu shpëtoi policëve nga duart** le prisonnier a échappé aux mains des policiers.

shpik *fol*. inventer ☞ **vëllezërit Lymier shpikën aparatin e parë të filmit** les frères Lumière ont inventé le premier appareil de cinéma.

shpíkj/e,- a *f*. (*zbulim*) invention *f*.

shpín/ë,- a *f*. dos *m*.

shpirt,- i *m*. âme *f*. ☞ **me gjithë shpirt** de tout mon âme ❖ esprit *m*.

shpjegím,- i *m*. explication *f*.

shpjegój *fol*. expliquer.

shpoj *fol*. percer, creuser.

shpórt/ë,- a *f*. panier *m*., corbeille *f*.

shpreh *fol*. exprimer ☞ **me anën e fjalëve ne shprehim mendimet tona** nous exprimons nos pensées par les mots.

shprehí,- a *f*. habitude *f*.

shpréhj/e,- a *f*. expression *f*.

shprés/ë,- a *f*. espoir *m*., espérance *f*.

shpresój *fol*. espérer ☞ **shpresoj se do të vijë** j'espère qu'il viendra.

shqetësím,- i *m*. inquiétude *f*. ❖ trouble *m*.

shqetësój *fol*. inquiéter, déranger, gêner ☞ **sëmundja e Filipit e shqetëson doktorin** la maladie de Philippe inquiète le docteur 🔔 **shqetësóhem** s'inquiéter, se déranger ☞ **mos u shqetëso!** ne te dérange pas!

shqip,- e *mb*. albanais.

shqipónj/ë,- a *f*. aigle *f*. ☞ **shqiponja me dy krerë** l'aigle bicéphale.

shqiptár,- i *m*. Albanais *m*.

shqiptím,- i *m*. prononciation *f*.

shqís/ë,- a *f*. sens *m*.

Pesë shqisat janë: *shqisa e të parit, e të dëgjuarit, e të prekurit, e të nuhaturit dhe e të shijuarit.* Les cinq sens sont : la vue, l'ouïe, le toucher, l'odorat et le goût.

shtat,- i *m*. taille *f*. ❖ corps *m*.

shtátë *num.them*. sept.

shtatëdhjétë *num.them*. soixante-dix.

shtatëmbëdhjétë *num.them*. dix-sept.

shtatëqind *num.them*. sept cents.

shtatór,- i *m*. septembre *m*.

shteg,- u *m*. sentier *m*., chemin *m*.

shtet,- i *m*. état *m*.

shtétas,- i *m*. citoyen *m*., ressortissant *m*.

shtetërór,- e *mb*. d'état, public.

e shtën/ë,- a *f*. coup *m*. ☞ **e shtënë pushke** un coup de fusil.

shtëpí,- a *f.* maison *f.*, demeure *f.*, domicile *m.* ☞ **në shtëpinë time** chez moi ❖ **luajmë shtëpiash** jouons au papa et à la maman.

shtíe *fol.* verser ☞ **shtie ujë në gotë** je verse de l'eau dans le verre ❖ (*me pushkë*) tirer (*un coup de fusil*).

shtírem *fol.* feindre, faire semblant ☞ **shtirem i sëmurë** je fais semblant d'être malade.

shtoj *fol.* ajouter ☞ **shtoi edhe pak sheqer brumit!** ajoute un peu de sucre à la pâte.

shtrat,-i *m.* lit. *m.* ☞ **shtrat marinari** lit superposé.

shtrénjtë *ndajf.* cher.

shtrëngát/ë,- a *f.* tempête *f.*, orage *m.*

shtrëngój *fol.* serrer 🔔 **shtrëngohem** se serrer ☞ **shtrëngohem mbas nënës** je me serre contre ma mère.

shtríg/ë,- a *f.* une vieille sorcière.

shtrij *fol.* étendre, allonger, tendre ☞ **shtrij këmbët** j'allonge mes jambes ☞ **shtrini krahët, thyeni këmbët!** tendez les bras, fléchissez les jambes 🔔 **shtríhem** s'étendre ☞ **shtrihem mbi rërë** je m'étends sur le sable ❖ (*gjendet*) **pylli shtrihet nga fshati deri tek lumi** la forêt s'étend du village jusqu'à la rivière.

shtriq *fol.* étirer 🔔 **shtriqem** s'étirer ☞ **ai u shtriq dhe gogësiti** il s'étira et bâilla.

shtroj *fol.* étendre ☞ **shtroj gjalpë mbi bukë** j'étends du beurre sur la tartine ❖ (*drekën*) mettre le couvert ❖ (*një të sëmurë*) hospitaliser ❖ (*një rrugë me gurë*) paver ☞ (*me asfalt*) asphalter.

shtrydh *fol.* presser, tordre, comprimer ☞ **shtrydh çarçafët e lagur para se t'i ndej** je tords les draps mouillés avant de les étendre ☞ **shtrydh portokallen** je presse l'orange.

e **shtúnë,- a** *f.* samedi.

shtyj *fol.* pousser.

shtýll/ë,- a *f.* colonne *f.*, poteau *m.*, pilier *m.*

shtyp *fol.* écraser, broyer ☞ **mamaja shtyp patatet për të bërë pure** maman écrase les pommes de terre pour faire de la purée 🔔 **shtypem** s'écraser ☞ **macen e shtypi makina** le chat s'est fait écraser par une voiture ❖ **shtyp një sustë** j'appuis sur un bouton ❖ **shtyp me makinë një letër** je tape à la machine une lettre.

shtýpj/e,- a *f.* (*e një libri*) impression *f.* ❖ (*e një revolte*) répression *f.*

shúaj *fol.* (*dritën, zjarrin*) éteindre ❖ (*me gomë*) rayer, effacer ❖ (*grindjen*) apaiser.

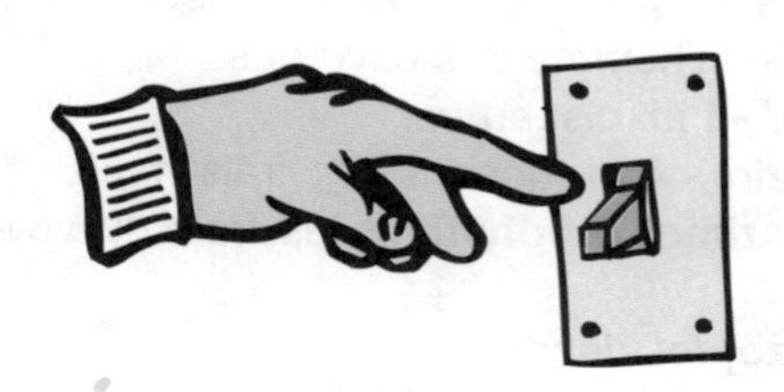

shúm/ë,- a *f.* (*e lekëve*) somme *f.*, total *m.* ❖ (*në matematikë*) addition *f.*

shúmë *pakuf.* beaucoup, bien (du, de la, des), maint, nombre de, pas mal de ☞ **ka shumë njerëz në rrugë** il y a beaucoup de gens dans la rue ☞ **shumë durim** beaucoup de patience ☞ **shumë nga ata** beaucoup d'entre eux 🔔 *ndajf.* beaucoup, très, bien ☞ **jam shumë i lumtur** je suis très heureux ☞ **e dua shumë gjyshin** j'aime bien mon grand-père ☞ **më shumë se një herë** plus qu'une fois ☞ **pak a shumë** plus ou moins ❖ (*kur i referohet kohës*) **ka shumë që po pres** il y a longtemps que j'attends.

i, e **shumëllójsh/ëm,- me** *mb.* varié, divers ☞ **për 1 qershorin mësuesja ka përgatitur argëtime të shumëllojta** pour le premier juin la maîtresse a préparé des distractions variées.

shúmës, ☞i *m.* pluriel *m.* ☞ **në shumës** au pluriel.

shumëzím,- i *m.* multiplication *f.*

shuplák/ë,- a *f.* paume *f.* ❖ gifle *f.*, claque *f.* ☞ **Sara i dha një shuplakë të vëllait që e mërziste** Sarah a donné une gifle à son frère qui l'embêtait.

i, e **shurdhër** *mb.* sourd.

shurúp,- i *m.* sirop *m.*

shýta,- t *f.sh.* oreillons *m.sh.*

tabaká,- ja *f.* plateau *m.*
tabán,- i *m.* (*i këmbës)* plante *f.*
tabél/ë,- a *f.* tableau *m.* ❖ **tabelë e shumëzimit** la table de multiplication ❖ (*dyqani*) enseigne *f.*
tabló,- ja *f.* tableau *m.*
ták/ë,- a *f.* talon *m.*
takím,- i *m.* rencontre *f.*, rendez-vous *m.*
takój *fol.* rencontrer ☞ **duke bërë pazarin, mamaja takoi Anën** en faisant les courses, maman a rencontré Anne 🔔 **takohem** se rencontrer ☞ **u takuam në teatër** nous nous sommes rencontrés au théâtre.
táks/ë,- a *f.* taxe *f.*, impôt *m.*
taksí,- a *m.* taxi *m.*
talént,- i *m.* talent *m.* ☞ **kam talent për muzikë** j'ai du talent pour la musique.
i, e **talentúar** *mb.* de talent, talentueux.
tállem *fol.* se moquer (de) ☞ **mos u tall!** ne plaisante pas, tu blagues!
taní *ndajf.* maintenant, à présent ☞ **tani e tutje** dorénavant, désormais ❖ (*sapo*) **tani erdhën** ils viennent d'arriver.
i, e **tanísh/ëm,- me** *mb.* actuel, présent ☞ **koha e tanishme** le présent.
tank,- u *m.* char *m.* *ose* char d'assaut.
táp/ë,- a *f.* liège *m.* ❖ bouchon *m.* (*de liège*).
tapënxjérrës/e,- ja *f.* tire-bouchon *m.*

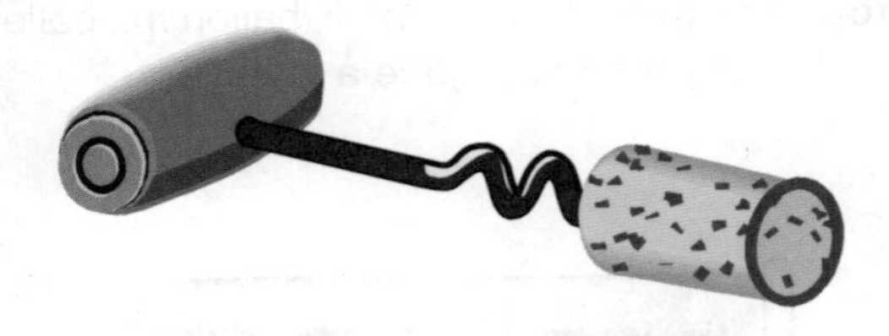

tárg/ë,- a *f.* plaque *f.* d'immatriculation.
tas,- i *m.* bol *m.*
tashmë *ndajf.* déjà ☞ **Iliri di tashmë të numërojë** Ilir sait déjà compter.
tatëpjétë *f.* pente *f.* 🔔 *mb.* en pente ☞ **një rrugë e tatëpjetë** une route sur la pente *ose* en pente.
taván,- i *m.* plafond *m.*
távll/ë,- a *f.* cendrier *m.*
tavolín/ë,- a *f.* table *f.*
teát/ër,- ri *m.* théâtre *m.* ☞ **teatri i estradës** théâtre de variétés
teh,- u *m.* (*i thikës*) tranchant *m.*, fil *m.*
i, e **tejdúksh/ëm,- me** *mb.* transparent.
tejkalój *fol.* dépasser ☞ **Iliri e tejkalon masën kur e kundërshton mësuesen** Ilir dépasse la mesure quand il tient tête à l'institutrice.
tejqýr/ë,- a *f.* jumelle *f.*
tek,- e *mb.* impair ☞ **numër tek** un nombre impair.
tekanjóz,- e *mb.* capricieux.
tekefúndit *ndajf.* enfin, finalement.
ték/ë,- a *f.* caprice *f.*
tekník,- e *mb.* technique ☞ **shkollë teknike** école technique.
tekník,- u *m.* technicien *m.*.
tel,- i *m.* fil *m.* ❖ **telat e violinës** les cordes du violon.
teleferík,- u *m.* téléphérique *m.*

📖 Mund të shkruhet edhe *téléférique.*

telefón,- i *m.* téléphone *m.* ☞ **thërras në telefon Mishelin** j'appelle au téléphone Michel ☞ **ra zilja e telefonit** le téléphone a sonné.
telefonój *fol.* téléphoner ☞ **telefonomë me të mbërritur** téléphone-moi dès que tu arrives.
telegrám,- i *m.* télégramme *m.*, dépêche *f.*
telekománd/ë,- a *f.* télécommande *f.*
televizión,- i *m.* télévision *f.*, TV.
televizór,- i *m.* télévision *f.*, téléviseur *m.*, poste *m.* (de télévision).
tém/ë,- a *f.* thème *m.*, sujet *m.*
temperatúr/ë,- a *f.* température *f.* ☞ **kam temperaturë** j'ai de la fièvre.
témpu/ll,- lli *m.* temple *m.*
ténd/ë,- a *f.* tente *f.*
tendós *fol.* tendre, raidir.
tenís,- i *m.* tennis *m.* ☞ **luaj tenis me Zhanin** je joue au tennis avec Jean ☞ **fushë tenisi** un court de tennis.

tenxhér/e,- ja *f.* casserole *f.*, cocotte *f.* ☞ **tenxhere me presion** une cocotte-minute.

tépër *ndajf.* trop ☞ **ka tepër zhurmë** il y a trop de bruit ☞ **ky mur është tepër i lartë** ce mur est trop haut.

terrór,- i *m.* terreur *f.*

tétë *num.them.* huit.

tetëdhjétë *num.them.* quatre-vingts.

tetëmbëdhjétë *num.them.* dix-huit.

tetëqínd *num.them.* huit cents.

tetór,- i *m.* octobre.

tërbím,- i *m.* rage *f.* ☞ **vaksinë kundër tërbimit** le vaccin contre la rage.

> **Lui Pastër** *Louis Pasteur*, shkencëtar i shquar francez, zbuloi për herë të parë, në 1885, vaksinën kundër tërbimit. Në vitin 1886 u themelua në Paris Instituti Pastër i cili merret me studimin e mikrobeve, të cilave Pastëri iu kushtoi gjithë jetën e tij.

i, e **tḗrë** *mb.* entier ☞ **në tërë botën** dans le monde entier.

tërësísht *ndajf.* totalement, entièrement.

tërhéqës *mb.* attractif ☞ **forca tërheqëse e magnetit** la force attractive de l'aimant ❖ attrayant, attirant ☞ **pamje tërheqëse** paysage attrayant.

tërfíl,- i *m.* trèfle *m.*

tërhéq *fol.* tirer ☞ **tërhiqe derën kur të dalësh** en sortant, tire la porte derrière toi ❖ **kuajt tërheqin karrocën** les chevaux tirent la voiture ❖ (*vëmendjen*) attirer (*l'attention*) ❖ **oxhaku tërheq mirë** la cheminée tire bien ❖ **tërheq mallin** je retire la marchandise 🔔 **tërhiqem** se retirer.

tërmét,- i *m.* tremblement *m.* de terre, séisme *m.*

ti *vetor.* tu, toi ☞ **ti je i ri** tu es jeune ☞ **ti edhe unë** toi et moi ☞ **mos iu drejto me ti mësueses!** ne tutoie pas la maîtresse!

tifóz,- i *m.* supporter *m.*, mordu *m.*

tigán,- i *m.* poêle *f.* ☞ **i skuq perimet në tigan** je fais revenir *ose* sauter les légumes dans une poêle.

> **Fjalë e urtë**
>
> **Peshku në det, tigani në zjarr.** Il ne faut pas vendre la peau de l'ours avant qu'on l'ait tué.

i, e **tij** *përem.* son, sa, ses ☞ **libri i tij** son livre ☞ **fletorja e tij** son cahier ☞ **librat dhe fletoret e tij** ses livres et ses cahiers.

i, e **týllë** *dëft.* tel, telle ☞ **mësuesja nuk e priste një reagim të tillë nga Albani** l'institutrice ne s'attendait pas à une telle réaction de la part d'Alban.

timón,- i *m.* (*i anijes*) gouvernail *m.* ❖ (*i makinës*) volant *m.* ❖ (*i biçikletës*) guidon *m.*

tíngu/ll,- lli *m.* son *m.*

tipár,- i *m.* trait *m.*, caractéristique *f.*

tiránd/ë,- a *f. kryes. sh.* bretelle *f.* ☞ **fustan me tiranda** une robe à bretelles.

títu/ll,- lli *m.* titre *m.* ☞ **cili është titulli i këtij tregimi?** quel est le titre de ce récit?

tjégull,- a *m.* tuile *f.* ☞ **shtëpitë e mbuluara me çati me tjegulla të kuqe më pëlqejnë shumë** j'aime bien les maisons qui ont des toits recouverts de tuiles rouges.

tjétër *pakuf.* autre ☞ **kam një mendim tjetër** j'ai une autre idée ☞ **një herë tjetër** une autre fois ☞ **nuk ka gjë tjetër për të ngrënë** il n'y a rien d'autre à manger ☞ **duheni njeri tjetrin** aimez-vous les uns les autres. ❖ prochain, suivant ☞ **e ka rradhën tjetri** au suivant!

tmerr,- i *m.* terreur *f.*, épouvante *f.* ☞ **më zuri tmerri** j'étais saisi d'épouvante.

i, e **tmérrsh/ëm,- me** *mb.* horrible, terrible, épouvantable, affreux.

tók/ë,- a *f.* Terre *f.* ☞ **hëna është satelit i tokës** la Lune est un satellite de la Terre ❖ terre *f.* ☞ **Liza e hodhi kukullën në tokë** Lise a jeté sa poupée par terre.

top,- i *m.* (*armë*) canon *m.* ❖ ballon *m.*, balle *f.* ☞ **luaj me top** je joue à la balle.

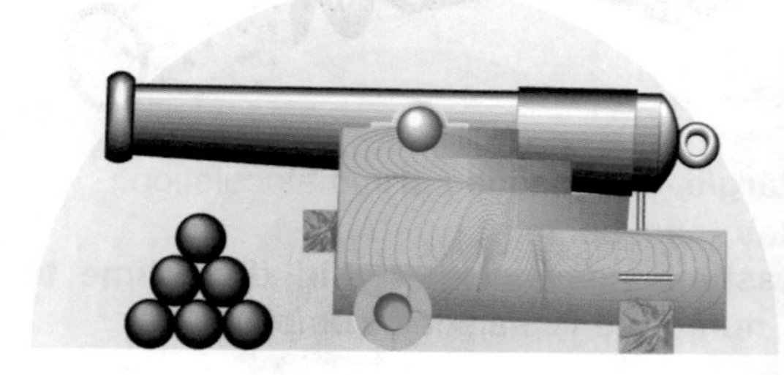

tórt/ë,- a *f.* tarte *f.* ☞ **tortë me luleshtrydhe** une tarte aux fraises.

tradít/ë,- a *f.* tradition *f.*

tradhtár,- e *mb.* traître.

tradhtój *fol.* trahir ☞ **ai e tradhtoi besimin tim** il a trahi ma confiance.

trajnér,- i *m.* entraîneur *m.*

traktór,- i *m.* tracteur *m.*

trampólin/ë *f.* tremplin *m.* ☞ **Poli u hodh në pishinë nga maja e trampolinës** Paul a plongé dans la piscine du haut du tremplin.

trangú/ll,- lli *m.* cornichon *m*, concombre *m.*

transmetój *fol.* transmettre.

tráshem *fol.* grossir.

i, e **tráshë** *mb.* (*i shëndoshë)* gros ❖ épais ☞ **libër i trashë** un livre épais ❖ grave ☞ **zë i trashë** une voix grave.

trashëgimtár,- i *m.* héritier *m.*, successeur *m.*

trashëgój *fol.* hériter ☞ **ajo trashëgoi nga i jati shtëpinë** de son père, elle a hérité de la maison *ose* la maison.

trazój *fol.* (*gjellën*) mélanger ❖ (*letrat*) battre (*les cartes*) ❖ (*çajin*) remuer ❖ **mos e trazo plagën!** ne touche pas à ta blessure! ❖ **mos e trazo vëllanë!** ne dérange pas ton frère!

tre *num. them.* trois

i, e **trefíshtë** *mb.* triple.

tre/g,- gu *m.* marché *m.*

tregím,- i *m.* récit *m.*, conte *m.*

tregój *fol.* montrer ☞ **më tregoni duart!** montrez-moi vos mains! ☞ **tregoj me gisht** je montre du doigt ❖ indiquer ☞ **më tregoni, ju lutem rrugën për në postë!** indiquez-moi, s'il vous plaît, le chemin pour aller à la poste ❖ témoigner, faire preuve ☞ **Albani tregoi që ishte trim** Alban a montré qu'il était courageux ❖ (*një përrallë*) raconter.

tregtí,- a *f.* commerce *m.*

tregúes,- i *m.* indice *m.* ❖ (*gisht*) index *m.*

trekëndësh,- i *m.* triangle *m.*

tremb *fol.* effrayer, effaroucher, intimider.

trembëdhjétë *num. them.* treize.

tren,- i *m.* train *m.* ☞ **udhëtoj me tren** je voyage par le train.

> **Treni i shpejtësisë së madhe** *TGV (train à grande vitesse)* është një nga trenat më të shpejtë në botë, prodhuar në Francë që në vitin 1981. Ai arrin shpejtësinë 260 km/orë.

treqínd *num. them.* trois cents.

tret (tres) *fol.* (*ushqimin*) digérer.

trëndafíl,- i *m.* rose *f.* ☞ **një buqetë trëndafilash të kuq** un bouquet de roses rouges.

tribún/ë,- a *f.* tribune *f.*

tridhjétë *num. them.* trente.

trim,- i *m.* brave *m.*

trim,-e *mb.* brave, courageux, vaillant, audacieux, intrépide.

trishtím,- i *m.* tristesse *f.*

i, e **trishtúar** *mb.* triste.

tróft/ë,- a *f.* truite *f.*

trokás *fol.* frapper ☞ **troket dera** on frappe à la porte.

trotúar,- i *m.* trottoir *m.*

tru,- ri *m.* (*i njeriut*) cerveau *m.*, (*i kafshëve*) cervelle *f.* ❖ intelligence *f.* ☞ **me tru** intelligent ☞ **pa tru** sans cervelle, stupide.

trúmb/ë,- a *f.* (*kafshësh*) troupeau *m.*, (*zogjsh*) vol *m.*, volée *f.*

trun/g,- gu *m.* tronc *m.*

trup,- i *m.* corps *m.* ☞ **trupi i njeriut** le corps humain.

tryéz/ë,- a *f.* table *f.* ☞ **shtroj tryezën** dresser la table, mettre le couvert ☞ **tryezë shkrimi** bureau *m.*.

e **tu** *përem.* tes ☞ **librat e tu** tes livres.
e **túa** *përem.* tes ☞ **motrat e tua** tes sœurs.
tub,- i *m.* tube *m.*
túf/ë,- a *f.* groupe *m.* ❖ (*kafshësh*) troupeau *m.* ❖ (*lulesh*) bouquet *m.*
tulláс,- e *mb.* chauve.
túll/ë,- a *f.* brique *f.*
tullumbác/e,- ja *f.* ballon *m.* de baudruche ☞ **fryj tullumbacen** je gonfle le ballon de baudruche.
tund *fol.* secouer , remuer, agiter ☞ **era i tund gjethet e pemëve** le vent agite les feuilles des arbres.
tunél,- i *m.* tunnel *m.*

Eurotuneli *Eurotunnel*, është një tynel i gjatë prej 50 km që lidh Francën me Britaninë e Madhe, duke përshkuar ngushticën e La Manshit.

túngjatjeta! *pasth.* bonjour!
turí,- ri *m.* (*i kafshës*) museau *m.*
i, e **túrbullt** *mb.* trouble ☞ **uji është i turbullt** l'eau est trouble ❖ **fotografia është e turbullt** la photo est floue *ose* vague.
turíst,- i *m.* touriste *m.*
túrm/ë,- a *f.* foule *f.*
turn,- i *m.* (*i punës*) période *f.* de travail d'une équipe ☞ **punoj me turne** travailler par roulement.
turp,- i *m.* honte *f.*
turpëróhem *fol.* prouver de la honte.
i, e **túrpsh/ëm,- me** *mb.* timide, pudique ❖ honteux.
tút/ë,- a *f.* survêtement *m.*
tútje *ndajf.* loin ☞ **më tutje** plus loin ☞ **atje tutje** là-bas.
ty *vet.* tu, toi ☞ **nuk mund të vi me ty** je ne peux pas venir avec toi.
tym,- i *m.* fumée *f.*
e **týre** *përem.* leur ☞ **fëmijët e tyre** leurs enfants.

thaj *fol.* sécher ☞ **le vent chaud sèche le linge** era e ngrohtë i than teshat ☞ **Juli po than flokët** Julie se sèche les cheveux 🔔 **tháhem** sécher ☞ **lumi u tha** la rivière s'est tarie *ose* s'est asséchée.

i, e **thárë** *mb.* séché ☞ **dru të thara** bois séché ☞ **lumë i tharë** rivière tarie.

thárës/e,- ja *f.* (*flokësh*) sèche-cheveux *m.*

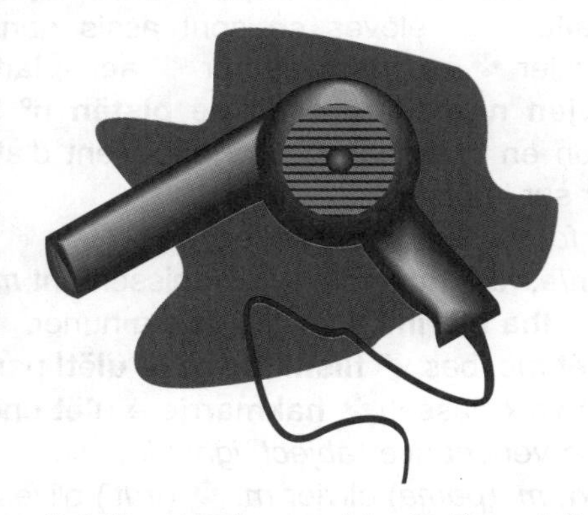

i, e **thártë** *mb.* aigre, acide ☞ **limoni është i thartë** le citron est acide ☞ **këto mollë janë shumë të tharta** ces pommes sont très acides.

i, e **thátë** *mb.* sec ☞ **rrush i thatë** le raisin sec ❖ dénudé ☞ **mal i thatë** montagne dénudée.

thatësír/ë,- a *f.* sécheresse *f.*, aridité *f.*

thék/ë,- a *f.* frange *f.* ☞ **macja luan me thekët e qilimit** le chat joue avec les franges du tapis.

theks,- i *m.* accent *m.*

theksój *fol.* accentuer ❖ souligner.

thel/b,- bi *m.* **thelb hudhre** une gousse d'ail ❖ (*i bisedës*) noyau *m.*, le point fondamental.

thél/ë,- a *f.* tranche *f.* ☞ **thelë mishi** *ose* **buke** une tranche de viande *ose* de pain ❖ **një thelë portokalle** un quartier d'orange.

i, e **théllë** *mb.* (*det*) profond ❖ (*pjatë*) creux ❖ (*zonë*) reculé ❖ (*ngjyrë*) foncé.

théllë *ndajf.* profondément.

thellësí,- a *f.* profondeur *f.*

them *fol.* dire ☞ **thuaj mirdita zonjës** dis bonjour à la dame ☞ **Danieli ka gjithmonë diçka për të thënë** Daniel a toujours quelque chose à dire ❖ (*shpjegoj*) raconter ☞ **më thuaj ç'ndodhi** raconte-moi ce qui est arrivé ❖ dire, penser ☞ **do të thoja që do të bjerë shi** on dirait qu'il va pleuvoir.

thémb/ër,- ra *f.* talon *m.* ☞ **thembra e Akilit** le talon d'Achille.

themél,- i *m.* fondation *f.*, fondement *m.*

themelím,- i *m.* fondation *f.*, création *f.* ☞ **viti 600 para Krishtit** *ose* **erës së re është data e themelimit të qytetit të Marsejës** la fondation de la ville de Marseille remonte à l'an 600 avant Jésus Christ.

themelój *fol.* fonder, créer, établir ☞ **themeloj një shkollë** fonder une école.

ther *fol.* égorger, abattre.

thes,- i *m.* sac *m.* ☞ **dyshek-thes** le sac de couchage.

thesár,- i *m.* trésor *m.*

thërrés (thërrás) *fol.* appeler ☞ **thërras një taksi** j'appelle un taxi ❖ crier.

thërrím/e,- ja *f.* miette *f.* ☞ **mbledh thërrimet mbi tryezë** je ramasse les miettes sur la table.

thík/ë,- a *f.* couteau *m.*

thith *fol.* sucer ☞ **Besa thith ende gishtin** Besa suce encore son pouce ❖ (*marr frymë*) aspirer, inhaler ☞ **thith ajër** respirer de l'air.

thithlop/ë,- a *f.* crapaud *m.*

thjesht *ndajf.* simplement, purement.

i, e **thjéshtë** *mb.* simple, modeste ☞ **një apartament i thjeshtë** un appartement modeste ❖ **detyrë e thjeshtë** un devoir facile.

thónjëza,- t *f.vet.sh.* guillemets *m.sh.*

thúa, thói *m.* ongle *m.*

thumb,- i *m.* dard *m.*, aiguillon *m.*

thúnd/ër,- ra *f.* sabot *m.*

thur *fol.* tresser.

thýej *fol.* casser ☞ **Misheli e theu xhamin duke luajtur me top** Michel a cassé un carreau en jouant au ballon ❖ **Juli theu këmbën duke bërë ski** Julie s'est cassée la jambe en faisant du ski ❖ **thyej paratë** faire de la monnaie.

thýes/ë,- a *f.* fraction *f.*

i, e **thýesh/ëm,- me** *mb.* fragile.

údh/ë,- a *f.* route *f.* chemin *m.* ☞ **ai mori udhën e fshatit** il a pris la route de la campagne ❖ voyage *m.* ☞ **udhë e mbarë!** bon voyage *ose* bonne route!

udhëhéq *fol.* conduire, guider ☞ **një vajzë e re udhëhiqte turistët gjatë eskursionit** une jeune fille guidait les touristes pendant l'excursion.

udhëkrýq,- i *m.* carrefour *m.* ☞ **udhëkryq i rrezikshëm për këmbësorët** un carrefour dangereux pour les piétons ☞ **udhëkryq në hekurudhë** un passage à niveau.

udhërrëfýes,- i *m.* guide *m.*

udhëtár,- i *m.* voyageur *m.*

udhëtím,- i *m.* voyage *m.* ☞ **udhëtim të mbarë!** bon voyage! ☞ **nisem për udhëtim** partir en voyage ☞ **gjatë udhëtimit** au cours du voyage.

udhëtój *fol.* voyager ☞ **udhëtoj me autobus** je voyage en bus *ose* en car.

udhëzúes,- i *m.* guide *m.* ☞ **udhëzues turistik i Parisit** un guide touristique de Paris.

új/ë,- i *m.* eau *f.* ☞ **ujë i pijshëm** eau potable ☞ **pi ujë** je bois de l'eau ☞ **ujë me gaz** eau gazeuse ☞ **ujë pa gaz** eau naturelle *ose* plate ☞ **revole me ujë** un pistolet à eau.

ujëvár/ë,- a *f.* cataracte *f.*, chute *f.* ☞ **ujëvara e Niagarës është e lartë afër 50 metra** la cataracte de Niagara est haute d'une cinquantaine de mètres.

ujítës/e,- ja *f.* arrosoir *m.*

ujít (ujís) *fol.* (*lulet*) arroser ❖ (*tokën*) irriguer.

ujk,- u *m.* loup *m.*

Fjalë e urtë

Ujku qimen ndërron, por zakonin s'e harron. Le renard mourra dans sa peau.

ul *fol.* abaisser, baisser ☞ **babai ul xhamin e makinës për t'ju përgjigjur policit** papa baisse la vitre de sa voiture pour répondre à l'agent de police ☞ **ulja pak zërin!** (*radios, televizorit*) baisse un peu le son! ❖ (*kokën, sytë*) baisser (*la tête, les yeux*) 🔔 **ulem** s'asseoir ☞ **nxënësit u ulën nëpër shkallë** les élèves se sont assis dans l'escalier ❖ se poser, atterrir ☞ **aeroplani që vjen nga Parisi u ul në pistën nº 3** l'avion en provenance de Paris vient d'atterrir sur la piste nº3.

ulërij *fol.* hurler, crier, brailler.

ulërím/ë,- a *f.* hurlement *m.*, rugissement *m.* ☞ **ia dha ulërimës** il s'est mis à hurler.

i, e **úlët** *mb.* bas ☞ **flisni me zë të ulët!** parlez à voix basse! ❖ **hakmarrje e ulët** une basse vengeance (*abject, ignoble*).

ullí,- ri, *m.* (*pema*) olivier *m.* ❖ (*fruti*) olive *f.*

unáz/ë,- a *f.* bague *f.* ❖ anneau *m.* ❖ (*e qytetit*) ceinture *f.*

únë *vetor.* je, moi ☞ **unë nuk e besoj** je ne le crois pas ☞ **"kush është?" "jam unë"** "qui est-ce?" "c'est moi" ☞ **ti dhe unë** toi et moi.

unifórm/ë,- a *f.* uniforme *m.*

universitét,- i *m.* université *f.*

uragán,- i *m.*(*stuhi e fortë*) ouragan *m.*

úrdh/ër,- ri *m.* ordre *m.* ☞ **ushtarët duhet t'i binden urdhërave të komandatit të tyre** les soldats doivent obéir aux ordres de leur commandant ☞ **me urdhër të drejtorit** sur l'ordre du directeur.

urdhërój *fol.* ordonner, commander ☞ **mësuesja i urdhëroi nxënësit të mbajnë qetësi** la maitresse a donné l'ordre à ses élèves de se taire. ❖ **si urdhëron!** à tes ordres! ❖ **urdhëroni! hyni!** entrez, s'il vous plaît!

úr/ë,- a *f.* pont *m.* ☞ **urë e varur** pont suspendu ☞ **urat e Parisit** les ponts de Paris.
urgjénc/ë,- a *f.* urgence *f.* ☞ **në rast urgjence, thirrni mjekun** en cas d'urgence, appelez le médecin.
urgjént,- e *mb.* urgent, pressant.
urí,- a *f.* faim *f.* ☞ **kam uri** j'ai faim.
urím,- i *m.* souhait *m.*, vœu *m.* , félicitation *f.* ☞ **urimet më të mira për Krishtlindjet dhe Vitin e Ri!** (*mes*) meilleurs vœux pour Noël et le Nouvel An ☞ **kartë urimi** une carte de vœux.
i, e **urítur** *mb.* affamé.
uríth,- i *m.* taupe *f.*
urój *fol.* souhaiter ☞ **drejtori iu uroi pushime të mbara nxënësve** le directeur a souhaité de bonnes vacances à ses élèves.
i, e **úrtë** *mb.* sage ☞ **një fëmijë i urtë** un enfant sage.
urréj *fol.* haïr.
urréjtj/e,- a *f.* haine *f.*
ushqéj *fol.* nourrir, alimenter ☞ **Monika e ushqen macen në mëngjes dhe në mbrëmje** Monique nourrit son chat matin et soir 🔔 **ushqéhem** se nourrir ☞ **zogjtë ushqehen me insekte** les oiseaux se nourrissent d'insectes.
ushqím,- i *m.* nourriture *f.,* aliment *m.*
ushtár,- i *m.* **soldat** *m.*
ushtarák,- e *mb.* militaire ☞ **avion ushtarak** avion militaire.

ushtrí,- a *f.* armée *f.*
ushtrím,- i *m.* **exercice** *m.* ☞ **ushtrim gramatikor** exercice de grammaire.
ushtrój *fol.* exercer, pratiquer, entraîner.
uturím/ë,- a *f.* grondement *m.*
úthull,- a *f.* vinaigre *m.*

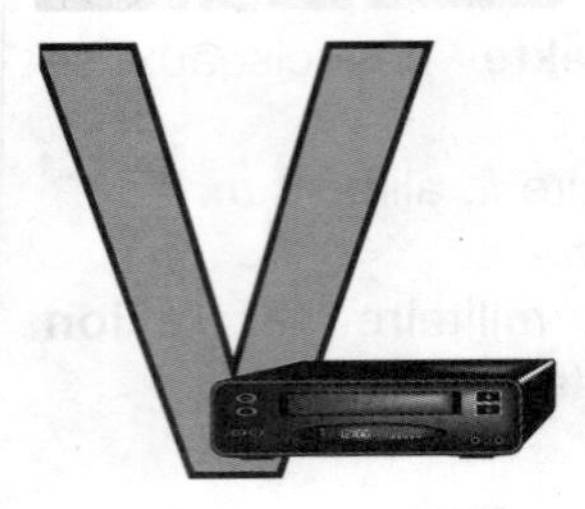

vagón,- i *m.* wagon *m.* ☞ **vagon i klasit të parë** un wagon de première classe ☞ **vagon gjumi** wagon-lit.

vaj,- i *m.* huile *f.* ☞ **vaj ulliri** huile d'olive ☞ **vaj lule dielli** huile de tournesol ☞ **vaj peshku** huile de foie de morue ❖ **vaj plazhi** l'huile solaire.

vájz/ë,- a *f.* fille *f.* ☞ **vajzë e vetme** fille unique ☞ **vajzë e birësuar** fille adoptive.

i, e **vákët** *mb.* tiède,

vaksín/ë,- a *f.* vaccin *m.* ☞ **vaksinë kundër tetanozit** un vaccin contre le tétanos.

vál/ë,- a *f.* vague *f.* ☞ **det me dallgë** une mer agitée.

valíxh/e,- ja *f.* valise *f.* ☞ **bëj gati valixhen** je fais ma valise.

váll/e,- ja *f.* danse *f.*, ronde *f.* ☞ **valle popullore** danse folklorique.

vallëzój *fol.* danser ☞ **Eriku e kërcen bukur rokun** Éric danse bien le rock.

valltár,- i *m.* danseur *m.*

váp/ë,- a *f.* chaleur *f.* ☞ **kam vapë** j'ai chaud.

vapór,- i *m.* bateau *m.* ☞ **vapor mallrash** le cargo ☞ **vapor pasagjerësh** le paquebot.

var *fol.* accrocher, suspendre ☞ **var një pamje nga Parisi në dhomën time** j'accroche une vue de Paris dans ma chambre 🔔 **várem** (*nga dikush*) ☞ **suksesi i Markut në provim varet nga puna që do të bëjë** le succès de Marc à l'examen dépend du travail qu'il va fournir ☞ **kjo varet nga ty, Ilir!** cela dépend de toi, Ilir!

várës/e,- ja *f.* cintre *m.*, portemanteau *m.*, crochet *m.*

i, e **várfër** *mb.* pauvre ☞ **një i papunë i varfër** un chômeur pauvre ❖ **i varfëri djalë!** le pauvre garçon!

var/g,- gu *m.* (*qepësh*) chapelet *m.* ☞ (*perlash*) collier *m.* ❖ (*malesh*) chaîne *f.* ❖ (*poeme*) vers *m.*

várk/ë,- a *f.* barque *f.*, canot *m.* ☞ **varkë shpëtimi** canot de sauvetage.

varr,- i *m.* tombe *f.*, tombeau *m.*

varréz/ë,- a *f.* cimetière *f.*

vath,- i *m.* boucle *f.* d'oreilles ☞ **Valentinës i pëlqen të mbajë vathë argjendi** Valentine aime porter des boucles d'oreilles en argent.

vázo,- ja *f.* vase *m.* ☞ **vazo me lule** vase à fleurs *ose* vase de fleurs.

vazhdimísht *ndajf.* sans arrêt, sans cesse.

vazhdój *fol.* continuer, poursuivre ☞ **vazhdojmë leximin e vjershës!** continuons à lire le poème! ❖ continuer, durer ☞ **festa vazhdoi deri mbasdite vonë** la fête a continué très tard dans l'après midi.

vdékj/e,- a *f.* mort *f.* ☞ **i shpëtoi vdekjes për qime** il a frôlé la mort de près.

i, e **vdékur** *mb.* mort, décédé.

vdés *fol.* mourir, décéder ❖ **vdes nga frika** je meurs de peur ☞ **vdes gazit** je meurs de rire ☞ **vdes nga turpi** je meurs de honte.

veç *ndajf.* séparément, à part ☞ **drejtoresha pyeti veç e veç Polin dhe Ivin** la directrice a interrogé séparément Paul et Yves 🔔 *parafj.* ☞ **përveç kësaj, a ka gjë tjetër?** y a-t-il quelque chose à part cela? 🔔 *pj.* **veç të vijë** à moins que il vienne.

i, e **veçántë** *mb.* particulier, spécial.

vég/ël,- la *f.* instrument *m.*, outil *m.*

vel,- i *m.* voile *m.* ☞ **varkë me vela** une barque à voile.

vend,- i *m.* place *f.*, lieu *m.*, endroit *m.* ☞ **Juli kërkon një vend për t'u fshehur** Julie cherche un endroit pour se cacher ☞ **në ç'vend të dhemb?** à quel endroit as-tu mal? ☞ **po të isha në vendin tënd** si j'étais à ta place ❖ pays *m.* ☞ **vendet e Evropës** les pays d'Europe ❖ siège *m.*, fauteuil *m.* ☞ **Marku e vuri shportën në vendin e pasmë të veturës** Marc a posé son panier sur le siège arrière de la voiture.

vendím,- i *m.* décision *f.* ☞ **mora një vendim** j'ai pris une décision.

vendlíndj/e,- a *f.* le pays natal.

vendós *fol.* (*për të dhënë një zgjidhje*) décider (de), se décider (à), se résoudre (à). ☞ **vendosëm t'i kalojmë pushimet në Durrës** nous avons décidé de passer nos vacances à Durrës ☞ **vendosa të shkoj në kinema** je me suis décidé à aller au cinéma ❖ poser, mettre ☞ **vendosi lulet mbi tryezë!** mets les fleurs sur la table!

i, e **vendósur** *mb.* décidé, déterminé, résolu ☞ **Mireji është e vendosur të fitojë** Mireille est décidée à gagner.

vén/ë,- a *f.* veine *f.*

ventilatór,- i *m.* ventilateur *m.*

vép/ër,- ra *f.* ouvrage *m.*, œuvre *f.* ❖ (*krijim letrar, muzikor, etj.*) **vepër arti** une œuvre d'art.

veprimtarí,- a *f.* activité *f.*

veprój *fol.* agir ☞ **mendo para se të veprosh!** réfléchis avant d'agir!

i, e **vérbër** *mb.* aveugle.

i, e **vérdhë** *mb.* jaune.

vér/ë,- a *f.* été *m.* ☞ **në verë, ditët janë më të gjata** en été, les jours sont plus longs.

vér/ë,- a *f.* vin *m.* ☞ **babai im pëlqen më shumë verën e kuqe sesa të bardhën** mon père préfère le vin rouge au vin blanc.

verí,- u *m.* nord ☞ **Poli i Veriut** le Pôle du Nord ☞ **shtëpia e ka pamjen nga veriu** la maison est exposée au nord.

veriór,- e *mb.* nordique, septentrional, du nord ☞ **vendet e veriut** les pays du nord *ose* nordiques.

verór,- e *mb.* estival, d'été.

vertikál,- e *mb.* vertical.

ves,- i *m.* vice *m.* ☞ **përtacia është i vetmi ves i Robertit** la paresse est le seul vice de Robert.

vés/ë,- a *f.* rosée *f.*

vesh,- i *m.* oreille *f.* ☞ **thuama në vesh** dis-le moi à l'oreille ☞ **nga një vesh i hyn nga tjetri i del** cela lui entre par une oreille et sort par l'autre ☞ **na çau veshët me këto ankesat e tij** il nous a cassé les oreilles avec ses plaintes.

vesh *fol.* habiller, vêtir ☞ **Odila vesh kukullën** Odile habille sa poupée 🔔 **vishem** s'habiller ☞ **vishu shpejt!** habille-toi vite! ☞ **vishem vetë, tani** maintenant, je m'habille toute seule ☞ **për ditëlindjen e Markut, Jasmina ishte veshur si kauboj** pour l'anniversaire de Marc, Yasmine était habillée *ose* s'était habillée en cow-boy.

véshj/e,- a *f.* vêtement *m.*, habillement *m.* ☞ **dyqan veshjesh** un magasin de confection.

veterán,- i *m.* vétéran *m.*

veterinér,- i *m.* vétérinaire *m.*

i, e **vét/ëm,- me** *mb.* seul, unique ☞ **Liza është vajzë e vetme** Lise est fille unique ☞ **rruga e spitalit ka një drejtim të vetëm** la rue de l'hôpital est à sens unique.

vétëm *ndajf.* seul, seulement ☞ **nuk mund ta bësh vetëm detyrën** tu ne peux pas faire seul le devoir ☞ **prindërit e Markut rrojnë vetëm** les parents de Marc vivent seuls ❖ **ngelen vetëm dy vende** il ne reste que deux places.

vetëshërbím,- i *m.* libre-service *m.*, self-service *m.*

vetëtím/ë,- a *f.* éclair *m.*

vetják,- e *mb.* personnel ☞ **çështje vetjake** une affaire personnelle.

vétull,- a *f.* sourcil *m.* ☞ **zoti Lëpik i ka vetullat e trasha** Monsieur Lepic a des sourcils épais ☞ **Loiku i ngrysi vetullat** Loïc a froncé les sourcils.

vetúr/ë,- a *f.* auto *f.*, voiture *f.*
i, e **vetvetíshëm** *mb.* spontané.
vezák,- e *mb.* ovale.
véz/ë,- a *f.* œuf *m.* ☞ **vezë e skuqur syze** œuf au plat ☞ **vezë e zier** œuf dur ☞ **vezë surbull** œuf à la coque.

Fjalë e urtë

Më mirë një vezë sot se një pulë mot. Un tiens vaut mieux que deux tu l'auras.

vë *fol.* mettre, placer ☞ **vëri librat në raft** mets les livres sur l'étagère ❖ (*çoj*) **vë foshnjën në shtrat** je mets le bébé au lit ❖ **vë re** s'apercevoir, remarquer ☞ **Eriku nuk e vuri re shqetësimin e Anës** Éric ne s'est pas aperçu du trouble d'Anne.
vëllá,- i *m.* frère *m.* ☞ **vëllai më i madh** le frère aîné ☞ **vëllai më i vogël** lë frère cadet ☞ **vëllezër binjakë** des frères jumeaux.
vëméndj/e,- a *f.* attention *f.* ☞ **i kushtoj vëmendje** prêter attention.
i, e **vëméndsh/ëm,- me** *mb.* attentif ☞ **Korina është shumë e vëmendshme në klasë** Corinne est très attentive en classe.
vëréj *fol.* observer, examiner.
vëréjtj/e,- a *f.* attention *f.* ☞ **vështroj me vërejtje** regarder avec attention ❖ observation *f.*, remarque *f.* ☞ **vërejtje me vend** remarque pertinente ☞ **vërejtje pa vend** remarque non fondée.
vërshëlléj *fol.* siffler.
vërshój *fol.* déborder ❖ inonder.
vërtét *ndajf.* vraiment ☞ **Elena është vërtet e bukur** Hélèle est vraiment belle.

e **vërtét/ë,- a** *f.* vérité *f.*, vrai *m.* ☞ **histori e vërtetë** une histoire vraie.
i, e **vërtétë** *mb.* vrai, réel ☞ **të themi të vërtetën** à dire le vrai *ose* à vrai dire.
vërtetój *fol.* vérifier ❖ certifier, attester.
i, e **vështírë** *mb.* difficile, pénible.
vështirësí,- a *f.* difficulté *f.* ☞ **e gjeti me vështirësi shtëpinë** il a trouvé la maison avec difficulté ☞ **ajo ka vështirësi në frëngjisht** elle a des difficultés en français.
vështrím,- i *m.* regard *m.*, un coup d'œil ☞ **në vështrim të parë** au premier regard ☞ **hidhi një vështrim kopshtit!** jette un regard sur le jardin!
vështrój *fol.* regarder, considérer.
viç,- i *m.* veau *m.*
videokasét/ë,- a *f.* vidéocassette *f.*
videorregjistrúes,- i *m.* magnétoscope *m.*
víd/ë,- a *f.* vis *f.*
vigjílj/e,- a *f.* veille *f.* ☞ **në vigjilje** à la veille.
vij *fol.* venir ☞ **nga vjen?** d'où viens-tu? ☞ **më vjen keq, nuk mund të vij** je regrette de ne pas pouvoir venir ❖ **sapo erdha** je viens d'arriver.
víj/ë,- a *f.* ligne *f.* ☞ **vijë e drejtë** une ligne droite ☞ **heq një vijë** je trace une ligne ❖ (*ajrore, detare*) ligne *f.*
viktím/ë,- a *f.* victime *f.*
víl/ë,- a *f.* villa *f.*, pavillon *m.*
vinç,- i *m.* grue *f.*
violín/ë,- a *f.* violon *m.* ☞ **i bie violinës** je joue du violon.
vit,- i *m.* année *f.*, an *m.* ☞ **vit shkollor** année scolaire ☞ **vit për vit** chaque année.

📖 *An* dhe *année* tregojnë të njëjtën gjë, por nuk përdoren në të njëjtat fraza ☞ **Erikut iu deshën dy vjet për të shkruar romanin** Éric a mis deux années pour écrire son roman ☞ **në ç'vit ke lindur ?** en quelle année es-tu né ?

vitamín/ë,- a *f.* vitamine *f.*
vitrín/ë,- a *f.* vitrine *f.*
vizatím,- i *m.* dessin *m.*
vizatój *fol.* dessiner.

vizít/ë,- a *f.* visite *f.* ❖ (*te mjeku*) consultation *f.*, examen *m.*

vizitój *fol.* visiter ❖ (*një të sëmurë*) examiner.

vizór/e,- ja *f.* règle *f.*

vjeç,- e *mb.* **jam dhjetë vjeç** j'ai dix ans.

vjedh *fol*, voler, cambrioler, dérober ☞ **hajdutët vodhën në një dyqan të madh** les cambrioleurs ont volé dans un grand magasin.

vjédhj/e,- a *f.* vol *m.*, cambriolage *m.*

vjéh/ërr,- rri *m.* beau-père *m.*

vjéh/ërr,- rra *f.* belle-mère *f.*

vjel *fol.* récolter, cueillir.

vjell *fol.* vomir.

vjérsh/ë,- a *f.* poésie *f.*

vjésht/ë,- a *f.* automne *m.*

i, e **vjétër** *mb.* vieux, âgé ❖ (*rroba, zakone, bukë*) vieux, ancien ❖ antique ☞ **Greqia e vjetër** la Grèce ancienne *ose* antique.

vjóllc/ë,- a *f.* violette *f.*

vlej *fol.* valoir ☞ **kjo shtëpi vlen 30 million lekë** cette maison vaut 30 million leks ❖ (*është e vlefshme*) **kjo ftesë vlen për dy vetë** cette invitation est valable pour deux personnes ❖ **nuk ia vlen** cela ne vaut pas la peine.

vlér/ë,- a *f.* valeur *f.*

i, e **vógël** *mb.* petit ❖ (*i shkurtër*) **ai është i vogël për moshën që ka** il est petit pour son âge ❖ (*në moshë*) **Mireji është motra e vogël e Pierit** Mireille est la petite sœur de Pierre.

volejbóll,- i *m.* volley-ball *m.*

vonés/ë,- a *f.* retard *m.* ☞ **jam me vonesë** je suis en retard.

i, e **vónë** *mb.* tardif.

vónë *ndajf.* tard ☞ **herët a vonë** tôt ou tard.

votój *fol.* voter ☞ **deputetët votuan për buxhetin e shtetit** les députés ont voté le budget d'État.

vóz/ë,- a *f.* tonneau *m.*

vozít (vozís) *fol.* canoter, ramer.

vrap,- i *m.* course *f.* ☞ **me vrap** en courant.

vrapój *fol.* courir ☞ **vrapoj me të katra** je cours à toutes jambes.

vrapúes,- i *m.* coureur *m.*

i, e **vrárë** *mb.* tué.

vras *fol.* tuer, assassiner ☞ **vras veten** se suicider.

vrásës,- i *m.* assassin *m.*, meurtrier *m.*

i, e **vrázhdë** *mb.* rude.

i, e **vrénjtur** *mb.* nuageux, couvert.

vresht,- i *m.* vigne *f.*, vignoble *m.*

vrím/ë,- a *f.* trou *m.* ☞ **vrima e çelësit** le trou de la serrure.

vrull,- i *m.* élan *m.*

vúaj *fol.* souffrir ☞ **vuan nga dhimbja e barkut** il souffre du mal de ventre.

vúl/ë,- a *f.* sceau *m.*, cachet *m.*

vulós *fol.* sceller, cacheter.

vullkán,- i *m.* volcan *m.* ☞ **vullkan veprues** un volcan en éruption.

vullnét,- i *m.* volonté *f.* ☞ **ka shumë vullnet** il a beaucoup de volonté ❖ (*dëshirë*) ☞ **respektoj vullnetin e prindërve** je respecte les volontés de mes parents.

vullnetár- e *mb.* volontaire, bénévole.

i, e **výshkur** *mb.* fané.

xíx/ë,- a *f.* étincelle *f.*
xixëllón *fol.* étinceler, scintiller ☞ **yjet xixëllojnë në qiell** les étoiles scintillent dans le ciel.
xixëllónj/ë,- a *f.* luciole *f.*

xhadé,- ja *f.* chaussée *f.*
xhakét/ë,- a *f.* veston *m.*, veste *f.*
xham,- i *m.* verre *m.* ❖ (*i dritares*) carreau *m.*, vitre *f.*
xhamí,- a *f.* mosquée *f.*
xhaz,- i *m.* jazz *m.*
xhaxhá,- i *m.* oncle *m.*
xhelóz,- e *mb.* jaloux.
xhep,- i *m.* poche *f.* ☞ **fjalor xhepi** dictionnaire de poche.
xhevahír,- i *m.* diamant *m.*
xhínse,- t *f.sh.* jean *m.* *ose* jeans *m.sh.*
xhiròj *fol.* tourner (*un film*).
xhúng/ël,- la *f.* jungle *f.* ☞ **xhungla është vendi i kafshëve të egra** la jungle est le domaine des bêtes féroces.
xhup,- i *m.* anorak *m.*, blouson m.
xhuxh,- i *m.* nain *m.* ☞ **Borëbardha dhe shtatë xhuxhat** la Blanche-neige et les sept nains.

ylbér,- i *m.* arc-en-ciel *m.*
yll,- i *m.* étoile *f.* ☞ **yll që këputet** étoile filante ❖ **yll deti** étoile de mer.

yndýr/ë,- a *f.* graisse *f.*
i, e **yndýrshëm** *mb.* gras ☞ **gjalpi dhe vaji janë lëndë të yndyrshme** le beurre et l'huile sont des matières grasses.
ýnë *përem.* notre ☞ **vendi ynë** notre pays.
yt *përem.* ton ☞ **babai yt** ton père.

zakón,- i *m.* habitude *f.*, coutume *f.*, mœurs *f.sh.* ☞ **e ka zakon të ngrihet herët në mëngjes** il a l'habitude de se lever tôt le matin.

zakonísht *ndajf.* habituellement, d'habitude, de coutume, ordinairement ☞ **si zakonisht** comme d'habitude.

i, e **zakónsh/ëm,- me** *mb.* habituel, ordinaire ☞ **sot, për Anën nuk është një ditë e zakonshme** pour Anne, aujourd'hui n'est pas un jour ordinaire.

zambák,- u *m.* lis *m.*

zámk/ë,- a *f.* colle *f.*

zanát,- i *m.* métier *m.*, profession *f.*

zán/ë,- a *f.* fée *f.*

zanór/e,- ja *f.* voyelle *f.*

zar,- i *m.* dé *m.* ☞ **luajmë me zare** nous jouons aux dés.

zarf,- i *m.* enveloppe *f.*

zarzavát/e,- ja *f.* légume *m.*

zbardh *fol.* blanchir.

zbatój *fol.* (*një metodë*) appliquer (*une méthode*) ❖ (*një urdhër*) exécuter (*un ordre*).

i, e **zbáthur** *mb.* nu-pieds, pieds nus.

zbavít *fol.* amuser, divertir 🔔 **zbavítem** s'amuser, se divertir, se distraire ☞ **Iliri zbavitet duke luajtur me qenin** Ilir s'amuse avec le chien..

zbavítës,- e *mb.* amusant, divertissant.

zbavítj/e,- a *f.* amusement *m.*, divertissement *m.*, distraction *f.*

zbéhem *fol.* pâlir, s'étioler.

i, e **zbéhtë** *mb.* pâle, blafard.

zbërthéj *fol.* (*xhaketën*) déboutonner ❖ (*një makinë, një orë*) démonter (*une machine, une pendule*).

zbraz *fol.* vider ☞ **zbraz kovën** je vide le sceau 🔔 **zbrazem** se vider ☞ **lavamani zbrazet ngadalë** l'évier se vide lentement ❖ (*ndaj*) verser ☞ **mamaja zbraz qumështin në gota** maman verse le lait dans les verres.

i, e **zbrázët** *mb.* vide, libre, vacant ☞ **e ndjej stomakun të zbrazët** j'ai le creux dans l'estomac.

zbres *fol.* descendre ☞ **zbres nga pema** je descends de l'arbre ❖ (*nga një mjet transporti*) **Misheli do të zbresë në stacionin tjetër** Michel descendra à la prochaine station.

zbrítj/e,- a *f.* descente *f.* ❖ (*në matematikë*) soustraction *f.*

zbukurój *fol.* embellir, décorer.

zbulój *fol.* découvrir ☞ **Kristofor Kolombi e ka zbuluar Amerikën më 1492** Christophe Colomb a découvert l'Amérique en 1492 ❖ (*heq mbulesën*) **zbuloj tenxheren** découvrir une cocotte.

zbut (zbus) *fol.* amollir ☞ **nga të ngrohtët gjalpi zbutet** sous l'effet de la chaleur, le beurre s'amollit ❖ (*një kafshë të egër*) dompter, apprivoiser, dresser.

zdrukthëtár,- i *m.* menuisier *m.*

zéb/ër,- ra *f.* zèbre *m.*

i, e **zéllsh/ëm,- me** *mb.* zélé, appliqué, assidu.

zém/ër,- ra *f.* cœur *m.* ❖ **jap zemër** encourager ☞ **më qan zemra** mon cœur saigne.

zemërím,- i *m.* colère *f.*

zemërój *fol.* fâcher, irriter, mettre en colère, énerver ☞ **mos më zemëro!** ne me fâche pas! 🔔 **Poli u zemërua me të motrën** Paul s'est fâché avec sa soeur.

i, e **zëmërúar** *mb.* fâché, en colère.

zéro,- ja *f.* zéro *m.*

zezák,- e *mb.* nègre.

zë,- ri *m.* voix *f.* ☞ **me zë të lartë** à haute voix.

zë *fol.* saisir, attraper ☞ **portieri e kapi topin** le gardien de but a attrapé la balle ❖ (*vend*) occuper ☞ **më zure vendin** tu a occupé ma place ☞ **librat e tu zënë shumë vend** tes livres occupent trop de place ❖ **më zuri makina** *ose* **deti** j'ai le mal de la route *ose* de la mer ❖ **më zuri barku** j'ai la diarrhée ☞ **më zuri gripi** j'ai attrapé une grippe.

zëvendësój *fol.* substituer, remplacer ☞ **babai do që të zëvendësojë biçikletën e vjetër me një të re** papa aimerait bien remplacer sa vieille bicyclette par une nouvelle bicyclette.

zgjat (zgjas) *fol.* allonger, rallonger ❖ tendre ☞ **zgjat dorën** tendre la main ❖ durer ☞ **mësimi zgjat 45 minuta** la leçon dure 45 minutes 🔔 **zgjatem** grandir ☞ **ky djalë është zgjatur shumë** ce garçon a beaucoup grandi.

zgjedh *fol.* choisir ☞ **Marku zgjodhi mollën më të madhe** Marc a choisi la plus grande pomme ❖ élire ☞ **deputetët zgjodhën Presidentin e Republikës** les députés ont élu le Président de la République.

zgjerój *fol.* élargir, agrandir.

zgjidh *fol.* dénouer, délier ☞ **zgjidh lidhësat e këpucëve** je dénoue les lacets de mes chaussures ❖ résoudre ☞ **zgjidh problemin** résoudre le problème.

zgjídhj/e- a *f.* solution *f.*

zgjoj *fol.* réveiller 🔔 **zgjóhem** se réveiller ☞ **zgjohem herët në mëngjes** je me réveille tôt le matin.

zgjúa,- oi *m.* ruche *f.*

i, e **zgjúar** *mb.* éveillé, réveillé ❖ intelligent ☞ **djalë i zgjuar** un garçon intelligent.

zi,- a *f.* deuil *m.*

i **zi/e zezë** *mb.* noir ☞ **mace e zezë** un chat noir ❖ (*i pistë*) **Iliri i ka thonjët e zinj** Ilir a les oncles noirs ❖ **I ziu djalë!** le pauvre garçon!

zíej *fol.* faire bouillir.

i, e **zíer** *mb.* bouilli ☞ **qumësht i zier** lait bouilli.

zíl/e,- ja *f.* (*e shkollës*) cloche *f.* ❖ (*e derës*) sonnette *f.* ❖ (*e telefonit*) sonnerie *f.*

zil/í,- a *f.* envie *f*, jalousie *f.* ☞ **nga zilia** par envie *ose* par jalousie.

zinxhír,- i *m.* chaîne *f.* ❖ (*fustani*) fermeture *f.* éclair.

zjarr,- i *m.* feu *m.* , incendie *m.* ☞ **ndez zjarrin** allumer le feu ☞ **shuaj zjarrin** éteindre le feu.

zjarrfíkës,- i *m.* pompier *m.,* sapeur-pompier *m.*

zjarrfíkës/e,- ja *f.* voiture *f.* de pompiers ❖ (*aparat*) pompe *f.* à incendie.

zo/g,- gu *m.* oiseau *m.*

zón/ë,- a *f.* zone *f.*

zónj/ë,- a *f.* dame *f.* ☞ **zonja e shtëpisë** la maîtresse de la maison ☞ **është një zonjë e vërtetë** c'est une vraie dame ☞ **mirëdita zonjë!** bonjour madame! ☞ **zonja Dyfur** madame Dufour *ose* Mme Dufour.

zonjúsh/ë,- a *f.* demoiselle *f.* ☞ **zonjusha Dufur** mademoiselle Dufour *ose* Mlle Dufour.

zórr/ë,- a *f.* intestin *m.*

Zot,- i *m.* Dieu *m.* ☞ **oh, Zot!** mon Dieu!, bon Dieu!

zotërí,- a *m.* monsieur *m.* ☞ **zoti Dyfur** monsieur Dufour ☞ **zonja dhe zotërinj** mesdames et messieurs ☞ **zoti Lëpik** monsieur Lepic *ose* M. Lepic.

i **zóti**/e **zónja** *mb.* capable, apte.

zvogëlój *fol.* diminuer, réduire.

i, e **zýmtë** *mb.* (*njeri*) maussade, triste.

zýr/ë,- a *f.* bureau *m.*, office *m.*

zyrtár,- e *mb.* officiel.

zhavórr,- i *m.* gravier *m.*

zhdëmtím,- i *m.* dédommagement *m.*

i, e **zhdërvjéllët** *mb.* leste, agile, alerte.

zhduk *fol.* faire disparaître 🔔 **zhdúkem** disparaître.

i, e **zhdúkur** *mb.* disparu.

zhgënjím,- i *m.* désillusion *f.*, déception *f.*

zhúrm/ë,- a *f.* bruit *m.*

i, e **zhúrmsh/ëm,- me** *mb.* bruyant.

zhvesh *fol.* déshabiller, dévêtir 🔔 **zhvíshem** se déshabiller.

zhvillím,- i *m.* développement *m.*, évolution *f.*

zhvillój *fol.* développer ☞ **fotografi e zhvillon filmin në një dhomë të errët** le photographe développe la pellicule dans une chambre noire ❖ **noti zhvillon të gjithë muskujt** la natation développe tous les muscles 🔔 **zhvillóhem** se développer, évoluer ☞ **kjo bimë ka nevojë për diell për t'u zhvilluar** cette plante a besoin de soleil pour se développer.

i, **e zhvillúar** *mb.* développé, évolué.

zhyt (zhys) *fol.* plonger 🔔 **zhytem** plonger ☞ **nëndetsja u zhyt** le sous-marin plongea.

zhýtës,- i *m.* plongeur *m.*

Les conjugaisons

1 AVOIR

INDICATIF

présent
j'ai
tu as
il a
nous avons
vous avez
ils ont

passé composé
j'ai eu
tu as eu
il a eu
nous avons eu
vous avez eu
ils ont eu

imparfait
j'avais
tu avais
il avait
nous avions
vous aviez
ils avaient

plus-que-parfait
j'avais eu
tu avais eu
il avait eu
nous avions eu
vous aviez eu
ils avaient eu

passé simple
j'eus
tu eus
il eut
nous eûmes
vous eûtes
ils eurent

passé antérieur
j'eus eu
tu eus eu
il eut eu
nous eûmes eu
vous eûtes eu
ils eurent eu

futur simple
j'aurai
tu auras
il aura
nous aurons
vous aurez
ils auront

futur antérieur
j'aurai eu
tu auras eu
il aura eu
nous aurons eu
vous aurez eu
ils auront eu

CONDITIONNEL

conditionnel présent
j'aurais
tu aurais
il aurait
nous aurions
vous auriez
ils auraient

conditionnel passé
j'aurais eu
tu aurais eu
il aurait eu
nous aurions eu
vous auriez eu
ils aurient eu

SUBJONCTIF

présent
j'aie
tu aies
il ait
nous ayons
vous ayez
ils aient

imparfait
j'eusse
tu eusses
il eût
nous eussions
vous eussiez
ils eussent

passé
j'eusse eu
tu eusses eu
il eût eu
nous eussions eu
vous eussiez eu
ils eussent eu

plus-que-parfait
j'eusse eu
tu eusses eu
il eût eu
nous eussions eu
vous eussiez eu
ils eussent eu

IMPÉRATIF

aie
ayons
ayez

PARTICIPE

présent
ayant

passé
eu

2 ÊTRE

INDICATIF

présent	passé composé
je suis	j'ai été
tu es	tu as été
il est	il a été
nous sommes	nous avons été
vous êtes	vous avez été
ils sont	ils ont été

imparfait	plus-que-parfait
j'étais	j'avais été
tu étais	tu avais été
il était	il avait été
nous étions	nous avions été
vous étiez	vous aviez été
ils étaient	ils avaient été

passé simple	passé antérieur
je fus	j'eus été
tu fus	tu eus été
il fut	il eut été
nous fûmes	nous eûmes été
vous fûtes	vous eûtes été
ils furent	ils eurent été

futur simple	futur antérieur
je serai	j'aurai été
tu seras	tu auras été
il sera	il aura été
nous serons	nous aurons été
vous serez	vous aurez été
ils seront	ils auront été

CONDITIONNEL

présent	passé
je serais	j'aurais été
tu serais	tu aurais été
il serait	il aurait été
nous serions	nous aurions été
vous seriz	vous auriez été
ils seraient	ils auraient été

SUBJONCTIF

présent
je sois
tu sois
il soit
nous soyons
vous soyez
ils soient

imparfait
je fusse
tu fusses
il fût
nous fussions
vous fussiez
ils fussent

passé
j'aie été
tu aies été
il ait été
nous ayons été
vous ayez été
ils aient été

plus-que-parfait
j'eusse été
tu eusses été
il eût été
nous eussions été
vous eussiez été
ils eussent été

IMPÉRATIF

sois
soyons
soyez

PARTICIPE

présent	passé
étant	été (nuk ndryshon asnjëherë, as në femërore as në shumës)

3 CHANTER

INDICATIF

présent
je chante
tu chantes
il chante
nous chantons
vous chantez
ils chantent

futur simple
je chanterai
tu chanteras
il chantera
nous chanterons
vous chanterez
ils chanteront

imparfait
je chantais
tu chantais
il chantait
nous chantions
vous chantiez
ils chantaient

passé composé
j'ai chanté
tu as chanté
il a chanté
nous avons chanté
vous avez chanté
ils ont chanté

passé simple
je chantai
tu chantas
il chanta
nous chantâmes
vous chantâtes
ils chantèrent

SUBJONCTIF

présent
je chante
tu chantes
il chante
nous chantions
vous chantiez
ils chantent

passé
j'aie chanté
tu aies chanté
il ait chanté
nous ayons chanté
vous ayez chanté
ils aient chanté

CONDITIONNEL

présent
je chanterais
tu chanterais
il chanterait
nous chanterions
vois chanteriez
ils chanteraient

IMPÉRATIF

chante
chantons
chantez

PARTICIPE

présent
chantant

passé
chanté

4 PLACER

c bëhet ç

indicatif présent
je place
tu places
il place
nous plaçons
vous placez
ils placent

indicatif imparfait
je plaçais
tu plaçais
il plaçait
nous placions
vous placiez
ils plaçaient

indicatif passé simple
je plaçai
tu plaças
il plaça
nous plaçâmes
vous plaçâtes
ils placèrent

indicatif futur simple
je placerai
tu placeras
il placera
nous placerons
vous placerez
ils placeront

indicatif passé composé
j'ai placé
tu as placé
il a placé
nous avons placé
vous avez placé
ils ont placé

subjonctif présent
je place
tu places
il place
nous placions
vous placiez
ils placent

conditionnel présent
je placerais
tu placerais
il placerait
nous placerions
vous placeriez
ils placeraient

impératif
place
plaçons
placez

participe présent
plaçant

participe passé
placé

5a MANGER

g bëhet ge

indicatif présent
je mange
tu manges
il mange
nous mangeons
vous manges
il mangent

indicatif imparfait
je mangeais
tu mangeais
il mangeait
nous mangions
vous mangiez
ils mangeaient

indicatif passé simple
je mangeai
tu mangeas
il mangea
nous mangeâmes
vous mangeâtes
ils mangèrent

indicatif futur simple
ju mangerai
tu mangeras
il mangera
nous mangerons
vous mangerez
ils mangeront

indicatif passé composé
j'ai mangé
tu as mangé
il a mangé
nous avons mangé
vous avez mangé
ils ont mangé

subjonctif présent
je mange
tu manges
il mange
nous mangions
vous mangiez
ils mangent

conditionnel présent
je mangerais
tu mangerais
il mangerait
nous mangerions
vous mangeriez
ils mangeraient

impératif
mange
mangeons
mangez

participle présent
mangeant

participle passé
mangé

6a APPUYER

uy bëhet ui

indicatif présent
j'appuie
tu appuies
il appuie
nous appuyons
vous appuyez
ils appuient

indicatif imparfait
j'appuyais
tu appuyais
il appuyait
nous appuyions
vous appuyiez
ils appuyaient

indicatif passé simple
j'appuyai
tu appuyas
il appuya
nous appuyâmes
vous appuyâtes
ils appuyèrent

indicatif futur simple
j'appuierai
tu appuireas
il appuiera
nous appuierons
vous appuierez
il appuieront

indicatif passé composé
j'ai appuyé
tu as appuyé
il a appuyé
nous avons appuyé
vous avez appuyé
ils ont appuyé

subjonctif présent
j'appuie
tu appuies
il appuie
nous appuyions
vous appuyiez
ils appuient

conditionnel présent
j'appuierais
tu appuierais
il appuierait
nous appuierions
vous appuierez
ils appuieraient

impératif
appuie
appuyons
appuyez

participe présent
appuyant

particie passé
appuyé

6b BROYER

oy bëhet oi

indicatif présent
je broie
tu broies
il broie
nous broyons
vous broyez
il broient

indicatif imparfait
je broyais
tu broyais
il broyait
nous broyions
vous broyiez
il broyaient

indicatif passé simple
je broyai
tu broyas
il broya
nous broyâmes
vous broyâtes
ils broyèrent

indicatif futur simple
je broierai
tu broieras
il broiera
nous broierons
vous broierez
ils broieront

indicatif passé composé
j'ai broyé
tu as broyé
il a broyé
nous avons broyé
vous avez broyé
ils ont broyé

subjonctif présent
je broie
tu broies
il broie
nous broyions
vous broyiez
ils broient

conditionnel présent
je broierais
tu broierais
il broierait
nous broierions
vous broieriez
ils broieraient

impératif
broie
broyons
broyez

participe présent
broyant

participe passé
broyé

7 PAYER

ay mund të bëhet ai

indicatif présent
je paie *ose* je paye
tu paies *ose* tu payes
il paie *ose* il paye
nous payons
vous payez
ils paient *ose* ils payent

indicatif imparfait
je payais
tu payais
il payait
nous payions
vous payiez
ils payaient

indicatif passé simple
je payai
tu payas
il paya
nous payâmes
vous payâtes
ils payèrent

indicatif futur simple
je paireai *ose* je payerai
tu paieras *ose* tu payeras
il paiera *ose* il payera
rous paierons *ose* nous payerons
vous paierez *ose* vous payerez
ils paieront *ose* ils payeront

indicatif passé composé
j'ai payé
tu as payé
il a payé
nous avons payé
vous avez payé
ils ont payé

subjonctif présent
je paie *ose* je paye
tu paies *ose* tu payes
il paie *ose* il paye
nous payions
vous payiez
ils paient *ose* ils payent

conditionnel présent
je paierais *ose* je payerais
tu paierais *ose* tu payerais
il paierait *ose* il payerait
nous paierions *ose* nous payerions
vous paieriez *ose* vous payeriez
ils paieraient *ose* ils payeraient

impératif
paie ose paye
payons
payez

participe présent
payant

participe passé
payé

8a PELER

e bëhet è

indicatif présent
je pèle
tu pèles
il pèle
nous pelons
vous pelez
ils pèlent

indicatif imparfait
je pelais
tu pelais
il pelait
nous pelions
vous peliez
ils pelaient

indicatif passé simple
je pelai
tu pelas
il pela
nous pelâmes
vous pelâtes
ils pelèrent

indicatif futur simple
je pèlerai
tu pèleras
il pèlera
nous pèlerons
vous pèlerez
ils pèleront

indicatif passé composé
j'ai pelé
tu as pelé
il a pelé
nous avons pelé
vous avez pelé
ils ont pelé

subjonctif présent
je pèle
tu pèles
il pèle
nous pelions
vous peliez
ils pèlent

conditionnel présent
je pèlerais
tu pèlerais
il pelèrait
nous pèlerions
vous pèleriez
ils pèleraient

impératif
pèle
pelons
pelez

participe présent
pelant

participe passé
pelé

8b CÉDER

é bëhet è

indicatif présent
je cède
tu cèdes
il cède
nous cédons
vous cédez
ils cèdent

indicatif imparfait
je cédais
tu cédais
il cédait
nous cédions
vous cédiez
ils cédaient

indicatif passé simple
je cédai
tu cédas
il céda
nous cédâmes
vous cédâtes
ils cédèrent

indicatif futur simple
je céderai
tu céderas
il cédera
nous céderons
vous céderez
ils céderont

indicatif passé composé
j'ai cédé
tu as cédé
il a cédé
nous avons cédé
vous avez cédé
ils ont cédé

subjonctif présent
je cède
tu cèdes
il cède
nous cédions
vous cédiez
ils cèdent

conditionnel présent
je céderais
tu céderais
il céderait
nous céderions
vous céderiez
ils céderaient

impératif
cède
cédons
cédez

participe présent
cédant

participe passé
cédé

9a APPELER

l bëhet ll

indicatif présent
j'appelle
tu appelles
il appelle
nous appelons
vous appelez
ils appellent

indicatif imparfait
j'appelais
tu appelais
il appelait
nous appelions
vous apeliez
ils appelaient

indicatif passé simple
j'appelai
tu appelas
il appela
nous appelâmes
vous appelâtes
ils appelèrent

indicatif futur simple
j'appellerai
tu appelleras
il appellera
nous appellerons
vous appellerez
ils appelleront

indicatif passé composé
j'ai appelé
tu as appelé
il a appelé
nous avons appelé
vous avez appelé
ils ont appelé

subjonctif présent
j'appelle
tu appelles
il appelle
nous appelions
vous appeliez
ils appellent

conditionnel présent
j'appellerais
tu appellerais
il appellerait
nous appellerions
vous appelleriez
ils appelleraient

impératif
appelle
appelons
appelez

participe présent
appelant

participe passé
appelé

9b JETER

t bëhet tt

indicatif présent
je jette
tu jettes
il jette
nous jetons
vous jetez
ils jettent

indicatif imparfait
je jetais
tu jetais
il jetait
nous jetions
vous jetiez
ils jetaient

indicatif passé simple
je jetai
tu jetas
il jeta
nous jetâmes
vous jetâtes
ils jetèrent

indicatif futur simple
je jetterai
tu jetteras
il jettera
nous jetterons
vous jetterez
ils jetteront

indicatif passé composé
j'ai jeté
tu as jeté
il a jeté
nous avons jeté
vous avez jeté
ils ont jeté

subjonctif présent
je jette
tu jettes
il jette
nous jetions
vous jetiez
ils jettent

conditionnel présent
je jetterais
tu jetterais
il jetterait
nous jetterions
vous jetteriez
ils jetteraient

impératif
jette
jetons
jetez

participe présent
jeté

10 APPRÉCIER

i bëhet ii

indicatif présent
j'apprécie
tu apprécies
il apprécie
nous apprécions
vous appréciez
ils aprrécient

indicatif imparfait
j'appréciais
tu appréciais
il appréciait
nous appréciions
vous appréciiez
ils appréciaient

indicatif passé simple
j'appréciai
tu apprécias
il apprécia
nous appréciâmes
vous appréciâtes
ils apprécièrent

indicatif futur simple
j'apprécierai
tu apprécieras
il appréciera
nous apprécierons
vous apprécierez
ils apprécieront

indicatif passé composé
j'ai apprécié
tu as apprécié
il a apprécié
nous avons apprécié
vous avez apprécié
ils ont apprécié

subjonctif présent
j'apprécie
tu apprécies
il apprécie
nous appréciions
vous appréciiez
ils apprécient

conditionnel présent
j'apprécierais
tu apprécierais
il apprécierait
nous apprécierions
cous apprécieriez
ils apprécieraient

impératif
apprécie
apprécions
appréciez

participe présent
appréciant

participe passé
apprécié

11 FINIR

indicatif présent
je finis
tu finis
il finit
nous finissons
vous finissez
ils finissent

indicatif imparfait
je finissais
tu finissais
il finissait
nous finissions
vous finissiez
ils finissaient

indicatif passé simple
je finis
tu finis
il finit
nous finîmes
vous finîtes
ils finirent

indicatif futur simple
je finirai
tu finiras
il finira
nous finirons
vous finirez
ils finiront

indicatif passé composé
j'ai fini
tu as fini
il a fini
nous avons fini
vous avez fini
ils ont fini

subjonctif présent
je finisse
tu finisses
il finisse
nous finissions
vous finissiez
ils finissent

conditionnel présent
je finirais
tu finirais
il finirait
nous finirions
vous finiriez
ils finiraient

impératif
finis
finissons
finissez

participe présent
finissant

participe passé
fini

12 COUVRIR

indicatif présent
je couvre
tu couvres
il couvre
nous couvrons
vous couvrez
ils couvrent

indicatif imparfait
je couvrais
tu couvrais
il couvrait
nous couvrions
vous couvriez
ils couvraient

indicatif passé simple
je couvris
tu couvris
il couvrit
nous couvrîmes
vous couvrîtes
ils couvrirent

indicatif futur simple
je couvrirai
tu couvriras
il couvrira
nous couvrirons
vous couvrirez
ils couvriront

indicatif passé composé
j'ai couvert
tu as couvert
il a couvert
nous avons couvert
vous avez couvert
ils ont couvert

subjonctif présent
je couvre
tu couvres
il couvre
nous couvrions
vous couvriez
ils couvrent

conditionnel présent
je couvrirais
tu couvrirais
il couvrirait
nous couvririons
vous couvririez
ils couvriraient

impératif
couvre
couvrons
couvrez

participe présent
couvrant

participe passé
couvert

13 CUEILLIR

indicatif présent
je cueille
tu cueilles
il cueille
nous cueillons
vous cueillez
ils cueillent

indicatif imparfait
je cueillais
tu cueillais
il cueillait
nous cueillions
vous cueilliez
ils cueillaient

indicatif passé simple
je cueillis
tu cueillis
il cueillit
nous cueillîmes
ous cueillîtes
ils cueillirent

indicatif futur simple
je cueillerai
tu cueilleras
il cueillera
nous cueillerons
vous cueillerez
ils cueilleront

indicatif passé composé
j'ai cueilli
tu as cueilli
il a cueilli
nous avons cueilli
vous avez cueilli
ils ont cueilli

subjonctif présent
je cueille
tu cueilles
il cueille
nous cueillions
vous cueilliez
ils cueillent

conditionnel présent
je cueillerais
tu cueillerais
il cueillerait
nous cueillerions
vous cueilleriez
ils cueilleraient

impératif
cueille
cueillons
cueillez

participe présent
cueillant

participe passé
cueilli

14 ASSAILLIR

indicatif présent
j'assaille
tu assailles
il assaille
nous assaillons
vous assaillez
ils assaillent

indicatif imparfait
j'assaillais
tu assaillais
il assaillait
nous assaillions
vous assailliez
ils assaillaient

indicatif passé simple
j'assaillis
tu assaillis
il assallit
nous assaillîmes
vous assaillîtes
ils assaillirent

indicatif futur simple
j'assaillerai
tu assailleras
il assaillera
nous assaillerons
vous assallerez
ils assailleront

indicatif passé composé
j'ai assailli
tu as assailli
il a assailli
nous avons assailli
vous avez assailli
ils ont assailli

subjonctif présent
j'assaille
tu assailles
il assaille
nous assaillions
vous assailliez
ils assaillent

conditionnel présent
j'assaillerais
tu assaillerais
il assaillerait
nous assaillerions
vous assailleriez
ils assailleraient

impératif
assaille
assaillons
assaillez

participe présent
assaillant

participe passé
assailli

15 DORMIR

indicatif présent
je dors
tu dors
il dort
nous dormons
vous dormez
ils dorment

indicatif impardait
je dormais
tu dormais
il dormait
nous dormions
vous dormiez
ils dorment

indicatif passé simple
je dormis
tu dormis
il dormit
nous dormîmes
vous dormîtes
ils dormirent

indicatif futur simple
je dormirai
tu dormiras
il dormira
nous dormirons
vous dormirez
ils dormiront

indicatif passé composé
j'ai dormi
tu as dormi
il a dormi
nous avons dormi
vous avez dormi
ils ont dormi

subjonctif présent
je dorme
tu dormes
il dorme
nous dormions
vous dormiez
ils dorment

impératif
dors
dormons
dormez

participe présent
dormant

participe passé
dormi

16 COURIR

indicatif présent
je cours
tu cours
il court
nous courons
vous courez
ils courent

indicatif imparfait
je courais
tu courais
il courait
nous courions
vous couriez
ils couraient

indicatif passé simple
je courus
tu courus
il courut
nous courûmes
vous courûtes
ils coururent

indicatif futur simple
je courrai
tu courras
il courra
nous courrons
vous courrez
ils courront

indicatif passé composé
j'ai couru
tu as couru
il a couru
nous avons couru
vous avez couru
ils ont couru

subjonctif présent
je coure
tu coures
il coure
nous courions
vous couriez
ils courient

conditionnel présent
je courrais
tu courrais
il courrait
nous courrions
vous courriez
ils courraient

impératif
cours
courons
courez

participe présent
courant

participe passé
couru

17 MOURIR

indicatif présent
je meurs
tu meurs
il meurt
nous mourons
vous mourez
ils meurent

indicatif imparfait
je mourais
tu mourais
il mourait
nous mourions
vous mouriez
ils mouraient

indicatif passé simple
je mourus
tu mourus
il mourut
nous mourûmes
vous mourûtes
ils moururent

indicatif futur simple
je mourrai
tu mourras
il mourra
nous mourrons
vous mourrez
ils mourront

indicatif passé composé
je suis mort
tu es mort
il est mort
nous sommes morts
vous êtes morts
ils sont morts

subjonctif présent
je meure
tu meures
il meure
nous mourions
vous mouriez
ils meurent

conditionnel présent
je mourrais
tu mourrais
ils mourrait
nous mourrions
vous mourriez
ils mourraient

impératif
meurs
mourons
mourez

participe présent
mourant

participe passé
mort

18 ACQUÉRIR

indicatif présent
j'acquiers
tu acquiers
il acquiert
nous acquérons
vous acquérez
ils acquièrent

indicatif imparfait
j'acquérais
tu acquérais
il acquérait
nous acquérions
vous acquériez
ils acquéraient

indicatif passé simple
j'acquis
tu acquis
il acquit
nous acquîmes
vous acquîtes
ils acquirent

indicatif futur simple
j'acquerrai
tu acquerras
il acquerra
nous acquerrons
vous acquerrez
ils acquerront

indicatif passé composé
j'ai acquis
tu as acquis
il a acquit
nous avons acquis
vous avez acquis
ils ont acquis

subjonctif présent
j'acquière
tu acquières
il acquière
nous acquérions
vous acquériez
ils acquièrent

conditionnel présent
j'acquerrais
tu acquerrais
il acquerrait
nous acquerrions
vous acquerriez
ils acquerraient

impératif
acquiers
acquérons
acquérez

participe présent
acquérant

participe passé
acquis

19 VENIR

indicatif présent
je viens
tu viens
il vient
nous venons
vous venez
ils viennent

indicatif imparfait
je venais
tu venais
il venant
nous venions
vous veniez
ils venaient

indicatif passé simple
je vins
tu vins
il vint
nous vînmes
vous vîntes
ils vinrent

indicatif futur simple
je viendrai
tu viendras
il viendra
nous viendrons
vous viendrez
ils viendront

indicatif passé composé
je suis venu
tu es venu
il est venu
nous sommes venus
vous êtes venus
ils sont venus

subjonctif présent
je vienne
tu viennes
il vienne
nous venions
vous veniez
ils viennent

conditionnel présent
je viendrais
tu viendrais
il viendrait
nous viendrions
vous viendriez
ils viendraient

impératif
viens
venons
venez

participe présent
venant

participe passé
venu

20 FUIR

indicatif présent
je fuis
tu fuis
il fuit
nous fuyons
vous fuyez
ils fuient

indicatif imparfait
je fuyais
tu fuyais
il fuyait
nous fuyons
vous fuyiez
ils fuyaient

indicatif passé simple
je fuis
tu fuis
il fuit
nous fuîmes
vous fuîtes
ils fuirent

indicatif futur simple
je fuirai
tu fuiras
il fuira
nous fuirons
vous fuirez
ils fuiront

indicatif passé composé
j'ai fui
tu as fui
il a fui
nous avons fui
vous avez fui
ils ont fui

subjonctif présent
je fuie
tu fuies
il fuie
nous fuyions
vous fuyiez
ils fuient

conditionnel présent
je fuirais
tu fuirais
il fuirait
nous fuirions
vous fuiriez
ils fuiraient

impératif
fuis
fuyons
fyez

participe présent
fuyant

participe passé
fui

21 RECEVOIR

indicatif présent
je reçois
tu reçois
il reçoit
nous recevons
vous recevez
ils reçoivent

indicatif imparfait
je recevais
tu recevais
il recevait
nous recevions
vous receviez
ils recevaient

indicatif passé simple
je reçus
tu reçut
il reçut
nous reçûmes
vous reçûtes
ils reçurent

indicatif futur simple
je recevrai
tu recevras
il recevra
nous recevrons
vous recevrez
il recevront

indicatif passé composé
j'ai reçu
tu as reçu
il a reçu
nous avons reçu
vous avons reçu
ils ont reçu

subjonctif présent
je reçoive
tu reçoives
il reçoive
nous recevions
vous receviez
ils reçoivent

conditionnel présent
je recevrais
tu recevrais
il recevrait
nous recevrions
vous recevriez
ils recevraient

impératif
reçois
recevons
recevez

participe présent
recevant

participe passé
reçu

22 VOIR

indicatif présent
je vois
tu vois
il voit
nous voyons
vous voyez
ils voient

indicatif imparfait
je voyais
tu voyais
il voyait
nous voyions

vous voyiez
ils voyaient

indicatif passé simple
je vis
tu vis
il vit
nous vîmes
vous vîtes
ils virent

indicatif futur simple
je verrai
tu verras
il verra
nous verrons
vous verrez
ils verront

indicatif passé composé
j'ai vu
tu as vu
il a vu
nous avons vu
nous avez vu
ils ont vu

subjonctif présent
je voie
tu voies
il voie
nous voyions
vous voyiez
ils voient

conditionnel présent
je verrais
tu verrais
il verrait
nous verrions
vous verriez
ils verraient

impératif
vois
voyons
voyez

participe présent
voyant

participe passé
vu

23 POURVOIR

indicatif présent
je pourvois
tu pourvois
il pourvoit
nous pourvoyons
vous pourvoyez
ils pourvoient

indicitif imparfait
je pourvoyais
tu pourvoyais
il pourvoyait
nous pourvoyions
vous pourvoyiez
ils pourvoyaient

indicatif passé simple
je pourvus
tu pourvus
il pourvut
nous pourvûmes
vous pourvûtes
ils pourvurent

indicatif futur simple
je pourvoirai
tu pourvoiras
il pourvoira
nous pourvoirons
vous pourvoirez
ils pourvoiront

indicatif passé composé
j'ai pourvu
tu as pourvu
il a pourvu
nous avons pourvu
vous avez pourvu
ils ont pourvu

subjonctif présent
je pourvoie
tu pourvoies
il pourvoie
nous pourvoyions
vous pourvoyiez
ils pourvoient

conditionnel présent
je pourvoirais
tu pourvoirais
il pourvoirait
nous pourvoirions
vous pourvoiriez
ils pourvoiraient

impératif
pourvois
pourvoyons
pourvoyez

participe présent
pourvoyant

participe passé
pourvu

24 ÉMOUVOIR

indicatif présent
j'émeus
tu émeus
il émeut
nous émouvons
vous émouvez
ils émouvent

indicatif imparfait
j'émouvais
tu émouvais
il émouvait
nous émouvions
vous émouviez
ils émurent

indicatif passé simple
j'émus
tu émus
il émut
nous émûmes
vous émûtes
ils émurent

indicatif futur simple
j'émouvrai
tu émouvras
il émouvra
nous émouvrons
vous émouvrez
ils émouvront

indicatif passé composé
j'ai ému
tu as ému
il a ému
nous avons ému
vous avez ému
ils ont ému

subjonctif présent
j'émeuve
tu émeuves
il émeuve
nous émouvions
vous émouviez
ils émeuvent

conditionnel présent
j'émouvrais
tu émouvrais
il émouvrait
nous émouvrions
vous émouvriez
ils émouvraient

impératif
émeus
émouvons
émouvez

participe passé
ému

25 VALOIR

indicatif présent
je vaux
tu vaux
il vaut
nous valons
vous valez
ils valent

indicatif imparfait
je valais
tu valais
il valait
nous valions
vous valiez
ils valaient

indicatif passé simple
je valus
tu valus
il valut
nous valûmes
vous valûtes
ils valurent

indicatif futur simple
je vaudrai
tu vaudras
il vaudra
nous vaudrons
vous vaudrez
ils vaudront

indicatif passé composé
j'ai valu
tu as valu
il a valu
nous avons valu
vous avez valu
ils ont valu

subjonctif présent
je vaille
tu vailles
il vaille
nous valions
vous valiez
ils vaillent

conditionnel présent
je vaudrais
tu vaudrais
il vaudrait
nous vaudrons
vous vaudriez
ils vaudraient

impératif
vaux
valons
valez

participe présent
valant

participe passé
valu

26 VAULOIR

indicatif présent
je veux
tu veux
il veut
nous voulons
vous voulez
ils veulent

indicatif imparfait
je voulais
tu voulais
il voulait
nous voulions
vous vouliez
ils voulaient

indicatif passé simple
je voulus
tu voulus
il voulut
nous voulûmes
vous voulûtes
ils voulurent

indicatif futur simple
je voudrai
tu voudras
il voudra
nous voudrons
vous voudrez
ils voudront

indicatif passé composé
j'ai voulu
tu as voulu
il a voulu
nous avons voulu
vous avez voulu
ils ont voulu

subjonctif présent
je veuille
tu veuilles
il veuille
nous voulions
vous vouliez
ils veuillent

conditionnel présent
je voudrais
tu voudrais
il voudrait
nous voudrions
vous voudriez
ils voudraient

impératif
veux *ose* veuille
voulons *ose* veullions
voulez *ose* veuillez

participe présent
voulant

participe passé
voulu

27 POUVOIR

indicatif présent
je peux
tu peux
il peut
nous pouvons
vous pouvez
ils peuvent

indicatif imparfait
je pouvais
tu pouvais
il pouvait
nous pouvions
vous pouviez
ils pouvaient

indicatif passé simple
je pus
tu pus
il put
nous pûmes
vous pûtes
ils purent

indicatif futur simple
je pourrai
tu pourras
il pourra
nous pourrons
vous pourrez
ils pourront

indicatif passé compose
j'ai pu
tu as pu
il a pu
nous avons pu
vous avez pu
ils ont pu

subjonctif présent
je puisse
tu puisses
il puisse
nous puissions
vous puissiez
ils puissent

conditionnel présent
je pourrais
tu pourrais
il pourrait
nous pourrions
vous pourriez
ils pourraient

impératif
-

participe présent
pouvant

participe passé
pu

28 SAVOIR

indicatif présent
je sais
tu sais
il sait
nous savons
vous savez
ils savent

indicatif imparfait
je savais
tu savais
il savait
nous savions
vous saviez
ils savaient

indicatif passé simple
je sus
tu sus
il sut
nous sûmes
vous sûtes
ils surent

indicatif futur simple
je saurai
tu sauras
il saura
nous saurons
vous saurez
ils sauront

indicatif passé composé
j'ai su
tu as su
il a su
nous avons su
vous avez su
ils ont su

subjonctif présent
je sache
tu saches
il sache
nous sachions
vous sachiez
ils sachent

conditionnel présent
je saurais
tu saurais
il saurait
nous saurions
vous sauriez
ils sauraient

impératif
sache
sachons
sachez

participe présent
sachant

participe passé
su

29 ASSEOIR

indicatif présent
j'assieds
tu assieds
il assied
nous asseyons
vous asseyez
ils asseyent

indicatif imparfait
j'asseyais
tu asseyais
il asseyait
nous asseyions
vous asseyiez
ils asseyaient

indicatif passé simple
j'assis
tu assis
il assit
nous assîmes
vous assîtes
ils assirent

indicatif futur simple
j'assiérai
tu assiéras
il assiéra
nous assiérons
vous assiérez
ils assiéront

indicatif passé composé
j'ai assis
tu as assis
il a assis
nous avons assis
vous avez assis
ils ont assis

subjonctif présent
j'asseye
tu asseyes
il asseye
nous asseyions
vous asseyiez
ils asseyent

conditionnel présent
j'assiérais
tu assiérais
il assiérait
nous assiérions
vous assiériez
ils assiéraient

impératif
assieds
asseyons
asseyez

participe présent
asseyant

participe passé
assis

(Kjo folje përdoret më shumë
në formën vetvetore *s'asseoir*)

30 PLEUVOIR

indicatif présent
-
-
il peut
-
-
-

indicatif imparfait
-
-
il pleuvait
-
-
-

indicatif passé simple
-
-
il plut
-
-
-

indicatif futur simple
-
-
il pleuvra
-
-
-

indicatif passé composé
-
-
il a plu
-
-
-

subjonctif présent
-
-
il pleuve
-
-
-

subjonctif imparfait
-
-
il plût
-
-
-

conditionnel présent
-
-
il pleuvrait
-
-
-

impératif
-

participe présent
pleuvant

participe passé
plu

31a RENDRE

indicatif présent
je rends
tu rends
il rend
nous rendons
vous rendez
ils rendent

indicatif imparfait
je rendais
tu rendais
il rendait
nous rendions
vous rendiez
ils rendaient

indicatif passé simple
je rendis
tu rendis
il rendit
nous rendîmes
vous rendîtes
ils rendirent

indicatif futur simple
je rendrai
tu rendras
il rendra
nous rendrons
vous rendrez
ils rendront

indicatif passé composé
j'ai rendu
tu as rendu
il a rendu
nous avons rendu
vous avez rendu
ils ont rendu

subjonctif présent
je rende
tu rendes
il rende
nous rendions
vous rendiez
ils rendent

conditionnel présent
je rendrais
tu rendrais
il rendrait
nous rendrions
vous rendriez
ils rendraient

impératif
rends

rendons
rendez

participe présent
rendant

participe passé
rendu

31b BATTRE

indicatif présent
je bats
tu bats
il bat
nous battons
vous battez
ils battent

indicatif imparfait
je battais
tu battais
il battait
nous battions
vous battiez
ils battaient

indicatif passé simple
je battis
tu battis
il battit
nous battîmes
vous battîtes
ils battirent

indicatif futur simple
je battrai
tu battras
il battra
nous battrons
vous battrez
ils battront

indicatif passé composé
j'ai battu
tu as battu
il a battu
nous avons battu
vous avez battu
ils ont battu

subjonctif présent
je batte
tu battes
il batte
nous battions
vous battiez
ils battent

conditionnel présent
je battrais
tu battrais
il battrait
nous battrions
vous battriez
ils battraient

impératif
bats
battons
battez

articipe présent
battant

participe passé
battu

32 PRENDRE

indicatif présent
je prends
tu prends
il prend
nous prenons
vous prenez
ils prennent

indicatif imparfait
je prenais
tu prenais
il prenait
nous prenions
vous preniez
ils prenaient

indicatif passé simple
je pris
tu pris
il prit
nous prîmes
vous prîtes
ils prirent

indicatif futur simple
je prendrai
tu prendras
il prendra
nous prendrons
vous prendrez
ils prendront

indicatif passé simple
j'ai pris
tu as pris
il a pris
nous avons pris
vous avez pris
ils ont pris

subjonctif présent
je prenne
tu prennes
il prenne
nous prenions
vous preniez
ils prennent

conditionnel présent
je prendrais
tu prendrais
il prendrait
nous prendrions
vous prendriez
ils prendraient

impératif
prends
prenons
prenez

participe présent
prenant

participe passé
pris

33 METTRE

indicatif présent
je mets
tu mets
il met
nous mettons
vous mettez
ils mettent

indicatif imparfait
je mettais
tu mettais
il mettait
nous mettions
vous mettiez
ils mettaient

indicatif passé simple
je mis
tu mis
il mit
nous mîmes
vous mîtes
ils mirent

indicatif futur simple
je mettrai
tu mettras
il mettra
nous mettrons
vous mettrez
ils mettront

indicatif passé composé
j'ai mis
tu as mis
il a mis
nous avons mis
vous avez mis
ils ont mis

subjonctif présent
je mette
tu mettes
il mette
nous mettions
vous mettiez
ils mettent

conditionnel présent
je mettrais
tu mettrais
il mettrait
nous mettrions
vous mettriez
ils mettraient

impératif
mets

mettons
mettez

participe présent
mettant

participe passé
mis

34 ROMPRE

indicatif présent
je romps
tu romps
il rompt
nous rompons
vous rompez
ils rompent

indicatif imparfait
je rompais
tu rompais
il rompait
nous rompions
vous rompiez
ils rompaient

indicatif passé simple
je rompis
tu rompis
il rompit
nous rompîmes
vous rompîtes
ils rompirent

indicatif futur simple
je romprai
tu rompras
il rompra
nous romprons
vous romprez
ils rompront

indicatif passé composé
j'ai rompu
tu as rompu
il a rompu
nous avons rompu
vous avez rompu
ils ont rompu

subjonctif présent
je rompe
tu rompes
il rompe
nous rompions
vous rompiez
ils rompent

conditionnel présent
je romprais
tu ramprais
il romprait
nous romprions
vous rompriez
ils rompraient

impératif
romps
rompons
rompez

participe présent
rompant

participe passé
rompu

35 PEINDRE

indicatif présent
je peins
tu peins
il peint

nous peignons
vous peignez
ils peignent

indicatif imparfait
je peignais
tu pegnais
il peignait
nous peignions
vous peigniez
ils peignaient

indicatif passé simple
je peignis
tu peignis
il peignit
nous peignîmes
vous peignîtes
ils peignirent

indicatif futur simple
je peindrai
tu peindras
il peindra
nous peindrons
vous peindrez
ils peindront

indicatif passé composé
j'ai peint
tu as peint
il a peint
nous avons peint
vous avez peint
ils ont peint

subjonctif présent
je peigne
tu peignes
il peigne
nous peignions
vous peigniez
ils peignent

conditionnel présent
je peindrais
tu peindrais
il peindrait
nous peindrions
vous peindriez
ils peindraient

impératif
peins
peignons
peignez

participe présent
peignant

participe passé
peint

36 VAINCRE

indicatif présent
je vaincs
tu vaincs
il vainc
nous vainquons
vous vainquez
ils vainquent

indicatif imparfait
je vainquais
tu vainquais
il vainquait
nous vanquions
vous vanquiez
ils vainquaient

indicatif passé simple
je vainquis
tu vainquis
il vainquit
nous vainquîmes
vous vainquîtes
ils vainquirent

indicatif futur simple
je vaincrai
tu vaincras
il vaincra
nous vaincrons
vous vaincrez
ils vaincront

indicatif passé composé
j'ai vaincu
tu as vaincu
il a vaincu
nous avons vaincu
vous avez vaincu
ils ont vaincu

subjonctif présent
je vainque
tu vainques
il vainque
nous vainquions
vous vainquiez
ils vainquent

conditionnel présent
je vaincrais
tu vaincrais
il vaincrait
nous vaincrions
vous vaincriez
ils vaincraient

impératif
vaincs
vainquons
vainquez

participe présent
vainquant

participe passé
vaincu

37 CONNAÎTRE

indicatif présent
je connais
tu connais
il connaît
nous connaissons
vous connaissez
ils connaissent

indicatif imparfait
je connaissais
tu connaissais
il connaissait
nous connaissions
vous connaissiez
ils connaissaient

indicatif passé simple
je connus
tu connus
il connut
nous connûmes
vous connûtes
ils connurent

indicatif futur simple
je connaîtrai
tu connaîtras
il connaîtra
nous connaîtrons
vous connaîtrez
ils connaîtront

indicatif passé composé
j'ai connu
tu as connu
il a connu
nous avons connu
vous avez connu
ils ont connu

subjonctif présent
je connaisse
tu connaisses
il connaisse
nous connaissions
vous connaissiez
ils connaissent

conditionnel présent
je connaîtrais
tu connaîtrais
il connaîtrait
nous connaîtrions
vous connaîtriez
ils connaîtraient

impératif
connais
connaissons
connaissez

participe présent
connaissant

participe passé
connu

38 CROIRE

indicatif présent
je crois
tu crois
il croit
nous croyons
vous croyez
ils croient

indicatif imparfait
je croyais
tu croyais
il croyait
nous croyions
vous croyiez
ils croyaient

indicatif passé simple
je crus
tu crus
il crut
nous crûmes
vous crûtes
ils crurent

indicatif futur simple
je croirai
tu croiras
il croira
nous croirons
vous croirez
ils croiront

indicatif passé composé
j'ai cru
tu as cru
il a cru
nous avons cru
vous avez cru
ils ont cru

subjonctif présent
je croie
tu croies
il croie
nous croyions
vous croyiez
ils croient

conditionnel présent
je croirais
tu croirais
il croirait
nous croirions
vous croiriez
ils croiraient

impératif
crois
croyons
croyez

participe présent
croyant

participe passé
cru

39 BOIRE

indicatif présent
je bois
tu bois
il boit
nous buvons
vous buvez
ils boivent

indicatif imparfait
je buvais
tu buvais
il buvait
nous buvions
vous buviez
ils buvaient

indicatif passé simple
je bus
tu bus
il but
nous bûmes
vous bûtes
ils burent

indicatif futur simple
je boirai
tu boiras
il boira
nous boirons
vous boirez
ils boiront

indicatif passé composé
j'ai bu
tu as bu
il a bu
nous avons bu
vous avez bu
ils ont bu

subjonctif présent
je boive
tu boives
il boive
nous buvions
vous buviez
ils boivent

conditionnel présent
je boirais
tu boirais
il boirait
nous boirions
vous boiriez
ils boiraient

impératif
bois
buvons
buvez

participe présent
buvant

participe passé
bu

40 TRAIRE

indicatif présent
je trais
tu trais
il trait
nous trayons
vous trayez
ils traient

indicatif imparfait
je trayais
tu trayais
il trayait
nous trayons
vous trayez
ils trayent

indicatif futur simpile
je trairai
tu trairas
il traira
nous trairions
vous trairiez
ils trairont

indicatif passé composé
j'ai trait
tu as trait
il a trait
nous avons trait
vous avez trait
ils ont trait

subjonctif présent
je traie
tu traies

il traie
nous trayions
vous trayiez
ils traient

conditionnel présent
je trairais
tu trairais
il trairait
nous trairions
vous trairiez
ils trairaient

impératif
trais
trayons
trayez

participe présent
trayant

participe passé
trait

41 PLAIRE

indicatif présent
je plais
tu plais
il plaît
nous plaisons
vous plaisez
ils plaisent

indicatif imparfait
je plaisais
tu plaisais
il plaisait
nous plaisions
vous plaisiez
ils plaisaient

indicatif passé simple
je plus
tu plus
il plut
nous plûmes
vous plûtes
ils plurent

indicatif futur simple
je plairai
tu plairas
il plaira
nous plairions
vous plairiez
ils plairont

indicatif passé composé
j'ai plu
tu as plu
il a plu
nous avons plu
vous avez plu
ils ont plu

subjonctif présent
je plaise
tu plaises
il plaise
nous plaisions
vous plaisiez
ils plaisent

conditionnel présent
je plairais
tu plairais
il plairait
nous plairions
vous plairiez
ils plairaient

impératif
plais
plaisons
plaisez

participe présent
plaisant

participe passé
plu

42 FAIRE

indicatif présent
je fais
tu fais
il fait
nous faisons
vous faites
ils font

indicatif imparfait
je faisais
tu faisais
il faisait
nous faisions
vous faisiez
ils faisaient

indicatif passé simple
je fis
tu fis
il fit
nous fîmes
vous fîtes
ils firent

indicatif futur simple
je ferai
tu feras
il fera
nous ferons
vous ferez
ils feront

indicatif passé composé
j'ai fait
tu as fait
il a fait
nous avons fait
vous avez fait
ils ont fait

subjonctif présent
je fasse
tu fasses
il fasse
nous fassions
vous fassiez
ils fassent

conditionnel présent
je ferais
tu ferais
il ferait
nous ferions
vous feriez
ils feriaient

impératif
fais
faisons
faites

participe présent
faisant

participe passé
fait

43 CUIRE

indicatif présent
je cuis
tu cuis
il cuit
nous cuisons
vous cuisez
ils cuisent

indicatif imparfait
je cuisais
tu cuisais
il cuisait
nous cuisions
vous cuisiez
ils cuisirent

indicatif passé simple
je cuisis
tu cuisis
il cuisit
nous cuisîmes
vous cuisîtes
ils cuisirent

indicatif futur simple
je cuirai
tu cuiras
il cuira
nous cuirons
vous cuirez
ils cuiront

indicatif passé composé
j'ai cuit
tu as cuit
il a cuit
nous avons cuit
vous avez cuit
ils ont cuit

subjonctif présent
je cuise
tu cuises
il cuise
nous cuisions
vous cuisiez
ils cuisent

conditionnel présent
je cuirais
tu cuirais
il cuirait
nous cuirions
vous cuiriez
ils cuiraient

impératif
cuis
cuisons
cuisez

participle présent
cuisant

participle passé
cuit

44 SUFFIRE

indicatif présent
je suffis
tu suffis
il suffit
nous suffisons
vous suffisez
ils suffisent

indicatif imparfait
je suffisais
tu suffisais
il suffisait
nous suffisions
vous suffisiez
ils suffisaient

indicatif passé simple
je suffis
tu suffis
il suffit
nous suffîmes
vous suffîtes
ils suffirent

indicatif futur simple
je suffirai
tu suffiras
il suffira
nous suffirons
vous suffirez
ils suffiront

indicatif passé composé
j'ai suffi
tu as suffi
il a suffi
nous avons suffi
vous avez suffi
ils ont suffi

subjonctif présent
je suffise
tu suffises
il suffise
nous suffisions
vous suffisiez
ils suffisent

conditionnel présent
je suffirais
tu suffirais
il suffirait
nous suffirions
vous suffiriez
ils suffiraient

participe présent
suffisant

participe passé
suffi

45 LIRE

indicatif présent
je lis
tu lis
il lit
nous lisons
vous lisez
ils lisent

indicatif imparfait
je lisais
tu lisais
il lisait
nous lisions
vous lisiez
ils lisent

indicatif passé simple
je lus
tu lus
il lut
nous lûmes
vous lûtes
ils lurent

indicatif futur simple
je lirai
tu liras
il lira
nous lirons
vous lirez
ils liront

indicatif passé composé
j'ai lu
tu as lu
il a lu
nous avons lu
vous avez lu
ils ont lu

subjonctif présent
je lise
tu lises
il lise
nous lisions
vous lisiez
ils lisent

conditionnel présent
je lirais
tu lirais
il lirait
nous lirions
vous liriez
ils liraient

impératif
lis
lisons
lisez

participe présent
lisant

participe passé
lu

46 DIRE

indicatif présent
je dis
tu dis
il dit
nous disons
vous dites
ils disent

indicatif imparfait
je disais
tu disais
il disait
nous disions
vous disiez
ils disaient

indicatif passé simple
je dis
tu dis
il dit
nous dîmes
vous dîtes
ils dirent

indicatif futur simple
je dirai
tu diras
il dira
nous dirons
vous direz
ils diront

indicatif passé composé
j'ai dit
tu as dit
il a dit
nous avons dit
vous avez dit
ils ont dit

subjonctif présent
je dise
tu dises
il dise
nous disions
vous disiez
ils disent

conditionnel présent
je dirais
tu dirais
il dirait
nous dirions
vous diriez
ils diraient

impératif
dis
disons
disez

participe présent
disant•

participe passé
dit

47 ÉCRIRE

indicatif présent
j'écris
tu écris
il écrit
nous écrivons
vous écrivez
ils écrivent

indicatif imparfait
j'écrivais
tu écrivais
il écrivait
nous écrivions
vous écriviez
ils écrivaient

indicatif passé simple
j'écrivis
tu écrivis
il écrivit
nous écrivîmes
vous écrivîtes
ils écrivirent

indicatif futur simple
j'écrirai
tu écriras
il écrira
nous écrirons
vous écrirez
ils écriront

indicatif passé composé
j'ai écrit
tu as écrit
il a écrit
nous avons écrit
vous avez écrit
ils ont écrit

subjonctif présent
j'écrive
tu écrives
il écrive
nous ecrivions
vous écriviez
ils écrivent

conditionnel présent
j'écrirais
tu écrirais
il écrirait

nous écririons
vous écririez
ils écriraient

impératif
écris
écrivons
écrivez

participe présent
écrivant

participe passé
écrit

48 RIRE

indicatif présent
je ris
tu ris
il rit
nous rions
vous riez
ils rient

indicatif imparfait
je riais
tu riais
il riait
nous riions
vous riiez
ils riaient

indicatif passé simple
je ris
tu ris
il rit
nous rîmes
vous rîtes
ils rirent

indicatif futur simple
je rirai
tu riras
il rira
nous rirons
vous rirez
ils riront

indicatif passé composé
j'ai ri
tu as ri
il a ri
nous avons ri
vous avez ri
ils ont ri

subjonctif présent
je rie
tu ries
il rie
nous riions
vous riiez
ils rient

conditionnel présent
je rirais
tu rirais
il rirait
nous ririons
vous ririez
ils riraient

impératif
ris
rions
riez

participe présent
riant

participe passé
ri

49 SUIVRE

indicatif présent
je suis
tu suis
il suit
nous suivons
vous suivez
ils suivent

indicatif imparfait
je suivais
tu suivais
il suivait
nous suivions
vous suiviez
ils suivaient

indicatif passé simple
je suivis
tu suivis
il suivit
nous suivîmes
vous suivîtes
ils suivirent

indicatif futur simple
je suivrai
tu suivras
ils suivra
nous suivrons
vous suivrez
ils suivront

indicatif passé composé
j'ai suivi
tu as suivi
il a suivi
nous avons suivi
vous avez suivi
ils ont suivi

subjonctif présent
je suive
tu suives
il suive
nous suivions
vous suiviez
ils suivent

conditionnel présent
je suivrais
tu suivrais
il suivrait
nous suivrions
vous suivriez
ils suivraient

impératif
suis
suivons
suivez

participe présent
suivant

participe passé
suivi

50 VIVRE

indicatif présent
je vis
tu vis
il vit
nous vivons
vous vivez
ils vivent

indicatif imparfait
je vivais
tu vivais
il vivait
nous vivions
vous viviez
ils vivaient

indicatif passé simple
je vécus
tu vécus
il vécut
nous vécûmes
vous vécûtes
ils vécurent

indicatif futur simple
je vivrai
tu vivras
il vivra
nous vivrons
vous vivrez
ils vivront

indicatif passé composé
j'ai vécu
tu as vécu
il a vécu
nous avons vécu
vous avez vécu
ils ont vécu

subjonctif présent
je vive
tu vives
il vive
nous vivions
vous viviez
ils vivent

conditionnel présent
je vivrais
tu vivrais
il vivrait

nous vivrions
vous vivriez
ils vivraient

impératif
vis
vivons
vivez

participe présent
vivant

participe passé
vécu

51 CONCLURE

indicatif présent
je conclus
tu conclus
il conclut
nous concluons
vous concluez
ils concluent

indicatif imparfait
je concluais
tu concluais
il concluait
nous concluions
vous concluiez
ils concluaient

indicatif pass simpleé
je conclus
tu conclus
il conclut
nous conclûmes
vous conclûtes
ils conclurent

indicatif futur simple
je conclurai
tu concluras
il conclura
nous conclurons
vous conclurez
ils concluront

indicatif passé composé
j'ai conclu
tu as conclu
il a conclu
nous avons conclu
vous avez conclu
ils ont conclu

subjonctif présent
je conclue
tu conclues
il conclue
nous concluions
vous concluiez
ils concluent

conditionnel présent
je conclurais
tu conclurais
il conclurait
nous conclurions
vous concluriez
ils concluraient

impératif
conclus
concluons
concluez

participe présent
concluant

participe passé
conclu

52 RÉSOUDRE

indicatif présent
je résous
tu résous
il résout
nous résolvons
vous résolvez
ils résolvent

indicatif imparfait
je résolvais
tu résolvais
il résolvait
nous résolvions
vous résolviez
ils résolvaient

indicatif futur simple
je résoudrai
tu résoudras
il résoudra
nous résoudrons
vous résoudrez
ils résoudront

indicatif passé composé
j'ai résolu
tu as résolu
il a résolu
nous avons résolu
vous avez résolu
ils ont résolu

subjonctif présent
je résolve
tu résolves
il résolve
nous résolvions
vous résolviez
ils résolvent

conditionnel présent
je résoudrais
tu résoudrais
il résoudrait
nous résoudrions
vous résoudriez
ils résoudraient

impératif
résous
résolvons
résolvez

participe présent
résolvant

participe passé
résolu, ue

53 COUDRE

indicatif présent
je couds
tu couds
il coud
nous cousons
vous cousez
ils cousent

indicatif imparfait
je cousais
tu cousais
il cousait
nous cousions
vous cousiez
ils cousaient

indicatif passé simple
je cousis
tu cousis
il cousit
nous cousîmes
cous cousîtes
ils cousirent

indicatif futur simple
je coudrai
tu coudras
il coudra
nous coudrons
vous coudrez
ils coudront

indicatif passé composé
j'ai cousu
tu as cousu
il a cousu
nous avons cousu
vous avez cousu
ils ont cousu

subjonctif présent
je couse
tu couses
il couse
nous cousions
vous cousiez
ils cousent

conditionnel présent
je coudrais
tu coudrais
il coudrait
nous coudrions
vous coudriez
ils coudraient

impératif
couds
cousons
couse

participe présent
cousant

participe passé
cousu

54 MOUDRE

indicatif présent
je mouds
tu mouds
il moud
nous moulons
vous moulez
ils moulent

indicatif imparfait
je moulais
tu moulais
il moulait
nous moulions
vous mouliez
ils moulaient

indicatif passé simple
je moulus
tu moulus
il moulut
nous moulûmes
vous moulûtes
ils moulurent

indicatif futur simple
je moudrai
tu moudras
il moudra
nous moudrons
vous moudrez
ils moudront

indicatif passé composé
j'ai moulu
tu as moulu
il a moulu
nous avons moulu
vous avez moulu
ils ont moulu

subjonctif présent
je moule
tu moules
il moule
nous moulions
vous mouliez
ils moulent

conditionnel présent
je moudrais
tu moudrais
il moudrait
nous moudrions
vous moudriez
ils moudraient

impératif
mouds
moulons
moulez

participe présent
moulant

participe passé
moulu

55 CLORE

indicatif présent
je clos
tu clos
il clôt
ils closent

indicatif futur simple
je clorai
tu cloras
il clora
nous clorons
vous clorez
ils cloront

subjonctif présent
je close
tu closes
il close
nous closions
vous closiez
ils closent

conditionnel présent
je clorais
tu clorais
il clorait
nous clorions
vous cloriez
ils cloraient

impératif
clos
-
-

participe présent
closant

participe passé
clos

56 ALLER

indicatif présent
je vais
tu vas
il va
nous allons
vous allez
ils vont

indicatif imparfait
j'allais
tu allais
il allait
nous allions
vous alliez
ils allaient

indicatif passé simple
j'allai
tu allais
il alla

nous allâmes
vous allâtes
ils allèrent

indicatif futur simple
j'irai
tu iras
il ira
nous irons
vous irez
ils iront

indicatif passé composé
je suis allé
tu es allé
il est allé
nous sommes allés
vous êtes allés
ils sont allés

subjonctif présent
j'aille
tu ailles
il aille
nous allions
vous alliez
ils aillent

conditionnel présent
j'irais
tu irais
il irait
nous irions
vous iriez
ils iraient

impératif
va
allons
allez

participe présent
allant

participe passé
allé

CIP Katalogimi në botim BK Tiranë

Fjalori im i parë i ilustruar: frëngjisht-shqip, shqip-frëngjisht: rreth 9000 fjalë / konceptimi Drita Hadaj; red. Jolanda Kostari. - Tiranë: Dituria, 2002.
296 f., 24.5 cm

ISBN 99927 - 47 - 59 - 5

I. Hadaj, Drita

81'374.822=133.1=18
811.133.1'374.822=18
811.18'374.822=133.1

Stampato nel mese di settembre 2002
dalla **Grafica 080**
S.S. 98 Km. 79+400 Modugno (Bari) Italia